最高人民法院审判管理办公室　审定

数字法院场景建设指引

贾宇◎主编

人民法院出版社

图书在版编目（CIP）数据

数字法院场景建设指引 / 贾宇主编. -- 北京 : 人民法院出版社，2025. 4. -- ISBN 978-7-5109-4047-7

Ⅰ. D926.22-39

中国国家版本馆 CIP 数据核字第 2025K4W019 号

数字法院场景建设指引

贾　宇　主编

责任编辑：王　婷　李　瑞
执行编辑：高　晖
出版发行：人民法院出版社
地　　址：北京市东城区东交民巷 27 号（100745）
电　　话：（010）67550617（责任编辑）　67550558（发行部查询）
　　　　　　65223677（读者服务部）
客服 QQ：2092078039
网　　址：http://www.courtbook.com.cn
E-mail：courtpress@sohu.com
印　　刷：大厂回族自治县德诚印务有限公司
经　　销：新华书店

开　　本：787 毫米 ×1092 毫米　1/16
字　　数：399 千字
印　　张：35.25
版　　次：2025 年 4 月第 1 版　2025 年 4 月第 1 次印刷
书　　号：ISBN 978-7-5109-4047-7
定　　价：128.00 元

数字法院场景建设指引

编 委 会

目　录

数助办案类应用场景

数助监督类应用场景

数助便民类应用场景

数助治理类应用场景

数助政务类应用场景

要素式审判辅助模型

改发点审判辅助模型

聚合型审判辅助模型

充分发挥司法职能作用
促推人工智能健康发展*

◎张　军

当前，人工智能技术快速发展，将对全球经济社会发展和人类文明进步产生深远影响，给世界带来巨大机遇。与此同时，人工智能技术也带来难以预知的各种风险和复杂挑战，引发一系列现实和潜在的法律问题。如何充分发挥司法职能作用，促推在法治轨道上加强和完善人工智能治理，事关公平正义，攸关人类命运，是世界各国法院共同面临的时代课题、必须回答的时代之问。在此，我从三个方面分享中国法院对相关问题的认识和采取的举措。

一、人工智能给司法工作带来的挑战

从蒸汽机、电力，到计算机、互联网，人类每一次技术革命都会推动法律制度、司法制度发生重大变革。人工智能是人类发展的新领域，对人类社会的影响将超过以往任何一次技术革命，正在全面而深刻地改变着人们的生产生活方式、社会组织方式、

* 本文系最高人民法院张军院长 2024 年 10 月 12 日在第 19 届亚太首席大法官会议上所作的专题发言，《数字法治》2025 年第 1 期刊发时略有修改。

国家治理方式。在司法领域，这些影响和变革既以新型案件的形式投射到司法审判工作中，也为司法审判工作提供了新的科技支撑。面对新形势新任务，我们需要在法律规则层面积极作出回应，同时也要在司法应用层面不断深化探索。

一方面，人工智能对司法审判提出新课题新要求。人工智能技术加速发展，新领域、新业态、新模式不断涌现，各种新型矛盾纠纷也相伴而生。面对人工智能引发的新型、疑难、复杂案件，如何在新技术背景下明确裁判标准、加强规则指引，推动完善法律制度，是司法工作必须面对的挑战。比如，在中国武汉等城市，无人驾驶汽车已经作为运营车辆投入使用，一旦发生交通事故由谁来担责，是车辆运营商、车辆所有者，还是智能程序设计者？又如，生成式人工智能获得极大关注和发展，产业创新模式也发生深刻变革，人工智能生成的图片、文章、视频是否受著作权法保护等法律问题、新型案件随之而来。再如，传统犯罪借助人工智能技术，危害后果更为严重，利用深度伪造技术实施诈骗、敲诈勒索，利用生成式人工智能编造、传播虚假信息等新的犯罪手法、形式已经出现。

另一方面，人工智能给司法应用带来新机遇新挑战。人工智能技术与审判工作深度融合已成为现实所需、大势所趋，既为推动审判工作高质量发展提供强劲动力，也不可避免带来多重风险挑战。比如，关于证据审查，电子数据作为诉讼证据已经广泛出现在各类诉讼案件中，而人工智能技术一旦被用于伪造、篡改、删除电子数据，证据的完整性、真实性和案件事实认定将会更加困难，这要求法院必须加快完善适应新技术发展的证据审查认定规则。关于数据需求，司法人工智能需要大量优质司法数据用于训练，这就对案件卷宗电子化、数据采集标准、数据资源互联互通等基础工作提出新的更高要求。如果不能有效解决数据壁垒、数据孤岛、数据沉睡等现实问题，人工智能司法应用就是无源之水、无本之木，不可能达到我们预期的效果，甚至影响司法决策的正确性。关于算法规则，很多影响司法决策过程的关键因素，如外部环境考量、集体讨论过程、法官裁判过程等，都难以进行数据化、程序化运算，算法规则能否以及在多大程度上参与司法决策，如何有效防止算法偏见、算法歧视、算法黑箱等问题，也是必须慎重对待的问题。

二、中国法院应对人工智能挑战的举措

一是以典型案件办理完善裁判规则。审理以智能“换脸”技术破解计算机登录验证系统案、通过深度伪造传播淫秽视频案等利用人工智能技术实施的违法犯罪行为，有效维护社会公共秩序和公民合法权益。审理大数据权属案、利用人工智能生成图片侵权案、算法商业秘密保护案等，有力保护创新成果、激发创新活力，服务加快发展新质生产力。依法制裁“大数据杀熟”“强制二选一”等滥用算法规则侵害消费者合法权益的行为，为人工智能使用划定边界，有力保障消费者合法权益与平台经济健康发展。审理涉网约车司机、外卖递送等新就业形态人员劳动争议案件，与多部门联合发布指导意见，防止劳动者被“困”在互联网平台的算法里，切实维护新就业群体合法权益。继 2021 年出台规范“人脸识别”技术的司法解释后，中国最高人民法院 2024 年又发布反垄断民事诉讼司法解释，对互联网平台通过大数据、

人工智能、算法等技术手段排除、限制竞争的行为予以依法规制，不断完善人工智能领域司法裁判规则。

二是推动人工智能与司法工作深度融合。以长远眼光看待人工智能技术发展，发布《最高人民法院关于规范和加强人工智能司法应用的意见》，探索使用人工智能技术为司法赋能，并在实践中取得初步成效。中国法院已基本实现庭审语音智能识别系统全覆盖，帮助法官自动识别当事人的庭审发言并将其转换为文本模式，显著提高庭审效率。2024 年 6 月，广东省深圳市中级人民法院上线运行的人工智能辅助审判系统，能够帮助法官梳理案件审理要点、争议焦点、法律依据、事实疑点和类案裁判标准等，目前该院已应用在所有常见民商事案件中。利用区块链技术不可篡改、不可伪造的特点，北京、杭州、广州互联网法院在司法区块链平台存储的电子数据已超过 85.6 亿条，区块链证据采信率达到 99%，有效破解电子证据取证、存证、认证难题。2024 年 4 月，最高人民法院启动"版权 AI 智审"试点，借助"以图搜图"功能，实现图片比对和查明来源等功能，有效解决了版权侵权纠纷中"图案查重困难"等问题。此外，许多地方法院借助人工智能技术，为当事人提供法律咨询问答、诉讼流程引导、一键生成起诉状等，服务当事人更加便捷地参与诉讼、实现公正。

三是大力推进数字法院建设。充分发挥中国社会主义制度优势，积极融入数字中国整体布局，计划 2025 年起实现全国 3500 多个法院在"一张网"上办案办公，将彻底解决各地各级法院司法数据壁垒，推动人民法院信息化建设迭代升级。比如，对同一当事人或诉讼代理人在各地提起关联诉讼的情况，法官无须经过烦琐的申请流程和人工搜索，在"一张网"上就可以快速查询掌握，进而方便法院统筹关联案件的处理，防止法律适用不统一。下一步，我们将以全国法院“一张网”作为数字法院建设的底座和基础，在办案系统中嵌入业务规则，自动向法官提示预警信息、推送类案判决，辅助法官审理案件，提升司法审判质效。积极应用人工智能技术，不断提升办案智能化水平，形成一套从数据源到数据治理、数据应用的完整方案，助推实现与数字时代相适应的审判方式变革和诉讼格局重塑。

三、中国法院关于应对人工智能挑战的倡议

2023 年 10 月，中国政府向全世界发出《全球人工智能治理倡议》，倡导各国通过对话与合作凝聚共识，构建开放、公正、有效的治理机制，促进人工智能技术造福于人类，推动构建人类命运共同体。中国法院愿与亚太各国法院一道，在倡议指引下，深化交流、加强合作，共同为人工智能时代的人类司法文明进步作出积极贡献。在这里，我就司法如何积极应对人工智能带来的挑战，提出三点倡议：

一是守住安全底线，促进技术发展。我们应当统筹好发展与安全，充分发挥司法审判职能作用，从纷繁复杂的技术变革中把握司法规律，形成具有引领作用的人工智能司法裁判规则，支持人工智能技术创新和产业创新。同时，通过规范法律适用守住科技伦理和安全底线，依法处理好自由与秩序、私益与公益的关系，充分尊重和保障各群体合法权益，有效抑制技术发展可能产生的负面影响，最大限度降低风险，确保“智能向善”。

二是加强技术应用，提高司法效能。人工智能技术发展是不

可逆转的时代潮流，在司法活动中的应用只会越来越广泛、越来越深入。我们应当坚定拥抱科技革命的信心，加快推进人工智能技术与审判执行、诉讼服务、司法政务等工作深度融合，加快建设司法人工智能技术应用体系，为司法工作注入新动能。同时，必须充分认识到，无论技术发展到何种水平，人工智能都不能代替法官裁判。我们应当坚持人工智能对审判工作的辅助定位，提升技术研发、产品应用、服务运行的透明度，确保司法裁判始终由法官作出、司法责任最终由法官承担。

三是加强务实合作，凝聚治理共识。亚太各国地缘相近，经济社会交流密切。面对人工智能给司法审判工作带来的挑战，亚太各国法院应当携手应对、凝聚合力、共建共享。中国法院愿与亚太各国法院一道，加强交流互鉴、相互取长补短，进一步拓宽人工智能领域的司法交流合作，共同研究解决人工智能领域的司法问题，加速实现数字化、智能化转型，努力为人类司法文明进步作出新的更大贡献。

习近平主席深刻指出，“中国愿同世界各国一道，把握数字化、网络化、智能化发展机遇，深化人工智能发展和治理国际合作，为推动人工智能健康发展、促进世界经济增长、增进各国人民福祉而努力”。让我们携手合作，积极应对人工智能给司法审判工作带来的挑战，让人工智能更好地服务于维护社会公平正义，更好地造福人类，推动构建人类命运共同体！

论数字法院

◎贾　宇*

【内容提要】

作为数字中国总体战略的一部分，数字法院建设以“公正与效率”为核心命题，秉持数字赋能、数字正义和以人为本的数字法治理念，构成司法领域的重塑性变革。数字法院建设是在习近平法治思想指导下，司法为民理念与科技创新精神在数字中国战略实施中的有机结合。不同于传统的法院信息化建设、智慧法院建设，数字法院建设是推动审判业务高质量发展的重要方法路径，其依托大数据手段建立覆盖审判执行各领域的数字场景模型，对内实现不间断的质量评查和风险预警，对外升级诉讼服务、参与社会治理，推动实现法院工作理念、业务流程、组织架构和治理方式的再造。数字法院建设主要从数助办案、数助监督、数助便民、数助治理、数助政务五个方面展开，遵循“数据解构—模型构建—嵌入运行”的开发路径，自下而上地形成场景驱动的业务应用体系。无论数字法院建设到何种阶段，都必须遵循三项原则：坚持法官主体地位不变、加强司法数据的安全保

* 上海市高级人民法院党组书记、院长。本文原载《法学研究》2024年第4期。

障、确保模型算法可靠。

【关键词】

数字法院　司法数据　高质量司法　数字法治　数字中国

进入数字化时代，大数据是生产资料，云计算是生产力，互联网是生产关系，数字技术是竞争的利器。[①] 习近平总书记多次就推动“数字中国”战略作出部署。党的二十大报告明确提出，要加快建设网络强国、数字中国。[②] 2023年2月，中共中央、国务院印发《数字中国建设整体布局规划》，为“数字引擎”助推中国式现代化作出了顶层设计。“数字中国”建设在各个领域不断深入，不仅推动着社会生产力的前进，也深刻影响着上层建筑。[③] 随着互联网、大数据、云计算、人工智能等数字技术的不断创新和深度应用，网络互联、数据融合、信息共享、业务协同不断深化，传统社会加速向以网络化、扁平化、数字化、高效化、智慧化为主要特征的全新社会结构转型，这些都对司法运行方式产生了越来越深刻的影响。[④]

---

① 参见贾宇:《论数字检察》，载《中国法学》2023年第1期。

② 参见习近平:《高举中国特色社会主义伟大旗帜，为全面建设社会主义现代化国家而团结奋斗》(2022年10月16日)，载《习近平著作选读》第1卷，人民出版社2023年版，第25页。

③ 参见卞建林:《论数字检察改革》，载《华东政法大学学报》2023年第5期。

④ 参见单志广:《数字化催生市域社会治理模式变革》，载《法治日报》2021年3月17日，第5版。

面对数字化改革的机遇和挑战，如何回应时代之变、理念之变、技术之变，把数字化意识、思维、认知、技术统筹贯穿到审判工作全流程，在更高层次更高水平上释放司法生产力、推动审判业务实现系统性变革，是当前人民法院面临的一项重大课题。数字法院建设在此背景下应运而生。所谓数字法院建设，是指将数字技术从单纯的辅助工具演变为一种贯穿法院工作全流程的工作方法，即通过建立覆盖立案、审判、执行、诉讼服务、社会治理各个领域的场景模型，对海量司法大数据进行筛选、比对、碰撞，发现隐藏在案件中的问题线索，实现不间断的监督管理和社会治理风险预警。建设数字法院，对内可以推动法院审判方式和管理方式的重塑性变革，对外则能提升诉讼服务和社会治理效能，实现人民法院整体性、系统化的数字变革。目前，数字法院建设偏重实践探索，在体系化思考和理论建构方面有所不足。鉴于此，本文以习近平法治思想为指导，致力于对数字法院的建设动因、内涵功能、价值理念进行考察，在此基础上，系统阐述数字法院建设的框架体系和实践应用，提炼数字法院的建设路径和配套机制，并对数字法院建设的未来图景进行展望。

一、数字法院的建设动因与价值理念

数字化改革不仅是一种技术变革，更是一种思维范式的革命。人民法院深入学习贯彻习近平法治思想，加快推进审判工作高质量发展，应把数字化改革作为一项战略性任务。随着数字化改革深入推进，人民法院的司法理念、审判方式和运行机制需要跟上时代发展的步伐，对司法公正、司法效率的追求，需要跟上人民群众的新期待。当前，司法领域受制于人案矛盾和传统审判模式的制度性约束，在司法公正、司法效率和司法公信力的提升上面临不少现实困境。[①] 作为数字化时代在司法领域的产物，数字法院建设运用数字化思维方式，借助大数据分析工具，全面赋能法院工作，为破解司法审判面临的现实困境、推进法院工作高质量发展提供了有力支撑。

（一）现状：传统审判制度面临的现实困境

经过改革开放四十多年的发展，我国审判体系和机制日益健全，司法审判整体水平持续提升，但由于存在一些深层次问题，尚未全面达到“让人民群众在每一个司法案件中感受到公平正义”的总目标，社会公众司法获得感的“落差”有可能伴随数字科技的发展而放大。

1. 司法资源紧张持续加深，办案辅助力度有待增强

近年来，我国法院案件量增长速度远远高于司法资源增长速度，传统审判制度呈现力有不逮的态势。根据最高人民法院工作报告，2012 年至 2022 年间，全国法院受理的案件量从 2012 年的 1300 万余件增长到 2022 年的 3300 万余件，但法官人数几乎未有增加。2022 年，基层法院员额法官人均结案 274 件，其中有 9 个省（区、市）的基层法院人均结案量超过 300 件，最高的超过 400 件。[②] 案多人少已经成为当前法院工作的基本约束条件和最

---

① 参见程金华:《中国法院“案多人少”的实证评估与应对策略》，载《中国法学》2022 年第 6 期。

② 参见黄玉玲:《最高法：2022 年全国法院受理案件数量达 3372.3 万件》，载 https://news.cnr.cn/dj/20230310/t20230310_526178169.shtml，2024 年 6 月 26 日最后访问。

大现实，任何相关制度设计都很难摆脱这一矛盾的制约。面对巨大的办案压力和日益紧张的司法资源，诉讼效率、审判质量势必受到影响，单纯依靠动员投入更多人力来保证审判质效，在事实上也已难以为继。为缓解人案矛盾以及给法官办案提供更多的智力辅助和支持，近年来，最高人民法院自上而下推出许多改革举措，但有些措施在具体运行中的实际效果有待进一步彰显。司法资源紧张所导致的司法质效问题，在传统审判模式下难以得到有效解决，而通过法院的数字化转型予以解决是重要路径之一。

2. 审判质量缺少可靠的检验体系，司法公正感受度有待提升

公平正义是司法工作的灵魂与生命。当前，以合议制、两审终审制等为特征的审判制度的运行效果，距离司法公正高效权威的目标仍有差距，司法公信力和权威性仍待提高，案件质量体系在内部检验和外部监督方面仍存在需要不断改进完善之处。在内部维度上，司法运行缺少一套可靠的体系化的质量检验机制。传统司法主要依靠审级监督、案件评查来保证质量，但巨大的办案压力使按期结案成为法官的首要考虑因素，案件质量控制在繁重的办案任务面前面临不少挑战。作为事后的质量补救手段，法院传统案件评查缺少常态化、全面系统的“质检体系”。对虚假诉讼、裁判不当、法律适用不统一、裁量权行使不规范乃至司法不轨等情况，法院依靠常规程序难以做到主动、高效、准确识别，实践中往往是经过当事人申诉信访，乃至引发舆情等非正常途径才得以发现。整体上看，传统个案式的案件质量评查方式，已经无法满足对海量诉讼案件进行全流程监督管理的需求，亟待建立一条能够实现“全流程系统防错”的质检线。

在外部维度上，依靠社会外部监督和诉讼程序公开尚难达致完全的“可视正义”。[①] 无论人大监督、政协监督、检察监督，还是社会监督，都受制于司法案件的高度专业性和信息不对称，虽可发现部分问题，但难以系统地保障案件审判质量。近年来，民众获取信息的即时性、准确性、交互性等发生了质的改变，相应地，民众对司法的透明度也提出了更高的要求。但是，传统司法一定程度上具有程式化等特征，影响民众对于司法公正的感受度。追求透明可视的“场景化正义”，[②] 亟须依托数字化手段，对传统司法中法官单向性的审判模式作出积极变革，让正义看得见、可验证。

3. 司法数据深度挖掘不够，数据价值有待充分实现

随着社会转型升级，数据信息成为新时代的战略资源。[③] 近年来，全国法院普遍实行诉讼材料电子化，引发司法数据迅猛增长，其所积累的海量司法数据，成为基础性战略资源。然而，因没有得到充分利用，多数司法数据处于静态、分散、被动的“沉睡”状态。[④] 任何案件都蕴含着信息链条，孤立地看链条上的单个信息点，则很难发现问题。以往的信息系统没有将信息点与大数据进行充分碰撞比对分析，案件数据彼此之间缺乏交集、互

---

① 参见马长山:《司法人工智能的重塑效应及其限度》，载《法学研究》2020 年第 4 期。

② 参见［美］海伦·尼森鲍姆:《场景中的隐私——技术、政治和社会生活中的和谐》，王苑等译，法律出版社 2022 年版，第 43 页。

③ 参见马长山:《智慧社会背景下的“第四代人权”及其保障》，载《中国法学》2019 年第 5 期。

④ 参见孙晓勇:《司法大数据在中国法院的应用与前景展望》，载《中国法学》2021 年第 4 期。

不关联，难以将案件中存在的问题清晰地展现出来，质量监督管理无法精准全面深入地展开。同时，数据壁垒、数据孤岛等基础性问题尚未完全解决，数据难以在大范围比对利用中充分发挥价值。① 在诉讼服务建设中，海量的司法数据缺乏精准推送，当事人被淹没在数据信息洪流中，无法准确快速地找到自己真正需要的信息。在参与社会治理方面，传统的审判白皮书、司法建议虽然能部分反映某一特定领域的问题，但针对性、时效性、有效性有待增强，特别是与建议对象的需求贴合度不够，促进社会治理的实际效果存疑。利用好大数据这座“富矿”，发掘和释放数据资源的潜在价值，已成为司法领域解决传统问题、推动高质量发展的内在需要和必然选择。

（二）破局：数字化改革让法院突破困境成为可能

随着大数据、人工智能、区块链等技术的加速融合发展，人类社会正在全面进入数字变革的新时代，人民法院的数字化转型为破解传统审判制度难题提供了难得的契机和无限可能。大数据处理与分析技术的出现，使得人们可处理以往难以掌控的数量巨大、变化迅速、形式复杂的数据，并从中找到高度精准、极有价值的信息模式和知识结构。② 尽管当前各类司法数据集相对杂乱，但其中记录着大量当事人信息，以及程序行为、事实证据和裁判倾向等方面的信息，对这些原始资料的利用比利用传统调查统计方法的成本更低、结果更为真实，且保留了更多的维度和参数复杂性。在以往案件材料电子化的基础上，人民法院有条件运用司

---

① 参见贾宇:《论数字检察》，载《中国法学》2023 年第 1 期。

② 参见郑戈:《司法科技的协调与整合》，载《法律适用》2020 年第 1 期。

法大数据技术，对数据进一步分解，能够挖掘出数据背后的规律，寻找出审判执行、社会治理存在的问题，聚合集成解决问题的方案。

人民法院的数字化发展呈现“积木式创新”模式，大致可分为法院信息化建设、智慧法院建设、数字法院建设三个演进阶段。法院信息化建设最早可追溯至20世纪90年代，该阶段以基础设施和网络建设为主要内容，其外在表现是计算机、互联网等信息通讯技术在法院工作中的渐次嵌入。法院信息化建设是司法公共服务的一种手段，其重点在于通过数据生成来优化传统业务流程，总体偏辅助性、服务性、事务性，并未切入审判权运行的核心领域。2017年，最高人民法院印发《关于加快建设智慧法院的意见》，正式提出“智慧法院”概念，要求人民法院全业务、全方位和全流程实现网络化、阳光化和智能化，这标志着人民法院进入智慧法院时代。经过多年发展，人民法院已经建成涵盖各审判领域，覆盖诉讼全流程，线上线下双轨并行、有序衔接的在线诉讼、调解和运行规则体系。但是，法院信息化建设、智慧法院建设具有较强的内部性、局域性、场域单一性特征，其作为业务的辅助性、服务性工具，主要是将立案、审判、执行、管理等工作由线下转到线上，以方便群众网上诉讼和法官在线办案，故整体水平仍处于数据生成和数据储存阶段。相关举措虽然部分纾解了案多人少的困境，但在传统制度框架的束缚下，其效能的发挥已经基本触顶，法院工作流程、机制、方式本身并未发生根本性变化。当前，数字科技的发展为审判体系的重塑性变革奠定了技术基础，传统审判制度已经从信息化、智能化发展量变阶段，迈入数字化全面质变的“奇点”时刻。数字法院以对数据的积极拓展运用为底层逻辑，将数字化及其功能上升至前所未有的高度，具体表现在如下方面：

1. 从依赖结构化数据到广泛利用非结构化数据

关于数据处理方式，传统上以利用结构化数据为主，依赖于法官人工输入。信息化作用的发挥，很大程度上取决于信息的录入量，信息录入越多则系统越有用；信息采集点少，则系统的作用就大打折扣。从某种意义上说，法官有时甚至成为信息化系统的服务者。实践中，部分以辅助法官、减轻工作量为目的的信息化项目，反而增加了法官工作量，严重悖离信息化、智慧法院建设初衷。大数据时代的数据处理，以处理非结构化数据为主。“只有 5% 的数字数据是结构化的且能适用于传统数据库。如果不接受混乱，剩下 95% 的非结构化数据都无法被利用。”[①] 数字法院建设所需要的数据主要来自判决书、裁定书和其他电子卷宗，且绝大部分是非结构化数据。对非结构化数据的利用，关键是通过“小样本”训练引擎和人工智能语义理解等技术手段进行内部挖掘，对数据进行程序化、自动化处理，进而实现关键要素自动提炼。以上海市高级人民法院为例，通过对全市过去六年来 483 万份裁判文书以及起诉状、答辩状等电子卷宗材料进行解构，在不增加人工工作量的前提下，形成 13.4 亿多个解构数据点，平均每份判决书可以解析出当事人信息、案由、诉讼请求、争议焦点、判决责任承担方式等 400 多个数据点。以非结构化数据为主的数

① ［英］维克托·迈尔－舍恩伯格、肯尼思·库克耶：《大数据时代：生活、工作与思维的大变革》，盛杨燕、周涛译，浙江人民出版社 2022 年版，第 64 页。

据利用方式，既唤醒了海量的“沉睡”数据，又有效减轻了法官的负担。

2. 从碎片化的系统到整体性的系统

法院信息化建设的目的在于通过信息技术在审判执行领域的应用，解决特定领域的具体问题。全国各级法院针对各自需求，先后启动了众多信息化建设项目，陆续建成种类繁多的信息化系统。这种项目化的开发方式必然存在碎片化的问题，各个系统就其功能而言，领域性特征明显，整体效应不强，缺乏系统性和规模性。与碎片化、缝合式的开发方式有别，数字法院天然是一个整体系统。数字法院建设基于相同的技术底座，更加强调协调性、系统化的机制重塑，其基本路径是推动应用场景在同一平台上的横向延伸，不断拓展覆盖广度、监管深度，实现平台贯通、应用贯通、机制贯通，使数字系统集约效能得到最大化发挥。

3. 从技术业务二元割裂到融为一体

在传统的法院信息化建设中，最突出的问题是审判需求与技术开发相割裂，技术与业务无法深度融合。信息系统的开发通常是先由业务部门提出需求，再由技术公司进行开发。技术公司因缺乏法律背景和办案体验，通常按照工程师思维推进项目开发。最终成型的系统虽具备基本功能，但法官往往体验不佳，使用积极性不高，导致实际成效与资源投入极不匹配。从既往情况看，一些投入很大的信息化系统使用率极低。数字法院建设则依循完全不同的开发路径，从发现问题到提出业务规则，再到数据建模、模型嵌入、后期优化，法官在数字法院场景建设中始终居于主导地位。在法官的直接参与、直接开发、直接使用下，司法需求与场景开发几乎完全融为一体，机器语言与自然语言互相转化的“技术鸿沟”基本消失，这从根本上改变了业务和技术二元割裂的传统模式。

4. 从自研自用到全域共享

传统的法院信息化建设、智慧法院建设主要是由各地区、各法院自行推进。由于各法院多年来已经建成了功能类似的信息化系统，这些系统适用的标准不一，故适配困难，导致横向推广存在障碍。不同于以往的法院信息化建设，数字法院建设天然具有共享性，应用场景本身具有数字化、标准化、普适性的特质，数据库越大则筛查效果越明显。在数字法院建设中，全域推广验证，是每一个应用场景开发的必经步骤。无论场景最初由谁申报，一经建模核验，即可供所有法院共用，具有“一地突破、全域共享”的鲜明特征。

（三）重塑：数字法院对传统审判权运行方式的变革性改造

数字法院建设既是此前信息化、智慧法院建设的延续，更是在此基础上的迭代升级，具有穿透性、全覆盖、不间歇的显著特征：第一，大数据因其天然优势，可以解决信息不对称、“数据壁垒”的问题，发现单个法官无法发现的问题；第二，数字法院体系下的案件管理覆盖审判执行各环节，既涉及实体问题，也涉及程序问题，是全周期、全过程、全方位的案件质量效率控制体系；第三，各类应用场景一旦建立起来就自动投入运行，永不停歇地反复筛查案件，对案件风险隐患和瑕疵差错予以追踪管理、提前预警，破解质效管理的时空束缚。正是具备了上述特征，数字法院可有效解决传统审判制度面临的难题，打破与数字时代不相适应的司法模式和治理方式，对法官办案方式、监督管理形态、审判权力运行，乃至法院诉讼服务、参与社会治理、司法政务管理等各个领域都进行数字化改造，带来法院业务流程、组织架构和体制机制的重塑性变革，实现从“器”向“道”的根本性革新，推动法院工作实现高质量发展。

1. 对法官办案方式的重塑

数字技术的嵌入，推动了算力与人力的结合。通过数字化技术，法官可以将繁多、琐碎、反复循环的事务性工作交给应用程序，使事务性工作逐步实现通过系统和机器完成。数字法院建设视域下，不仅要思考数字技术与现行法律体系、制度的融合关系，还要关注其“对现有法律方法的替代效应，尤其是司法裁判中的法律方法”。[①] 数字法院建成后将全面优化法官办案的方式和效率，因为数字法院更多是由数字模块对事实、证据等进行量化处理，能够运用机器学习技术持续丰富和完善知识库，利用机器强大的计算力、海量数据建立数字化模型，从复杂的司法数据中创造出有交集的量化信息，为法官梳理案件信息、检索类案标准和识别案例异同提供强大技术支持。同时，法官办案的过程被全流程、实时、动态地置于平台的“注视”下，即在自我审查之外，法官还要受到机器评查和数据筛查的约束，对数字提示预警的核查和反馈也成为法官日常工作的一部分。[②]

2. 对监督方式的重塑

传统的案件监督主要通过上诉程序、再审程序、案件评查来

---

① 魏斌:《智慧司法的法理反思与应对》，载《政治与法律》2021 年第 8 期。

② 参见樊传明:《被敞视的法官：数字司法对审判权运行的影响》，载《法制与社会发展》2024 年第 3 期。

实现，是个案的监督、事后的监督和被动的监督。数字法院建设则有助于案件监督从“事后监督”向“事前监督”转变、从“被动纠错”向“主动纠错”转变、从“个案纠错”向“系统防错”转变。在监督的主动性上，数字法院通过“个案办理—类案评查—系统治理”的审判监督流程，从个案中析出共性、典型问题，针对常见易发、盲点难点问题等设置预警节点，从立案伊始提前介入提示至判后执行全程闭环监控，将司法数据分解定位到每一件案件、每一环程序、每一个步骤，更加主动地查漏补缺。在监督的系统性上，数字法院的案件监督实现了全流程和各环节的要素智能提取、监管规则按需配置、重大敏感案件自动识别标注、关键节点的自动化管控，实现了评查在线完成、监督全程留痕、分类提示预警，形成了“责任明确、过程留痕、动态监管、预警提醒、同步督办、整改评估”的监管体系闭环。

3. 对院庭长管理方式的重塑

近年来，司法责任制改革的中心任务之一，即改变科层制的司法行政化管理模式，以扁平化管理为目标，实现“让审理者裁判，由裁判者负责”。但是，由于具体实施中存在一些理解上的偏差，司法责任制的落实不够全面准确，也带来裁判不统一、审判质效存在隐患、文书存在低级错误等问题。数字法院建设改变了院庭长监督管理的传统方式，使其有条件立足更高维度、更广视角来审视现实中的监管难题，在全新的思维坐标中寻找新思路。数字法院将司法办案的各个环节数字化，实现数字储存、数字建模、数字行权、数字留痕、数字追踪，并将案件中的具体风险因素推送给院庭长，便利院庭长进行有针对性的“智慧阅核”，极大提升院庭长管理的精准性、有效性。

（四）理念：推进数字法院建设的行动先导

没有理念的变化，就没有制度的改变。[①] 作为司法领域的重塑性变革，数字法院建设以“公正与效率”为核心命题，致力于将数字赋能、数字正义和以人为本的数字法治理念贯穿于建设的全过程。

1. 数字赋能理念

数字赋能理念源于“赋能”概念，个人、组织或者社群可以通过“赋能”这一过程，获得并整合更多机会与资源来实现目标，进而提高个人生活质量、组织运作效率，以及社群生活品质。[②] 数据是信息的载体，而信息是知识的来源，知识则可以产生智慧能力。[③] 这种智慧能力与互联网、大数据、云计算、人工智能、区块链等数字技术有机融合，推动了数字化改革的跃迁，实现了从技术理性到制度理性的跨越。[④] 第一，数字化是人民法院审判工作高质量发展的引领力量。数字经济时代，数据已经成为继土地、劳动力、资本、技术后的第五种生产要素。[⑤] 数字

① 参见张维迎：《理念的力量》，西北大学出版社2014年版，第1页以下。

② 参见赵森、鲍静、刘银喜：《从赋能到包容：数字政府建设非均衡困境生成机制及化解路径》，载《中国行政管理》2022年第12期。

③ 参见申卫星：《论数据用益权》，载《中国社会科学》2020年第11期。

④ 参见袁家军：《数字化改革概论》，浙江人民出版社2022年版，第1页以下。

⑤ 参见《中共中央关于坚持和完善中国特色社会主义制度　推进国家治理体系和治理能力现代化若干重大问题的决定》（2019年10月31日中国共产党第十九届中央委员会第四次全体会议通过）。

法院所强调的大数据思维，主要体现在对数据的主动式、挖掘式运用。数据存在的意义不再限于提升工作便捷度和效率，而转为主要提供基础资源库及问题分析解决手段。第二，数字化是人民法院审判工作高质量发展的撬动点。通过数字化手段，在个案办理、监督的基础上，集成定位案件背后存在的共性问题，能为类案办理、审判监督等指明突破点与发力点，形成业务、管理与技术深度融合的模式，为驱动审判工作高质量发展提供新动能。通过对法律文书、办案记录、起诉状、答辩状、证据等数据进行解构和分析，揭示隐藏在数据中的未知联系和规律，能够从数据中获取司法工作的新动能，有效促进司法质效提升。

2. 数字正义理念

数字正义理念最早与在线纠纷解决机制的蓬勃兴起相关联。随着在线纠纷数量的井喷式增长，传统法院和多元纠纷解决机制难以有效应对，数字正义理念应运而生。数字技术的快速发展，为“接近正义”运动所提出的消除障碍、确保公平、提高效率三项基本要求的有效实现提供了内在驱动和难得契机，使物理空间上的“接近正义”迈向“物理—虚拟”双重空间的“可视正义”。[①] 数字正义理念推动了现代正义理念的发展，其本身也伴随着数字化变革而与时俱进，内涵更加丰富。第一，数字时代的正义是由科技发展塑造的正义。科技水平的提升，带来司法对正义实现水平的提升，数字法院建设是数字时代实现正义的理念、机制和过程在当今司法实践中的应用，是通过数字技术实现技术逻辑和法治

---

① 参见王福华：《互联网司法的正义体系》，载《中国法学》2024年第1期。

逻辑的融合和协同的过程。第二，数字时代的正义一定程度上是可计算的正义。数字正义体现了科技时代的司法效率观和司法质量观。在数字时代，司法的质量和效率均可以通过程序予以管控，正义具有了可计算的性质。大数据技术促使粗放式的审判方式转为精细化的审判方式，从以定性分析为主的审判方式转为定性和定量分析并重的审判方式，从而实现了案件审判质量和效率的提高。第三，数字时代的正义一定程度上是可视化的正义。数字法院将司法权的运行直观展示为数据的输入和模型及应用的输出过程，实现了对办案方式和监督方式的流程再造与规则重塑。

3. 以人为本理念

"传统正义观中，人在正义理论结构中处于主体地位。"① 以人为本的价值理念在中国法治建设中的贯彻与落实，是中国特色社会主义法律体系形成与确立自身价值的前提与基础。全面贯彻以人为本理念，必须承认人是法律之目的、本源、尺度以及最终价值。② 数字变革同样需要坚持以人民为中心的基本立场，维护人的价值和尊严。③ 近年来，中共中央办公厅、国务院办公厅印发的《关于加强科技伦理治理的意见》、国家新一代人工智能治理专业委员会发布的《新一代人工智能伦理规范》和国家互联网信息办公室等公布的《互联网信息服务算法推荐管理规定》等政

① 谷佳慧:《数字时代正义的内涵变迁及法治保障》，载《北方法学》2023 年第 5 期。

② 参见胡玉鸿:《以人为本的法理解构》，载《政法论丛》2019 年第 1 期。

③ 参见贾宇:《检察机关参与网络空间治理现代化的实践面向》，载《国家检察官学院学报》2021 年第 3 期。

策文件、行业规范或法规规章，均明确要求坚持以人民为中心的发展思想、尊重保障人权、促进公平公正、保护隐私安全等，体现了以人为本的数字治理理念。数字法院的建设目标和价值取向都是为了服务人民，即通过实现质量变革和效率变革，提高人民群众对司法公平正义的获得感。此外，以人为本的治理理念还要求，在人与机器的互动中，应坚持机器只扮演辅助者角色，人始终居于主体地位。①

二、数字法院的框架体系与实践应用

人民法院作为国家审判机关，其主要职责在于依法公正高效行使审判权，而审判监督管理、提供诉讼服务、参与社会治理、司法政务管理等职责，则是从人民法院公正为民的司法价值目标中派生而来的。数字法院建设在推动实现审判质量和效率的重塑性变革外，还前所未有地延伸了人民法院内部治理和参与社会治理的触角。2023 年以来，上海市高级人民法院推动数字法院建设取得阶段性成效，截至 2024 年 6 月，全市三级法院已申报各类应用场景 6000 多个，建立模型 1390 个，推广应用 590 多个，嵌入系统 320 多个，数字法院的框架体系、技术平台、建设路径、操作规程、配套制度初步形成。从框架体系看，数字法院建设主要从数助办案、数助监督、数助便民、数助治理、数助政务五个方面展开。

① 参见《最高人民法院关于规范和加强人工智能司法应用的意见》（法发〔2022〕33 号）。

（一）数助办案：既注重质量又兼顾效率

提高审判质效是数字法院建设的目标和初衷。传统的法院信息化建设已经实现了“业务数据化”，在此基础上，数字法院基于大数据引擎，对海量数据进行处理、分析和挖掘，通过场景建设和人工智能技术运用，提取数据中所包含的有价值的信息和知识，实现高水平的人机协同，将数字思维和方法贯穿至法院审判工作全方位、全流程，让数字成为撬动法院审判工作全面系统化升级再造的支点，推动“数据业务化”。数字法院建设将法律适用规则、裁量尺度标准、关联案件信息、文书写作规范等全部嵌入办案系统后，实现了自动分析、自动推送、自动预警，使案件办理的背后不再单纯是法官个体的智慧和思考，而是同时得到一整套大数据智能分析系统的支持。

1. 自动比对关联案件信息

司法实践中，关联案件大量存在，在不同法院或不同法官承办的案件中，可能存在部分当事人相同，或者事实认定、程序处理方面具有一定利害关系的情况，极易造成案件处理结果冲突。例如，借贷合同纠纷被告在其他法院被指控构成非法吸收公众存款、集资诈骗犯罪，执行案件中的被执行企业在其他法院进入破产程序，无财产可供执行的被执行人在另案胜诉有望获得赔偿等，均属关联案件。案件关联要素通常呈隐蔽状态，传统方式难以有效及时发现，容易造成错误裁判或处置。针对这种情形，数字法院在囊括辖区内所有已决和在审案件信息的司法大数据库中比对分析，构建关联要素应用场景模型，经智能比对、综合分析、排除干扰后输出结果，可有效拓展法官获取案件事实信息的路径广度，及时识别关联要素。例如，通过民刑案件关联、行刑案件关联、审执案件关联、审破案件关联等，可发现刑事退赔与民事赔偿重复判决、同一事故引发的机动车交通事故责任纠纷中多个案件交强险超限额判决、毒品刑事案件中毒品犯罪前科等事实情节遗漏等问题。又如，对借助离婚诉讼分割财产以逃避债务的情形，通过开发数据场景，将离婚诉讼案件数据与此前已经在法院审理中的关联债务案件按照一定规则进行比对筛查，即可甄别发现通过离婚逃避债务的可疑点，防范财产分割侵害案外人合法权益；通过外部数据联通，获取大数据中心数据，可及时发现案件法人组织注销或者自然人死亡等情况，避免错误判决。再如，针对民事执行案件的被执行人履行义务之后未被及时解除“限制高消费”的情况，将现有的“限制高消费”当事人信息与执行完毕的当事人信息进行筛查比对，即可自动生成问题案件的详细清单，能迅速解除限制措施。并且，将此场景模型嵌入系统后，一旦案件执行完毕，系统就会自动提示法官在规定时间内解除限制措施，可从源头上解决问题。

2. 自动识别认定虚假诉讼

司法实践中，虚假诉讼的认定历来是审理难点。数字法院建设通过对案件要素的汇总分析和模型构建筛查异常数据，可使伪造、虚构、串通等虚假因素得到有效识别。上海市的数字法院建设已经建立“涉车牌买卖虚假诉讼纠错”“民间借贷虚假诉讼甄别”“假离婚、真逃债诉讼甄别”等数十个应用场景。其中，依托“涉车牌买卖虚假诉讼纠错”应用场景，筛查出涉嫌伪造车辆买卖协议提起诉讼、骗取已吊销或注销企业名下上海车牌额度司法拍卖款的线索900余件，并依法处理。此外，通过对过去六年相关案件中同一原告的诉讼频率、诉讼数量、购买平台、诉讼主张等要素进行比对分析，可有效筛查发现职业打假人、职业放贷人，为相关案件的事实认定和法律适用提供辅助。

3. 自动推送办案要件指引

传统上，法官业务知识的获取，依赖于对法条和对以往案例的学习和理解，法官对案件要件的归纳能力，取决于个人经验和知识结构，具有较大的个体性和差异性。数字法院背景下，借助于数据资源、处理能力和统计技术等方面的优势，依托电子卷宗深度分析技术，可以将历年来积累的办案规则指引、类案办案要件指南、要素式审判指导等转换为数字模型，将办案指引规则融入法官实际办案中。实现这一功能，需遵循由易到难的顺序，先从结构化程度高的要素式办案应用场景入手，智能抓取原告的起诉状、证据材料等案件要素，梳理归纳无争议要素和争议要素，初拟裁判文书。对结构化程度低、难度较大的场景，则需依循不同的建设侧重点，分别向“辅助庭审”“争点概括”“类案推送”“裁量平衡”“易错点预警”等单个或者多个功能点探索突破。数字法院建设从开发要素式审判指引场景入手，逐步扩展到更加复杂的办案指引类场景中，将使各类审判指引类文件从纸面工具变成办案的有机部分。

4. 促进法律适用标准统一

从司法实践看，基于案例的法律推理与基于规则的法律推理是聚合的。但是，法官掌握的案例信息和案件数量受到人工搜索的范围限制，对同案要素的提取受到人工提取的精力和时间的限制，基于案例的推理也受到各种条件的限制。要想摆脱上述困境，关键在于克服法官类案分析能力的缺陷。“以数据为中心的新技术的快速发展为法律问题解决和分析的新算法方法打开了大门。”[①] 数字法院借助标准一致的数据要素抽取、相同的数字建模，以及自动化的操作流程，实现了对法律知识的自动提取，在此基础上可以比对分析个案与历史同类案件的裁判尺度，为法官提供参考。例如，上海市在数字法院建设中，针对常见适法不统一、自由裁量权行使不规范的案件类型，研发“销售假货刑事案件适法统一”“职务发明奖酬案件适法统一”“危险驾驶案件适法统一”等数十个类案应用场景，在办理相关案件时即时提示典型案例处理规则，为统一法律适用标准提供了数字化的全新途径。

（二）数助监督：全流程常态化监督

如果说数助办案是对审判质量和效率的正向探索，数助监督则体现了反向的规范约束。大数据在筛查线索和监督管理上具有天然优势，极大地丰富了监管手段，拓宽了监管范围。[②] 依托法院审判执行过程中积累的海量身份数据、行为数据、关系数据、财产数据等司法大数据资源，通过结构化、要素化方式进行采集、存储、分析，结合运用数字建模与智能应用开发，可以发现数据中隐藏的各类问题，如案件质量问题、司法廉政隐患、诉讼效率问题、程序不规范、法律文书瑕疵等，从而实现全流程系统性监督。

1. 自动识别防范文书瑕疵

裁判文书是法官的作品，文书质量是检验法院工作水平的重

---

① 邱昭继：《人工智能、法律解析与未来法律实践》，载《政法论丛》2022 年第 4 期。

② 参见黄文艺：《数字法治是现代法治新形态》，载《数字法治》2023 年第 2 期。

要标尺。即使是微小的文书瑕疵，也必须以更正裁定的方式予以纠正，对于涉及裁判文书主文的错误和案件主体信息表述错误等，则必须以再审等方式予以监督纠正。审判实践中，文书核校是法官工作的重要内容，通常以法官自我审查和法官助理逐项核对相交叉等方式进行，既耗费精力，又难免发生错漏。数字法院建设围绕审判实践中多发的诉讼主体错列、裁判文书法条引用错误、用语表述不规范等问题，建立“裁判文书利率表述提示预警”“刑事和解案件法条适用提示预警”“破产衍生诉讼主体规范列示提示预警”等预防裁判文书瑕疵的应用场景，对上传的裁判文书进行自动抓取监测并及时预警，有助于系统地处理文书常见易错问题，促使文书瑕疵问题逐步消减。

2. 规范办案诉讼程序

规范诉讼程序是实现程序正义的应有之义。大数据时代，诉讼的一切程序事项都在数字化形态中全程留痕，排查程序瑕疵不需要再依靠传统的“评查—通报”方式，而是可以通过数字化手段一键查找。例如，对不公开审理案件未依法公开宣判的、公告送达案件未及时转换为普通程序的、驳回起诉后未及时退诉讼费的、处理管辖权异议裁定生效后未再开庭的、简易程序转普通程序未作裁定的、公告案件送达超期的，均可通过构建相应的应用场景，迅速筛查、提示、纠正、追责。随着立案、审判、执行等程序和送达、保全、质证、移送等环节的易发失范情形预先嵌入办案系统，诉讼程序的规范化水平可望迎来质的飞跃。

3. 避免诉讼程序空转

程序空转是指偏重于对诉争事实进行是否符合法律构成要件的形式审查，或者仅对案件作出程序处理，而相对忽略针对诉讼事实的完整查证与矛盾纠纷的实质化解，以至于出现当事人的同一个争议事实历经上诉、申诉等诉讼程序，衍生成为多个案件后仍然难以平息的情形。程序空转增加当事人诉累、耗费司法资源、损害司法公信力，多表现为对程序法的机械适用，故在传统的监督方式下治理效果不佳。为保障当事人合法权益，实现对程序利益和实体利益的平衡追求，数字法院聚焦矛盾纠纷一次性实质解决，通过构建“管辖移送立案程序空转甄别预警”“离婚案件程序空转甄别预警”“一案反复执行终本甄别预警”等预防程序空转的应用场景，解决审判实践中案件多次移送管辖、重复确认仲裁协议效力、离婚案件无故反复驳回、反复终结本次执行程序等现象，强化对各类程序性事项的全流程监督管控，从源头避免程序空转。

4. 智能监测办案效率

诉讼效率关系到人民群众的合法权益能否及时实现。传统的诉讼效率监管方式存在非常规化、可视化程度低的缺点。数字法院在办案系统设置的工作流程节点基础上，直观呈现案件办理时间轴，精准设置流程管控松紧阀，智能化监督管理各项诉讼程序启动、推进、延长、终结的耗时。根据办案节点留痕信息，数字法院智能管控模块能够自动分析和预警，向具有相应管理职能的院庭长及审判管理职能部门等自动发送督促信息。例如，建设“长期未结案”风险预警模块、“诉讼链均时间”案件评查模块、“一审服判息诉率”研判参考模块等效率监督应用场景，并推动各模块的自由组合集成，可有效预防审限空置、多次排庭、鉴定拖延等低效现象，实现由人工督促到平台督促的转变。

（三）数助便民：赋能升级诉讼服务

诉讼服务体系作为法治建设的重要内容，既是公平正义的逻辑起点，也是司法为民的重要窗口，直接影响当事人和人民群众对司法公平正义的感受度。近年来，全国法院在推进诉讼服务融合方面主动推出了很多举措，如建设一站式多元解纷和诉讼服务体系、深化司法公开等，但距离公众日益多元化的司法需求始终存在差距，司法的自我评价与社会评价之间的差距还是存在，其中原因值得深思。数字法院时代，传统诉讼服务获得了重大升级的机遇，其主要方向是充分挖掘大数据价值，推动诉讼全程留痕、精准推送、智能预测，让诉讼流程可知、诉讼服务可感、诉讼结果可期。

1. 让诉讼流程更加可知

数字化与标准化相伴而生。通过数字化手段，可以更加有效地推动全部诉讼服务项目和工作规程标准化，实现法院线上线下的诉讼服务“一个标准、一个流程”，实现当事人同一诉讼服务事项的无差别受理、同标准办理，大大减少人为因素带来的不确定性。例如，针对立案难的痼疾，将当事人首次提出立案诉求、是否愿意接受调解、实际立案时间或不予立案的理由等原始信息都自动留痕在无法修改的网络账本上，则立案是否顺畅、是否存在强制调解或无效调解、正式立案所耗时间等都变得公开可见，这使得违规操作失去空间，立案登记、诉前调解等诉讼服务都将变得更加公正、公开。

2. 让诉讼服务更加可感

诉讼服务数字化改革在理念思路上强调整合升级原有的数据服务功能，通过构建诉讼服务类应用场景，准确识别当事人需求，靶向提供服务，以满足人民群众多元化和个性化的需求。例如，针对当事人在查封期届满时忘记申请续封致使财产保全失效的常见情形，可开发应用场景，自动提醒当事人决定是否续保，让当事人感受到诉讼服务的精准周到。又如，针对信访回复不及时或缺乏实质内容的情形，开发涉诉信访“有信必复”工作规范化操作及有效回复质量监督辅助模型，对提交的答复内容进行自动识别，如答复内容被判定为无效答复，则系统将自动拦截并提出警示。

3. 让诉讼结果更加可期

法的可预期性是现代法治的重要特征。“法律要具有权威和发挥功用，就必须保持稳定性并能提供稳定的预期。”[①] 诉讼结果难以预测或者与庭审情况大相径庭，容易引发当事人的质疑，动摇公众对法治的信任。数字法院对诉讼服务的定位之一，就是通过系统自动分析比对，为当事人推送法律适用规则、裁量尺度标准、相关法律法规、类案参考，提供司法裁判走向预测及诉讼风险评估，让诉讼结果更加可期。在进入诉讼伊始，可通过智能法律咨询、风险评估及相关智能推送，帮助当事人提前了解诉讼风险以及案件的大致走向，消弭当事人与法官之间的信息鸿沟，改变当事人不合理的心理预期。系统自动分析比对也有助于对法官心证提供参考并形成合理约束，提升裁判结果产生过程的透明度，确保“诉讼证据出示在法庭、案件事实查明在法庭、诉辩意见发表在法庭、裁判结果形成在法庭”。[②]

---

① 参见梁迎修：《理解法治的中国之道》，载《法学研究》2012年第6期。

② 《最高人民法院印发〈关于全面推进以审判为中心的刑事诉讼制度改革的实施意见〉的通知》（法发〔2017〕5号）。

（四）数助治理：既“治已病”也“治未病”

司法是社会矛盾纠纷的“集中地”，是社会经济运行的“晴雨表”，司法案件潜藏着社会治理方面的隐患和问题。通过激活司法大数据资源，将案件蕴含的社会信息系统地挖掘出来，可以提升司法参与社会治理的手段和成效，推动司法职能从“抓末端、治已病”向“抓前端、治未病”延伸，为法院工作高质量发展提供一条崭新的路径。

在数字法院建设背景下，人民法院在社会治理中的角色将发生重大转变。第一，在参与方式上，从制发司法建议、发布白皮书，发展至聚焦类案挖掘普遍化、类型化问题，依托数字化分析研判，跨前一步提供决策参考和司法服务。第二，在参与手段上，从依托个案对社会治理薄弱环节的有限感知，到依托海量司法数据及内外部数据碰撞，发现社会治理中的趋势性、规律性问题，对社会治理盲点短板主动深挖，实现数据功能的最大化。数字法院不仅以数据共通共享促进共建共治，还从超大量级的司法数据碰撞中及时发现苗头性隐患，将矛盾纠纷预防化解关口有效前移，使司法审判与社会治理真正达成融合互动。具体而言，数字法院主要通过三类场景模式实现“数助治理”。

1. 决策参考类应用场景

通过内部深入挖掘司法大数据及与外部数据进行碰撞、比对，可以发现某一类社会治理领域中存在的问题，形成深度分析及对策建议要情专报，报送党委参考决策。例如，通过对涉诉企业身份、行为、关系、财产等海量数据的融合分析，挖掘梳理类型化案件特征，可以建立智能化知识图谱和规则引擎，生成各类风险防范报告，揭示预警行业风险、金融风险等，提升风险防范的及时性和有效性。自数字法院建设以来，上海市三级法院已针对机构养老服务行业治理、新能源汽车产业发展、民营企业融资等二十多个社会治理问题建立数据模型，开展深度分析，多篇大数据分析报告获得上海市委采纳并推动相关领域治理整改，在社会治理参与量与贡献度上均呈现指数级增长。

2. 司法数据推送类应用场景

通过将数字模型发现的蕴含某一社会治理价值的案件线索实时推送给相关主管部门，有助于主管部门及时进行核查处理，健全工作机制，堵塞管理漏洞。例如，司法案件中常见的二手房交易双方“做低”房价、股权转让签订“阴阳合同”、企业高管离职后通过司法途径追索薪酬等情形，往往潜藏着偷逃税的可能。法院通过建立数字模型进行筛查，能够实时生成涉嫌逃漏税款的具体案件清单，自动推送给税务部门核查，助力健全税收征管体系；针对部分用人单位不依法为劳动者缴纳社保的情况，可以通过劳动争议案件审判数据筛查，以诉讼案件确认“建立劳动关系”等为切口，与社保部门共享相关用人单位信息线索，在强化劳资纠纷源头治理的同时，为社会保险领域治理提供助力；针对社区矫正对象逃避监管等问题，碰撞比对缓刑案件信息、社区矫正对象信息、行政违法信息，可有效健全完善社区矫正对象监管衔接机制。

3. 司法数据查询类应用场景

通过开通查询端口，将法院掌握的相关数据信息提供给有特定社会治理需求的政府单位、监管部门等查询，能够反向打破“数据壁垒”，助力社会治理。例如，通过与金融机构对接建立中小微企业涉诉信息查询渠道，提供相关涉诉信息说明服务，可消除金融机构和企业之间的信息不对称，更精准地呈现企业的信用“画像”，避免金融机构采取与企业实际诉讼风险不匹配的贷款限制措施；针对有暴力、吸毒、涉交通肇事等犯罪记录的人员违规从事网约车服务乱象，可为公安、交通主管部门提供相关数据查询服务，助力行业监管和消弭隐患；针对教育行业的特殊从业要求，可向教育主管部门提供相关从业人员性侵、虐待、拐卖、暴力等犯罪记录数据查询服务，共同落实从业禁止制度。

（五）数助政务：集约互通、一网统管

司法政务与审判中心工作密切相关，是推动法院工作高质量发展的重要保障。法院政务包括党建工作、干部人事、教育培训、绩效考核、公文流转、督查督办、档案管理、行政装备、法警管理等事项，涉及政工、办公、警务、行装等多个类别，内容十分庞杂。数助政务就是以数字化方式重塑司法政务管理方式，围绕“数字政工”“数字办公”“数字警务”“数字行装”等各类管理需求，将司法政务中的管理要素和操作流程数字化、标准化，打造安全便捷、内外网联通、各级法院共享的立体化集约化平台，畅通内部数据对接，将数据从分散式、碎片化分布状态向一张网集成，最终做到“一网统管”，实现法院工作高质量发展。这具体又包括两条途径。

1. 政务一体化模式统管，即依托安全可靠的移动专网和跨网安全交换机制，建设移动端互联共享的办公平台，构建“全场景覆盖、上下级贯通、内外网联动”的政务管理新模式；打造一个政务办公应用总门户和多个业务应用，升级完善公文管理、行政事务审批、交督办、数字档案等业务应用，构建集成全部政务办公应用的司法管理一体化统管系统，实现政务办公一平台统管。

2. 功能性应用场景赋能，即挖掘队伍建设管理、司法政务办公的各种场景与数字技术融合的切入点和连接点，打破干部人事、人才培育、业绩考核、禁业限制等方面的“数据壁垒”，使队伍建设、政务办公所涉及的信息记录、流程管理、动态比对等事项更加精准化；在推动各类数据互联互通的基础上，进行政务数据的比对、碰撞，实现流程管理、预警监测、辅助决策等数字化“管人、管案、管事”功能。在此方面，上海市的数字法院建设围绕政治建设、干部选任、人才培育、文化创新、监督管理，目前已搭建数字政工平台并配套六大工作板块，初步实现了数字集成、一网通办、预警监督、辅助智选、干部画像等主要应用功能。

三、数字法院的建设路径与配套机制

数字法院的应用场景建设是数字技术在司法领域的最新发展，没有现成经验可循。从实践情况看，推动数字法院建设，必然要遵循“自下而上”的建设路径和一整套独特的操作规程，并辅以相应的配套机制。

（一）数字法院的建设路径

1. 数字法院建设的技术路径

数字法院功能的实现，需要打造司法大数据中台、研发模型平台和自动运行平台“三大平台”，遵循“数据解构—模型构建—嵌入运行”的实践路径展开，最终自下而上地形成场景驱动的业务应用体系。

第一，数据解构。获得尽可能多的数据是建设数字法院的前提。近年来，全国法院通过全流程网上办案体系、电子卷宗同步生成、庭审语音自动转换等智慧法院项目，形成了源源不断的司法数据资源。但是，储存于这些系统中的数据结构化程度低、颗粒度粗，除系统设置的信息采集点外，大部分数据无法被机器直接提取利用。要解决这一问题，需要从两方面释放数据资源效能：一是对裁判文书以及起诉状、答辩状等电子卷宗进行全面解构，将原始数据转化为机器可读的数据，打碎数据颗粒，为数字法院建设提供可直接抽取利用的数据资源；二是打通外部“数据壁垒”，对接政府大数据中心，线上实时调取使用公共数据。目前，上海市已将实有人口、企业注销、车辆信息、社保等 140 余类数据用于法院场景化建模，实现内外部数据共享共用。

第二，模型构建。数字法院建设的关键步骤，是根据司法实践中发现的常见问题梳理提炼筛查规则，然后将规则置入研发建模平台上进行数字建模，经过反复核验测算，形成相对准确可靠的应用场景模型，再到大数据库中进行筛查比对，最终发现问题线索。数字建模以一线法官在日常审判工作中发现具体问题为起点，必然采取自下而上的建设路径，且大部分场景开发都是由基层发起并最终完成建模。实现这一建设路径，必须建立向全体法官开放的“研发模型平台”，利用数据关联、数据筛查、数据建模等大数据技术，搭建模型运算中心和模型生成中心，依托可视化工具，通过“低代码、可视化”编排提供灵活的数字化模型配置功能，使全体法官可通过该平台高效便捷地实现应用场景模型的构建。研发模型平台设计的关键是简易、可视、开放，只有大幅降低技术难度，才能让一线法官在短时间学习后即可直接参与操作，最大程度地减少技术壁垒。

第三，嵌入运行。模型构建完成，意味着可以在司法数据库中筛查比对、发现问题线索、监督纠正问题。但是，场景化数据运用的最终目标是嵌入办案系统，实现提前预警，防患于未然。因此，嵌入运行需要搭建自动运行技术平台，利用区块链等自动执行技术，将已验证成熟的应用场景嵌入网上办案系统的立案、庭审、结案等节点，案件办理至指定程序节点时即触发模型规则，自动预警提示可能存在的质量隐患，发挥事前防错功能。应用场景自动运行技术平台，应当以“松耦合”方式与办案系统并轨运行，这样既能实现与办案系统的数据交互、信息提示，又不影响办案系统自身运行。

2. 场景建设的基本步骤

数字法院建设将辅助法官提升办案质量作为目标，只有数字模型达到相当程度的准确率，推送的预警信息才能真正帮助法官。以上海市的数字法院建设情况为例，为提升数字模型的准确率，场景的开发建设需按照“场景申报、数字建模、推广评查、嵌入测试、核验反馈、优化完善”的操作规程展开。第一步是场景申报。应用场景建设是以一线法官场景申报为逻辑起点，由易到难、层层递进的发展过程，遵循服务审判、数据驱动、质量优先、注重实效、稳步推进等原则。申报场景的方向既可以是提示预警、甄别预警，也可以是类案监督、适法统一，但提出的筛查规则必须简洁凝练、明确细致、逻辑清晰，在技术上具有可实现性。筛查业务规则转译为技术语言，就是模型算法。第二步是数字建模。发起场景建设的项目组在数字模型开发平台上建立模型后，场景建设即进入初步核验环节，从本院的历史数据中筛查出存疑线索，逐条核验存疑线索是否符合应用场景建设目的以及数据是否精准。如本院的存疑线索核验精准度低于要求，则需要进一步调整业务规则、优化数据模型、再次核验数据，直至精准度达到预设水平。第三步是推广评查。场景模型经过核验且精准度符合要求后，形成应用场景评查报告，经数字化建设专班集中核准后进入全市核验阶段，即对全市的历史数据进行筛查，并将存疑线索交由所涉法院逐条核验。项目组根据存疑线索核验精准度情况，继续调整优化数据模型，经专班会同业务部门确认后成为评查模型。第四步是嵌入测试。场景建设项目组申请场景嵌入办案系统，应当经过工作专班及业务指导部门的集中论证、评查，在满足核验期限并实现精准度要求后，方能进入嵌入测试阶段。场景嵌入办案系统后，如符合场景业务规则，系统将向预设提示对象，如院庭长、承办案件的法官等发送预警提示。第五步是核验反馈。收到预警提示的法官应在一定期限内进行反馈，项目组结合预警提示数量、有帮助率等反馈情况，进一步优化嵌入系统规则。在嵌入情况、命中情况等均良好的前提下，试运行达到一定时长后方可通过场景验收。第六步是优化完善。场景验收后，如出现触发过于频繁或反馈有帮助率过低、长期未触发等异常情况，项目组需进一步优化相应规则。未采取有效措施或者不需要继续嵌入的，则撤回嵌入。

从上述“六步法”的操作规程可见，数字法院的场景建设过程相当严谨，必须通过螺旋式的反复验证测试，使数据模型不断优化以达到理想的准确率，最终实现质效提升。

（二）数字法院的配套机制

数字法院建设是一项系统工程。相对于数字技术的介入，配套机制的同步建立同样重要。从目前积累的实践经验来看，数字法院建设所需的配套机制主要包括以下几种。

1. 组织安排机制

要顺利实现数字法院的建设目标，应当选取与组织目标相适应的组织策略。数字法院建设的总体架构、技术平台、组织推进均高度集中，但具体应用场景的开发高度依赖一线法官的审判经验。这就决定了，数字法院的开发不能沿用传统的“开发与使用分离”模式，而必然通过跨部门跨业务的全员参与、全员建设、全员共享，形成条块结合的矩阵型组织结构，实现技术融合、业务融合、数据融合。① 同时，数字法院建设需要运用系统化思维，对核心任务进行拆解，将任务细化到最小关节，把责任落实到最小单元，通过跟踪问效、督查督办，形成有效的落实机制。

2. 监测结果处理机制

数字法院的案件监督不同于传统方式，必须构建与数字化案件监督相适应的后续处理机制，确保发现问题之后能有效解决。对于监督管理平台监测到的案件瑕疵和问题线索，除提醒法官注意外，还需形成“动态监管、预警提醒、同步督办、整改评估”的监管体系闭环，及时组织深入查验核对，确认问题性质并进行分类处理：对于一般性和瑕疵性问题，予以通报提醒，防止出现类似问题；对于程序不规范现象，通过督办整改及时纠正；对于重大问题和错案，必须按照法定程序通过审判监督进行纠正；对于无视系统提醒，严重违反相关程序和法律规定办案，导致案件

---

① 参见《习近平主持召开中央全面深化改革委员会第二十五次会议强调 加强数字政府建设 推进省以下财政体制改革》，载《人民日报》2022年4月20日，第1版。

出现重大差错的，除对案件本身进行处理外，还应结合司法责任制和法官惩戒机制进行“一案双查”。

3. 法官数字化能力培养机制

与法院信息化建设不同的是，数字法院建设更加依赖法官的智慧。无论打造场景、建立模型，还是核验数据、反馈体验，都离不开法官的直接参与。法官不应该成为数字化排斥的对象，更不应该被数字化鸿沟隔离。培育与数字法院建设相适应的“专业＋技术”复合型法官队伍，需要深化“技术即业务、业务即技术”理念，推动业务能力和技术能力的融合，提升法官以数字化方式解决问题的能力；要以数字化要求重塑法官的知识结构，使法官养成让数字说话、用数字办案的习惯，真正理解数据的价值、接受数据对发展的战略作用，并为获取数据能力而投入精力；[①] 要对法官进行定期培训，使其熟练掌握数字化办案知识，进而实现对数据的关联分析和深度挖掘，深化能动履职。

（三）数字法院的发展方向

目前，上海市数字法院的建设体系、运转模式、推进路径等已经基本成型。现阶段，随着嵌入办案系统的各类“小切口”场景不断增多，为发挥各类场景对司法办案的融合增能效应，多维度拓展复杂大场景建设成为当前的重要任务。这主要包括：将之前的小场景串联合并，探索集成式大场景的建设，加快系统性的大场景研发应用，进一步提升审判效能；将传统审判成果叠加人工智能、大数据等技术，发挥复杂大场景的多方位辅助功能。

---

① 参见张建锋、肖利华、许诗军：《数智化：数字政府、数字经济与数字社会大融合》，电子工业出版社 2022 年版，第 61 页。

随着数字技术加速发展，数字法院必然会发生更加深刻、更加广泛的变化。以深度学习和大模型技术为代表的新一代人工智能技术的跨越式发展已经成为现实，数字法院的发展变革，亦不可能止步于现今的大数据监督、纠错、预警、提示阶段，超智能化的类人仿生或者人机耦合的交互，必然是未来的发展方向之一。其中，将法律代码化，开发出能够通过疑难案件级别“图灵测试”的强人工智能法律系统，是很多学者包括司法实务部门的期望和努力方向。

在未来的强人工智能时代，数字法院将呈现怎样的具体样态，目前尚无法准确预知，但其至少会在如下三个向度上给司法质效带来巨大提升。一是有助于提升司法公正的可视化水平。人和机器在解决法律问题时各有优势，人的优势是能够作价值分析和判断，而机器的优势是强大的数据检索、比对和关联能力。[①]“机器能不能代替人类法官”这一质问，本质上承认了机器无法像人类一般具备常识、常情以及人工理性，但相较于人类思维，人工智能法律系统所特有的技术理性，更契合“法律是没有激情的理性”之标准。人工智能法律系统虽不能作价值判断，却天然拥有排除人情、关系、金钱等因素影响的优势，可减少司法判断的主观随意性，增强公众对司法公正的信任感。二是有助于提升法律适用的统一性。不同于现阶段已嵌入并自动运行的预警提示系统，在数字法院发展的高阶阶段，人工智能所处理的事务不会限于事实输入和结果输出，而是也能在模拟人类思维的基

① 参见雷磊:《司法人工智能能否实现司法公正?》，载《政法论丛》2022年第4期。

础上完成法律推理过程，[①] 其中包括认定事实、寻找法律，以及法律适用等司法论证步骤，从而最大程度地克服不同法官在知识结构、个人经历、获取信息上的差异，促进司法标准的统一化，避免执行统一标准时产生差异性结果，实现同案同判、类案类判。三是有助于提升司法的可预测性。确定性和稳定性是法治的基本价值追求，也是司法可预测性的前提。从社会“可感知”的层面增强裁判的可预测性，是构建司法公信力的社会基础。随着人工智能逻辑判断能力和推理能力的不断提升，人工智能最终必将具备对案件走向的判断预测功能，进而在社会层面发挥规范行为方式、维护社会秩序、解决社会纠纷、实现安定生活等方面的预期作用，从源头上减少纠纷。

数字法院建设作为数字中国总体战略的一部分，其发展前景毋庸置疑。相较于域外国家与地区的现代化法院建设，我国的数字法院建设无疑更具创新性、变革性，是新时代中国特色社会主义法治体系建设的生动实践，也值得打造为世界范围内的标识性概念。[②] 但是，无论数字法院未来发展到何种水平，人工智能强大到何种程度，对公正与效率的追求不会改变。“接近正义的司法本质决定了技术是手段，公正是目的”[③]，这就要求数字法院的发展和应用必须始终遵循以下原则：首先，坚持法官主体地位不变。2022 年发布的《最高人民法院关于规范和加强人工智能司法

---

① 参见张保生:《证据法的理念》，法律出版社 2021 年版，第 108 页。

② 参见刘品新:《论大数据法律监督》，载《国家检察官学院学报》2023 年第 1 期。

③ 洪冬英:《司法如何面向“互联网 +”与人工智能等技术革新》，载《法学》2018 年第 11 期。

应用的意见》明确，无论技术发展到何种程度，人工智能都不得代替法官裁判。即使是在数字法院发展的终极阶段，数据算法提供的也不会是最终答案，而只是参考答案；不管是更好的方法、答案，还是人们所追寻的公平正义，都仍需倚重法官们的专业智慧才能获得，司法的最后一道防线仍需法官来坚守。其次，加强司法数据的安全保障。数据是隐私和个人信息的物质载体，数据安全和个人信息保护是数字法院建设的应然之理。[①] 在建设数字法院的过程中，需进一步明确信息的采集范围，强化对重要数据和敏感信息的保护，规范司法数据安全共享和应用，构建数据安全监测与应急处置机制，严防信息数据泄露。最后，确保模型算法的可靠性。人工智能所依托的数据模型可能隐藏着“算法黑箱”带来的各类问题，因算法不予公开、不接受质询、不提供解释、不进行解释，“算法霸权”风险在所难免。数字法院建设要始终保证人工智能系统中的各环节可解释、可测试、可验证，避免因技术介入、存在数据或者模型偏差等导致算法歧视，以此确保司法公正的价值追求始终不发生偏离。

数字法院建设是在习近平法治思想指导下，司法为民理念与科技创新精神在数字中国战略实施中的有机结合，强化数字法院建设中的理论建设尤为重要。理论通常是实践的先导，但中国的数字法治则是实践先行的。[②] 数字法院的探索实践已经走到了数

---

① 参见王锡锌:《个人信息国家保护义务及展开》，载《中国法学》2021 年第 1 期。

② 参见马长山:《数字法治的理论吁求》，载《人民法治》2021 年第 10 期。

字法治理论发展的前头。面对现代法治向数字法治的转型升级，提炼数字法治的理论命题、研究数字法院的建设规律，是当代法学理论应当持续关注并着力研究推进的重要课题。

刑事案件特殊罚金刑适法统一应用场景

◎ 上海市第三中级人民法院（上海知识产权法院、上海铁路运输中级法院） 上海市徐汇区人民法院 上海市奉贤区人民法院 上海市黄浦区人民法院 上海市闵行区人民法院

【关键词】

罚金　刑期　违法所得　适法统一

【要旨】

实践中，少数刑事案件的罚金刑判决存在法律适用不当、裁决错误的审判质量问题，引发二审改发、再审改判或检察监督纠错。该场景依托上海法院审判办案系统裁判文书及其他结构化数据，梳理刑事案件关于罚金刑的特殊规定，提取“罚金金额”“案件案值”“判决刑期”“违法所得”等进行碰撞、比对，制定刑期幅度、案值比率、违法所得倍数、历年平均值等多种模式的筛查规则，构建场景模型，发现罚金刑判决可能不符合规定的案件线索，并对审判人员进行及时提示预警，有效预防罚金刑判决出现错误，实现从个案纠错到系统防错的转变，并避免类案罚金刑适用失衡，推进全市罚金刑适法统一。

一、场景描述

本场景梳理刑事案件中关于罚金刑的特殊规定，具体包括：盗窃罪、敲诈勒索罪、涉卖淫犯罪、贪污贿赂犯罪、金融诈骗犯罪、危害税收征管犯罪、涉淫秽物品犯罪，以及侵犯注册商标、专利、著作权犯罪等共计 11 类 41 个罪名的罚金刑特殊规定，同时计算历年污染环境罪罚金刑与刑期适用的对比均值。对上述规定设立筛查规则，提取系统数据，建立场景模型嵌入审判办案系统，对法官准确适用罚金刑作出有效的提示预警，既避免差错，确保裁判质量，又确保类案同判，加强适法统一。

二、线索来源

该场景线索来源主要包括三个方面：一是日常审判监督及案件评查中发现罚金刑适法错误，如某法院发现一起敲诈勒索案件的罚金刑判决存在错误，该案判处被告人罚金一千元，违反司法解释判处罚金“应当在二千元以上”的规定。二是办案人员忽略了相关罚金刑适用幅度的规定，从而导致罚金刑适用不统一，出现类案不同判的情况。三是将全市审理的相关罪名案件罚金刑数额进行比对，发现罚金刑判决存在畸低畸高的情况，需对罚金刑适用给予统一指导优化。

三、数据建模

（一）数据来源

1. 案件结构化数据（源于上海法院审判执行办案平台）。

2. 刑事裁判文书（源于上海法院审判执行办案平台）。

（二）建模步骤

1. 模型一：特殊罚金刑适法统一模型

第一步：从审判办案系统中筛选涉罚金刑特殊规定的罪名案件。

第二步：依据法律条文、司法解释相关规定，从裁判文书系统或办案系统结构化数据中，提取“判决刑期”“犯罪数额”“违法所得”“罚金金额”等案件要素，通过模型运算进行比对。

第三步：依据法律条文、司法解释相关规定，在第二步比对的基础上增加“并且（必要）”规则，如相关司法解释规定贪污受贿犯罪罚金应在十万元以上。同时增加“排除”规则，如法律条文规定单位犯虚开增值税专用发票罪，对单位判处罚金，对主管或责任人员判处刑期，不再判处罚金，故排除单位犯罪案件中被告人罚金为零的情形。

第四步：经过模型比对，发现罚金刑可能不符合规定的案件，并将提示推送给办案法官。

2. 模型二：罚金刑平均值提示模型

第一步：从审判办案系统中选择无罚金刑特殊规定（污染环境罪）的罪名案件。

第二步：依据法律条文规定，设定不同刑期档次，并提取历年案件中的“罚金金额”数据。如污染环境案件中分为三年以下、三年至七年、七年以上的刑期分档。

第三步：通过模型计算各刑期档中罚金金额的平均值。如提取污染环境罪中刑期小于三年的案件，计算全市法院判处罚金金额的平均值。

第四步：向办案法官提示推送类案罚金刑平均数值作为适用罚金刑的参考。

（三）思维导图

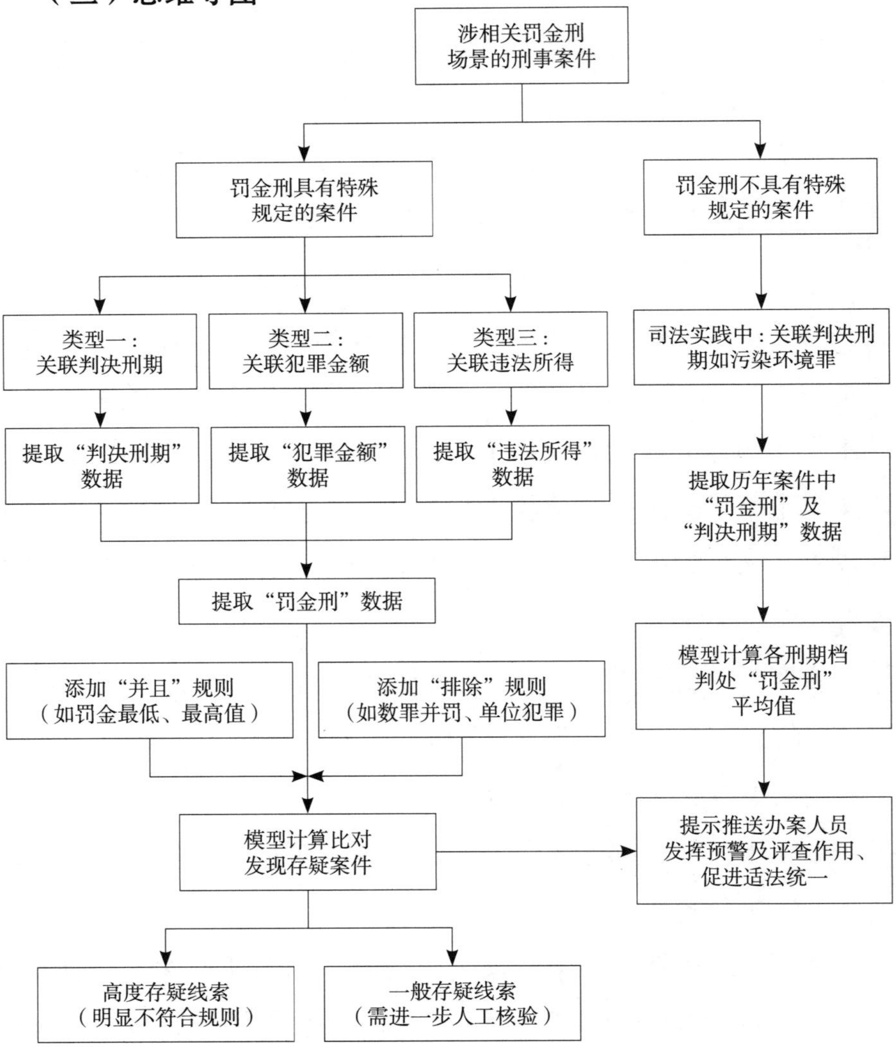

（四）模型分析及优化

为进一步提高模型规则的应用精准度，结合嵌入测试阶段各法院反馈的影响因素，对筛查规则进行了优化：一是提高提示预警精准度，增加裁判文书定稿时的推送节点；二是缩小筛选范围，对“刑更”“刑他”“刑医”等案号案件予以排除，限定案件筛选范围为“刑初”“刑终”“刑再”；三是完善细化模型设计规则，设计了排除共同犯罪、单位犯罪、数罪并罚等影响准确度因素的规则，对识别关键词及数据提取点予以优化调整，对罚金金额层次及幅度设计优化规则。

四、类案前端治理

上述罚金刑适法统一类案监督数据模型的开发研用，其最终目的是预防罚金刑判决出现错误，强化类案同判，提高办案质量。通过以下方式将相关罚金刑的法律条文、司法解释等规定嵌入审判办案系统，实行全流程监管：一是自动标识提示。系统识别到立案案由为特殊罚金刑罪名时，会主动进行标识，同时及时提示办案人员该类案件中存在罚金刑的特殊规定。二是坚持动态评查。依据该场景模型，可以实现动态数据的抓取和筛查，实现从事后纠错到事前防错的转变，从个案纠错到系统防错的转变。

五、嵌入提示

（一）触发情形

1. 法官开庭排期时，即触发特殊罚金刑提示预警的推送，或者触发该罪名相应刑期的罚金刑平均数值提示的推送。

2. 裁判文书定稿时，通过对判决文书中相关要素进行识别，适用模型算法规则，对罚金刑适用可能不符合规定的案件触发提示预警的推送。

3. 结案信息保存时，通过对结案信息中的相关结构化数据进行提取，适用模型算法规则，对罚金刑适用可能不符合规定的案件触发提示预警的推送。

（二）触发节点及提示内容

1. 触发节点：排期信息保存、裁判文书定稿、结案信息保存

2. 提示内容：

×× 法官 / 法官助理：上海数字法院平台提示，您正在审理的【案号】案件，罪名可能涉及罚金刑特殊规定，建议您核实罚金刑适用是否符合规定。本提示不作为定案依据，请审慎核实后依法处理，避免出现案件质量差错瑕疵。

×× 法官 / 法官助理：上海数字法院平台提示，您正在审理的【案号】案件，污染环境罪罚金刑全市平均罚金金额与刑期月份比值：1. 刑期 <3 年为 ××××，2. 刑期 ≥ 3 年且 <7 年为 ××××，3. 刑期 ≥ 7 年为 ××××，供此类案件处理的适法统一参考。本提示不作为定案依据，请审慎核实后依法处理，避免出现案件质量差错瑕疵。

（三）嵌入思维导图

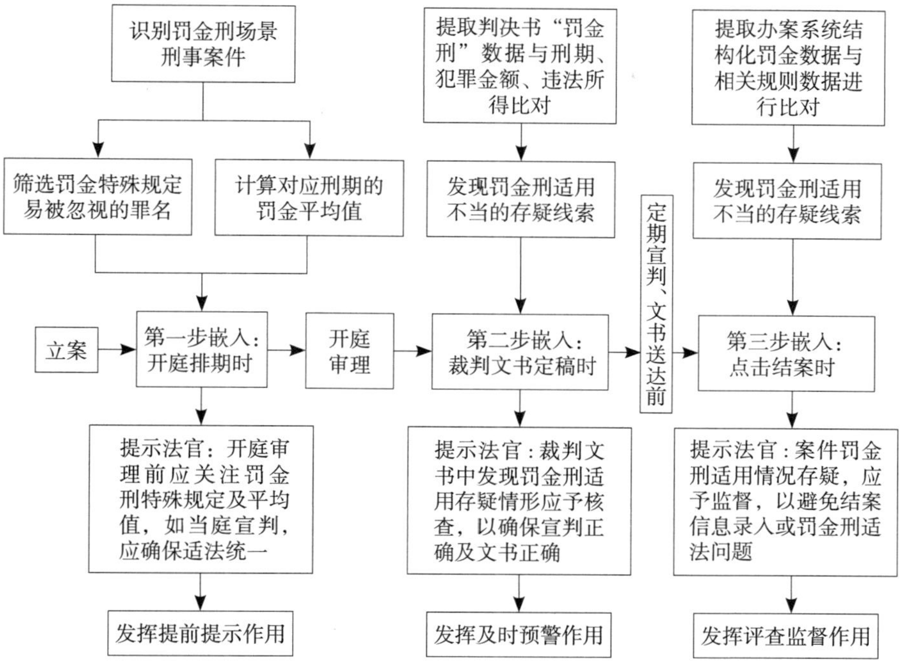

六、办案指引

收到上述提示后，应当根据触发节点和提示内容采取以下做法：

第一步：收到排期信息保存时的预警提示，承办法官需关注相关罪名特殊罚金刑的法律及司法解释规定，防止在当庭宣判或定期宣判时罚金刑判决出现差错。

第二步：收到裁判文书定稿时的预警提示，承办法官需关注并核查制作的裁判文书中是否正确适用罚金刑，罚金刑是否符合法律条文、司法解释的规定，如在定期宣判前，应确保裁判文书正确适用罚金刑；如系笔误，应修正制发正确的裁判文书。如案件已经当庭宣判，承办法官应该告知本院审判监督部门，及时通过审判监督程序纠正。

第三步：收到结案信息保存时的推送提示，承办法官需对照相关罪名特殊罚金刑的法律及司法解释规定，复核裁判文书中罚金刑判决是否有差错、点击结案信息查看是否有差错。如系裁判文书罚金刑判项错误，承办法官应告知本院审判监督部门，及时通过审判监督程序纠正。如系结案信息填写差错，则应更正结案信息内容。

七、应用实效

截至 2024 年 12 月 31 日，系统反馈该场景命中总数 5575 次，有帮助数 5046 次，有帮助率 90.5%。

该场景设置了排期信息保存、裁判文书定稿以及结案信息保存三个节点。在排期信息保存节点触发命中数为 5476 次，裁判文书定稿节点触发命中数为 10 次，结案信息保存节点触发命中数为 89 次。承办法官经提示推送后，有帮助反馈内容主要为“有帮助”“有提醒作用”“有参考性”“已进行核验”等，实现了场景的提示预警作用，取得了良好应用实效。

【典型案例】

案例一：青浦法院在审理相关案件过程中，在开庭前，经应用场景预警提示，相关案件均存在罚金刑特殊规定，由此有效预防了罚金刑适用错误，保障了案件审理质量。

案例二：奉贤法院在审理一起被告人严某虚开增值税专用发

票案时，开庭排期保存后关注到提示预警信息，审理中依法适用相关罚金刑规定，确保案件判决正确。对涉发票及税收征管类案件而言，应用场景提示不仅改变了“重主刑量刑、轻罚金刑”的审判理念，也改变了同类案件罚金刑适用不统一的情况。

案例三：黄浦法院在审理一起被告人邹某假冒注册商标罪案时，结案信息保存后收到提示预警信息，该案被告人在庭审过程中对罚金数额一直有不同意见，认罪认罚态度反复，承办法官已提前高度关注。通过提示预警信息，承办法官复核裁判文书罚金刑判项的准确性，发现结案信息填写错误，及时更正了内容。

案例四：崇明法院审理的一起案件，在开庭排期时所有合议庭成员均收到了系统自动推送的提示。对判决罚金刑的准确适用具有很好的提示作用，在金额的认定上有效避免了同案不同判、量刑畸低畸高的情况。

【法律依据】

1.**《中华人民共和国刑法》第一百九十三条**　有下列情形之一，以非法占有为目的，诈骗银行或者其他金融机构的贷款，数额较大的，处五年以下有期徒刑或者拘役，并处二万元以上二十万元以下罚金；数额巨大或者有其他严重情节的，处五年以上十年以下有期徒刑，并处五万元以上五十万元以下罚金；数额特别巨大或者有其他特别严重情节的，处十年以上有期徒刑或者无期徒刑，并处五万元以上五十万元以下罚金或者没收财产：

……

第一百九十六条　有下列情形之一，进行信用卡诈骗活动，数额较大的，处五年以下有期徒刑或者拘役，并处二万元以上二十万元以下罚金；数额巨大或者有其他严重情节的，处五年以上十年以下有期徒刑，并处五万元以上五十万元以下罚金；数额特别巨大或者有其他特别严重情节的，处十年以上有期徒刑或者无期徒刑，并处五万元以上五十万元以下罚金或者没收财产：

……

第二百零二条 以暴力、威胁方法拒不缴纳税款的，处三年以下有期徒刑或者拘役，并处拒缴税款一倍以上五倍以下罚金；情节严重的，处三年以上七年以下有期徒刑，并处拒缴税款一倍以上五倍以下罚金。

第三百三十八条 违反国家规定，排放、倾倒或者处置有放射性的废物、含传染病病原体的废物、有毒物质或者其他有害物质，严重污染环境的，处三年以下有期徒刑或者拘役，并处或者单处罚金；情节严重的，处三年以上七年以下有期徒刑，并处罚金；有下列情形之一的，处七年以上有期徒刑，并处罚金：

……

2.**《最高人民法院、最高人民检察院关于办理盗窃刑事案件适用法律若干问题的解释》第十四条** 因犯盗窃罪，依法判处罚金刑的，应当在一千元以上盗窃数额的二倍以下判处罚金；没有盗窃数额或者盗窃数额无法计算的，应当在一千元以上十万元以下判处罚金。

3.**《最高人民法院、最高人民检察院关于办理敲诈勒索刑事案件适用法律若干问题的解释》第八条** 对犯敲诈勒索罪的被告人，应当在二千元以上、敲诈勒索数额的二倍以下判处罚金；被告人没有获得财物的，应当在二千元以上十万元以下判处罚金。

4.**《最高人民法院、最高人民检察院关于办理组织、强迫、引诱、容留、介绍卖淫刑事案件适用法律若干问题的解释》第十三条** 犯组织、强迫、引诱、容留、介绍卖淫罪的，应当依法判处犯罪所得二倍以上的罚金。共同犯罪的，对各共同犯罪人合计判处的罚金应当在犯罪所得的二倍以上。

……

5.**《最高人民法院、最高人民检察院关于办理贪污贿赂刑事案件适用法律若干问题的解释》第十九条** 对贪污罪、受贿罪判处三年以下有期徒刑或者拘役的，应当并处十万元以上五十万元以下的罚金；判处三年以上十年以下有期徒刑的，应当并处二十万元以上犯罪数额二倍以下的罚金或者没收财产；判处十年以上有期徒刑或者无期徒刑的，应当并处五十万元以上犯罪数额二倍以下的罚金或者没收财产。

对刑法规定并处罚金的其他贪污贿赂犯罪，应当在十万元以上犯罪数额二倍以下判处罚金。

6.**《最高人民法院关于修改〈最高人民法院关于审理非法集资刑事案件具体应用法律若干问题的解释〉的决定》第九条** ……犯集资诈骗罪，判处三年以上七年以下有期徒刑的，并处十万元以上五百万元以下罚金；判处七年以上有期徒刑或者无期徒刑的，并处五十万元以上罚金或者没收财产。

7.**《最高人民法院、最高人民检察院关于办理侵犯知识产权刑事案件具体应用法律若干问题的解释（三）》第十条** 对于侵犯知识产权犯罪的，应当综合考虑犯罪违法所得数额、非法经营数额、给权利人造成的损失数额、侵权假冒物品数量及社会危害性等情节，依法判处罚金。

罚金数额一般在违法所得数额的一倍以上五倍以下确定。违法所得数额无法查清的，罚金数额一般按照非法经营数额的百分之五十以上一倍以下确定。违法所得数额和非法经营数额均无法查清，判处三年以下有期徒刑、拘役、管制或者单处罚金的，一般在三万元以上一百万元以下确定罚金数额；判处三年以上有期徒刑的，一般在十五万元以上五百万元以下确定罚金数额。

八、心得体会

作为上海市法院率先研发、首批嵌入系统的大数据应用场景之一，“刑事案件特殊罚金刑适法统一”应用场景专班克服了研发初期仅能获取系统结案信息数据、无法精准获取裁判文书数据，导致筛查准确率不高等困难，先行先试，破题攻坚。同时，坚持系统和数字思维，邀请技术与业务专家参与指导论证，不断总结经验，并紧密结合数据核验分析情况，对模型规则进行优化。应用场景模型嵌入审判办案系统后，充分发挥数字效能，对审判人员进行及时有效提醒。

例如，在侵犯知识产权罪特殊罚金刑适法统一场景的建设中，因为知识产权刑事案件的专业性、复杂性等特征，裁判文书中对于违法所得和非法经营数额等关键词的表述较为复杂，且有很多同案犯分案处理的情况。项目组曾经尝试通过关键词识别对罚金刑和违法所得、非法经营数额进行对比，但是效果不甚理想。在上海市高级人民法院知产条线的指导下，通过结构化数据进行数值对比的方法，建立起数学公式，基本上确保了准确性，经过核验，达到了预期的效果。通过该场景设计，发现了结构化数据这块“宝藏”。以前总觉得复杂案件的裁判文书难以通过关键词识别，但是把裁判文书内容切片，重新提取数据，变成结构化数据，问题就迎刃而解了。结构化数据的应用，也符合从“器”到“道”的数字法院建设理念，把沉睡的数据唤醒，重新融合，缓解一线法官的工作压力。

同时，罚金刑适法统一场景的嵌入不仅改变了“重主刑量刑、轻罚金刑”的审判理念，也改变了同类案件罚金刑适用不统一的情况，能够做到按照法律条文、司法解释确定的罚金幅度适用原则，统一各类案件的罚金刑适用规则。目前，上海法院还有“诈骗案件罚金刑适法统一”“非法吸收公众存款罪罚金刑适法统一”“掩饰、隐瞒犯罪所得、犯罪所得收益案件罚金刑适法统一”等多项罚金刑适法统一的场景，已在全市推广，起到了提示提醒和内部监管的作用，后续还将发挥“小聚大”的作用，将这些场景进一步聚合嵌入审判办案系统，充分起到罚金刑适法统一的提示预警作用。

执笔人：上海市徐汇区人民法院　李晓萍
上海市黄浦区人民法院　刘　澍
上海市奉贤区人民法院　刘　丹
核稿人：上海市高级人民法院刑事审判庭　周　欣
上海市高级人民法院知识产权审判庭　徐　俊

刑事案件缓刑刑期规范提示预警应用场景

◎ 上海市宝山区人民法院　上海市静安区人民法院

【关键词】

缓刑　拘役　有期徒刑　禁止

【要旨】

缓刑的适用有明确的法律规定，为防止缓刑适用过程中发生错误，针对缓刑适用的条件限制、缓刑考验期期限规定、禁止令的适用等容易出现法律适用错误的情况构建该模型并确定相关规则。该场景通过监督提醒的方式有效避免缓刑适用错误，具有一定的实效性和现实意义。

一、场景描述

根据《中华人民共和国刑法》《中华人民共和国刑事诉讼法》及相关司法解释的规定，对规定的“累犯”“犯罪集团的首要分子”及“判处有期徒刑三年以上”的情形不得适用缓刑；对于符合适用缓刑以及适用管制的情形，在适用时应注意具体适用规则的差异性。尤其是对于判处拘役和三年以下有期徒刑的对象，在适用缓刑时应当特别注意缓刑考验期的时间规定。实践中，往往因为疏忽导致缓刑适用以及适用缓刑后考验期错误，并作出违反法律规定的判决，进而引发改判、再审，不仅影响审判工作公信力，还造成司法资源浪费。

该应用场景从法律规定出发，从“前端——适用缓刑条件”“中端——限制缓刑适用”和“末端——缓刑考验期、禁止令执行”三大模块建模，嵌入审判办案系统后，针对在办案件自动识别错误、发现缓刑、管制及禁止令适用的相关问题，将嵌入节点设置在裁判文书定稿时，只要符合模型抓取条件，则及时向法官发出弹窗预警，有效提示法官关注相关问题，以信息化、技术化、智能化手段保障审判质效，避免出现错误。

二、线索来源

刑事案件中对被告人判处刑罚时，对缓刑适用的条件限制、缓刑考验期期限规定、禁止令的适用都有明确的法律规定，若场景能够进行准确识别与提醒，能够避免许多缓刑适用错误、缓刑考验期判处不当的问题。经过初步筛查，发现确实存在因为疏忽等因素导致缓刑适用错误最终导致案件再审的情况，故对于缓刑适用是否恰当的场景应用本身也是具有现实意义的。在轻罪化的大背景下，缓刑的适用率明显有所增高，针对缓刑进行预警提示可以有效辅助法官办案，在提高审判效率的同时，有效避免差错，实现前端的系统嵌入提醒。

三、数据建模

（一）数据来源

刑事裁判文书（源于上海法院审判执行办案平台）。

（二）建模步骤

1. 模型一：前端——适用缓刑条件

被告人判处三年（不包含三年）以上有期徒刑，适用缓刑的。

筛查方式：

a. 在第一步判处缓刑的案件中取同一人主刑类别 = 有期徒刑，且主刑刑期大于三年，且同一人被判处缓刑。

（1）单罪判罚的，判决主文筛查“同一人姓名 + 有期徒刑三年以上 + 缓刑”。

（2）数罪并罚的，判决主文抓取“同一人姓名 + 决定执行 + 有期徒刑三年以上 + 缓刑”。

取【刑事案件裁判文书—本审执行判罚表】，取同一被告人，主刑类别 = 有期徒刑，主刑刑期三年以上，缓刑类别 = 普通缓刑。

b. 排除：单罪判罚中包含“撤销”“缓刑”关键词。

2. 模型二：中端——限制缓刑适用

（1）被告人系累犯；

（2）被告人系犯罪集团的首要分子。

筛查方式：

a. 关联【裁判文书切片表】，取同一人裁判分析过程包含关键词：“累犯”“犯罪集团”“首要分子”。

b. 排除：单罪判罚中包含“撤销”“缓刑”关键词。

3. 模型三：末端——缓刑考验期、禁止令执行

（1）判处拘役的缓刑考验期小于二个月（不包含二个月）；

（2）判处拘役的缓刑考验期大于一年（不包含一年）；

（3）判处有期徒刑的缓刑考验期小于一年（不包含一年）；

（4）判处有期徒刑的缓刑考验期大于五年（不包含五年）；

（5）判处管制的，禁止令期限小于三个月；

（6）判处拘役、有期徒刑的，禁止令期限小于二个月。

筛查方式：

筛选第一步判处缓刑案件：

a. 取同一人单罪判罚主刑类别 = 拘役，且缓刑刑期 = 一个月。

b. 取同一人单罪判罚主刑类别 = 拘役，且缓刑刑期大于一年。

排除：单罪判罚中包含“撤销”“缓刑”关键词。

c. 取同一人单罪判罚主刑类别 = 有期徒刑，且缓刑刑期小于一年。

d. 取同一人单罪判罚主刑类别 = 有期徒刑，且缓刑刑期大于五年。

e. 取同一人单罪判罚主刑类别 = 管制，且主刑刑期小于三个月。

关联【裁判文书切片表】，取判决结果中包含关键词：“禁止”。

f. 取同一人主刑类别包含关键词：“拘役”“有期徒刑”，且缓刑刑期小于二个月。

关联【裁判文书切片表】，取判决结果中包含关键词：“禁止”。

上述末端筛查 a 至 f 中均排除：单罪判罚中包含“撤销”“缓刑”关键词。

（三）思维导图

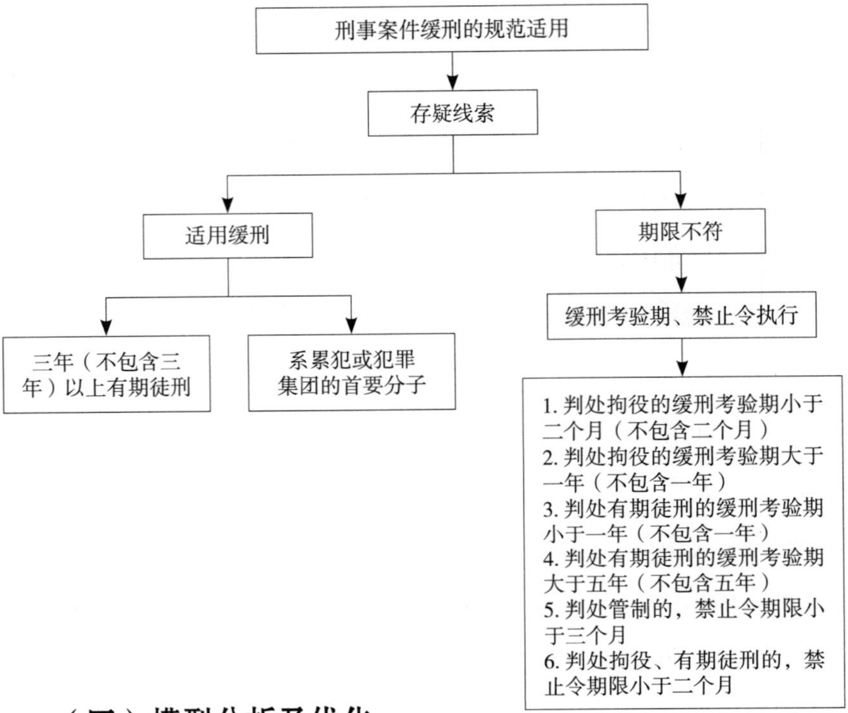

（四）模型分析及优化

针对三个模块进行区分筛查、合并应用，以实现整体识别预警为出发点并对模型予以整合、优化、完善。

四、类案前端治理

考虑到场景本身的特性和准确性，嵌入阶段依然是在判决书中抓取相关关键词，并根据嵌入需求，将“案件状态”从“已结”改为“在办”，其余规则无须调整。

场景在嵌入后以“适用缓刑条件”“限制缓刑适用”“缓刑考验期、禁止令执行”三大模块分别建设，全面覆盖了刑事判决中缓刑、管制及其考验期限或禁止令期限适用不当的情形。由于场景应用推广时针对的是已生效的刑事判决，而嵌入后应用场景的目的是将缓刑、缓刑考验期限或禁止令期限适用错误在判决前予以筛查并纠正，故嵌入时将嵌入节点放置在判决文书定稿时，在文书定稿阶段即启动模型筛查，可有效帮助承办人在文书定稿前及时发现缓刑、管制及其考验期限或禁止令期限适用错误；亦可提醒承办人在适用缓刑以及禁止令时加强把关，避免错案发生；还能避免再审案件浪费司法资源。

五、嵌入提示

（一）触发情形

当刑事判决书导入系统之后，系统筛查刑事判决书“判决如下”之后，“如不服本判决”之前的内容，如有发现“判处有期徒刑三年以上”“累犯”“犯罪集团的首要分子”适用缓刑的，“判处拘役”缓刑期限小于二个月或大于一年的，“判处有期徒刑”缓刑期限小于一年或大于五年的，“判处管制”管制期限小于三个月的，判处拘役、有期徒刑的，禁止令小于二个月的，说明缓刑、管制期或禁止令适用可能存在错误，需承办人予以核实。

（二）触发节点及提示内容

裁判文书定稿时

×× 法官 / 法官助理 / 书记员：上海数字法院平台提示，您正在审理的【案号】案件，可能存在不得适用缓刑、缓刑考验期限或禁止令期限适用错误的情况，建议您注意缓刑适用规定，慎重审核。本提示不作为定案依据，请审慎核实后依法处理，避免出现案件质量差错瑕疵。

（三）嵌入思维导图

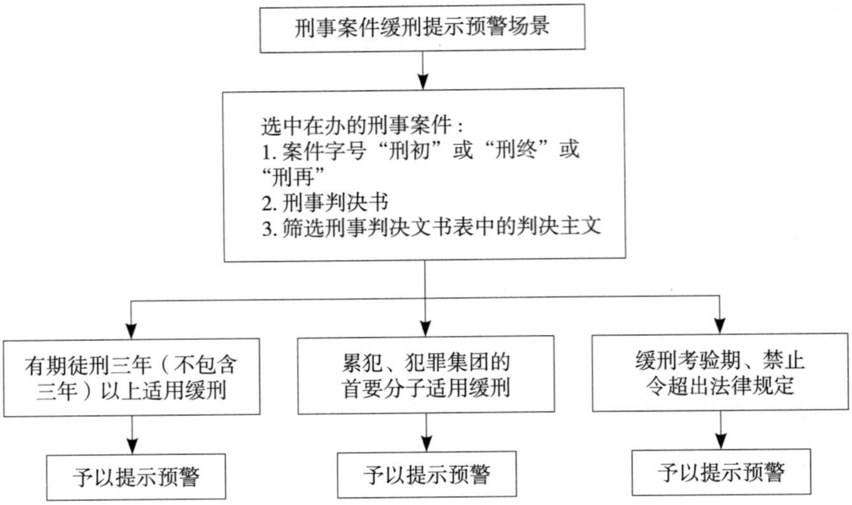

六、办案指引

收到上述提示后，应当根据触发节点和提示内容采取以下做法：承办法官应当核实判决主文中关于缓刑适用、缓刑期限以及禁止令考验期是否符合《中华人民共和国刑法》第三十八条、第七十二条、第七十三条、第七十四条的规定，如不符合上述法律规定，应当修改。

七、应用实效

截至 2024 年 12 月 31 日，系统反馈该场景命中总数 51 次，反馈总数 47 次，反馈率达 92.16%；有帮助数 39 次，占 76.47%，无帮助数 8 次，占 15.69%。

该场景设置判决书定稿为嵌入节点。反馈有帮助的 39 条线索中，32 条有备注内容，其中 17 条备注内容为“有帮助”，1 条备注内容为“可提醒承办人在量刑时予以关注”。

【典型案例】

案例一：普陀法院在审理一件诈骗罪案件过程中，承办人员在裁判文书定稿时收到该场景提示信息，提示“案件可能存在不得适用缓刑的情形”，提示原因为案件中被告人具有累犯情节，依法不得适用缓刑，提示内容对于法律的正确适用具有一定帮助，有效避免因承办法官疏忽作出有悖于法律规定的判决内容。

案例二：黄浦法院在审理一起危险驾驶罪案件过程中，承办人员在裁判文书定稿时收到该场景提示信息，经查系裁判文书中判处拘役的考验期“缓刑一个月十五日”适用错误（依照法律规定，判处拘役的考验期应当在二个月以上一年以下），从而触发预警提示。承办法官高度重视，通过预警提示发现了存在的缓刑考验期问题，同时反映出该应用场景为案件承办法官在案件审理过程中，对规范缓刑适用、保障司法文书准确具有积极的实际意义。

【法律依据】

《中华人民共和国刑法》第三十八条 管制的期限，为三个月以上二年以下。

判处管制，可以根据犯罪情况，同时禁止犯罪分子在执行期间从事特定活动，进入特定区域、场所，接触特定的人。

对判处管制的犯罪分子，依法实行社区矫正。

违反第二款规定的禁止令的，由公安机关依照《中华人民共和国治安管理处罚法》的规定处罚。

第七十二条 对于被判处拘役、三年以下有期徒刑的犯罪分子，同时符合下列条件的，可以宣告缓刑，对其中不满十八周岁的人、怀孕的妇女和已满七十五周岁的人，应当宣告缓刑：

（一）犯罪情节较轻；

（二）有悔罪表现；

（三）没有再犯罪的危险；

（四）宣告缓刑对所居住社区没有重大不良影响。

宣告缓刑，可以根据犯罪情况，同时禁止犯罪分子在缓刑考验期限内从事特定活动，进入特定区域、场所，接触特定的人。

被宣告缓刑的犯罪分子，如果被判处附加刑，附加刑仍须执行。

第七十三条 拘役的缓刑考验期限为原判刑期以上一年以下，但是不能少于二个月。

有期徒刑的缓刑考验期限为原判刑期以上五年以下，但是不能少于一年。

缓刑考验期限，从判决确定之日起计算。

第七十四条 对于累犯和犯罪集团的首要分子，不适用缓刑。

八、心得体会

该场景建设的初衷在于将法律明文规定的条款内容，通过数据建模方式完成规则化、模式化系统建设，依托于信息系统的数据模型，实现法律适用数据的精准识别、具体筛查和准确判断。在该初步构想的指引下，结合刑事审判实践的客观情况与现实需要，将场景建设的方向放在了缓刑刑期规范提示方面。《中华人民共和国刑法》对缓刑的适用已经作出了详细规定，在缓刑的适用条件上也作出了明确限制。因此，在场景建设的初期，主要工作在于将法律规定转化为可以让信息系统识别并执行的规则，即转化为可供计算机操作的语言。在规则的设计上，需要涉及数据的抓取，确保能够抓取到准确的信息，这是后续信息识别判断的前提。

为尽可能提升数据抓取效率，场景的数据建模采取了模块区分，针对“前端——适用缓刑条件”“中端——限制缓刑适用”和“末端——缓刑考验期、禁止令执行”构建了三大模块，建模初期经过多轮数据筛查，根据筛查结果有针对性地不断调整、完善场景规则，构建了基本满足数据筛查需要的系统规则。在三个模块规则的运行下，数据抓取的质量、效率和结果亦基本满足了后续数据识别的要求，为场景建设下一步的顺利开展打下了坚实的数据基础，提供了强有力的数据支撑。

在数据建模完成后，对于抓取的数据进行识别判断，也是一项系统性工程。以三大模块的数据为主体，缓刑刑期规范提示的预警机制要想实现准确判断、及时提醒，涉及另外一套系统逻辑规则的确立和设定。该场景应用的底层逻辑在于识别预警机制，对抓取到的信息进行判断，对可能存在缓刑适用错误的予以提示。在三大模块的分块使用中，经过层层筛查，基本符合逻辑判断，但考虑到系统嵌入时若以三大模块分别嵌入，不利于提高效率，因此又针对性地进行了优化，实现了三大模块整合嵌入、同步识别、综合预警，能够有力提升审判质效。

缓刑刑期规范提示场景的应用目的在于防止缓刑适用过程中发生错误，主要内容涉及针对缓刑适用的限制、缓刑考验期期限规定、禁止令的适用三个方面，嵌入的节点系裁判文书定稿时，提示内容对于法律规定的正确适用具有一定帮助，可以通过监督提醒的方式有效避免缓刑适用错误，具有一定的实效性和现实意义。在推广阶段，筛查数据范围为生效案件裁判文书，嵌入系统后，数据范围调整为审判办案系统中的在办案件裁判文书，可以通过对在办案件宣判前拟判决文书进行提前智能识别，并结合庭审实际情况，在作出最终判决之前发现可能存在的瑕疵或者错误。

充分依据现有的法律条文，结合审判办案的实际需要，将其转化为系统规则进行场景建设应用，实现数字化辅助办案的效果。该场景的成功嵌入亦为后续场景建设提供了一定的思路指引，更好地助力于数字法院建设。

执笔人：上海市宝山区人民法院　范楠楠　管胜杰
上海市静安区人民法院　周子扬
核稿人：上海市高级人民法院刑事审判庭　周　欣

涉毒品类刑事案件毒品再犯情节提示预警应用场景

◎ 上海市宝山区人民法院

【关键词】

毒品类犯罪　毒品再犯　前科

【要旨】

根据《中华人民共和国刑法》第三百五十六条的规定，行为人因走私、贩卖、运输、制造、非法持有毒品罪被判过刑，又犯本节规定之罪的，应当从重处罚。但审判实务中发现，刑事审判中后罪遗漏毒品再犯情节的情况时有出现，导致后罪裁判量刑不当。该场景旨在打通全市法院刑事案件信息管理系统、裁判文书库，通过碰撞、比对同一行为人两次或两次以上毒品类犯罪事实，有效提示后罪承办法官准确认定行为人毒品再犯情节，防止量刑畸轻，实现罪责刑相统一。

一、场景描述

根据《中华人民共和国刑法》第三百五十六条的规定，行为人因走私、贩卖、运输、制造、非法持有毒品罪被判过刑，又犯本节规定之罪的，应当从重处罚。刑事审判实务中后罪遗漏毒品再犯情节的情况时有出现，其主要原因有：一是检察机关在提起公诉时即遗漏被告人毒品犯罪前科，法院承办法官因信任起诉书载明的前科情况，对前科证据未准确查实；二是毒品再犯认定的前后罪并非完全相同，前罪限定为走私、贩卖、运输、制造、非法持有毒品罪等五种罪名，而后罪可以是《中华人民共和国刑法》分则第六章第七节规定的任一犯罪，其中不乏冷门罪名；三是毒品再犯的认定并未如累犯情节一样限定前后罪的时间间隔，如果前后罪间隔时间较长，可能导致前科信息及相关证据收集困难。由于未准确认定被告人毒品犯罪前科，后罪裁判往往量刑畸轻。该场景通过在上海法院审判办案系统嵌入，基于大数据直接筛查同一被告人毒品犯罪前科，并有针对性地推送提示预警，可以有效帮助承办法官归集毒品犯罪前科信息，提示承办法官准确认定毒品再犯。

二、线索来源

宝山法院高度重视再审案件防范和纠正冤错案、统一裁判尺度的重要作用，每年定期对再审案件审理情况进行分析研判，并选取典型案例制发审监工作提示，必要时提出案件责任评定意见由院审委会讨论决定。近年来，宝山法院研判发现，生效刑事案件再审的主要原因在于原审遗漏被告人前科，导致对累犯、再犯等影响量刑的情节未予认定，或者裁判时未依法适用数罪并罚、撤销缓刑等相关规定。其中，毒品类犯罪遗漏前科的情况极为典型，呈现出明显的规律性，规范事实认定和裁判尺度的关键在于是否准确认定毒品再犯。由于法官个人对前科信息逐一审查费时费力，人工检索渠道有限也制约了核查的覆盖面，最主要的是相对于每年审结的众多刑事案件，通过人工核查发现确有前科遗漏情形的极为罕见，承办法官主动核查的积极性难以提高。鉴于此，通过此次应用场景建设，如经机器筛查发现已结案件遗漏毒品再犯认定的，可针对性开展自查自纠，必要时启动审判监督程序，纠正裁判差错；如筛查发现在办案件裁判文书未完整准确载明前科信息，系统对该案予以标注并推送提示预警，帮助承办法官归集毒品前科信息，提示承办法官准确认定毒品再犯。引导刑事审判部门加强毒品再犯情节的审查认定，做到事前预警与事后监督审查同频推进。

三、数据建模

（一）数据来源

1. 被告人前科信息（源于上海法院审判执行办案平台）。

2. 刑事裁判文书（源于上海法院审判执行办案平台）。

（二）建模步骤

第一步：以走私、贩卖、运输、制造、非法持有毒品罪为案由，并限定案件字号为“刑初”“刑终”“刑再”，在上海法院审判办案系统中进行查询，获取被告人姓名、身份证号码、是否构成犯罪被判处刑罚、判决生效时间等信息。

第二步：如果前述案件被告人被认定构成犯罪被判处刑罚，则提取被告人姓名、身份证号码等信息以作后续筛查。

第三步：将提取到的被告人主体信息输入系统查询，以《中华人民共和国刑法》分则第六章第七节毒品类犯罪中任一罪名为案由，设定案件字号同样为“刑初”“刑终”“刑再”，且立案时间晚于被告人走私、贩卖、运输、制造、非法持有毒品罪判决生效时间，获取案件清单。

第四步：筛查后罪裁判文书中是否包含“再犯”“又犯”，以及《中华人民共和国刑法》中“第三百五十六条”“第七十条”“第七十七条”等关键词。根据筛查情况，分别处理如下：（1）如果上述任一关键词均未筛查到，可以认为后罪遗漏认定毒品再犯的可能性较大，该案应列入待核查案件清单。选择上述关键词的理由在于：如果裁判文书中出现“再犯”“又犯”，表明该案已经对毒品再犯作出认定，法律适用并无瑕疵；如果裁判文书中虽无“再犯”“又犯”等关键词，但其法律依据部分引用了《中华人民共和国刑法》第三百五十六条，可以认为承办法官已经注意到被告人毒品再犯的事实，在量刑上对该情节已有所考虑；存在一种特殊情况，虽然被告人后罪立案时间在其走私、贩卖、运输、制造、非法持有毒品罪判决生效以后，但其后罪针对的犯罪事实发生在前罪犯罪事实以前，后罪属于《中华人民共和国刑法》第七十条或第七十七条规定的判决宣告后发现漏罪或缓刑考验期内发现漏罪的情形，该案被告人不属于因走私、贩卖、运输、制造、非法持有毒品罪被判过刑，又犯毒品类犯罪的情形，并不构成毒品再犯，故不应列入待核查案件清单。（2）如果筛查并未发现后罪裁判文书，即表明筛查出的案件尚在审理中，系统会提醒承办法官注意毒品再犯认定问题，防止遗漏。

（三）思维导图

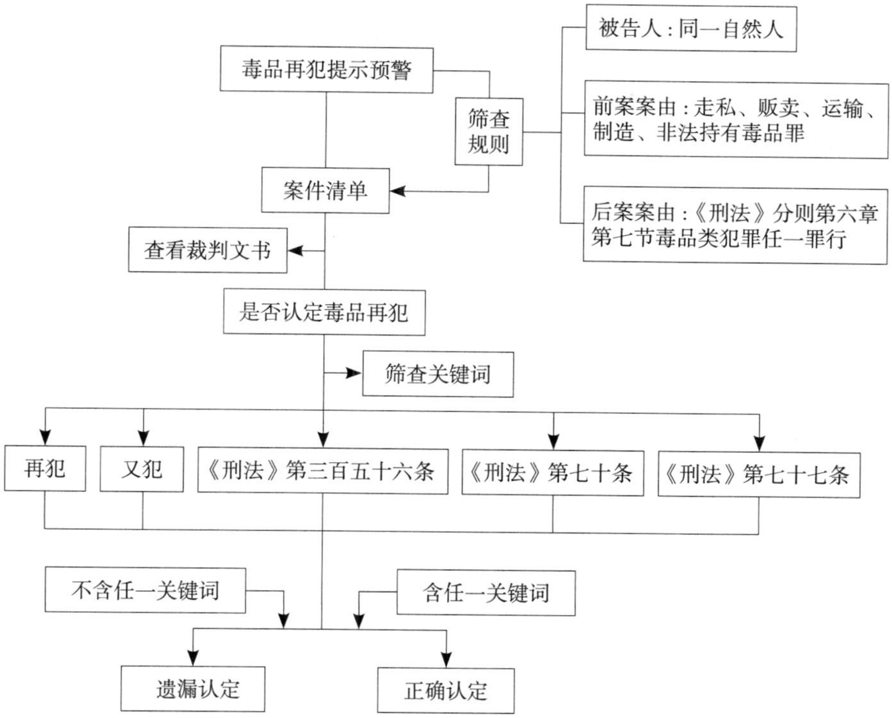

（四）模型分析及优化

嵌入阶段，场景的应用实效从事后监督审查转向事前预警预防，提示的对象转为在办案件。同时，根据场景推广时收集到的全市法院的反馈意见，就刑事裁判文书对“毒品再犯”的不同表述方式进行了标准化分析，精细化提炼关键词，排除无效推送，模型实效进一步增强。

四、类案前端治理

考虑到场景推广时输出的待核查案件有较多是二审中检察院撤回抗诉、被告人撤回上诉、二审发回重审、二审直接改判等二审结案的案件，这些二审案件因为没有作出实体判决或已直接二审纠错，无须进一步核查。司法实践中，若一审法院依法认定了被告人毒品再犯情节，二审中通常不会发生遗漏。与此类似，“刑再”案件本身即是对原审的纠错，实践中在刑事再审阶段再次发生遗漏毒品再犯认定的可能性极小。因此，基于推送的准确性、有效性考虑，在场景嵌入阶段，于“刑初”字号中作出提示预警，即可有效帮助解决毒品再犯遗漏问题。

经数据分析，部分推送案件虽然形式上有毒品犯罪前案，但该前案在实质上不符合《中华人民共和国刑法》第三百五十六条规定的“曾因走私、贩卖、运输、制造、非法持有毒品罪被判过刑”的情形。具体有以下几类：一是其前案已经被二审撤销并改判或发回重审，其前案判决并非最终生效判决；二是被告人犯前案时尚未年满十八周岁；三是前案结案方式为“不予受理”，并未作出实体判决。据此，分别作出如下调整：一是将同一被告人的前案限定为被告人未上诉且检察院未抗诉的最终生效判决案件；二是限定前案被告人犯罪时已满十八周岁；三是对前案结案方式限定为“判决”。

五、嵌入提示

（一）触发情形

当在办的“刑初”字号案件案由为《中华人民共和国刑法》分则第六章第七节毒品类犯罪时，系统筛查同一被告人在本案立案时间之前、年满十八周岁以后，是否曾因犯走私、贩卖、运输、制造、非法持有毒品罪被判过刑，且被告人未上诉、检察院未提起抗诉。如有，则触发场景，说明该在办刑事案件的被告人可能构成毒品再犯，量刑时应当从重处罚，需承办法官进一步核实。

（二）触发节点及提示内容

1. 排期信息保存时

×× 法官 / 法官助理：上海数字法院平台提示，您正在审理的【案号】案件被告人【被告人名称】存在走私、贩卖、运输、制造、非法持有毒品罪等毒品犯罪前科，本案案由系毒品类犯罪，被告人可能构成毒品再犯。本提示不作为定案依据，请审慎核实后依法处理，避免出现案件质量差错瑕疵。

2. 判决书定稿时

×× 法官 / 法官助理：上海数字法院平台提示，您正在审理的【案号】案件，可能存在遗漏毒品再犯情节。本提示不作为定案依据，请审慎核实后依法处理，避免出现案件质量差错瑕疵。

（三）嵌入思维导图

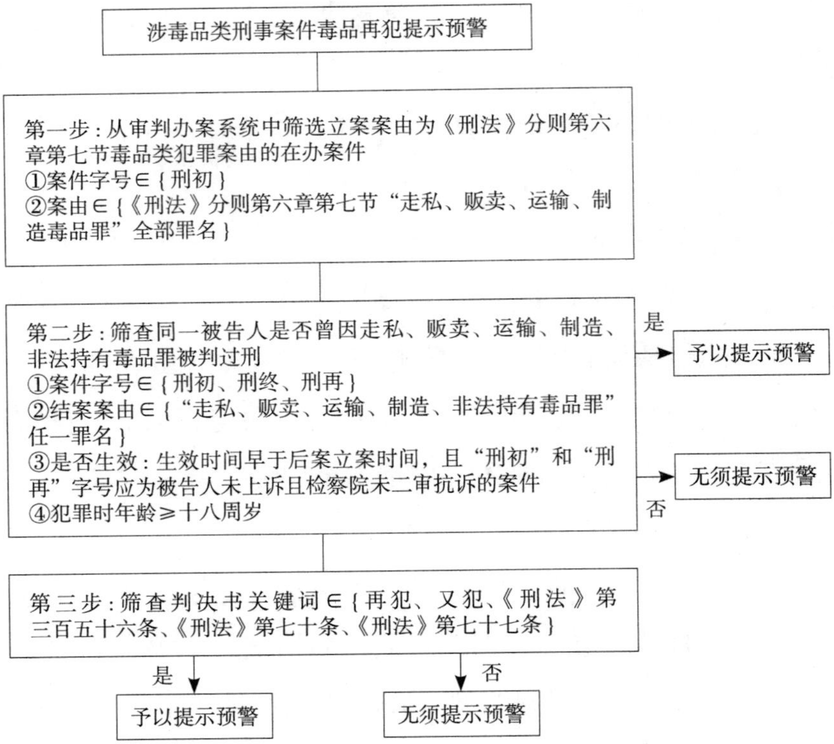

六、办案指引

收到上述提示后，应当根据触发节点和提示内容采取以下做法：

1. 排期信息保存时

第一步：开庭前以预警提示的被告人姓名在上海法院审判办案系统查询被告人是否有毒品犯罪前科，且与起诉书载明的前科是否一致；

第二步：开庭时询问被告人本人犯罪前科情况，并全面审查被告人毒品犯罪前科证据。

2. 判决书定稿时

第一步：撤回文书签发（如已申请）；

第二步：查看拟定稿签发的判决书是否完整载明被告人毒品犯罪前科、是否依法认定被告人系毒品再犯、是否在量刑时从重处罚、是否适用《刑法》第三百五十六条毒品再犯条款；

第三步：根据第二步具体情况，修改判决书并重新定稿签发。

七、应用实效

截至 2024 年 12 月 31 日，系统反馈该场景命中总数 15 次，反馈总数 14 次，反馈率达 93.33%；有帮助数 14 次，占反馈总数的 100%。

该场景设置了排期信息保存和判决书定稿两个嵌入节点。在排期信息保存节点触发命中数 14 次，反馈有帮助数 13 次，未反馈 1 次。在判决书定稿节点触发命中数 1 次，反馈有帮助数 1 次。反馈有帮助的 14 条线索中，7 条有备注内容，备注内容大意均为“有帮助”。

【典型案例】

案例一：2023 年 9 月，黄浦法院受理被告人陈某某涉嫌贩卖毒品罪一案，于同年 11 月 16 日登记排期开庭。同年 11 月 17 日，场景向承办法官推送预警信息，显示该案被告人存在五类毒品犯罪前科，提示承办法官庭审中审慎核实被告人毒品犯罪前科证据，避免遗漏毒品再犯情节。经核实，该案被告人陈某某曾于

2021年7月9日因犯贩卖毒品罪被其他省市法院判处有期徒刑九个月，但本案起诉书中并未记载该项毒品犯罪前科。依据预警信息，该案承办法官依法核实以后在本案判决书中准确载明陈某某上述毒品犯罪前科信息，并依法认定其毒品再犯情节。可见，场景推送的预警信息准确，有效帮助承办法官规避裁判瑕疵，符合场景嵌入需求。

案例二：2023年10月，奉贤法院受理被告人尹某某涉嫌贩卖毒品罪一案，于同年11月3日登记排期开庭。同年11月4日，场景向承办法官推送预警信息，显示该案被告人存在五类毒品犯罪前科，提示承办法官庭审中审慎核实被告人毒品犯罪前科证据，避免遗漏毒品再犯情节。经核实，该案被告人尹某某曾于2011年1月因犯非法持有毒品罪被其他法院判处拘役五个月；2015年8月因犯贩卖毒品罪被另一法院判处有期徒刑九个月；2018年4月因犯贩卖毒品罪被宝山法院判处拘役四个月。依据预警信息，该案承办法官在庭审中逐一核实了被告人前科证据，在本案判决书中完整准确地载明陈某某全部毒品犯罪前科信息，并依法认定其毒品再犯情节。可见，场景推送的预警信息准确，有效帮助承办法官规避裁判瑕疵，符合场景嵌入需求。

【法律依据】

《中华人民共和国刑法》第三百四十七条　走私、贩卖、运输、制造毒品，无论数量多少，都应当追究刑事责任，予以刑事处罚。

走私、贩卖、运输、制造毒品，有下列情形之一的，处十五年有期徒刑、无期徒刑或者死刑，并处没收财产：

（一）走私、贩卖、运输、制造鸦片一千克以上、海洛因或者甲基苯丙胺五十克以上或者其他毒品数量大的；

（二）走私、贩卖、运输、制造毒品集团的首要分子；

（三）武装掩护走私、贩卖、运输、制造毒品的；

（四）以暴力抗拒检查、拘留、逮捕，情节严重的；

（五）参与有组织的国际贩毒活动的。

走私、贩卖、运输、制造鸦片二百克以上不满一千克、海洛因或者甲基苯丙胺十克以上不满五十克或者其他毒品数量较大的，处七年以上有期徒刑，并处罚金。

走私、贩卖、运输、制造鸦片不满二百克、海洛因或者甲基苯丙胺不满十克或者其他少量毒品的，处三年以下有期徒刑、拘役或者管制，并处罚金；情节严重的，处三年以上七年以下有期徒刑，并处罚金。

单位犯第二款、第三款、第四款罪的，对单位判处罚金，并对其直接负责的主管人员和其他直接责任人员，依照各该款的规定处罚。

利用、教唆未成年人走私、贩卖、运输、制造毒品，或者向未成年人出售毒品的，从重处罚。

对多次走私、贩卖、运输、制造毒品，未经处理的，毒品数量累计计算。

第三百四十八条　非法持有鸦片一千克以上、海洛因或者甲基苯丙胺五十克以上或者其他毒品数量大的，处七年以上有期徒刑或者无期徒刑，并处罚金；非法持有鸦片二百克以上不满一千克、海洛因或者甲基苯丙胺十克以上不满五十克或者其他毒品数量较大的，处三年以下有期徒刑、拘役或者管制，并处罚金；情节严重的，处三年以上七年以下有期徒刑，并处罚金。

第三百五十六条 因走私、贩卖、运输、制造、非法持有毒品罪被判过刑，又犯本节规定之罪的，从重处罚。

八、心得体会

该应用场景选题探索过程中体现了从监督者的视角发现问题，以问题为导向的建设原则，其场景设想源于宝山法院办理的一起遗漏认定毒品再犯的刑事再审案件。

场景化模型必须具有机器筛查、规则可复现、指向明确的特点。在该场景可行性研究过程中，宝山法院邀请了刑事条线资深法官参与研讨。研究发现：毒品再犯的认定因并未限定前后罪时间间隔，检察机关在提起公诉时极易遗漏被告人毒品犯罪前科，加之毒品再犯认定的前后罪并非完全相同，导致实务中部分法官容易遗漏认定毒品再犯。研讨认为，毒品再犯情节的遗漏问题并非仅是个案问题，其呈现相当强的类型化特点，场景化筛查的可行性较高。

在确定场景建设思路以后，宝山法院及时与软件公司对接，在软件公司根据初步规则制作模型并反馈“试跑”数据以后，第一时间跟进验证筛查数据的精确性。该过程持续多轮，直至尽可能剔除无效数据。一轮规则下，筛查出较多刑更、刑抗、刑执等非适用刑事一、二审程序的案件，因此限定案件字号为刑初、刑终、刑再三类；二轮规则验证发现裁判文书对毒品再犯的表述方式并不完全统一，由于毒品再犯属于学理概念，部分文书并不直接写明“毒品再犯”或者“再犯”，因此，依据《中华人民共和国刑法》第三百五十六条的条文表述，进一步增加关键词“又犯”；三轮规则下的无效数据大幅减少，但再次验证发现，有的行为人虽然后罪立案时间在五种特定毒品犯罪之后，但其后罪犯罪事实实际上发生在前罪行为以前，并不属于毒品再犯，或者后罪裁判文书虽然没有出现“毒品再犯”“再犯”“又犯”等关键词，但其引用了相关条文，可以认为不属于遗漏毒品再犯，因此，固定筛查判决书关键词为《中华人民共和国刑法》的“第三百五十六条”“第七十条”（即漏罪如何处理的条文）、“第七十七条”（即缓刑考验期内发现漏罪如何处理的条文）。最后，排除后罪结案方式为“终止”的案件。至此，模型规则大体定型。

经过验证，该应用场景在上海全市法院推广和嵌入系统以后取得良好成效，反馈有帮助率在90%以上。

执笔人：上海市宝山区人民法院　黄凯柯

核稿人：上海市高级人民法院刑事审判庭　周　欣

诉讼行为能力瑕疵提示预警应用场景

◎ 上海金融法院　上海市黄浦区人民法院
上海市嘉定区人民法院　上海市宝山区人民法院

【关键词】

行为能力欠缺　代为诉讼　法定代理人

【要旨】

诉讼行为能力，又称诉讼能力，是指当事人亲自参加诉讼，行使诉讼权利、承担诉讼义务的资格。不满十八周岁的未成年人以及不能辨认或不能完全辨认自己行为的成年人，属于诉讼行为能力欠缺的自然人。上述主体虽然具备诉讼权利能力，具有相应诉权。但是由于行为能力的欠缺导致对诉讼行为以及诉讼行为所产生的法律后果缺乏基本的认知，由其实施诉讼行为极大程度上可能损害其自身利益。根据法律规定，欠缺行为能力人应当由其监护人作为法定代理人代为诉讼。审判实践中，由于法官无法详尽了解案件当事人是否欠缺行为能力或及时发现当事人诉讼行为能力的变化，导致上述人员参加诉讼时出现无法定代理人代为诉讼或当事人转变为完全民事行为能力人但未及时撤销法定代理人的情形。上述情况一旦发生均属于程序瑕疵案件，可能被改判、发回重审甚至再审。该场景为组合场景，旨在通过全市审判数据的共享以及当事人身份信息的智能识别，及时发现当事人是否欠缺民事行为能力的情况，向案件承办人员作出预警，实现关口前移，避免程序违法或裁判文书瑕疵。

一、场景描述

根据《中华人民共和国民事诉讼法》第六十条的规定，无诉讼行为能力人由他的监护人作为法定代理人代为诉讼；第二百一十一条第八项规定，无诉讼行为能力人未经法定代理人代为诉讼的，人民法院应当再审。根据我国《民法典》规定，无诉讼行为能力人包括未成年人、无民事行为能力人、限制民事行为能力人。审判实践中，欠缺行为能力人参与案件时无法定代理人代为诉讼的情形较为常见。该组合场景分设两个具体场景，通过筛选出在办案件中当事人欠缺行为能力的情形、未成年人身份转变后的代理人委托情况变更问题，及时向案件承办人员作出预警，避免程序违法或裁判文书瑕疵。

二、线索来源

（一）“欠缺行为能力人诉讼中未指定法定代理人提示预警”

上海金融法院在申请再审案件审理中发现，当事人人数较多的案件中，原审法院未指定未成年人法定代理人的情况多发。因未成年人无诉讼行为能力，其诉讼活动需要通过法定代理人代为实施，如果法院未指定法定代理人的，案件程序存在瑕疵。

黄浦法院审理案件过程中发现，无民事行为能力或限制行为能力的成年人作为当事人时，常常隐瞒自身异常精神状况，因部分精神疾病的症状非持续、不明显，靠肉眼无法甄别，可能导致未及时通知其监护人作为法定代理人，进而出现处理不当情形。

嘉定法院审理案件过程中发现，有的当事人因法律意识不强，未向法院告知被认定为无民事行为能力或限制民事行为能力的情况，有的代理律师为减少诉讼流程，向法院隐瞒当事人民事行为能力欠缺的事实，导致法院未能通知其法定代理人或监护人参加诉讼，以及未穷尽有效送达方式向其法定代理人、监护人送达，致使案件出现主体资格瑕疵、送达程序瑕疵以及文书瑕疵。

宝山法院审理案件过程中发现，在当事人故意隐瞒其民事行为能力或当事人缺席审理等情形下，承办法官对其在其他法院已作出民事行为能力认定的情况无法及时掌握，会导致当事人诉讼主体资格存疑，容易导致法官查明事实出现疏漏，引发案件程序瑕疵或文书瑕疵。

（二）“立案后当事人满十八周岁提示预警”

黄浦法院审理案件过程中发现，立案时部分原告尚未成年，属于限制民事行为能力人，由其监护人作为法定代理人代为起诉。第一次开庭时该原告已经成年，但因案件当事人人数众多，开庭过程中主审法官未及时发现其年龄变化，整个庭审仍由该原告的原法定代理人代为应诉，存在程序瑕疵。

三、数据建模

（一）数据来源

1. 上海法院审判执行办案平台。

2. 上海法院裁判文书库。

（二）建模步骤

1. “欠缺行为能力人诉讼中未指定法定代理人提示预警”

子场景：未成年人未指定法定代理人的筛查规则

第一步：从办案系统中识别当前未结案件中当事人年龄小于十八周岁的案件（排除含外国籍或我国台湾地区、香港特别行政区、澳门特别行政区当事人的案件、排除民特字号案件），确定拟排查案件 1。

第二步：在拟排查案件 1 中，筛查案件“当事人及其他诉讼参与人”一栏是否输入“法定代理人”信息，将无“法定代理人”信息的案件作为提示对象进行提示。

子场景：欠缺民事行为能力的成年人未指定法定代理人的筛查规则

第三步：筛选出结案方式为“判决认定无民事行为能力”“判决认定限制民事行为能力”的民特字号案件，取得被申请人 a 以及关联的民特字号案件案号。

第四步：筛选被申请人 a 作为当事人（原告、被告、第三人）参与的所有非民特案件，确定拟排查案件 b。

第五步：在拟排查案件 b 中，筛选案件“当事人及其他诉讼参与人”一栏是否输入“法定代理人”信息，将无“法定代理人”信息的案件作为提示对象进行提示。

2.“立案后当事人满十八周岁提示预警”

子模型一：

第一步：在办民商事、行政案件。

第二步：当事人（自然人）立案时未成年，立案分案时距离成年不足六个月。

子模型二：

第一步：在办民商事、行政案件。

第二步：当事人（自然人）立案时未成年，排期时所确定的开庭日当日已成年。

（三）思维导图

1.“欠缺行为能力人诉讼中未指定法定代理人提示预警”

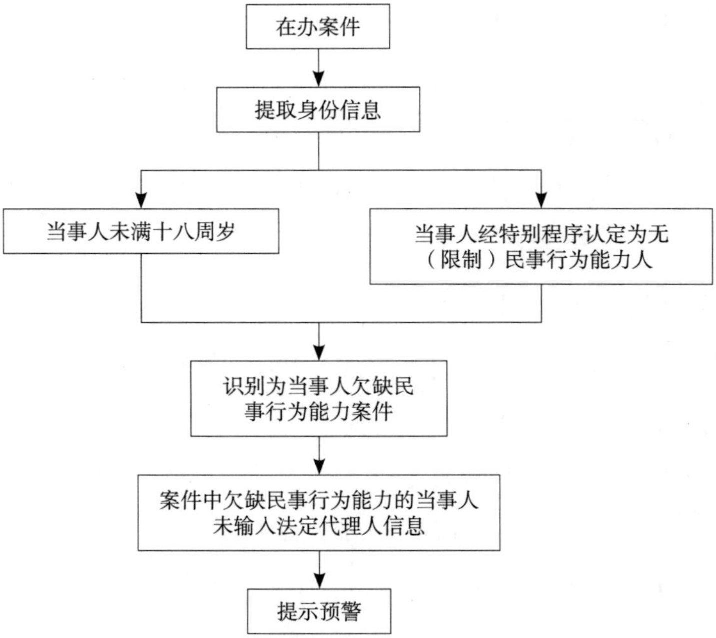

2.“立案后当事人满十八周岁提示预警”

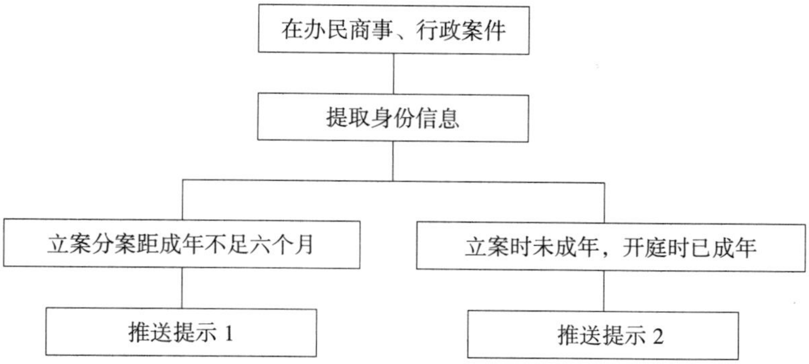

（四）模型分析及优化

“立案后当事人满十八周岁提示预警”中在开展嵌入论证时，进一步扩大筛查范围，将原先“在办民商事案件”扩大至“在办民商事、行政案件”。

四、类案前端治理

（一）“欠缺行为能力人诉讼中未指定法定代理人提示预警”

该场景将当事人欠缺行为能力的信息及时向承办人推送提示，以便承办人审查是否有法定代理人代为参与诉讼。在嵌入规则上，相较于推广规则作出了细微调整。（1）删除原第三步“且无未成年人当事人参与”。欠缺行为能力人诉讼案件包含三种情形：一是仅涉未成年人；二是仅涉成年人；三是同时涉及未成年人和成年人。在推广应用规则中，为了更有效地发现成年人欠缺法定代理人的问题，在规则上作了限制。但在嵌入时，如继续保留“且无未成年人当事人参与”，将会遗漏第三种情形，即在既有未成年人也有成年人的时候，无法对成年人情形提示预警。为使嵌入模型发挥更大效用，对规则进行优化，删除原第三步“且无未成年人当事人参与”。（2）被评查案件范围从“民初、民终”案号扩展为：案件字号包含“民”，且案件字号≠“民特”。推广应用阶段，场景将被评查案件范围限定为“民初、民终”。而嵌入阶段，为进一步扩大模型监督案件范围，将除了“民特”案件以外的所有民商事案件，均纳入被评查案件范围。

（二）“立案后当事人满十八周岁提示预警”

该场景通过对于已结案件的逐条核验分析，在反馈意见基础上优化了检索方案。嵌入时的场景方案更着眼于案件审理过程中的预先警示作用，将治理关口前移。对于立案时当事人尚未成年，但在立案后半年内即将成年的情形，新设“立案分案时距成年不足六个月”的提醒节点，督促承办法官为了避免日后因当事人成年而可能需另行开庭的情况，尽可能地在当事人成年之前，即六个月内审结案件，对于提升审限内结案率亦具有正向意义。

五、嵌入提示

（一）触发情形

当识别到当事人为欠缺民事行为能力的案件时，系统进行筛查。

（二）触发节点及提示内容

1.“欠缺行为能力人诉讼中未指定法定代理人提示预警”

（1）嵌入节点

节点1：开庭排期时；

节点2：裁判文书定稿时。

（2）提示内容

情形 1：当事人为未成年人

×× 法官 / 法官助理：上海数字法院平台提示，您正在审理的【案号】案件，可能存在“案件当事人 ××× 是未成年”的情形，应指定法定代理人，建议您依法审查。本提示不作为定案依据，请审慎核实后依法处理，避免出现案件质量差错瑕疵。

情形 2：当事人为无（或限制）民事行为能力人

×× 法官 / 法官助理：上海数字法院平台提示，您正在审理的【案号】案件，案件当事人 ××× 经【民特案件案号】案件判决认定为无（限制）民事行为能力，应指定法定代理人，建议您依法审查。本提示不作为定案依据，请审慎核实后依法处理，避免出现案件质量差错瑕疵。

2.“立案后当事人满十八周岁提示预警”

（1）嵌入节点 1：分案时，运行子模型一

×× 法官 / 法官助理：上海数字法院平台提示，您（正在）审理的【案号】案件，可能存在【当事人（姓名）将于 ×××× 年 ×× 月 ×× 日成年】的情形，建议您【关注该当事人的法定代理人、委托诉讼代理人等变更情况】。本提示不作为定案依据，请审慎核实后依法处理，避免出现案件质量差错瑕疵。

（2）嵌入节点 2：排期时，运行子模型二

×× 法官 / 法官助理：上海数字法院平台提示，您（正在）审理的【案号】案件，可能存在【开庭当日当事人已由未成年转变为成年情况】的情形，建议您【庭前审核该当事人的代理人适当性问题】。本提示不作为定案依据，请审慎核实后依法处理，避免出现案件质量差错瑕疵。

（三）嵌入思维导图

1.“欠缺行为能力人诉讼中未指定法定代理人提示预警”

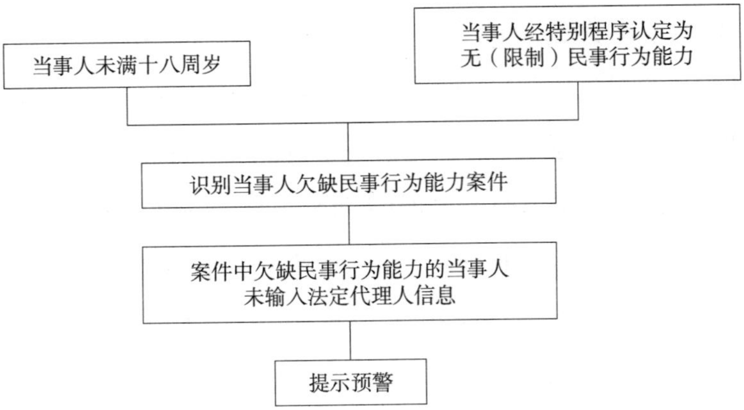

2.“立案后当事人满十八周岁提示预警”

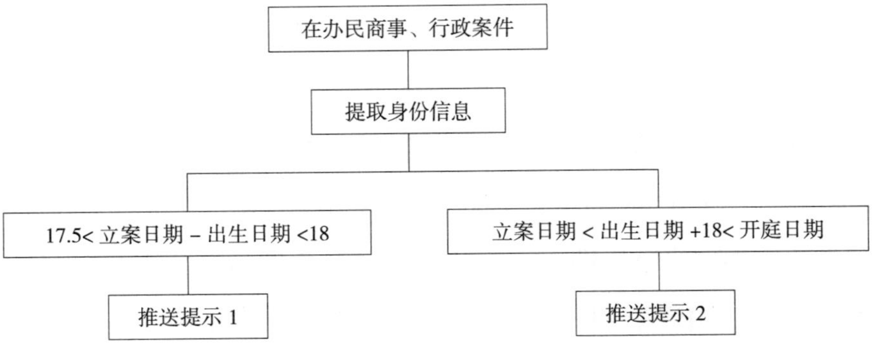

六、办案指引

（一）“欠缺行为能力人诉讼中未指定法定代理人提示预警”

收到上述提示后，应当根据触发节点和提示内容采取以下做法：

第一步：及时复核当事人身份信息，对于当事人为未成年人的，确定案件是否已指定法定代理人并在文书中列明；

第二步：及时查看关联民事案件，复核当事人为欠缺民事行为能力成年人的，确定案件是否已指定法定代理人并在文书中列明；

第三步：对于监护人作为共同当事人参与诉讼的，或监护人作为委托诉讼代理人参与诉讼的，确定案件是否已指定法定代理人，文书需同时将其列为法定代理人；

第四步：对于文书中将“法定代理人”表述为“指定监护人”“法定诉讼代理人”等不规范情形进行修改，确保案件不存在程序瑕疵和文书瑕疵。

（二）“立案后当事人满十八周岁提示预警”

收到提示后，应当根据触发节点和提示内容采取以下做法：

第一步：及时复核当事人身份信息，确认案件中未成年当事人具体成年时间；

第二步：如即将在立案后六个月内成年，建议承办法官尽早排庭审结，避免后续因该当事人成年而引发法定代理人变更事宜；

第三步：如该当事人已成年，应联系该当事人及其原法定代理人，告知重新提交委托材料或由该当事人本人参加后续案件的审理。

七、应用实效

（一）“欠缺行为能力人诉讼中未指定法定代理人提示预警”

截至2024年12月31日，系统反馈该场景命中总数7110次，其中反馈总数6689次，反馈率达94.08%；有帮助数5268次，占78.76%；无帮助数1421次，占21.24%；该场景设置了保存排期信息和裁判文书定稿两个嵌入节点。在“保存排期信息”节点触发命中数为4198次，其中反馈总数3943次，有帮助数3177次，占80.57%；在“裁判文书定稿”节点触发命中数为1370次，其中反馈总数1357次，有帮助数1020次，占75.17%。在上述有帮助的反馈中，部分备注内容有：“该场景及时提醒承办人在审理时核实未成年人法定代理人的情况，避免了案件审理瑕疵”，“第一时间提醒，很有帮助”，“能起到很大的提示作用”，“对当事人应诉情况以及事实查明有帮助”，“在审理中已经注意到该情况，系统再提示预警，有助于拾遗补漏，很有帮助”。在上述无帮助的反馈中，备注内容集中于“已指定法定代理人”“已依法办理”等，无明显反向反馈。

（二）“立案后当事人满十八周岁提示预警”

截至2024年12月31日，系统反馈该场景命中总数177次，反馈总数174次，反馈率达98.3%；有帮助数145次，占83.3%；无帮助数29次，占16.7%。其中无帮助的备注意见未有明显反向反馈，均为：“已知晓”“已看”“无须特别提示”等。

【典型案例】

1.“欠缺行为能力人诉讼中未指定法定代理人提示预警”

案例一：浦东法院审理的一起金融借款合同纠纷案中，于开庭排期后收到应用场景提示，提示被告系限制民事行为能力人，需要为其指定法定代理人。承办人根据场景提示，查询到被告被生效判决认定为限制民事行为能力人，后向当事人核实确认该情况。该案中，被告系成年人，其系限制民事行为能力的情形较为隐蔽，当事人不主动提及则不易被发现，经过场景提示，承办人及时对该问题予以关注，避免了程序错误。

案例二：黄浦法院审理的一起人身保险合同纠纷案中，承办人员制作裁判文书后收到应用场景提示预警，提醒案件当事人为未成年人，需要为其指定法定代理人。承办人员在制作文书时未注意到当事人为未成年人，文书中未列明法定代理人，经场景提示后，承办人员及时予以更正。

2. **“立案后当事人满十八周岁提示预警”**

黄浦法院审理的一起共有纠纷案中，立案时被告王某尚未成年。排期时该案法官助理收到场景推送，提示王某将于开庭当日由未成年转变为成年的情况。该提示短信经核实准确后，该案承办法官通知王某另行提交委托材料或由本人应诉。

【法律依据】

1.**《中华人民共和国民事诉讼法》第六十条**　无诉讼行为能力人由他的监护人作为法定代理人代为诉讼。法定代理人之间互相推诿代理责任的，由人民法院指定其中一人代为诉讼。

第二百一十一条　当事人的申请符合下列情形之一的，人民法院应当再审：

……

（八）无诉讼行为能力人未经法定代理人代为诉讼或者应当参加诉讼的当事人，因不能归责于本人或者其诉讼代理人的事由，未参加诉讼的；

……

2.《**中华人民共和国民法典**》**第十七条** 十八周岁以上的自然人为成年人。不满十八周岁的自然人为未成年人。

第十九条 八周岁以上的未成年人为限制民事行为能力人，实施民事法律行为由其法定代理人代理或者经其法定代理人同意、追认；但是，可以独立实施纯获利益的民事法律行为或者与其年龄、智力相适应的民事法律行为。

第二十条 不满八周岁的未成年人为无民事行为能力人，由其法定代理人代理实施民事法律行为。

第二十三条 无民事行为能力人、限制民事行为能力人的监护人是其法定代理人。

八、心得体会

公平正义不仅要体现实体正义，还要实现程序正义。程序正义的根本作用在于保障公民的基本权利，法律规定无诉讼行为能力人由他的监护人作为法定代理人代为诉讼，也是保障当事人的基本诉讼权利、实现程序正义的应有之义。

审判实践中，在当事人人数较多的案件中，法院未指定未成年人法定代理人的情况多发，且无民事行为能力或限制民事行为能力的成年人作为当事人时，常常隐瞒自身精神状况异常，因部分精神疾病的症状非持续、不明显，靠肉眼无法甄别。由于信息不对称，法官无法详尽了解案件当事人是否欠缺行为能力，或未能及时发现当事人诉讼行为能力欠缺，导致出现无法定代理人代为诉讼的情形，程序存在瑕疵。

该场景旨在通过数字化监督优势，依托大数据碰撞，以数字变革赋能法官办案，通过结构化数据筛选出办案中当事人欠缺行为能力、立案时当事人未成年至开庭时已成年以及立案时当事人未成年但在半年内即将成年等情形，及时向案件承办人员作出预警。截至目前，“欠缺行为能力人诉讼中未指定法定代理人提示预警”场景和“立案后当事人满十八周岁提示预警”场景系统反馈率和有帮助数都比较高，可见该场景对于法官日常办案能够起到提示预警和辅助办案的作用，实现关口前移，“抓前端、治未病”，避免程序违法或裁判文书瑕疵，不断提升审判质效。

在场景设计过程中，仍然遇到一些问题，目前场景建设依托的大部分数据是结构化数据，难以足够精准地识别出成年当事人是无民事行为能力人还是限制民事行为能力人。一方面，可以从现有生效判决出发，将所有经法院判决认定为无民事行为能力、限制民事行为能力的人全部标注出来；另一方面，可以探索与司法鉴定机构、精神卫生中心等专业机构建立信息共享以及沟通联络机制，通过了解核实精神残疾、智力残疾人士与无民事行为能力、限制民事行为能力之间的关联，先初步判断可能存在当事人为无民事行为能力或限制民事行为能力的情形，再通过启动鉴定程序，进一步明确当事人是否系无民事行为能力或限制民事行为能力，以此避免程序瑕疵。在场景核验过程中，项目组发现部分案件承办人在监护人作为共同当事人参与诉讼，或监护人作为委托诉讼代理人参与诉讼的情况下，并没有将监护人同时列为法定代理人，或者存在将“法定代理人”表述为“指定监护人”“法定诉讼代理人”等不规范情形，这些情形也都是文书瑕疵，需要予以纠正。通过系统提示预警，进一步规范了法官的日常办案习惯，以一个场景带动一类案件审判质量提升，以小切口助力整体质效提升。

执笔人：上海金融法院　祝　媛
上海市黄浦区人民法院　徐公允
上海市宝山区人民法院　谢丽娜
核稿人：上海铁路运输法院　余冬爱

离婚案件程序空转甄别预警应用场景

◎ 上海市第一中级人民法院
上海市奉贤区人民法院　上海市普陀区人民法院

【关键词】

离婚纠纷　久拖不决　程序空转

【要旨】

家庭是社会的细胞，是社会安定的基础。离婚案件中可能存在审判人员未调查夫妻共同财产而判决不予离婚或通过移送、裁定驳回等方式导致“应离不离”的情况。该应用场景通过系统筛选夫妻双方多次起诉的离婚案件，辅之以人工筛选，精准定位多次立案的离婚纠纷，通过分案时预警、结案时提醒等方式，着力推进离婚纠纷实质解决，避免出现久拖不决、程序空转的情况。

一、场景描述

司法实践中，离婚案件可能因不同审判人员之间沟通不及时，承办人员审判思路未及时调整，导致感情破裂的当事人未能及时判决离婚的情况。家庭作为社会的基础单位，如已失去共同生活的基础，而长期不能解除婚姻关系，将严重影响社会稳定。为此，上海一中院、奉贤法院、普陀法院联合推广了“离婚案件程序空转甄别预警”应用场景，该应用场景嵌入办案系统后，能够通过系统预警，实现实时跟踪、定时催办、全程留痕的数字化管理模式，以信息化促进审判工作高质量发展。

二、线索来源

上海一中院高度重视程序空转的预防和预警工作，与辖区基层法院形成学习交流机制，定期交流案件审理过程中存在的问题。该院法官发现，离婚上诉案件中，有相当数量的案件上诉理由是不服一审法院不准许离婚的判决结果，而不少此类案件之前已经多次起诉，但均未能实现离婚，对当事人的正常生活造成较大影响，存在程序空转的嫌疑。奉贤法院和普陀法院在离婚案件审理过程中也发现了同类问题，并着手调研避免离婚案件程序空转的相关办法。三家法院经过联合研讨，发现通过上海法院审判办案系统的数据，以“三年内原告、被告相同的案件”“结案方式为撤诉或者判决”“案件数三件以上（包含三件）”三个条件进行筛查，可以较为准确地定位程序空转的问题。上述筛查方法经过调研人员的手动操作识别，准确率达到90%以上，但是人工筛查效率较低，有必要依托数字改革赋能，提高办理质效。通过该应用场景建设，以电脑系统自动抓取的方式对审判系统中的数据进行初步筛查，相关案件再经各院人工筛查，就可大幅降低人力投入，并实现对离婚案件程序空转问题的精准定位和识别，在判决前就以各种方式进行预警，有效避免离婚案件程序空转问题的产生。

三、数据建模

（一）数据来源

审判信息（源于上海法院审判执行办案平台）。

（二）建模步骤

第一步：设置筛选的基础条件。一是时间范围，立案日期前三年内；二是案件类型，即离婚纠纷案件。通过基础条件筛选，将三年内的离婚纠纷案件纳入数据筛选备选库，以便进一步开展大数据筛查。

第二步：大数据细化筛查。设置主筛查要素，通过“三年内原告、被告相同的案件”“结案方式为撤诉或者判决”“案件数三件以上（包含三件）”三个主要条件，对备选库中的案件进行大数据筛查，准确定位当事人在三年内反复诉争的案件信息。

第三步：批量导出异常线索。由于离婚案件系传统民事案件中的主要门类，案件数量较大，故需要依靠前期建立的规则模型，借助大数据进行海量数据信息的筛查、碰撞与比对，以快速、精准地识别异常案件线索。

第四步：异常线索人工研判。在异常案件线索导出的基础上，还需对个案进行人工复核研判。离婚纠纷案件与当事人的感情破裂程度、法官的现场判断密不可分，并非所有在短时间内反复诉争的案件均存在法官不作为或程序空转的问题，有时，也存在当事人在夫妻感情是否破裂、子女是否会受到离婚影响等问题上犹豫不决，在诉讼中希望挽回婚姻的情况，故需以人工筛查方式进行个案甄别，以确定是否存在程序空转问题。

第五步：数据模型嵌入预警。离婚纠纷案件程序空转监督模型不仅能够辅助事后的审判监督管理，更有利于事前的监督预防。通过将该模型嵌入审判办案系统，可及时对多次诉请未能离婚的案件进行提醒、督办，破解离婚纠纷案件自由裁量权大、法官怠于履职、程序空转等重点、难点问题。

（三）思维导图

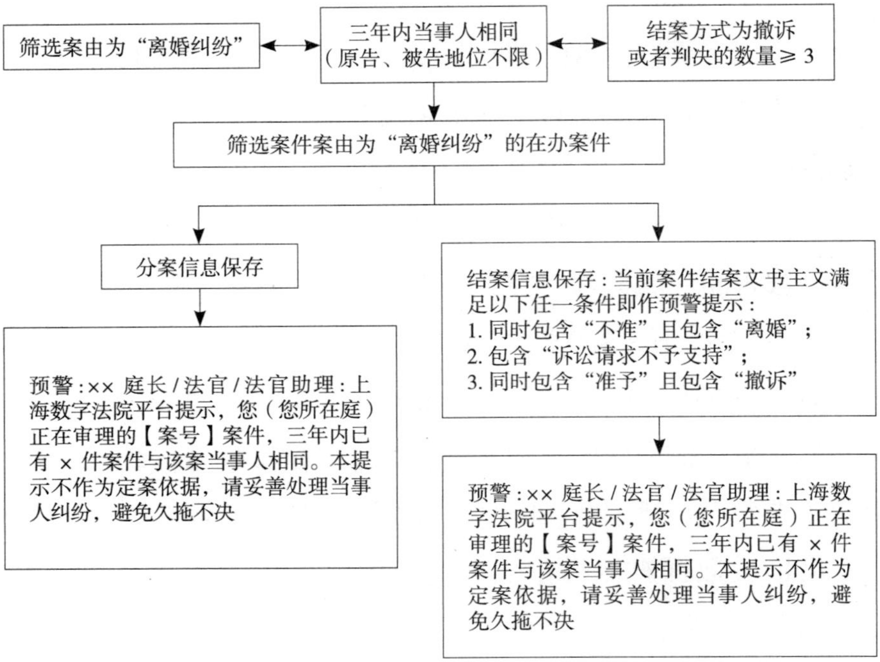

（四）模型分析及优化

该场景确定的嵌入节点分别为“立案分案”及“结案信息保存”，由于预警信息弹出存在一定的滞后性，“结案信息保存”节点不能完好体现作用，预警效果不够明显。在案件审理过程中，场景对审判管理人员、案件承办人员的实时预警效果不够突出，拟在庭审结束等环节增加节点，突出预警的功能性和及时性。

四、类案前端治理

该应用场景依靠对既往离婚案件的梳理，对诉请未能离婚达到一定次数的当事人进行特别关注，通过信息推送，有效填补了不同审判人员之间的信息盲区，帮助承办人准确把握离婚案件既往审判情况，避免离婚案件久拖不决，取得预期效果。据此，应用场景推广后，上海一中院、奉贤法院、普陀法院以此为契机，在优化场景规则的基础上积极开展场景嵌入可行性论证，并如期推动该应用场景嵌入办案系统，实现了场景从事后监管向事前提示的转变。

嵌入后，针对三年内相同当事人诉请离婚案件达三次以上的情况，在分案信息保存的前端节点进行及时推送提醒，以便案件承办人及时了解前案情况，避免程序空转。

五、嵌入提示

（一）触发情形

系统定期自动在近三年内案由为离婚纠纷的案件中筛选双方当事人姓名完全相同（无须判断身份证号和诉讼地位是否相同），且结案方式为撤诉或者判决的已结案件。如发现相关当事人已经出现在三个以上结案案件中的，则触发场景，说明疑似存在离婚案件程序空转的情形，需承办人予以核实。

（二）触发节点及提示内容

1. 触发节点：分案信息保存时

提示内容：×× 庭长 / 法官 / 法官助理：上海数字法院平台提示，您（您所在庭）正在审理的【案号】案件，三年内已有 ×

件案件与该案当事人相同。本提示不作为定案依据，请妥善处理当事人纠纷，避免久拖不决。

2. 触发节点：结案信息保存时

提示内容：×× 庭长 / 法官 / 法官助理：上海数字法院平台提示，您（您所在庭）正在审理的【案号】案件，三年内已有 × 件案件与该案当事人相同。本提示不作为定案依据，请妥善处理当事人纠纷，避免久拖不决。

（三）嵌入思维导图

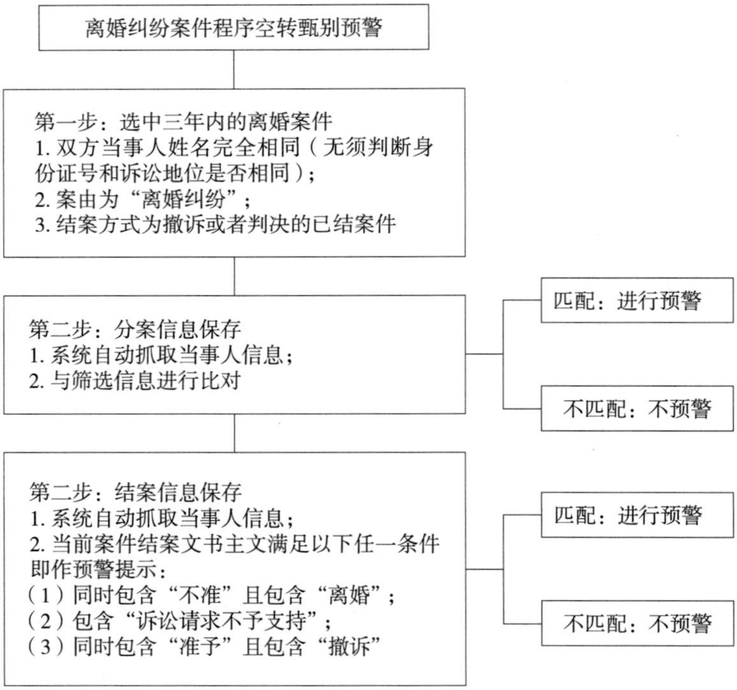

六、办案指引

收到上述提示后，应当根据触发节点和提示内容采取以下做法：

（一）分案信息保存节点

法官/法官助理/书记员收到应用场景提示的，如确实存在双方当事人已诉讼达三次及以上的，应当注意加强对当事人的调解工作，并研讨案件审理方案，在双方感情确已破裂的情况下，做好子女抚养问题以及财产梳理分配预案，防止程序空转。

（二）结案信息保存节点

法官/法官助理/书记员收到应用场景提示的，如确实存在双方当事人已诉讼达三次及以上的，应梳理审判思路，对拟不准予离婚的案件，通过专业法官会议等集体讨论的方式进一步分析，对确已感情破裂的夫妻，应当及时判决准予离婚。

七、应用实效

截至2024年12月31日，系统反馈该场景命中总数113次，反馈总数106次，反馈率达94%；有帮助数86次，占81%；无帮助数20次，占19%。

该场景设置了分案信息保存和结案信息保存两个嵌入节点。在分案信息保存节点触发命中数为92次，反馈有帮助数为73次。在结案信息节点触发命中数21次，反馈有帮助数13次，无帮助数8次。反馈有帮助的86条线索中，65条有备注内容，多数内容大意为“经查确实存在多次未准予离婚的情形，对办案有帮助”，“及时提醒承办法官制订办案预案，防止了程序空转的产生”。反馈无帮助的线索中，共有17条备注内容，多数内容表示案件通过移送、撤诉方式处理，未涉及案件审判预案的制订。

【典型案例】

案例一：在一起离婚纠纷案件中，当事人于2020年6月1日、2022年6月22日两次诉请离婚，因当事人双方存在房产分割等多种矛盾，浦东法院均判决不准予离婚。其中，第二次一审判决后，原告上诉，二审法院判决维持原判。2023年，当事人第三次起诉离婚，经该场景提示预警，案件承办人经过认真研判，对双方当事人诉争房产等财产进行来源梳理，通过估价等多种方式确定价值，最终判决双方当事人离婚，并妥善分割了夫妻共同财产。现双方当事人已达成谅解，友好分割财产后，开始了各自的新生活。

案例二：在一起离婚纠纷案件中，当事人自2021年以来，共历经三次起诉（包含本次诉讼）。第一次起诉以撤诉结案，第二次起诉被判决不予离婚，第三次虽被准予离婚，但双方仍存在较大矛盾。该案上诉至二审法院后，被分配至承办人处，即触发了预警。承办法官注意到本案当事人已是第三次提起离婚诉讼，为避免当事人讼累，立即安排了开庭。通过在庭审中仔细询问当事人，翻看系列案件卷宗，对案情进行了全面细致的梳理，经合议庭讨论，确认双方感情确已到破裂程度。在调解仍然无效的情况下，法官尽快作出二审判决，结束了持续三年多的离婚诉讼，实现矛盾纠纷的实质性化解。关于应用场景预警，法官表示，“该提示促使承办人及早注意案件客观情况，便于更有针对性地调整审判思路，有利于案件风险及时发现、及时处理，避免程序空转、久拖不决”。

【法律依据】

《中华人民共和国民法典》第一千零七十九条 夫妻一方要求离婚的，可以由有关组织进行调解或者直接向人民法院提起离婚诉讼。

人民法院审理离婚案件，应当进行调解；如果感情确已破裂，调解无效的，应当准予离婚。

有下列情形之一，调解无效的，应当准予离婚：

（一）重婚或者与他人同居；

（二）实施家庭暴力或者虐待、遗弃家庭成员；

（三）有赌博、吸毒等恶习屡教不改；

（四）因感情不和分居满二年；

（五）其他导致夫妻感情破裂的情形。

一方被宣告失踪，另一方提起离婚诉讼的，应当准予离婚。

经人民法院判决不准离婚后，双方又分居满一年，一方再次提起离婚诉讼的，应当准予离婚。

八、心得体会

在数据统计和模型建立的过程中，该场景涉及模型构建难题、数据偏离问题，也经历了人工复核的高强度工作，胜在三家法院齐心协力，完成了该场景的开发，将离婚案件中程序空转的问题加以有效解决。

在一例离婚案件中，男方婚内与其他女性有不正当关系，后因诈骗罪于 2016 年 3 月被判有期徒刑十一年。女方于 2017 年至

2019年期间，四次起诉要求离婚，均未成功。当女方第五次提起离婚之诉，一审法院认为因男方已身患癌症，仍然作出不准予离婚的判决。实际上，本案中女方离婚愿望强烈，夫妻感情确已破裂，且分居已超两年，应当准予离婚，二审对该案予以改判。实践中，类似久判不离的情形依旧不同程度地存在。

家庭是社会的“细胞”，家庭构建固然重要，但是家庭的有序重组也是社会稳定必不可少的一环。对于已经“死亡”的婚姻，在保证不出现社会危害的情况下，要尊重婚姻自由，及时予以解除，深陷其中的人才能开始新的生活。正是基于回应人民群众期盼、维护人民群众利益的初衷，三家法院联合开发了该应用场景。

该场景在建设之初，发现了一些离婚案件的瑕疵问题，随后转向离婚案件程序空转漏洞的预防。应用场景通过大数据赋能，丰富了法院的监管手段，延伸了监管触角。离婚纠纷案件程序空转防控的应用场景，不应仅仅作为系统筛选的手段，更应当扩展开来，将离婚案件的程序空转防控做成一个体系，建立离婚纠纷案件程序空转预警机制。对二次立案但未能判决离婚或以和解、撤诉等方式化解纠纷的案件，要及时在系统中进行预警，通过社会各界的力量，根据当事人的实际情况及时化解家庭矛盾纠纷。

执笔人：上海市第一中级人民法院　范诗瑶
上海市奉贤区人民法院　黄训迪
上海市普陀区人民法院　张旭卫
核稿人：上海铁路运输法院　余冬爱

"假离婚 实逃债"甄别预警应用场景

◎ 上海市第二中级人民法院

【关键词】

"假离婚 实逃债" 离婚纠纷 债权人利益 甄别预警

【要旨】

实践中，若离婚纠纷承办法官缺乏对当事人他案债务的了解，仅针对夫妻离婚时相互间的权利义务作出裁判，容易造成案外人债权实现的困难，从而引发后续矛盾纠纷，如要求追加离婚配偶为共同债务人、要求追加被执行人甚至要求撤销离婚调解书。该场景旨在通过全市法院间的信息共享，打破"数据壁垒"，突破离婚纠纷隐私性及关联债务案件信息不畅通的局限，发现离婚纠纷双方当事人所涉债务纠纷的情况，并予以提示，实现对"假离婚 实逃债"的及时预警，预防离婚纠纷裁判结果中的财产分割部分侵害案外他人利益，提高了离婚纠纷的办案质量。

一、场景描述

为促进离婚纠纷有效审理，兼顾打击当事人利用诉讼程序逃避债务行为，上海二中院建议开发本应用场景，运用大数据技术，依托近五年来上海法院审判办案系统案件的结构化数据，按照当事人姓名或名称、当事人作为被执行人的执行案件、债务纠纷被告以及离婚后发生的以第三人撤销之诉等进行数据碰撞、对比，发现涉嫌借助离婚诉讼分割财产以逃避债务或影响债权人权利实现的案件线索，推动全市法院对案件线索进行专项监督。该应用场景嵌入审判办案系统，实现对“假离婚 实逃债”的及时提示预警，预防离婚纠纷裁判结果中的财产分割部分侵害案外他人利益，提高了离婚纠纷的办案质量。

二、线索来源

上海二中院在日常审判监督过程中，发现离婚纠纷审理中若不及时知晓当事人已被列为被执行人，诉讼程序极易被当事人利用以妨碍案外人债权实现，进而引发后续纠纷。上海二中院坚持以数字赋能推进类案监督的思维，梳理离婚纠纷与关联执行案件数据连接点，以上海法院审判办案系统案件结构化数据为数据源，通过设立筛选规则，提取系统数据，并对筛选案例进行人工复核分析，发现“假离婚 实逃债”案件特征。通过应用场景建设，以结案日期在 2018 年至 2022 年期间的一审离婚纠纷案件为大数据基础，筛查分析离婚纠纷的结案方式、审理期限长短、两年内是否存在尚未执行完毕的执行案件、后续有无被提起第三人撤销之诉等情形，准确识别“假离婚 实逃债”案件。

三、数据建模

（一）数据来源

1. 上海法院审判执行办案平台。

2. 上海法院裁判文书库。

（二）建模步骤

第一步：在上海法院审判办案系统中筛选“2018 年至 2022 年五年内结案数据”“审级：一审案件”“案由：离婚纠纷”“结案方式：判决或调解”“审理时限：≤ 3 个月”。

第二步：对上述离婚纠纷案件结案前两年内是否存在尚未执行完毕的执行案件进行筛查，共筛查出若干案件线索。

第三步：筛选离婚纠纷案件结案后被提起第三人撤销之诉的情况，后将其与第二步所得案件线索进行数据对比、碰撞，最终筛查出少量可验证存在借离婚纠纷影响他案债务履行的线索。

（三）思维导图

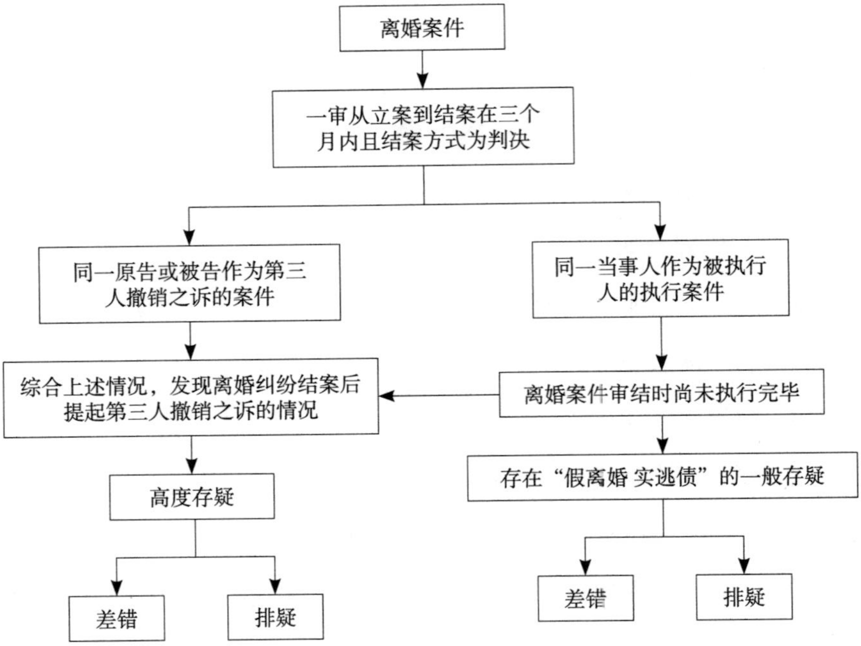

（四）模型分析及优化

针对因审理离婚纠纷忽略当事人他案涉债情况进而引发债权人较难实现债权的情形进行深入分析并对模型予以优化完善。

四、类案前端治理

考虑到离婚纠纷当事人涉他案债务的情况并不必然实质妨碍当事人离婚分割财产的自由，但充分考虑上述情况则可有效避免径直裁判可能引发的纠纷。因此，由于推广阶段对已结案件核验时注重他案债务的实质影响性，故筛查集中于是否存在尚未执行完毕的对外债务；而嵌入规则思路则应更注重对审判人员的预警作用，需要适度考虑潜在债务的影响，故嵌入规则在原先的筛查规则基础上，增加了离婚纠纷相同当事人部分重点案由下作为被告、可能被判承担债务情形的数据碰撞，从而起到真正的提示预警作用。通过筛查数据分析，若离婚纠纷当事人已成为他案被告，即便他案债务从性质上而言，仍然属于夫妻共同债务，债权人有权向债务人夫妻请求共同承担债务，但若债务人夫妻在离婚诉讼中擅自合意分割了夫妻共同财产，也可能导致债权人本可以优先从夫妻共同财产中获得清偿却不得不先行单独就债务人个人申请执行，而后通过追加被执行人、提起第三人撤销之诉、提起确认债务为夫妻共同债务等诉讼来最终实现债权。对离婚夫妻的债权人而言，这无疑是程序空转，也可能侵害了他们的权益，对法院而言，一定程度上浪费了司法资源，对司法公信力造成损害。与此同时，离婚纠纷财产分割审理时，需对离婚双方的对外欠债情况加强把关，包括各自是否已经因未履行还款义务等而被起诉、各自是否已经是被执行人、离婚纠纷中需要分割的相关财产是否因涉及司法案件而被查封等情形。

五、嵌入提示

（一）触发情形

当受理或办理离婚纠纷的案件时，系统进行筛查近两年是否有分别以离婚纠纷原告、被告作为“被告”或“被执行人”的金钱给付类案件，具体包括以下几种类型：（1）原告作为他案被告的民间借贷纠纷，结案方式是判决的；（2）原告作为他案被告的买卖合同、股权转让纠纷，结案方式是判决的；（3）被告作为他案被告的民间借贷纠纷，结案方式是判决的；（4）被告作为他案被告的买卖合同、股权转让纠纷，结案方式是判决的；（5）原告、被告作为被执行人的案件，且不是执行完毕结案的；（6）原告、被告作为被执行人，未结的且排除前审为该离婚案件的执行案件。如有，则触发场景，说明离婚纠纷一方或双方可能已背负债务，离婚纠纷财产分割可能影响案外债权人利益，需承办人予以核实。

（二）触发节点及提示内容

1. 立案保存

×× 法官 / 法官助理：上海数字法院平台提示，您正在审理的【案号】案件，可能存在离婚处分财产影响他案债务履行，建议您及时了解双方债务情况，妥善处理离婚财产分割及债务承担。本提示不作为定案依据，请审慎核实后依法处理，避免出现案件质量差错瑕疵。

2. 审理排期时

×× 法官 / 法官助理：上海数字法院平台提示，您正在审理的【案号】案件，可能存在离婚处分财产影响他案债务履行，建议您及时了解双方债务情况，妥善处理离婚财产分割及债务承担。本提示不作为定案依据，请审慎核实后依法处理，避免出现案件质量差错瑕疵。

（三）嵌入思维导图

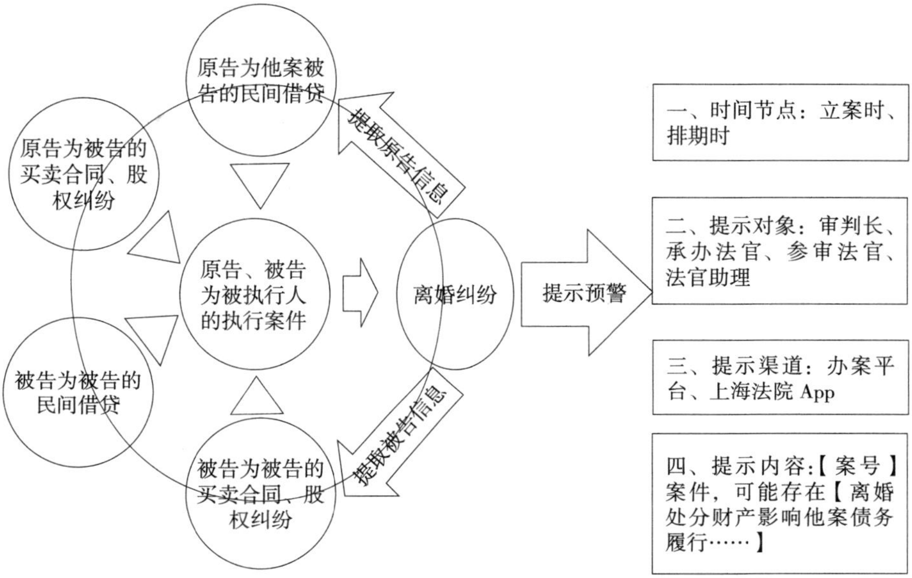

六、办案指引

收到上述提示后，应当根据触发节点和提示内容采取以下做法：

第一步：及时复核原告、被告涉及的债务纠纷及相关执行案件情况；

第二步：复核后反馈案件线索确认情况；

第三步：审理中，征询双方当事人对一方所涉债务情况的意见，必要时与相关执行法院或债务纠纷审理法院联系确认债务情况，避免离婚纠纷分割双方共同财产或确认双方对外债务承担时影响债权人利益。

审查时，注意以下要点：

（一）原告、被告对夫妻共同财产的分割请求

夫妻离婚时理应协商对外债务的承担，但因对外债务往往涉及案外人利益，原告、被告也会因此不要求在离婚诉讼中处理债务的分担问题。故审理中需主动询问夫妻双方对外债务情况。明确原告、被告要求法院处理的是否仅限于双方名下的财产而不包括各自的对外债务。

（二）原告、被告是否构成“假离婚 实逃债”

原告、被告不积极告知对外债务涉诉、涉执行情况，仍坚持要求在离婚案件中进行财产分割，或对离婚财产分割达成倾向于一方的一致意见，若通过本场景知晓夫妻一方涉及的较大金额的债务纠纷或执行案件情况，则往往表明原告、被告离婚分割财产的意思可能并不真实。

此种情况下，案件处理须注意：（1）离婚纠纷中双方就解除身份关系的意愿与双方分割财产的意愿具有相对独立性，勿简单以离婚财产分割的意思表示欠缺真实性，就一并否定双方需要解除婚姻关系的意思表示。（2）解除婚姻关系以及子女抚养均可以独立于财产分割及债务分担予以处理。（3）夫妻共同财产确需分割的，应充分释明：夫妻对一方婚姻关系存续期间所负债务是否对外承担连带清偿责任是双方与债权人的法律关系，离婚纠纷中二人的分担约定对债权人而言无法律约束力。释明后，可根据双方婚姻情况、子女抚养情况以及夫妻共同财产的客观情况（特别包括是否存在司法查封等）依法对共同财产予以公平分割，尽可能避免双方未经债权人同意而达成调解意愿的确认。

七、应用实效

该场景于 2023 年 8 月 14 日开始嵌入测试，至 2024 年 12 月 31 日，共触发 868 条提示，反馈 840 条，其中反馈有帮助数 670 条，有帮助反馈率达 79.76%；反馈无帮助数 170 条，反馈其他数 28 条。

经对于反馈“无帮助”及反馈“其他”的案件进行逐案分析，具体原因可分为以下几类：

1. 离婚纠纷原告撤诉或诉请不涉及财产分割，承办法官无须特别注意离婚纠纷财产分割的结果是否影响案外债权人利益。

2. 离婚纠纷被告不同意离婚，承办法官认为不符合“假离婚实逃债”情形，此系对该场景提示预警作用的误解，即便被告不同意离婚但若符合离婚条件，仍存在当事人不顾案外债权人利益分割夫妻共同财产的风险，提示预警应属有效。

3. 关联执行案件标的小或已履行完毕，虽触发提示预警但承办法官认为不影响案件审理。实际上提示预警已经帮助承办法官审核案外债权人利益是否存在受损风险并由其主观排除，应属提示预警有效。

4. 承办法官认为夫妻内部对财产分割或债务分担达成的协议仅约束双方。此系对场景提示预警的理解不够，若离婚判决或离婚调解处分了夫妻共同财产，即便不对案外债权人产生法律效力，但仍可能导致因共同财产已实际分割，无法实现债权的主体不得不寻求第三人撤销之诉、追加被执行人等救济途径。

反馈有帮助的 670 条线索中，65% 备注内容大意为“处理夫妻共同财产时会慎重考量，有帮助”，及时提醒承办法官核查双方涉债情况，释明法律后果，妥善处理离婚纠纷，避免影响案外债权人利益，还有备注“开庭时注意询问关联案件及双方对外债务，注意财产分配的公平性”，及时提醒承办法官查明案外债务情况，避免财产分配影响其他债权人权益。

【典型案例】

案例一：立案保存节点触发了一个静安法院反馈有帮助的案例，该院于2023年9月20日收到“假离婚 实逃债”场景提示，该案承办法官第一时间对原告、被告涉及的他案债务纠纷、执行案件进行审查，发现夫妻共同财产中上海宝山区某房屋已经黄浦法院拍卖得款1700余万元，且被告因经营不善仍有上百万元债务没有偿还。为妥善处理夫妻共同财产，承办法官与黄浦法院执行案件法官取得联系，经多次电话及实地沟通、调取材料，确认了被告孙某的具体涉案债务情况，否决了原告、被告关于原告分得90%夫妻共同财产的调解方案，化解了当事人假离婚损害债权人的风险。

案例二：庭审排期时触发了一个崇明法院反馈有帮助的案例，该案承办法官开庭前通过审判办案系统查询了离婚纠纷双方他案涉债情况并在庭审时特别关注；一方当事人庭审中提出存在夫妻共同债务，承办法官释明后，夫妻双方一致选择离婚纠纷案件仅处理婚姻关系的解除和子女抚养安排问题，另案处理财产分割及债务分担。承办法官在收到本应用场景提示后，及时了解当事人涉债情况，引导双方当事人将离婚纠纷中的财产内容剥离出来进行另案处理，充分兼顾了使当事人身份关系尽快稳定和避免财产及债务的匆忙处理影响债权人利益的双重目的。

【法律依据】

1.《**中华人民共和国民法典**》**第一百五十四条** 行为人与相对人恶意串通，损害他人合法权益的民事法律行为无效。

第五百三十八条 债务人以放弃其债权、放弃债权担保、无偿转让财产等方式无偿处分财产权益，或者恶意延长其到期债权的履行期限，影响债权人的债权实现的，债权人可以请求人民法院撤销债务人的行为。

2.《**中华人民共和国民事诉讼法**》**第五十九条** 对当事人双方的诉讼标的，第三人认为有独立请求权的，有权提起诉讼。

对当事人双方的诉讼标的，第三人虽然没有独立请求权，但案件处理结果同他有法律上的利害关系的，可以申请参加诉讼，或者由人民法院通知他参加诉讼。人民法院判决承担民事责任的第三人，有当事人的诉讼权利义务。

前两款规定的第三人，因不能归责于本人的事由未参加诉讼，但有证据证明发生法律效力的判决、裁定、调解书的部分或者全部内容错误，损害其民事权益的，可以自知道或者应当知道其民事权益受到损害之日起六个月内，向作出该判决、裁定、调解书的人民法院提起诉讼。人民法院经审理，诉讼请求成立的，应当改变或者撤销原判决、裁定、调解书；诉讼请求不成立的，驳回诉讼请求。

八、心得体会

“假离婚 实逃债”甄别预警应用场景是上海二中院第一批获得全市推广应用的数字化场景模型，也是上海法院第一批嵌入后验收的应用场景。从模型建立、推广核验、嵌入验收到办案指引撰写、实效分析整理，都给予参与者很大的获得感。

（一）坚持问题导向，在个案审判中找准突破点

近年来，上海二中院在若干个案审理中发现，当事人有企图利用诉讼“假离婚”分割财产、实现逃避债务的嫌疑。由于离婚纠纷的隐私性和封闭性，一旦判决忽略该因素的考量，结果很可能严重侵害合法债权人的利益，让其债权实现难度不当增大，也极易引发后续矛盾纠纷。利用大数据让离婚纠纷审理者第一时间掌握夫妻的真实债务，从而主动避免有损债权人利益的裁判产生。这是该场景研发者办理离婚纠纷个案中找到的切入口。

（二）坚持数字思维，把主观经验转化为客观数据规则

在“假离婚 实逃债”甄别预警场景建设之初，该场景研发者通过审判经验的场景再现、思维碰撞等方式，尽可能精准表述“假离婚 实逃债”的案件特征——审理时限不会太长、通常为调解不排除判决结案，从审判角度最应该关注的是夫妻双方或一方尚有一两年内未执行完毕的债务。基于这样的案件“画像”，研发者再归纳出数据“画像”，最终顺利完成了“假离婚 实逃债”甄别预警场景的两组筛查规则的设计。整个模型建立过程，既离不开对离婚纠纷类案的总结和分析，也离不开主观经验判断转化为客观数据规则。

（三）坚持目标导向，抓牢数字赋能未来方向

离婚纠纷审理中并不存在认定“假离婚 实逃债”的绝对标准。此种事实无绝对的情况可能普遍存在于民商事审判领域。此时，对场景应用线索的人工核查应着眼于是否可适用于当时、当地对场景目标风险的有效预警。“假离婚 实逃债”应用场景在全市第一阶段推广时，已有部分辖区法院法官反馈，如果后期系统自动推送在审离婚夫妻的债务执行情况，那将对防范风险、提升案件质效具有积极意义，嵌入后也确实广受好评。

数字时代的法院人要努力用自身累积的审判智慧，让数据排列组合、“动起来”，传达被掩藏的信息，这些“动起来”的数据又将助力审判者智慧的增长。

执笔人：上海市第二中级人民法院　熊　燕

核稿人：上海铁路运输法院　余冬爱

“职业放贷人”甄别预警应用场景

◎ 上海市闵行区人民法院

【关键词】

民间借贷 “职业放贷人” 适法统一

【要旨】

当前，以营利为目的的放贷活动，滋生了“套路贷”“校园贷”等冲击金融管理秩序的不良现象。金融执法与司法实践中，由于个案数据的独立性、识别标准的模糊性、数据信息的不畅通，法院难以高效、准确地将“职业放贷人”从普通的民间借贷纠纷中识别出来，进而出现类案裁判不统一等问题。

为防范“职业放贷人”利用诉讼程序将非法利益合法化，切实规范民间借贷行为，有效维护民间融资市场秩序，闵行法院依托近三年内上海法院审判执行办案平台内民间借贷纠纷的审判信息、裁判文书等数据，对“职业放贷人”进行“画像”，比对、碰撞出同一原告、不特定被告的案件，发现疑似“职业放贷人”特征，作为裁判者甄别认定“职业放贷人”的数据参考。

一、场景描述

"'职业放贷人'甄别预警"应用场景依托上海数字法院平台中应用场景的研发，对"职业放贷人"进行"画像"，比对、碰撞出同一原告、不特定被告的民间借贷案件数量、利率、合同格式化程度、出借金额、资金来源等特征存在高度重合点，通过数据排序，发现疑似"职业放贷人"特征，供裁判者认定甄别职业放贷人作数据参考，统一裁判尺度，推进刑民协同治理。"'职业放贷人'甄别预警"应用场景的研发既可以为个案裁判者提供全市范围内的相关当事人诉讼频次信息，提醒在办案件处理时可能存在"职业放贷人"疑似行为线索，为前端治理提供类案参考，也可以为类案监督评查提供差错瑕疵线索，发现适法不统一等问题，真正实现"个案办理—类案评查—系统治理"的数字办案与监督模式的重塑性变革。

二、线索来源

根据《全国法院民商事审判工作会议纪要》第五十三条的规定，未依法取得放贷资格的以民间借贷为业的法人，以及以民间借贷为业的非法人组织或者自然人从事的民间借贷行为，应当依法认定无效。同一出借人在一定期间内多次反复从事有偿民间借贷行为的，一般可以认定为是"职业放贷人"。该条仅规定了相关民间借贷行为无效的民事法律后果，但并未明确认定"职业放贷人"的具体时间和具体频次，而是由高级人民法院或者经其授权的中级人民法院细化明确具体的认定标准。通过检索发现，目前浙江、江苏、河南、新疆等地区制定了对“职业放贷人”认定标准的规范性审查文件，上海地区暂未出台细化明确的规定。

根据最高人民法院、最高人民检察院、公安部、司法部于2019年10月联合发布的《关于办理非法放贷刑事案件若干问题的意见》规定，违反国家规定，未经监管部门批准，或者超越经营范围，以营利为目的，经常性地向社会不特定对象发放贷款，扰乱金融市场秩序，情节严重的，依照《中华人民共和国刑法》第二百二十五条的规定，以非法经营罪定罪量刑。该意见明确规定，“经常性地向社会不特定对象发放贷款”是指二年内向不特定多人（包括单位和个人）以借款或其他名义出借资金十次以上。贷款到期后延长还款期限的，发放贷款次数按照一次计算。

闵行法院在日常审判实践中发现，不同承办法官对于同一原告起诉的民间借贷纠纷的合同效力认定标准存在差异，同一出借人“一定期间”“多次反复”及“有偿”等法定认定要件并未明确具体量化数值或设置合理区间数值，法官自由裁量空间大，适法困境也较大。以“职业放贷人”为关键词在“法答网”上检索，全国有近500条提问，由此可见认定难、识别难是全国法官在“职业放贷人”认定标准上适法困难的通病。本应用场景探索以数字赋能为抓手，通过审判信息、裁判文书等有效信息点的排序、比对，提取系统数据，并对筛查结果再次进行人工复核分析，发现疑似职业放贷的典型特征，为裁判者甄别“职业放贷人”提供数据参考，对发现的违法犯罪行为提供嫌疑人线索。

三、数据建模

（一）数据来源

1. 审判办案信息（源于上海法院审判执行办案平台）。

2. 民事裁判文书（源于上海法院审判执行办案平台）。

（二）建模步骤

第一步：从上海法院审判办案系统中筛选立案案由为民间借贷纠纷的一审民事案件。

第二步：根据原告身份证号、企业组织机构代码筛选同一原告两年内起诉十件以上案件。

第三步：基于第一条、第二条规则筛选一审民事案件关联的民事判决书，因法人中存在互联网金融公司的借贷纠纷，去除文书内容关键词包含“中介”“居间”“平台”的案件（有其中之一即去除）。

第四步：鉴于法人类存在取得放贷资质的公司从事贷款、金融业务，基于前三条规则，对于法人（含非法人组织）去除经营范围是“金融”“贷款”“贴现”等金融属性的案件（有其中之一即去除）。

（三）思维导图

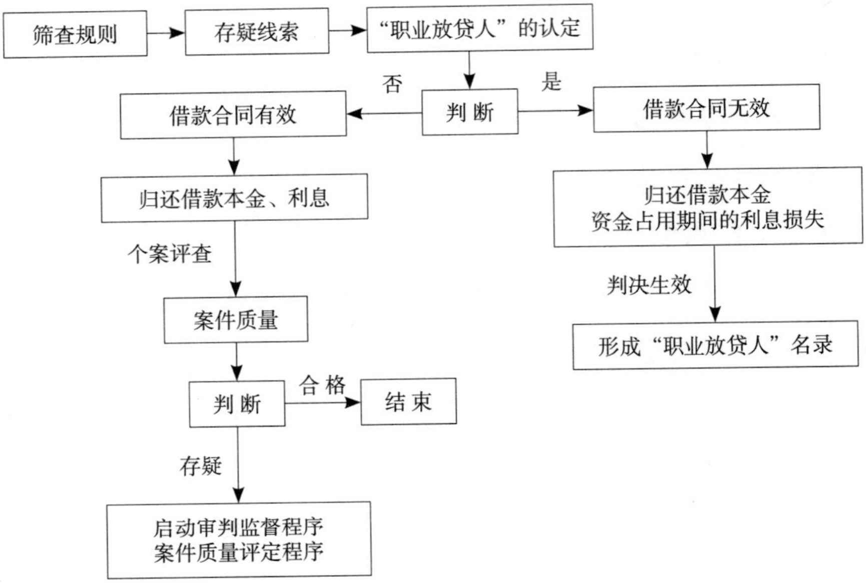

（四）模型分析及优化

由于案件次数不等于出借次数，同一出借人可能针对同一借款人存在多次起诉问题，因此数据模型如何精准匹配同一出借人向不特定对象的出借次数，需要进行深入分析并对模型予以优化完善。

四、类案前端治理

由于场景推广应用时，上海法院没有对认定“职业放贷人”出台统一的适法指导意见，各院对已结案件模型筛查出的数据有不同理解，且对于债权转让发生的小额贷款公司提起的借贷纠纷以及 P2P 网络借贷等情形的存在，可能对具有金融资质的主体筛查不精准，数据模型在嵌入系统前完善优化了法人主体的筛查规则。对于自然人为出借人的筛查案件，闵行法院筛查出陈某某涉案 39 件，经剔除按撤诉处理等一案重复诉讼的情形后，确定民间借贷诉讼 28 件，且涉及借款人主体不同，生效的民事判决亦认定为“职业放贷人”。嵌入办案系统后，某合伙企业分别在不同法院不同时期起诉多名借款人，承办法官在收到系统的甄别预警提示后，经与企业沟通核查，企业均以起诉还需补强证据为由申请撤诉。在触发提示的已结案件中，经审查，法院判决认定两名自然人为“职业放贷人”，两名自然人主动撤诉，一名自然人变更诉讼请求为仅要求返还本金。

五、嵌入提示

（一）触发情形

当立案受理时或承办法官在办案系统中点击排期后，系统会执行建模规则筛查原告是否符合近两年内向不同被告起诉已达十次以上，且非金融机构或互联网金融企业的民间借贷案件，如符合，则触发场景预警提示，告知承办法官一方当事人疑似“职业放贷人”，建议对原告的借贷行为效力依法审查。

（二）触发节点及提示内容

1. 立案信息保存时

×× 法官 / 法官助理：上海数字法院平台提示，您正在办理的【案号】案件，一方当事人疑似“职业放贷人”，建议您对原告的借贷行为效力依法审查。本提示不作为定案依据，请审慎核实后依法处理，避免出现案件质量差错瑕疵。

2. 排期信息保存时

×× 法官 / 法官助理：上海数字法院平台提示，您正在办理的【案号】案件，一方当事人疑似“职业放贷人”，建议您对原告的借贷行为效力依法审查。本提示不作为定案依据，请审慎核实后依法处理，避免出现案件质量差错瑕疵。

（三）嵌入思维导图

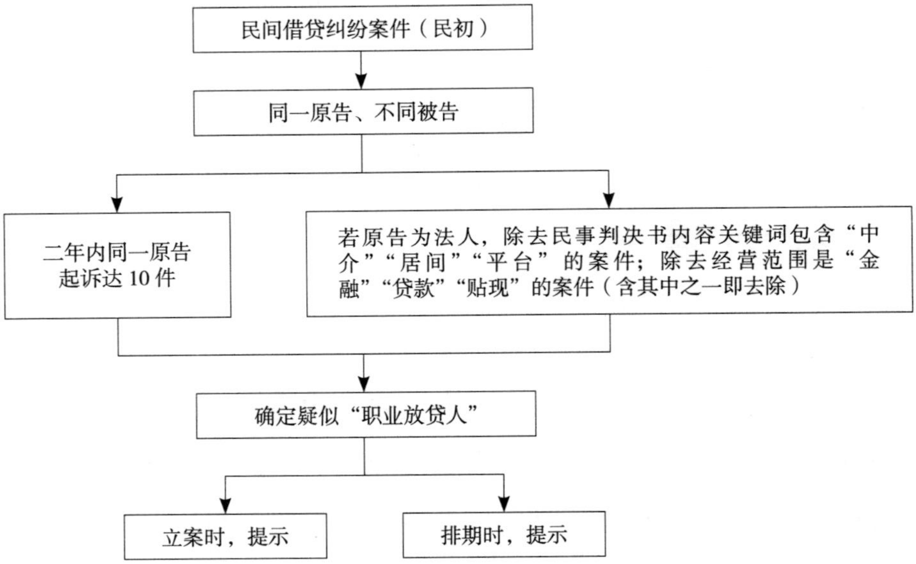

六、办案指引

收到上述提示后，应当根据触发节点和提示内容采取以下做法：

第一步：根据提示及时查看同一原告涉及的本市民间借贷纠纷案件审理情况，包括原告诉讼请求的本金、利息、是否针对不特定的人多次起诉、既往法院的裁判结果对借贷合同效力的认定情况等，全面了解原告的借贷行为。

第二步：排期开庭后，在庭审中直接了解原告的本案借贷金额、款项交付、当事人的经济能力、交易方式等涉及本案借贷行为的相关事实，同时了解原告既往与他人的借贷情况。

第三步：根据庭前、庭审中了解的案件事实，综合判断原告是否符合《全国法院民商事审判工作会议纪要》第五十三条、《最高人民法院关于审理民间借贷案件适用法律若干问题的规定》第十三条等相关司法文件关于“职业放贷人”以及原告借贷行为效力的认定。如果不认定原告为“职业放贷人”，综合案件情况依法裁判；如果认定原告为“职业放贷人”需认定原告的民间借贷行为无效，并按照无效合同的相关法律规定处理原告的诉讼请求。

七、应用实效

截至 2024 年 12 月 31 日，系统反馈该场景命中总数 45 次，反馈总数 45 次，反馈率达 100%；有帮助数 40 次，占反馈总数 88.89%；无帮助数 5 次，占反馈总数 11.11%。

该场景设置了立案保存和排期保存两个嵌入节点。对于提示有帮助的案件，反馈认为“已注意，与当事人核实，进行资格审查”。在有帮助的案件中，经查，有 8 件案件当事人申请撤诉，7 件判决认定原告系职业放贷人，5 件判决未认定职业放贷人，但原告仅起诉要求支付本金，判决仅支持偿付本金。1 件以案件涉嫌经济犯罪裁定驳回原告起诉。

【典型案例】

案例一：在排期信息保存节点，宝山法院触发了一个反馈有帮助的案例，该案2023年10月8日触发提示“上海数字法院平台提示，您正在审理的（2023）沪0113民初×号案件，一方当事人疑似‘职业放贷人’，建议您对原告的借贷行为效力依法审查。本提示不作为定案依据，请审慎核实后依法处理，避免出现案件质量差错瑕疵”。该案庭审中，承办法官对原告的既往借贷行为进行审查，在判决书中查明“原告张某起诉的类似民间借贷案件多起”，并在本院认为说理部分认定：“本案原告在一定期间内多次向社会不特定对象提供借款，未取得放贷资格，故本院认定由此发生的民间借贷行为无效。”

案例二：在排期信息保存节点，宝山法院触发了一个反馈有帮助的案例，该案2024年3月15日触发提示“上海数字法院平台提示，您正在审理的（2023）沪0113民初×号案件，一方当事人疑似‘职业放贷人’，建议您对原告的借贷行为效力依法审查。本提示不作为定案依据，请审慎核实后依法处理，避免出现案件质量差错瑕疵”。该案在民事判决书中查明：“截至本案判决之日，2023年一年高某某作为原告就民间借贷纠纷在本市法院起诉并已结案的案件达15件。”并在本院认为说理部分认定：“本案原告在一定期间内多次反复从事民间借贷行为，未取得放贷资格，故本院认定由此发生的民间借贷行为无效。”

【法律依据】

1.**《最高人民法院关于审理民间借贷案件适用法律若干问题的规定》第五条** 人民法院立案后，发现民间借贷行为本身涉嫌非法集资等犯罪的，应当裁定驳回起诉，并将涉嫌非法集资等犯罪的线索、材料移送公安或者检察机关。

公安或者检察机关不予立案，或者立案侦查后撤销案件，或者检察机关作出不起诉决定，或者经人民法院生效判决认定不构成非法集资等犯罪，当事人又以同一事实向人民法院提起诉讼的，人民法院应予受理。

第十三条 具有下列情形之一的，人民法院应当认定民间借贷合同无效：

……

（三）未依法取得放贷资格的出借人，以营利为目的向社会不特定对象提供借款的；

……

2.**《最高人民法院、最高人民检察院、公安部、司法部印发〈关于办理非法放贷刑事案件若干问题的意见〉的通知》**

一、违反国家规定，未经监管部门批准，或者超越经营范围，以营利为目的，经常性地向社会不特定对象发放贷款，扰乱金融市场秩序，情节严重的，依照刑法第二百二十五条第（四）项的规定，以非法经营罪定罪处罚。

前款规定中的“经常性地向社会不特定对象发放贷款”，是指 2 年内向不特定多人（包括单位和个人）以借款或其他名义出借资金 10 次以上。

……

3.《全国法院民商事审判工作会议纪要》

53.【职业放贷人】未依法取得放贷资格的以民间借贷为业的法人，以及以民间借贷为业的非法人组织或者自然人从事的民间借贷行为，应当依法认定无效。同一出借人在一定期间内多次反复从事有偿民间借贷行为的，一般可以认定为职业贷款人。民间借贷比较活跃的地方的高级人民法院或者经其授权的中级人民法院，可以根据本地区的实际情况制定具体的认定标准。

八、心得体会

本场景建设旨在以大数据模型为法官认定“职业放贷人”提供数据参考，给法官办案提供检索便利。在将办案系统信息以及裁判文书信息做数据化处理形成数据模型的研发过程中，项目组深刻体会到数据模型对助力办案、强化监督与协同治理带来的显著成效。正所谓，“理念一新天地宽。”通过大数据分析推送有效的甄别信息，可以帮助法官打破就案办案的固有观念，既可以从个案办理到类案统一，也可以实现案件质量监督从事后监督向事前监督的转变，带动类案审判的适法统一，真正实现数字赋能司法审判的重塑性变革。

实现审判工作高质量发展的同时，数字建模研发中对于数据模型的精准匹配、如何可视化展示辅助个案法官办案以及法官甄别后的实效跟踪分析困难，也是研发设计该应用场景的难点堵点。首先，对于如何做到案件数量与出借次数的精准统一，对撤诉后再立案的排查，还需做更多的模型规则完善，以实现对借贷频次、数量的准确识别。其次，对个案法官在收到预警提示后，如何展示既往同一出借人的案件审理情况也是场景研发中需要解决的问题。预警提示只是辅助办案的第一步，受困于承办案件查阅权限的限制，特别是同一出借人向不同法院起诉案件无法获取案件结案信息，对甄别出借人合同格式化程度、出借金额、资金来源等重要信息点而认定其“职业化”“营利性”仍有困难。最后，对于法官判定职业放贷人的监管以及实效跟踪，也是场景建设实现全流程监管的重要价值。本场景在运行后可逐步形成“职业放贷人”名录，并在上海高院指导下动态管理、及时更新，同时向地方党委、政府、检察院、公安局、仲裁委员会、金融监管部门和税务部门等抄录名单，与多部门形成协同监管治理合力，共同维护民间融资市场秩序，切实保障人民群众合法权益。

执笔人：上海市闵行区人民法院　夏万宏　陆　珊
核稿人：上海铁路运输法院　余冬爱
　　　　上海市高级人民法院商事审判庭　曹克睿

机动车交通事故责任纠纷案件交强险超限额判决提示预警应用场景

◎ 上海市嘉定区人民法院

【关键词】

机动车交通事故责任纠纷　交强险　超限额

【要旨】

当前，一起交通事故致多人伤亡的情形时有发生。受害当事人或其继承人分别向人民法院提起诉讼，因随机分案及信息不对称等原因，导致承办人未及时关注到关联案件，未能在交强险限额范围内对不同受害人进行合理分配，存在多起案件累计判决金额超过交强险限额导致实体错判的重大风险。该场景旨在通过全市法院间的信息共享，打破“数据壁垒”，筛选相同自然人被告、不同自然人原告等结构化数据，对同一起交通事故的不同受害人起诉的关联案件进行在线提示，告知审判人员谨慎核实后再处理，避免超限额错误裁判，提升审判质效。

一、场景描述

根据《中华人民共和国道路交通安全法》《机动车交通事故责任强制保险条例》及相关司法解释，机动车发生交通事故造成人员伤亡、财产损失的，保险公司应当在交强险限额范围内予以赔偿。实践中，一起事故多人伤亡分别索赔时，因承办人未关注到关联案件，可能存在多起案件累计交强险裁判金额超限额的情形，案件也因此被改发或再审。该场景嵌入系统后，可以有效抓取同一起交通事故的不同受害人分别诉至法院的关联案件，并提醒审判人员关注关联案件情况，合理分配交强险限额。如此可以有效防范因信息不对称导致交强险超限额错误裁判的风险，降低案件被改判、发回或再审的概率，提高案件审判质量。

二、线索来源

嘉定法院重视案件评查工作，将案件评查视为对案件质量进行的全方位“体检”以及倒逼司法公正的重要手段。审监庭在对近年来再审案件评查中发现，部分涉及同一起交通事故的不同机动车交通事故责任纠纷案件事实查明并无差错，但因信息不对称等原因未得知关联案件诉讼情况，导致判决保险公司在交强险责任限额内赔偿数额超过法定限额，进而导致案件被改判、发回重审或提起再审。故思考能否利用大数据，设计相关应用场景打通“数据壁垒”，实现信息共享，提示此类易错点。

三、数据建模

（一）数据来源

审判办案信息（源于上海法院审判执行办案平台）。

（二）建模步骤

第一步：筛选案件。选取结案时间为 2018 年 1 月 1 日至 2023 年 6 月 30 日，案由为机动车交通事故责任纠纷，结案方式为判决的案件。

第二步：数据碰撞。对上述案件当事人信息进行比对碰撞，保留自然人被告相同、保险公司被告数量为一且原告不同的案件，满足以上条件的案件为一组，并根据案号去重。

第三步：筛选出同一起交通事故案件。对满足第二步条件的每一组案件，在判决书中抓取事故发生时间，“事实和理由”/“事实与理由”后的第一个时间或者“本院经审理”后的第一个时间，特征是 ×××× 年 ×× 月 ×× 日。事故发生时间相同的案件组保留，否则删除。

第四步：提取交强险赔偿数额。在每组案件的每一个判决书主文中，抓取交强险金额：读取含“交强”或“强制”且不含“无责”或“商业”的判决主文。如果符合该条件的判决主文有两条以上，则读取最先出现的那一条主文。锁定判决条文后，如果只有一个金额，则抓取该金额；如果有两个以上金额，则读取数额最大的金额。每组案件中的每一个案件交强险金额分别为 m1、m2、m3……

第五步：判断同一组案件累计交强险数额是否超额。若事故发生时间早于 2020 年 9 月 19 日，且 m1+m2+m3+……>122000 元，则该组保留，否则删除；或事故发生时间等于或者晚于 2020 年 9 月 19 日，且 m1+m2+m3+……>200000 元，则该组保留，否则删除。

第六步：对自动筛选所得的每组案件的判决书进行研判，分析每组案件交强险金额累计相加是否超过交强险限额，并进行监督。

（三）思维导图

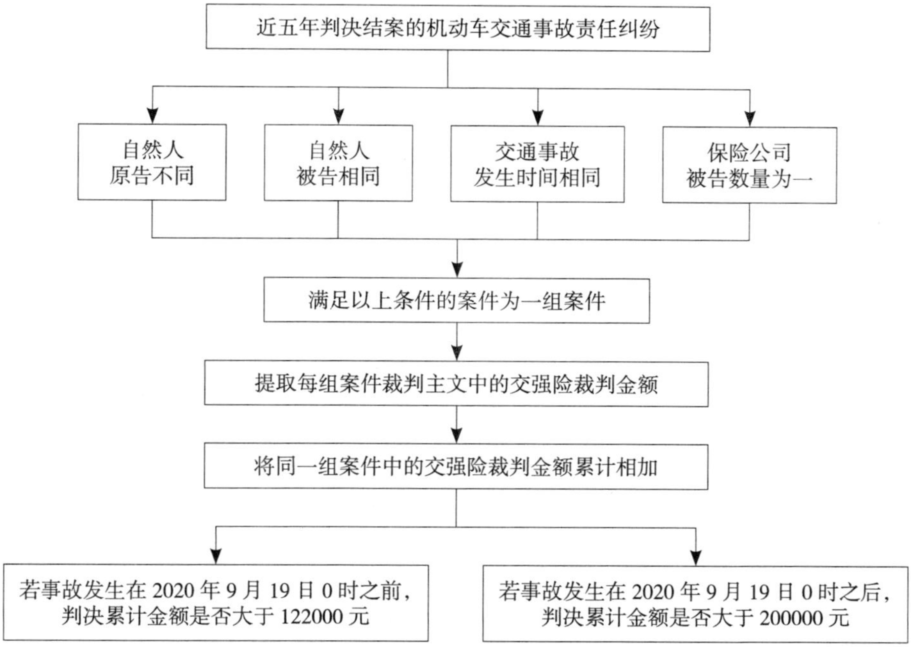

（四）模型分析及优化

通过人工复核并分析各院的推广核验反馈结果，总结得知：由于部分法院关于机动车交通事故责任纠纷案件的裁判主文表述方式与其他法院不同，而场景筛查规则未将此种表述的案件排除在外，优化推广模型进一步细化完善抓取交强险金额的规则，尽量覆盖每一种裁判主文表述方式，提升了该场景模型精准度。

四、类案前端治理

前期场景推广时，主要作用在于评查错误，应用场景建设者对全市近五年的机动车交通事故责任纠纷判决主文进行比对，通过提取相同自然人被告、不同自然人原告等结构化数据，以及在裁判文书中抓取事故发生时间、交强险赔偿金额等实体数据，对涉及同一起交通事故的不同案件所判决的交强险赔偿数额进行累计核算，判断是否超过交强险限额。后期嵌入系统，场景价值主要在于预警，提醒承办人同一起交通事故已有纠纷先行起诉，避免超保险限额裁判。场景推广的规则采取的是反推法，与嵌入规则设计思路有所差异。差异主要体现在：一是场景推广时的案件评查只能在关联案件均结案后进行交强险金额累计核算才能判断。场景嵌入系统的目的在于防范错误，故不能在结案后而应在案件办理过程中进行提示。二是推广时筛查出的案件大多是确有错误的案件，而嵌入时筛查出的案件应为可能出错或易出错的案件，进而提醒承办人注意。故嵌入模型规则较推广模型规则更为简单，主要截取推广模型规则的前半部分，无须对同一起交通事故引发的不同受害人诉至法院的机动车交通事故责任纠纷最终裁判的交强险金额进行累计核算并进行判断，只须对同一起交通事故引发的不同受害人诉至法院的关联机动车交通事故责任纠纷进行提醒即可。

五、嵌入提示

（一）触发情形

建立近两年的机动车交通事故责任纠纷信息库，保存案号及当事人信息。当正在办理的机动车交通事故责任纠纷的自然人原告与信息库中案件的自然人原告不同，且自然人被告与信息库中案件的自然人被告相同时，则对在办案件进行提示，说明疑似同一起交通事故导致的不同受害人诉至法院，相关案件为关联案件，需要承办人核实并在交强险限额内裁判。

（二）触发节点及提示内容

触发节点：分案时、裁判文书定稿时。

提示内容：×× 法官 / 法官助理：上海数字法院平台提示，您正在审理的【拟排查案件的案号】案件，可能存在【同一起交通事故不同当事人的关联诉讼】，案号为【碰撞所得关联案件案号】案件。建议您核实是否为同一起交通事故，并审慎确定保险赔偿数额，避免超保险限额裁判。本提示不作为定案依据，请审慎核实后依法处理，避免出现案件质量差错瑕疵。

（三）嵌入思维导图

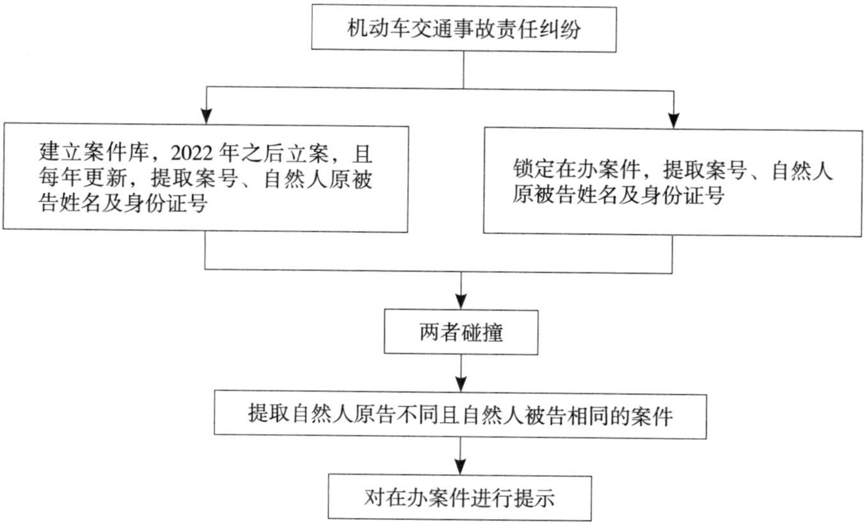

六、办案指引

收到上述提示后，应当根据触发节点和提示内容采取以下做法：

第一步：及时查阅本案卷宗材料及关联案件卷宗材料，确认是否为同一起机动车交通事故引发的不同受害人诉至法院的纠纷。

第二步：对于确实属于同一起机动车交通事故引发的不同受害人诉至法院的纠纷，若关联案件已结案，则审核关联案件在交强险范围内的赔偿情况，避免在办案件超保险限额裁判；若关联案件未结案，则与关联案件承办人及时沟通，确保两起案件合理分配交强险限额，避免超限额裁判。

第三步：该场景的意义不仅仅在于避免交强险超限额裁判，还可协助承办法官保证在办案件及关联案件的事故责任比例一致、商业险未超限额裁判等，有利于信息协同、适法统一。

七、应用实效

截至2024年12月31日，系统反馈该场景命中总数726次，反馈总数713次，反馈率达98.21%，有帮助数508次，占71.25%，无帮助数205次，占28.75%。

该场景设置了分案信息保存、裁判文书申请签发、裁判文书定稿三个嵌入节点。在分案信息保存节点中触发命中数305次，反馈有帮助数233次，无帮助数66次，待反馈数6次。在裁判文书申请签发节点中触发命中数64次，反馈有帮助数38次，反馈无帮助数23次，待反馈数3次。在裁判文书定稿节点中触发命中数357次，反馈有帮助数237次，反馈无帮助数116次，待反馈数4次。反馈有帮助的508条线索中，184条有备注内容，170条备注内容大意为“有帮助”或“已知晓”或“查缺补漏”或“好的”或“经核实，信息准确”或“已关注”或“知道了”等有益反馈，及时提醒承办法官相关关联案件，避免了交强险超限额裁判的差错。

【典型案例】

案例一：2023年10月27日，a号机动车交通事故责任纠纷的承办人在制作裁判文书时收到了提示预警信息：“上海数字法院平台提示，您正在审理的a号案件，可能存在【同一起交通事故的关联诉讼，案号为b号】。建议您核实是否为同一起交通事故，并审慎确定保险赔偿数额，避免超保险限额裁判。本提示不作为定案依据，请审慎核实后依法处理，避免出现案件质量差错瑕疵。”承办人收到提示后对两个关联案件进行了审核，发现两个案件确为同一起交通事故的不同受害人分别提起的纠纷，另案已经审结并生效。被提示的承办人通过调阅前案卷宗材料，了解前案交强险处理情况后，就在办案件判决保险公司在剩余交强险限额内依法承担赔偿责任，并在嵌入反馈时填写了“有帮助”，有效避免了超保险限额裁判。

案例二：2023年11月24日，在分案信息保存时，c号机动车交通事故责任纠纷的承办人收到了提示预警信息：“上海数字法院平台提示，您正在审理的c号案件，可能存在【同一起交通事故不同当事人的关联诉讼，案号为d号】，建议您核实是否为同一起交通事故，并审慎确定保险赔偿数额，避免超保险限额裁判。本提示不作为定案依据，请审慎核实后依法处理，避免出现案件质量差错瑕疵。”承办人收到提示后首先点开了关联案件信息，发现这两个案件案由均为机动车交通事故责任纠纷且自然人被告是同一人。承办人继续点开卷宗材料，从交通事故责任认定书中得知两个案件是同一起交通事故引发的不同受害人诉至法院的案子。于是 c 案承办人与 d 案（尚未审结）承办人取得了联系，两位法官充分沟通，根据两案案情，在交强险限额范围内合理确定了两原告的交强险赔付金额，实现了信息互联互通，有效避免了交强险超限额裁判。后承办人在嵌入反馈时填写了“有帮助”，并表示已合理分配限额。

【法律依据】

1.**《机动车交通事故责任强制保险条例》第二十一条**　被保险机动车发生道路交通事故造成本车人员、被保险人以外的受害人人身伤亡、财产损失的，由保险公司依法在机动车交通事故责任强制保险责任限额范围内予以赔偿。

道路交通事故的损失是由受害人故意造成的，保险公司不予赔偿。

第二十三条　机动车交通事故责任强制保险在全国范围内实行统一的责任限额。责任限额分为死亡伤残赔偿限额、医疗费用赔偿限额、财产损失赔偿限额以及被保险人在道路交通事故中无责任的赔偿限额。

机动车交通事故责任强制保险责任限额由国务院保险监督管

理机构会同国务院公安部门、国务院卫生主管部门、国务院农业主管部门规定。

2.《**中国银保监会关于调整交强险责任限额和费率浮动系数的公告**》截至2020年9月19日零时保险期间尚未结束的交强险保单项下的机动车在2020年9月19日零时后发生道路交通事故的，按照新的责任限额执行；在2020年9月19日零时前发生道路交通事故的，仍按原责任限额执行。[①]

八、心得体会

“机动车交通事故责任纠纷交强险超限额判决提示预警”应用场景是上海法院较早开发的应用场景之一。嘉定法院在审判监督程序中发现机动车交通事故责任纠纷关联案件交强险超限额判决的痛点，萌生了通过建设应用场景对类似情况进行提示预警的想法。在数据建模阶段，场景建设者们大量查阅不同法院生效裁判文书，不断提炼更为合适的关键词，并对技术规则多次论证修改，最终在数据核验阶段取得了较为满意的准确率。

然而，场景建设进入嵌入测试阶段后，如何在未决案件中，通过已有结构化数据识别关联案件，成为一个新难题。场景建设者们及时转换思路，通过建立案件数据库，比对关键信息的方式识别关联案件。随着嵌入测试的持续深入，一个个关联案件被准

① 根据上述规定，2020年9月19日零时之前发生的交通事故应按照原责任限额122000元执行，2020年9月19日零时之后发生的交通事故应按照新的责任限额200000元执行。

确识别。场景建设者陆续收到案件承办人的“有帮助”反馈：“本场景确有实效，能够较为高效地识别关联案件，并提示避免交强险超限额判决。”在接近七成的命中率、500次以上的有效提示中，一个个潜在的超限额判决通过提示得以避免，场景建设的初衷和目的得以实现。最终，本应用场景经过提出设想—转换思路—六次规则完善—六次数据核验—推广评查—嵌入论证—嵌入测试—修改嵌入规则—持续关注命中情况—验收汇报等一系列流程后通过了验收。

应用场景的建设是时代需求和技术变革的共同呼唤，数字场景的建设者将继续保持奋斗者的姿态，笃行不怠，立足本职工作，顺应时代趋势，参与到上海数字法院建设的时代浪潮中，为上海法院提升案件审判质量贡献智慧力量，以数字化实现审判工作的高质量发展。

执笔人：上海市嘉定区人民法院　纪学鹏　张　轶
核稿人：上海铁路运输法院　余冬爱

破产程序终结后企业未及时注销登记提示预警应用场景

◎ 上海市杨浦区人民法院

【关键词】

破产清算　破产程序终结　注销登记　企业市场退出

【要旨】

破产企业终结破产程序后应及时办理企业注销登记，彻底实现破产企业的市场退出，但实践中存在部分管理人在终结破产程序后疏于积极履职办理企业注销的情形。该应用场景从审判办案系统的结构化数据中提取符合破产程序终结应当办理注销登记的企业数据，与市场监督管理局存续企业信息进行比对获取案件线索。在此基础上，在审判办案系统中以“结案时”“结案后30日”“结案后每隔三个月”三个不同进度节点设置了嵌入模型，分别对破产案件承办人和破产企业管理人进行提示预警，嵌入后反馈情况良好。破产企业的清退是营商环境建设的重要环节，该应用场景弥补了审判办案系统对结案后管理人履职情况监督的程序空白，有助于最终实现破产企业快速有序退出。借此场景的反馈信息，法院也可以梳理无法实现企业注销的原因反馈，有助于进一步完善破产企业的注销登记措施，打破实践中破产企业注销在各职能机构之间的壁垒。

一、场景描述

《中华人民共和国企业破产法》第一百二十一条规定，管理人应当自破产程序终结之日起十日内，持人民法院终结破产程序的裁定，向破产人的原登记机关办理注销登记。实践中，存在符合条件的破产企业，管理人未及时办理企业注销登记，导致破产企业仍为存续状态，未及时实现企业市场退出的情况。这种情况存在企业“僵尸状态”被利用的隐患，影响营商环境；也容易因债权人的不理解，导致新增审判、执行案件，造成程序空转，故设计此场景对符合破产程序终结应该办理企业注销登记的管理人以及案件承办法官予以提示。

二、线索来源

杨浦法院在商事审判及执行工作中发现，因破产企业未及时办理企业注销登记，当事人再次就涉及破产企业的债权起诉，或者再次申请强制执行的情况时有发生。商事审判庭结合办理破产案件经验，利用上海法院审判办案系统、上海法院 C2J（Court to judge）法官办案智能辅助系统和全国企业信用信息公开系统、企查查等工具，对破产案件进行初步数据筛查并比对企业登记信息，发现部分企业在终结破产程序后未及时办理企业注销登记，并引发了程序空转的问题。杨浦法院经综合研判，认为有必要依据该情况线索，建立数字监督检查模型，对破产程序终结后的企业注销情况进行监督，并对已经审结的案件进行后续追踪预警，提示承办法官及破产案件的管理人及时处理破产程序终结后的企业注销登记问题。

三、数据建模

（一）数据来源

1. 破产清算程序终结的企业信息（源于上海法院审判执行办案平台）。

2. 破产案件民事裁判文书（源于上海法院审判执行办案平台）。

3. 存续企业登记信息（源于上海市市场监督管理局企业登记信息）。

（二）建模步骤

第一步：从上海法院审判办案系统中筛选案件范围为破字号案件，结案案由为申请破产清算，结案方式为终结破产程序，且终结破产程序事由不包含“债务人已经清偿全部债务”“第三人提供足额担保”“第三人为债务人清偿全部到期债务（或提供担保）”“债务人与全体债权人就债务处理达成协议并获法院认可”情形的案件。第一步可以得出破产程序终结应该办理企业注销登记的被申请人名单。

第二步：提取第一步筛选案件结果中的被申请人名称，通过企业名称比对上海市市场监督管理局企业登记信息，其中企业状态 = 正常 / 存续的案件即为可触发提醒的案件。

（三）思维导图

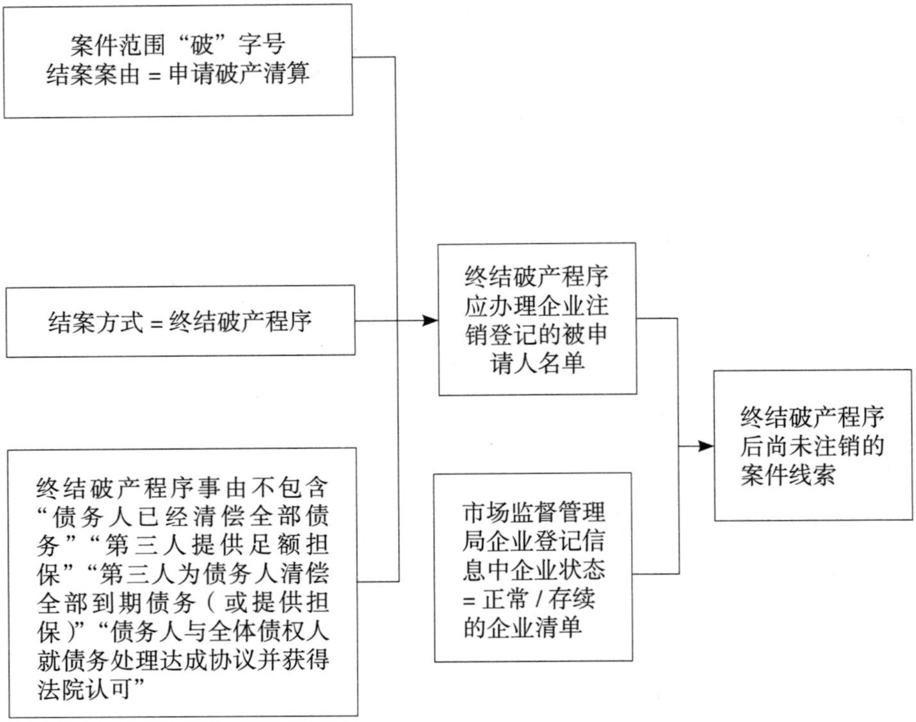

（四）模型分析及优化

该场景推广阶段设立的数据模型以裁判文书关键词“终结破产程序”或“破产程序终结”为主要线索来源，精准度为90.09%。结合各法院的反馈意见，杨浦法院对获取的线索进行人工核验，发现有几种可能的误差：一是文书关键词不能囊括全部符合条件的破产案件，存在少量案件因文书主文构词与关键词不一致被遗漏；二是与市场监督管理局企业登记信息比对时，以企业信用代码和企业名称分别作为比对要素时结果出现偏差，分析具体原因为审判办案系统中部分破产案件被申请人信息中企业信用代码填写错误或者未填写，导致比对误差。为了更精准命中符合条件的案件，将与市场监督管理局的存续企业信息比对阶段的比对要素确定为通过企业名称比对。

四、类案前端治理

该应用场景推广后成效显著，筛选出上海法院近十年符合注销条件的已结破产案件中，部分管理人经提示迅速办理了破产企业注销登记。为通过事前动态预警进一步提升终结破产程序后企业注销事宜的效率，更好地实现法院对破产案件结案后管理人履职情况的跟踪及监督，同时探索对结案后管理人履职情况的评价与考核机制，有必要将场景应用模型嵌入办案系统，在结案的同时提醒管理人终结破产程序后依法在十日内办理企业注销登记手续；对合理期间后仍未办理企业注销登记的破产案件在审判办案系统中予以提示，以便案件承办人关注提醒管理人，并探讨将场景应用模型嵌入破产管理人履职平台，对管理人办理的破产清算案件中未及时办理注销登记的情况予以提醒警示，或以场景应用数据为要素之一对管理人履职情况予以考核的可能性。

五、嵌入提示

（一）触发情形

针对符合筛选条件的破产案件的承办法官和管理人，在结案时、结案后 30 日、结案后每隔三个月三个不同阶段嵌入提示节点。符合条件的破产案件结案时，填写结案日期即触发场景，向管理人发出提示信息；填写结案日期 30 日后，经与市场监督管理局存续企业信息比对，若重合即触发提醒，向案件承办人推送提示；结案后每隔三个月将应办理注销登记的企业信息与市场监督管理局存续企业信息进行比对，若重合即触发提醒，向管理人发出提示。

（二）触发节点及提示内容

1. 填写结案日期时

【被申请人名称】管理人：上海数字法院平台提示，【案号】案件，破产企业在破产程序终结后需在十日内向原登记机关办理注销登记，请及时办理。

2. 填写结案日期 30 日后

×× 法官 / 法官助理：上海数字法院平台提示，您审理的【案号】案件，破产企业在破产程序终结后仍未及时办理企业注销登记。本提示不作为定案依据，请审慎核实后提醒破产管理人办理企业注销登记。

3. 填写结案日期后每隔三个月

【被申请人名称】管理人：上海数字法院平台提示，【案号】案件，破产企业在破产程序终结后仍未办理注销登记，请履行管理人职责，依法及时办理企业注销登记。

（三）嵌入思维导图

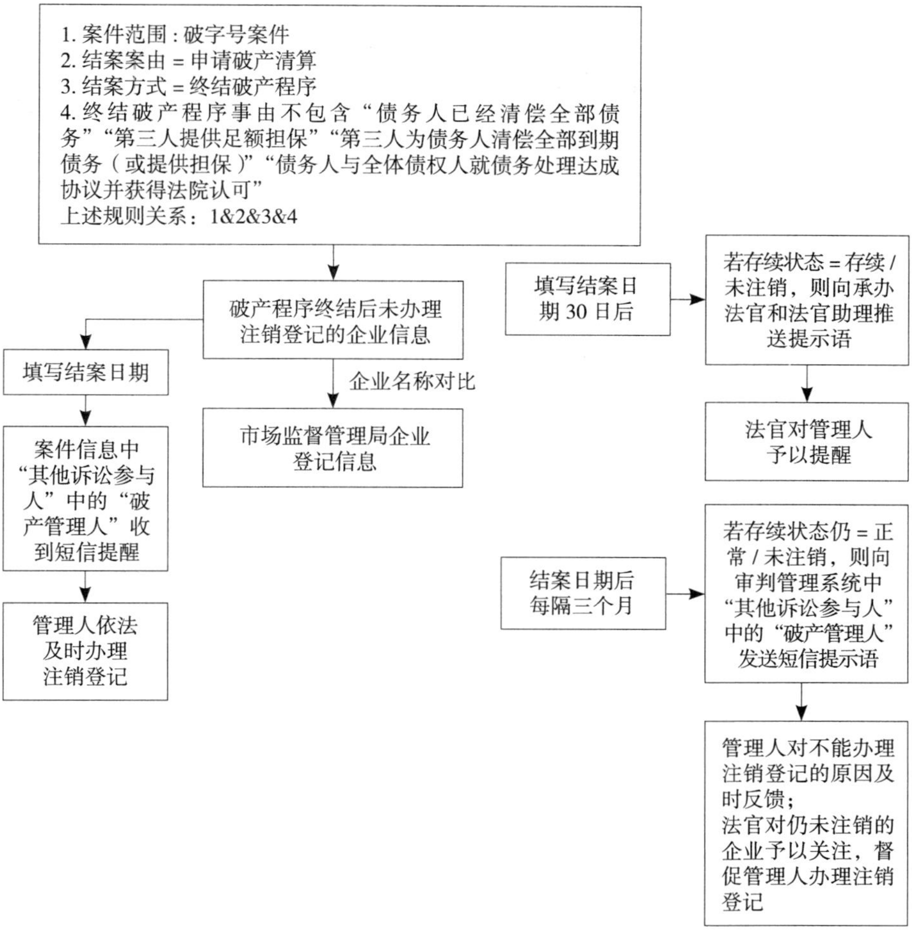

六、办案指引

收到上述提示后，应当根据触发节点和提示内容采取以下做法：

（一）填写结案日期时

破产案件法官/法官助理收到应用场景提示的，可要求管理人提交拟办理企业注销登记的计划。

管理人收到提示短信后，应及时准备办理破产企业注销的资料，依法及时办理注销登记。

（二）填写结案日期 30 日后

破产案件法官 / 法官助理收到应用场景提示的，应核对案件是否属于应办理注销的情形，并提醒管理人，了解暂未办理的原因。

（三）填写结案日期后每隔三个月

管理人收到提示短信后，应尽快依法办理注销登记。若在办理过程中有障碍，应及时向法院及有关部门反馈。

破产案件法官 / 法官助理收到应用场景提示的，应针对长期未办理注销登记的案件予以重点关注，搜集原因，协助管理人与其他部门沟通，以合力打通破产企业退出市场的“最后一公里”。对属于管理人履职不积极等原因的，可作为管理人考核因素予以记录。

七、应用实效

截至 2024 年 12 月 31 日，系统反馈该场景累计命中次数 2476 次，其中在填写结案日期时触发 1469 次，在结案后 30 天和结案后 3 个月触发 1007 次。反馈总数 2440 次，反馈率达 98.54%，有帮助数 2104 次，占 84.98%；无帮助数 336 次，占 13.57%。反馈无帮助的情形均为案件两次及以上触发，未注销原因 95% 以上为管理人在破产案件终结后仍有未了事宜，或注销过程中有对外投资等情形无法在短期内办理注销登记。本应用场景为法院跟踪、监督破产案件结案后管理人的履职情况提供了有效途径，提高了管理人履职的积极性和效率。从两次命中数的差额来看，63% 以上的破产企业在破产程序终结后及时办理了注销登记手续。对三个月以上仍不能办理注销登记的情形，法院也借此场景可获得有效数据，优化破产案件管理流程；通过应用场景中触发提示的反馈信息，及时高效掌握管理人履职中的障碍，为法院延伸审判职能，与破产管理人及市场监督管理局、税务部门等多部门探讨、协作，共同助力破产企业市场退出及营商环境的优化奠定基础。

【典型案例】

案例一：应用场景的推广和嵌入，为破产程序终结到破产企业的注销搭建了跟踪、反馈的桥梁，在督促管理人在破产程序终结后继续高效、切实履行职责方面取得了良好的实效。惠及的不仅是存量老案，场景推广后新增的结案也明显加快了注销效率。2019 年终结破产程序的某电器设备有限公司经推广提示后于 2023 年 10 月 22 日办理了企业注销登记。某数字信息技术发展有限公司破产案 2023 年 11 月 29 日结案时触发场景提示，2023 年 12 月 7 日即办理完企业注销程序。

案例二：应用场景嵌入后的触发及反馈信息，为优化破产案件管理流程、健全管理人考核评价机制提供了数据支撑。为推进上海市破产管理人队伍建设，完善管理人考核评价机制，健全管理人职业监督管理体系，上海高院与上海市司法局共同发布的《上海市破产管理人考核办法（试行）》已于 2024 年 6 月 1 日起施行。破产程序终结后的履职情况亦作为管理人执业表现的组成部分，通过提取和分析本应用场景两次或多次触发场景提示案件的管理人信息，相应数据可作为破产受理法院为管理人制定的考评部分的评分要素之一。

案例三：应用场景建设成果的数据，为法院延伸审判职能，助力营商环境优化扩展了空间。推广信息核验阶段，杨浦法院注意到一个长期未注销案件反馈无法注销的原因为对“三证合一”后设立的企业，由于税务登记未注销，区市场监督管理局未核准该破产企业的注销登记。对此，应用场景建设团队经与上海高院、上海市市场监督管理局相关部门多次沟通后，提示管理人依据上海高院与上海市市场监督管理局签订的备忘录中的相关规定，助力管理人实现了企业注销登记。

2024 年 4 月，杨浦法院结合数字法院建设成果，从“破产程序终结后未及时办理企业注销登记提示预警”场景核验结果中筛查出近五年来，注册登记于杨浦辖区的企业中已终结破产程序，但暂未办理注销登记的企业清单，推送给杨浦区市场监督管理局，以进行信息共享及数据备查，共同督促管理人及时办理破产企业注销登记，实现市场退出。截至 2024 年 6 月，首批推送的清单中已有 75% 以上办理了注销登记。府院“点对点”长期联动，合力打通破产企业退出市场的“最后一公里”，共同促进辖区营商环境的优化。而本应用场景建设成果的精准运用，后续可能惠及更多区域。

【法律依据】

《中华人民共和国企业破产法》 第一百二十一条 管理人应

当自破产程序终结之日起十日内，持人民法院终结破产程序的裁定，向破产人的原登记机关办理注销登记。

八、心得体会

（一）依托审判经验，紧扣法治化营商环境的司法工作主旋律是发现问题的基础

破产企业终结破产程序后及时办理企业注销是《企业破产法》明文规定的内容，应该是司法的应然之义。符合破产条件的企业只有进入破产清算程序，将债权债务关系全面、终局地处理完毕并消灭主体资格，才符合法律制度设计的初衷。在数字法院建设初期，杨浦法院具有破产案件审判经验的法官发现审判办案系统破产案件结案后缺乏对后续管理人履职行为、企业注销情况的跟踪和反馈的途径及机制，导致终结破产程序后部分管理人疏于继续积极履职。司法系统对破产案件的投入巨大，很多破产案件的被申请人是无人照管的“僵尸企业”，很多案件的管理费都是在申请企业破产工作的经费后才处理的，破产企业的清退是营商环境中重要的一个环节，实现企业有序进、出是优化营商环境的目标之一，耗费人力物力之后，因为管理人的不重视导致企业仍然存续，使司法系统对这类案件清退所付出的巨大努力的效果大打折扣。尽管实践中确实存在诸多原因导致法律规定在实践中不能顺利实施，比如争议较大的税务先注销、对外投资清理后才能注销等，但是场景建设团队经过讨论认为，需要合适的契机去搭建一个反馈和共同有序推进的平台，打破实践中破产企业注销在各职能机构之间的壁垒。这也是杨浦法院设计这个场景的初衷和

基础。

（二）精准研判数据模型是利用大数据开展数字化监督的必经途径

本应用场景的选择有明确的法律依据，业务规则有清晰的构建目标。在场景建设过程中，杨浦法院破产案件已经清零，审判办案系统对破产案件流程管理也多次发生变更，建设团队仅凭此前的审判经验不足以形成精确的数据模型。建模过程中，杨浦法院建设团队对首次输出的测试数据本着严谨客观的态度，组织创办人员、法官助理从 C2J（Court to judge）系统以及企查查等查询途径逐一进行人工核查，发现了少部分不应属于筛查范围的案件。对该部分案件详尽分析查明原因，并进一步修改了业务规则，排除了破产和解、破产重整等情况。修改后，数据筛查的准确度提升至 80% 以上。只因对一个案件为何会进入筛查范围不解，场景建设团队主动联系了兄弟法院的案件承办人，仔细询问案件情况和信息填写内容，发现信息输入人员对破产案件结案信息选项的理解偏差可能导致筛查结果的误差。

本应用场景从申报、推广、嵌入申请论证到嵌入验收均得到了上海高院审管办、上海高院商事庭的鼎力支持。场景推进过程中，建设团队高度重视与上级指导部门、技术指导部门、兄弟法院的法官、破产管理人广泛沟通，破除信息壁垒，获得支持。通过寻求上海高院审管办的支持，获取了场景所需的市场监督管理局的企业登记信息数据共享。场景建设团队在上海高院商事庭的支持下，与兄弟法院、上海三中院破产庭等广泛沟通，详细了解了目前破产案件的信息输入规则，听取破产管理人的意见，并在整合多方意见的情况下与上海高院商事庭深入探讨，力争完善每一个细节。在此基础上，该场景的业务规则多次优化，反复验证，最终在推广阶段获得 90% 以上的准确率，为后续嵌入以及进一步的数据运用打下了坚实的基础。

（三）进一步挖掘场景数据的潜力，发挥数字法院的倍增效应是场景建设的生命力延伸

在整个场景建设过程中，建设团队不仅仅将该工作当作一项任务，而且在沟通过程中努力传递希望通过该场景打通法院破产审判案件结案到破产企业完成注销的“最后一公里”的目标。团队对推广阶段的存案筛查结果以及嵌入后场景触发的反馈情况高度关注，并注重成果转化，及时与市场监督管理局沟通，推送通过该场景获取的破产程序终结应注销的企业名单，反馈管理人在实践中办理注销时遇到的障碍，力争以该场景建设为契机，在加快破产企业市场退出方面贡献司法智慧。场景嵌入验收不是终点，场景建设团队越来越意识到场景建设获取的数据像一座宝矿，为后续延伸审判职能，促进社会治理等都提供了无限可能。

执笔人：上海市杨浦区人民法院　李凌云　徐进峰
核稿人：上海市高级人民法院商事审判庭　曹克睿

知识产权销假刑事类案量刑适法统一应用场景

◎ 上海市普陀区人民法院

【关键词】

销售假冒注册商标的商品罪　量刑　畸轻畸重　不当缓刑　适法统一

【要旨】

知识产权犯罪属于经济犯罪，量刑相较于一般刑事案件存在一定差异，缓刑适用率较高，其定罪量刑多与犯罪情节、违法所得数额等密切相关。司法实践中关于违法所得计算标准不明、情节严重及情节特别严重的区分要素不明，导致知识产权刑事案件量刑不统一的问题更为凸显。普陀法院以知识产权刑事案件中高发的“销售假冒注册商标的商品罪”为样本研发该场景，旨在通过案件判处阶段的量刑纠偏提示，实现内部监督预警、促进类案类判适法统一、维护司法权威。同时，以知识产权销假刑事类案为起点，为今后场景应用实践向更多知产刑事类案拓展提供有益借鉴。

一、场景描述

该场景以《中华人民共和国刑法》第二百一十四条“销售假冒注册商标的商品罪”为主要法律依据，以上海法院审判执行办案平台案件结构化数据、裁判文书中的销售金额、认罪认罚、退赃退赔、自首立功、主从犯等与量刑情节相关的关键词为抓取要素设置规则模型，嵌入该类案件裁判文书定稿、结案信息保存两个时间节点，并在出现量刑偏离合理区间的情况时触发预警提示。

二、线索来源

普陀法院在对近五年来知识产权刑事案件进行梳理分析时发现，商标类犯罪占据知产刑事案件的主要部分，占比高达90%，其中又以销售假冒注册商标的商品罪数量最多。《中华人民共和国刑法修正案（十一）》的出台，将该罪名的量罪要素从“销售金额”修改为“违法所得及其他严重情节”。鉴于目前关于违法所得的计算及情节严重的区分标准不明，法官在量刑时主要参照销售金额衡量行为人犯罪情节的严重程度。通常情况下，社会危害性的大小应当和销售金额的高低成正比，量刑也应当与此相适应。经分析发现，部分案件销售金额低的反而量刑重，销售金额高的反而量刑轻，且存在销售金额较高的案件适用缓刑率高于金额较低案件的情形，与正常的量刑规律相偏离。立足上述发现的量刑问题，该场景以上海法院审判执行办案平台案件结构化数据、法律文书库等为数据源，设置筛查要素规则，提取样本数据，对筛查结果多次比对分析，发现部分量刑幅度不统一、缓刑适用不当的案件线索。

三、数据建模

（一）数据来源

刑事裁判文书（源于上海法院审判执行办案平台）。

（二）建模步骤

第一步：从审判办案系统中筛选近五年内案由为“销售假冒注册商标的商品罪”的案件。

第二步：从裁判文书主文中提取“销售金额”“货值”“主犯”“从犯”“累犯”等关键词及该类案件的判决刑期。[①]

第三步：从审判系统结构化数据中提取“结案标的”“判决情况”“缓刑情况”“有期徒刑”“罚金”等关键词。

第四步：在前三步基础上进行比对，筛选出量刑偏离合理区间的情形：结案标的或犯罪数额＜25万元并且主从犯刑期≥36个月、结案标的或犯罪数额＞500万元并且主从犯刑期≤12个月。

---

① 主犯：非共同犯罪的被告人或者共同犯罪中犯罪数额（若犯罪数额为空，取结案标的或罚金金额）最高的被告人；从犯：共同犯罪中犯罪数额（若犯罪数额为空，取罚金金额）非最高的被告人。

（三）思维导图

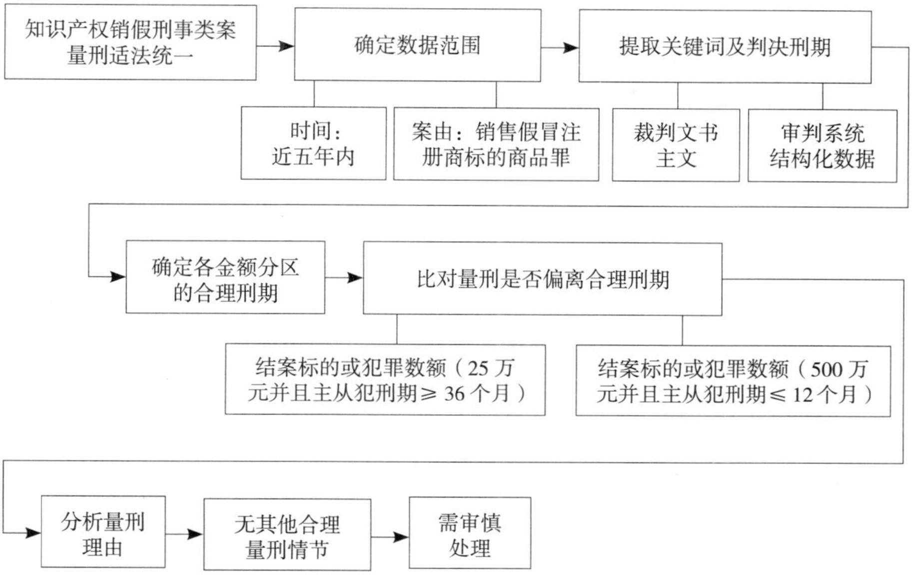

（四）模型分析及优化

该场景在建模前期，通过数据初筛深入分析“销售假冒注册商标的商品罪”各销售金额区间的刑期规律，发现该罪的刑期分布与销售金额总体成正比。其中，销售金额小于25万元的，刑期判处六至十二个月的占比较高；销售金额大于等于25万元且小于250万元的，刑期集中在三十六个月；其余各销售金额区间内都有相对固定的量刑尺度。此外，司法实践中通常以司法解释规定的销售金额25万元作为三年刑期的跳档起算点。

在前述分析的基础上，得出该类案件各销售金额区段的合理量刑区间，以此比对筛查出偏离前述量刑区间的案件。在分析时，结合对误判案件的排除情况，不断充实、完善量刑要素，最终形成前述模型，故前述模型已经相对完善，能够较为准确地识别量刑偏离合理区间、不当适用缓刑或误填结案信息的案件，满足场景建设的价值需求、精准度需求。

四、类案前端治理

该场景推广应用阶段，部分案件之所以在核验过程中被排除，主要原因是在设置筛查规则时对部分酌定情节，如商品属性（奢侈品、食品）、社会危害程度（初犯）等要素难以全面兼顾，造成部分量刑合理案件被误判。考虑到设置的关键词已经相对充分，且该场景主要用于为法官提供量刑区间参考，并不要求达到完全准确的程度，故未进一步调整规则，而是嵌入系统开启对在办类案的前端治理。

五、嵌入提示

（一）触发情形

对于案由为“销售假冒注册商标的商品罪”的在办案件，在提取上海法院审判办案系统案件结构化数据、裁判文书中销售金额、认罪认罚、退赃退赔、自首立功、主从犯等与量刑情节相关的关键词后，在裁判文书定稿阶段，系统将销售金额或违法所得数额与刑期进行比对，若销售金额或违法所得数额＜ 25 万元并且主从犯刑期≥ 36 个月、销售金额或违法所得数额＞ 500 万元并且主从犯刑期≤ 12 个月，则触发场景；在结案信息保存阶段，系统将结案标的或犯罪数额与刑期进行比对，若结案标的或犯罪数额＜ 25 万元并且主从犯刑期≥ 36 个月、结案标的或犯罪数额＞ 500 万元并且主从犯刑期≤ 12 个月，则触发场景。上述触发场景的情形，说明疑似存在量刑偏离合理区间的情况，需承办人进一步核实。

（二）触发节点及提示内容

1. 裁判文书定稿时

×× 法官 / 法官助理：上海数字法院平台提示，您正在审理的【案号】案件，可能存在【量刑偏离合理区间的情况】，建议您【复核文书是否存在笔误或量刑是否在合理区间内】。本提示不作为定案依据，请审慎核实后依法处理，避免出现案件质量差错瑕疵。

2. 结案信息保存时

×× 法官 / 法官助理：上海数字法院平台提示，您正在审理的【案号】案件，可能存在【量刑偏离合理区间的情况】，建议您【复核结案信息是否正确填写或量刑是否在合理区间内】。本提示不作为定案依据，请审慎核实后依法处理，避免出现案件质量差错瑕疵。

（三）嵌入思维导图

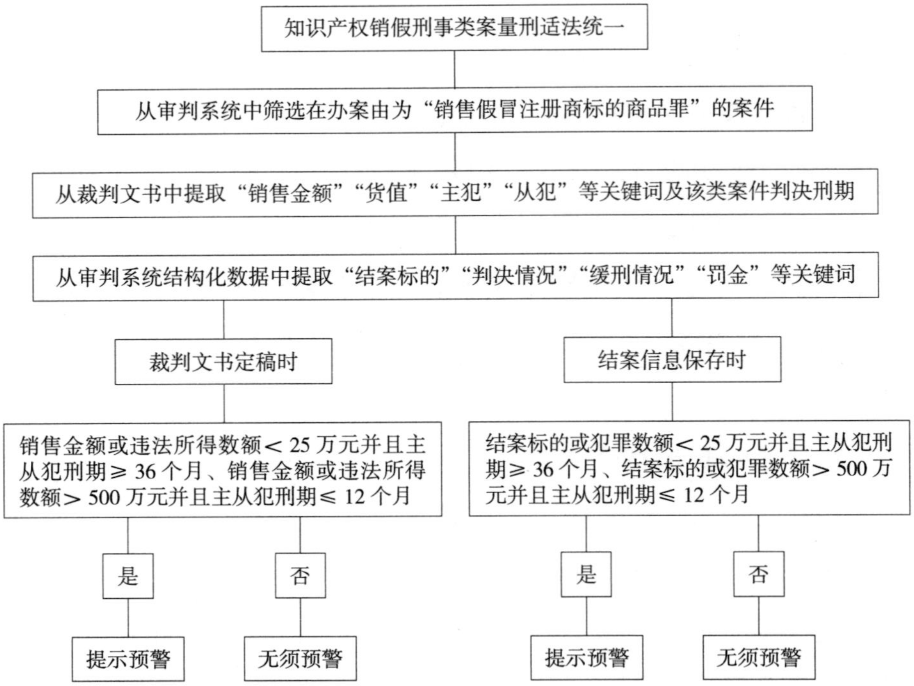

六、办案指引

收到上述提示后，应当根据触发节点和提示内容采取以下做法：

第一步：及时复核案件量刑建议、结案信息、判决书，查看是否存在笔误或结案信息填写错误等字面错误。

第二步：对于不存在笔误或信息填写错误情形的，进一步复查量刑时是否已经全面考虑销售金额、主从犯、认罪认罚、退赃退赔等量刑要素，研判案件量刑是否处于正常量刑区间内（疑似情形：结案标的小于25万元，刑期大于等于36个月；结案标的大于等于25万元小于500万元，刑期小于36个月或适用缓刑；

结案标的大于等于500万元，刑期小于等于12个月或适用缓刑）。

第三步：对复核后确定存在笔误、信息填写错误及量刑问题的案件，及时完成修改，反馈确认情况，并在分析问题成因的基础上查漏补缺，确保今后同类案件正确审理；对于经复核认为不存在量刑问题的案件，必要时组织专业法官进行会议讨论，仍确认量刑无误的，通过办案系统反馈不予采纳的理由和意见。

七、应用实效

截至2024年12月31日，系统反馈该场景命中总数17次，反馈总数17次，反馈率达100%；有帮助数16次，占94.1%；无帮助数1次，占5.9%。

上述线索分别在裁判文书定稿及结案信息保存时收到该应用场景预警，提示可能出现量刑偏离合理区间的情况。经复查，案件量刑确实存在触发场景的情形，承办法官在该应用场景帮助下及时研判，综合考量量刑，确保了类案适法统一，保障了被告人的合法权益。

【典型案例】

案例一：普陀法院审理的一起案件，在裁判文书定稿及结案信息保存节点触发该应用场景，提示可能存在量刑偏离合理区间的情况。承办法官收到提示信息后，立即对案件量刑建议、结案信息、判决书进行复核，核查是否已经全面考虑销售金额、主从犯、认罪认罚、退赃退赔等量刑要素，结合应用场景大数据分析量刑建议与实际情节的匹配度。核查过程中，承办法官发现该案另一被告人量刑虽然在合理区间内，但综合各量刑情节符合缓刑适用条件，遂与检察机关沟通并建议其调整量刑，检察机关采纳了建议。最终法院判处另一被告人适用缓刑，践行了宽严相济的办案理念，发挥了应用场景的内在价值。

案例二：浦东法院审理的一起案件，在裁判文书定稿及结案信息保存节点触发该应用场景，提示可能存在量刑偏离合理区间的情况。承办法官收到上述提示后，立即重新阅看卷宗，发现确系存在笔误，及时予以更正，并反馈该应用场景对法官审理销假刑事类案确有帮助，在提高审判质量、避免案件差错等方面起到了积极的辅助作用。

【法律依据】

1.《**中华人民共和国刑法**》**第二百一十四条**　销售明知是假冒注册商标的商品，违法所得数额较大或者有其他严重情节的，处三年以下有期徒刑，并处或者单处罚金；违法所得数额巨大或者有其他特别严重情节的，处三年以上十年以下有期徒刑，并处罚金。

2.《**最高人民法院、最高人民检察院关于办理侵犯知识产权刑事案件具体应用法律若干问题的解释**》

第二条　销售明知是假冒注册商标的商品，销售金额在五万元以上的，属于刑法第二百一十四条规定的“数额较大”，应当以销售假冒注册商标的商品罪判处三年以下有期徒刑或者拘役，并处或者单处罚金。

销售金额在二十五万元以上的，属于刑法第二百一十四条规定的“数额巨大”，应当以销售假冒注册商标的商品罪判处三年以上七年以下有期徒刑，并处罚金。

八、心得体会

“统一法律适用”与“规范自由裁量权”有助于消除司法实践中的差异性和任意性，确保司法裁判的公正性和合理性，有利于提升司法公信力。以往，为了促进类案类判，法院主要通过指导性案例、办案指南、条线协调沟通等传统路径解决。随着数字经济的快速发展，类案检索、推送等信息化的产物给类案类判带来了更多便利，但此类方式还主要依靠“人”的触发，检索结果受到关键词匹配度、数据库容量等情况的制约，法官对于检索结果的判断也是在抽样抓取有限文书的基础上形成，难以做到全面准确。2023 年，上海法院正式启动数字法院建设，应用场景建设作为核心工作，为类案类判带来了新的、更加科学化的实现路径。即在对海量案件数据分析比对的基础上建立并嵌入相关模型，智能触发提示预警，实现了从法官被动检索到模型智能推送的转变。

基于此，“知识产权销假刑事类案量刑适法统一”作为适法统一类的审判管理监督应用场景，是通过量刑阶段的纠偏提示，实现类案类判，减少案件质量瑕疵。同时，以知产刑事案件中多发的“销售假冒注册商标的商品罪”为起点，为促进更多知产刑事案件的适法统一先行探路。在该场景的建设过程中，普陀法院主要积累了以下经验做法：

（一）深化认知，发挥理念先导作用

自上海数字法院建设工作推进以来，普陀法院自上而下高度重视，首先在理念上迅速调整转变，深刻认识到数字法院建设与以往信息化法院建设、智慧法院建设的区别，及时调整工作方式，建立统筹机制。合理进行场景建设分工，细化流程规范，在上海高院场景申报、数字建模、推广评查、嵌入测试、核验反馈、优化完善“六步走”工作模式的基础上，切实推进各项场景建设流程规范有序运行。

（二）合力攻坚，突破数据建模堵点

该场景在确立建模规则的初期，在确保数据抓取精准度上面临困境：（1）由于刑事案件的定罪量刑是个复杂的过程，法官需要考虑多重因素，仅法定的量刑情节就涉及刑事责任年龄、自首、主从犯、立功、累犯、坦白、犯罪预备、犯罪未遂等，并存在根据犯罪动机、手段、时间、结果等确定的酌定量刑情节，建模时需全面分析各量刑要素，尽可能提高模型精度。（2）“销售假冒注册商标的商品罪”往往同时具有已销售金额（既遂）和查扣尚未销售的货值金额（未遂）两个情节。若无法对提取金额中的既遂、未遂部分加以区分，将会加大误判概率。（3）由于审判系统及文书中关于主从犯的表述不够连贯清晰，给主从犯数据的识别带来困难，难以做到准确分离，比如，文书中往往表述“某某，系主犯”，中间被逗号隔开后，可能会因角色对应错乱而产生数据误差。

基于上述数据抓取上的难点堵点，普陀法院加强与技术部门对接沟通，多次征询条线意见，共同完善建模规则。通过更改或添加与量刑相关的关键词（如酌定情节、主观恶意、社会危害

性、犯罪预备、犯罪未遂）、排除重复的识别要素等，让模型更加准确。虽然最终的嵌入规则仍无法囊括所有的量刑要素，但设置的关键词已经尽可能兼顾各主要影响要素，且适法统一类场景主要是提供量刑区间的参考，并非提供必须遵照执行的量刑标准，法官在收到提示后也可以根据核查情况再行决定。故在现有规则基本满足该场景建设价值需求的情况下，未另行调整。

（三）跟进落实，注重场景建设实效

该场景的建设经过了科学论证、自我攻关、协同配合，并不断打磨、修正的过程，取得了初步成果。然而，场景建设的价值目标不是一建了之，而是要注重预期价值的落地见效。对审判管理监督类场景而言，实效相对容易考察，可以通过审判办案系统的反馈和条线沟通及时获取相关信息。为此，一方面，普陀法院动态督促办理院内收到的线索，提示法官及时完成复核、反馈意见、修正错误，对照问题查漏补缺，确保类案正确审理。同时，强化对书记员、法官助理的监督管理，加强结案信息填写阶段的检查力度。另一方面，定期关注该场景在全市其他法院的应用情况，特别是跟进“无帮助”案件的具体原因，以期及时获取有效的反馈信息，检测该场景在促进销假刑事类案量刑平衡统一方面的价值作用。

执笔人：上海市普陀区人民法院　吴大成　王　茜
核稿人：上海市高级人民法院知识产权审判庭　徐　俊

主体涉外案件准据法适用提示预警应用场景

◎ 上海海事法院

【关键词】

涉外案件　法律适用　准据法　遗漏

【要旨】

在审理涉外案件时，依法确定案件所适用的准据法是准确适用法律的前提。但近年来，部分涉外案件中存在遗漏准据法确定这一重要程序的情况。上海海事法院针对这一情形，依托上海法院审判办案系统，制定筛查规则，构建场景应用模型，通过对涉外案件进行甄别以及对民事判决书中的关键词进行反向排除的方式比对筛选，以发现对准据法未确定案件的线索，并进行提示预警。

一、场景描述

在涉外案件审理过程中，应当对所适用的准据法进行确定，这是《中华人民共和国涉外民事关系法律适用法》等相关法律的明确规定，也是涉外审判“应知应会”的内容。实践中发现，部分涉外案件未在裁判文书中对准据法作出确定，不符合相关法律规定。建立主体涉外案件准据法适用应用场景，有助于避免裁判文书出现遗漏确定准据法的内容，增强法律适用意识，准确理解法律适用规则，对法官疏于、怠于和不善于依法确定准据法的问题起到提示和纠治作用。

二、线索来源

根据《中华人民共和国涉外民事关系法律适用法》的规定，涉外民事关系适用的法律依照法律确定，当事人依照法律规定可以明示选择涉外民事关系适用的法律。因此，确定法律适用是涉外审判中最基础、最重要的环节，对于涉外案件承办法官而言，也是“应知应会”的内容。司法实践中，由于大部分涉外案件的当事人均同意或默认适用中国法，久而久之，确定准据法的意识有所淡化，不少承办法官也容易忽略确定准据法的环节，部分涉外案件裁判文书中对于案件应当适用什么法律进行审理亦没有任何表述，不符合相关法律规定。海事案件是涉外占比较高的案件类别，上海海事法院由此思考：有什么办法能够更加智能、更加便捷地提示承办法官，以防止法律适用的疏漏。适逢上海法院部署数字法院建设，上海海事法院以此为契机申报建设“主体涉外案件准据法适用提示预警”应用场景，依托上海法院审判办案系统的结构化数据，制定筛查规则，构建场景应用模型，筛查出遗漏准据法确定的案件。根据案件情况，分析主体涉外案件未确定准据法的主要原因，通过大数据系统在案件审理过程中加以提示，从而避免遗漏准据法确定的情况。

三、数据建模

（一）数据来源

民事判决书（源于上海法院审判执行办案平台）。

（二）建模步骤

第一步：从上海审判办案系统中，首先筛选出当事人中有涉外主体，并且结案方式为“判决”的案件，二次筛选出其中结案文书中不含有如下任一关键词的案件：“准据法”“同意适用”“选择适用”“适用中国法”。

第二步：通过审判办案系统检索该案号，查看法律文书，通过各法院人工核查、复核及反馈的方式查明线索案件文书未确认准据法理由，比如已经撤回涉外主体、未有相关表述但适用法律正确等。

第三步：逐案分析前述案件遗漏准据法选择的个案情形，并有针对性地研究应对措施。

（三）思维导图

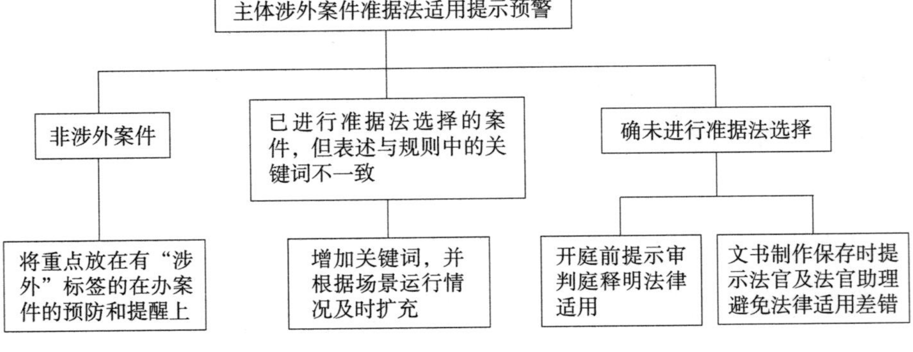

（四）模型分析及优化

针对前期应用场景筛查出来的案件及各院核查反馈的情况，从细化规则角度对系统模型进行一定优化。故在建模规则基础上作出如下修改：第一，删除结案四年内的日期限定条件，将重点放在对存在“涉外”标签的在办案件的预防和提醒上；第二，增加关键词“适用中华人民共和国法律”“选择中华人民共和国法律”，加上前述已有关键词，基本上涵盖了绝大多数涉外案件准据法选择的表述方式，但也不排除其他比较小众的、个性化表述，因此后续可能仍有扩充关键词的空间，拟根据该应用场景推进情况实时增加关键词；第三，去除“结案方式为判决”条件，最终的关键词直接从判决书中筛选，避免虽然以判决方式结案，但是存在多份法律文书从而被识别为多个案件，进而重复统计的情况。

四、类案前端治理

从评查结果看，对主体涉外案件未作准据法选择的主要原因有三个：

1. 准据法适用意识不强。以《中华人民共和国涉外民事关系法律适用法》为主，《中华人民共和国海商法》等实体法相关条款为补充，构成了我国较为完善的准据法规则体系。由于未充分认识到准据法适用的重要性，导致在审理案件过程中遗漏这一环节。

2. 准据法适用规则理解不透。有的承办人员错误地认为，只要不适用外国法，就没有必要讨论准据法适用的问题，忽略了无论是适用中国法还是外国法，前提都是准确运用准据法规则。

3. 涉外案件办案经验不足。相比而言，部分年轻法官以及不经常办理涉外案件的法官，更容易忽略这一点，会在未作出裁判说明的情况下径行适用中国法。

该应用场景为“主体涉外案件准据法适用提示预警”，旨在对存在可能需要确定法律适用的案件，提示承办人员注意，不要有所疏漏，避免法律适用差错。故该应用场景的触发条件重在“提前预警”和“全面预警”，因此拟设定两个环节的提示预警：第一，在开庭前一天，对存在“涉外”标签的案件，进行确认准据法适用的提醒，便于审判庭在开庭审理过程中直接向当事人释明法律适用，要求当事人发表意见；第二，在裁判文书制作保存时，对裁判文书内容进行关键词筛查，对不符合条件、未确认准据法适用的案件，向承办法官和法官助理进行提示，以进行查缺补漏，避免法律适用差错。

通过这两个时间节点的提示，应当可以避免绝大多数遗漏准据法适用的情况发生。

五、嵌入提示

（一）触发情形

当受理含“涉外”标签的民初字案件时，在开庭前一日触发场景，提示承办人员在开庭时确认准据法适用。此外，在裁判文书定稿时，若系统筛选判决书中不含有如下任一关键词的案件：“准据法”“同意适用”“选择适用”“适用中国法”“适用中华人民共和国法律”“选择中华人民共和国法律”，则触发场景，提示承办人员撰写文书时确认准据法适用。

（二）触发节点及提示内容

1. 开庭前一日

×× 法官 / 法官助理：上海数字法院平台提示，您正在审理的【案号】案件，可能存在涉外因素需确认准据法的情形。建议您在开庭时确认准据法适用。本提示不作为定案依据，请审慎核实后依法处理，避免出现案件质量差错瑕疵。

2. 裁判文书定稿时

×× 法官 / 法官助理：上海数字法院平台提示，您正在审理的【案号】案件，可能存在涉外因素未确认准据法的情形。建议您撰写文书时确认准据法适用。本提示不作为定案依据，请审慎核实后依法处理，避免出现案件质量差错瑕疵。

（三）嵌入思维导图

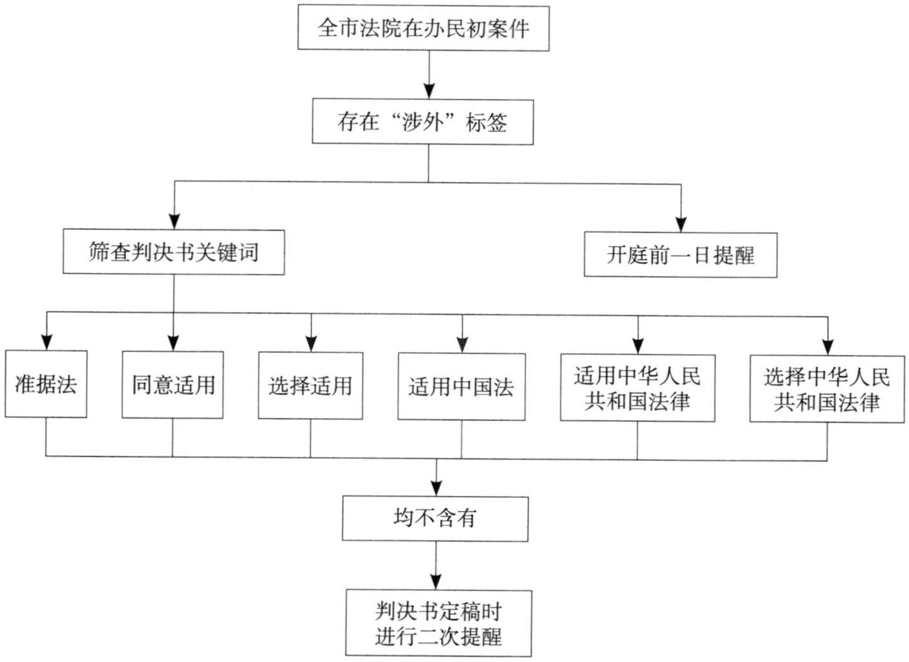

六、办案指引

收到上述提示后，应当根据触发节点和提示内容采取以下做法：

第一步：核查触发应用场景的案件是否已就准据法的适用问题制订工作方案，如已有工作方案，则忽略这一提示；如还未明确工作方案，则根据不同情况进行下一步处理。

第二步：核查所触发的应用场景子模型类型，如触发开庭前一日的提示预警，这是针对所有涉外案件在开庭前进行的普遍性提醒，承办法官在后续开庭审理过程中，可在法庭调查阶段向各方当事人释明法律适用情况并要求各方当事人发表意见。

第三步：核查所触发的应用场景子模型类型，如触发裁判文书定稿的提示预警，这是针对民事判决书中未对法律适用进行表述的涉外案件所作出的精确提醒。如果承办法官已对此问题作出处理，仅是未反映在判决书中，则应提高文书的法律适用论证的规范性；如果承办法官确实忽略此问题，则此时可以通过召集各方当事人补充谈话或者要求各方当事人提交书面的法律适用确认书等形式，在结案前完成确定准据法适用的流程。若经审查应适用外国法，必要时可重新开庭，确保当事人充分发表意见。

七、应用实效

截至 2024 年 12 月 31 日，系统反馈该场景命中总数 974 次，反馈总数 925 次，反馈率达 94.97%，有帮助数 693 次，占 74.91%，无帮助数 232 次，占 25.08%。反馈有帮助的 693 条线索中，433 条有备注内容，368 条备注内容大意为“有帮助，感谢提醒，将在文书中明确”，及时提醒承办人员在文书撰写中避免遗漏准据法的选择。

【典型案例】

案例一：在黄浦法院民事审判庭承办的一起案件中，承办法官收到“主体涉外案件准据法适用提示预警”应用场景提示信息。该案系共有、继承纠纷，其中一名现居澳大利亚的华裔居民涉及本案征收利益的分配处置。按照相关规定应认定为涉外民事关系。通过在案件排期时触发的预警提示，承办法官第一时间向原被告进行法律释明，在民事裁判文书中也将引用涉外法律适用条款，避免引发法律适用错误风险。既能确保司法审判程序正确，保障当事人的诉讼利益，又能确保司法文书规范，保障司法公信力。

案例二：在上海海事法院受理的一起海上货物运输合同纠纷案件中，承办法官在开庭前收到推送，提示该案可能存在未确定准据法的情况，引起了承办法官的重视。由于当事人此前并未就法律适用提出任何主张或抗辩，在案件的前期推进中确实存在疏忽遗漏的情况，承办法官借助应用场景的提示预警，在庭审过程中询问了双方当事人关于法律适用的意见。在该案判决书制作完成时，又一次触发了应用场景的提示预警，承办法官经过仔细核查发现，该案判决法律适用部分的表述并不规范，且案涉货物运输目的港在境外，托运人系我国台湾地区的法人，承运人系我国香港特别行政区的法人，本案同时存在涉外、涉港、涉台因素，确定法律适用需更加严谨仔细，承办法官要求双方当事人进一步明确了对该案适用法律的意见，并对判决书中的法律适用部分作出了更准确的表述。

【法律依据】

《中华人民共和国涉外民事关系法律适用法》第二条 涉外民事关系适用的法律，依照本法确定。其他法律对涉外民事关系法律适用另有特别规定的，依照其规定。

本法和其他法律对涉外民事关系法律适用没有规定的，适用与该涉外民事关系有最密切联系的法律。

第三条 当事人依照法律规定可以明示选择涉外民事关系适用的法律。

八、心得体会

该场景建设过程中遇到的难点在于数据模型建立后数据筛查正确率较低，数据分析难度较大。场景建设项目组多次沟通，总结出数据分析难点如下：一是受当前数据分析算力所限，从法院审判办案系统中提取相关结构化数据，本身就是针对案件数据设定相关参数进行统一筛选，存在筛选出的结果不能完全匹配样本要求的情况。二是通过关键词反向排除的方式，关键词系通过检索类案表述和依据审判经验确定，在统计意义上难免存在不周延的情况，因此可能无法完全精确地筛选出所有存在问题的案件。

针对上述难点，梳理出影响筛查正确率的因素及完善路径如下：

1. 针对以裁判文书数量确定案件数量，筛选中的案件样本存在重复的情形，通过优化结构化筛选的规则，将重复案件通过相同案号合并的方式识别认定为一个案件。

2. 针对将已经不存在涉外主体、不再需要进行准据法确定的案件仍识别为线索案件的情形，通过对结案判决书中列明主体而非案件审理中出现过的所有主体进行筛查，将不符合要求的案件剔除出筛查范围。

3. 针对列明的关键词存在不周延的问题，通过增加“适用中华人民共和国法律”“选择中华人民共和国法律”这类关键词，使筛查规则更为缜密，筛查结果更加准确。

解决上述问题后，该场景顺利推进，从应用实效数据上看也取得了较好的实践效果。下一步，将继续跟踪该应用场景的适用情况，适时作出优化以提升准确性和实用性，切实将数字法院应用场景融入司法办案，发挥数字改革赋能作用，助力审判工作高质量发展。

执笔人：上海海事法院　朱张茜

核稿人：上海市高级人民法院海事及海商审判庭　金晓峰

涉票据民间贴现为业案件甄别预警应用场景

◎ 上海金融法院　上海市崇明区人民法院

【关键词】

票据　民间贴现　职业贴现

【要旨】

近年来，由于民间资金需求旺盛，以票据作为融资手段的民间贴现行为大量出现，由此引发的纠纷也不断增多。《全国法院民商事审判工作会议纪要》第101条规定，合法持票人向不具有法定贴现资质的当事人进行“贴现”的，该行为应当认定无效，贴现款和票据应当相互返还，相关犯罪线索应移送公安机关。该场景通过解析票据纠纷案件，提炼“职业票据民间贴现人”当事人要素特征，筛查出以票据民间贴现为业的犯罪线索，识别涉嫌票据民间贴现的民事案件后进行预警提示。

一、场景描述

通过归纳"以民间贴现为业"当事人涉诉次数较多的特征，以审判办案系统中"案由""当事人名称"等结构化数据为数据源，结合企业信用信息进行复核分析、碰撞比对，筛查出符合的案件，再从筛选出的案件中识别出涉嫌以票据民间贴现为业的相关线索，防止非法票据贴现行为在民事案件中被认定为合法背书转让。

二、线索来源

长期以来，涉电子商业承兑汇票案件数量在金融纠纷中占比较高。在审理票据追索权纠纷时，发现同一当事人作为原告或被告在多个案件中重复出现，其他当事人往往以案件涉嫌民间贴现为由进行抗辩。然而个案的查明不足以认定以票据贴现为业，故拟通过以票据追索权纠纷为切入口，依托上海法院审判执行办案平台，设立筛查规则提取系统数据，对筛查结果进行人工复核分析，发现以票据贴现为业的企业线索。

三、数据建模

（一）数据来源

1. 民事判决书（源于上海法院审判执行办案平台）。

2. 企业信用信息（源于全国企业信用信息公示系统）。

（二）建模步骤

第一步：确定案件范围，取 2018—2023 年全市法院审结的民商事一审案件，结案案由为票据追索权纠纷。

第二步：筛查判决书中含关键词“贴现”案件，提取案件当事人名称、案号、审理法院等结构化要素。

第三步：筛查在上述案件中涉诉次数大于 10 次的当事人，输出符合线索。

第四步：设置排除规则，一是排除“银行”“保理”“典当”“担保公司”等金融机构当事人，因为该类当事人的经营范围涵盖票据融资业务；二是排除票据关系中的出票人、承兑人、保证人，因为该类当事人并非基于票据转让行为而涉诉。

第五步：将筛出的当事人信息与企业信用信息进行碰撞比对，进一步筛选出“经营范围非实业、成立时间短、注册资本金额低或未实缴、股东为自然人、涉诉案件数量多且案由集中为票据纠纷”的企业，其涉及的票据追索权纠纷相应标识为目标案件。

（三）思维导图

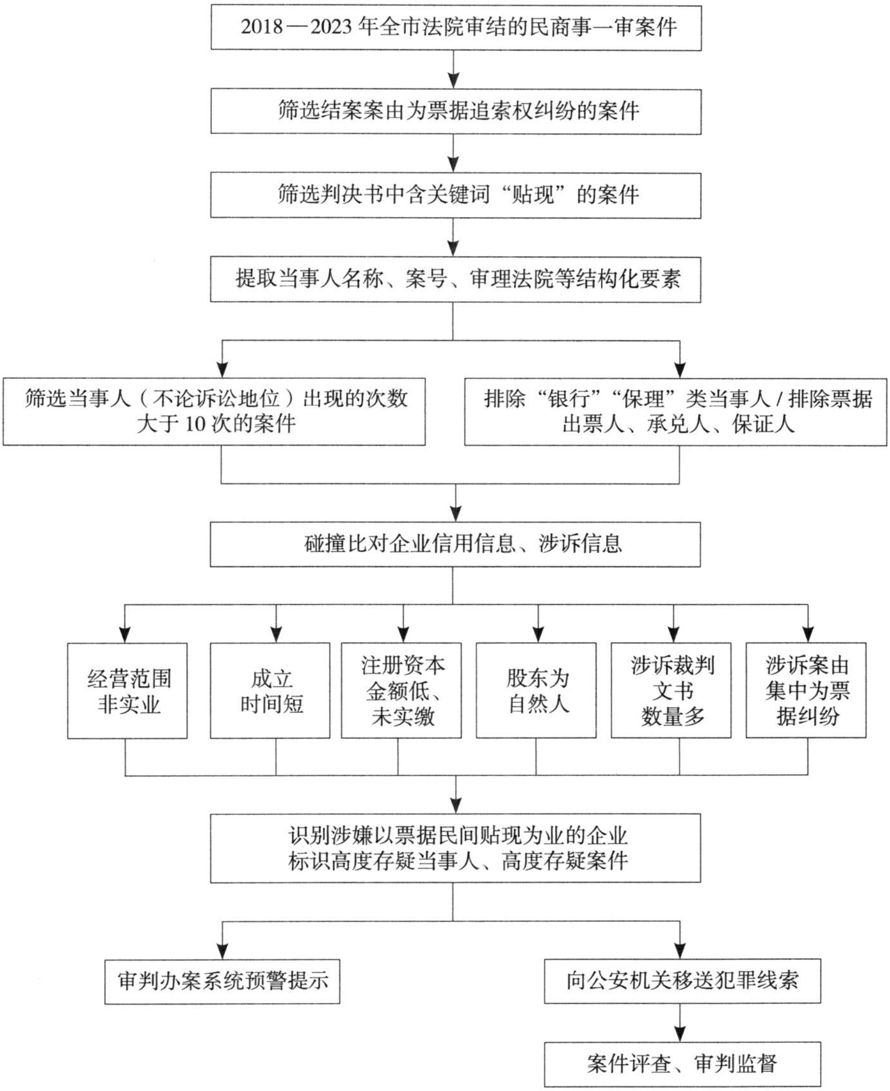

（四）模型分析及优化

通过对数据模型反馈线索核验发现，涉及票据出票人、承兑人、保证人、保理公司、典当行、融资担保公司等金融机构当事人未完全排除，建筑工程类公司因经营过程中存在大量票据业务，亦应予以排除。针对上述情况，对模型规则中当事人的排除范围进一步优化完善，提高筛选的精准度。

四、类案前端治理

根据项目组对筛出线索的核验情况，筛选规则能够初步将涉嫌以票据民间贴现为业的企业筛选出来，基本满足推广应用的适用条件。但是，部分涉诉量较大的建筑工程类公司，经营中涉及大量票据结算，不应被认定为民间贴现。故在嵌入系统时，以增加关键词的方式扩大当事人的排除范围，在原来排除“银行”“保理”“典当”“担保公司”等金融机构当事人的基础上，增加了当事人名称中含有“建筑”“装饰”“工程”的排除规则，确保案件线索预警提示的准确性。

通过将场景嵌入审判办案系统，筛查符合条件的当事人，对涉及目标当事人的案件自动提示，承办法官对该类案件的审理将更为审慎，有利于规范票据纠纷诉讼，防止案件差错。同时，将在审理中发现的犯罪线索及时移送公安机关，亦有助于加强对违法犯罪行为的打击力度。

五、嵌入提示

（一）触发情形

当受理或办理票据追索权纠纷的案件时，系统提取原告、被告名称，按照当事人分组（不区分原告、被告），筛选同一当事人近 5 年内涉诉次数大于 10 次，企业名称中不包含“保理”“典当”“担保”“银行”“建筑”“装饰”“工程”的案件。如有，则触发场景，说明案件涉及目标当事人，承办法官后期审理该案过程中需重点审查是否存在票据贴现情形。

当裁判文书定稿时，筛选民事判决书中包含关键词“贴现”的案件，如有，则触发场景，需承办人再次审慎核实。

（二）触发节点及提示内容

1. 庭审排期

×× 法官 / 法官助理：上海数字法院平台提示，您正在审理的【案号】案件,【当事人名称】可能存在票据违法贴现嫌疑，建议您重点审查持票人取得票据的合法性，具有犯罪嫌疑的，请及时移送公安机关处理。本提示不作为定案依据，请审慎核实后依法处理，避免出现案件质量差错瑕疵。

2. 裁判文书定稿

×× 法官 / 法官助理：上海数字法院平台提示，您正在审理的【案号】案件,【当事人名称】可能存在票据违法贴现嫌疑。本提示不作为定案依据，请审慎核实后依法处理，避免出现案件质量差错瑕疵。

（三）嵌入思维导图

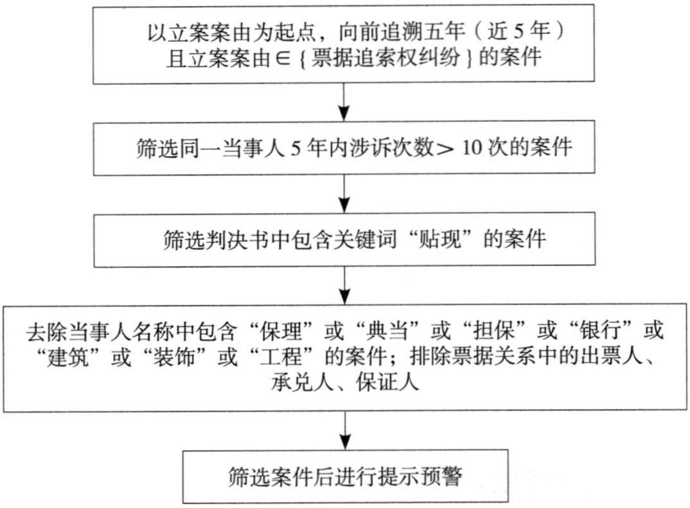

六、办案指引

收到上述提示后，应当根据触发节点和提示内容采取以下做法：

（一）庭审排期保存节点

法官 / 法官助理收到应用场景提示的，若目标当事人为原告或其直接前手，则在后续审理该案过程中，重点审查持票人取得票据的基础法律关系，明确在举证责任的分配上应当由持票人举证其以合法手段取得票据，对证据进行实质性审查。

（二）裁判文书定稿节点

法官 / 法官助理收到应用场景提示的，针对目标当事人，需进一步查询企业税款缴纳信息、企业社保参保信息、企业经营异常信息、整体涉诉次数及案由集中度等，针对无社保缴纳、无税款缴纳痕迹等未实际经营或经营异常的企业，若涉诉案件量大且多为票据纠纷的，可初步认定涉嫌票据民间贴现为业。此时，根据目标当事人在案件中的不同身份，分以下三种情况处理：（1）目标当事人为原告的，应当裁定驳回起诉，将案件移送公安机关处理；（2）目标当事人为原告直接前手的，应将犯罪线索移送公安机关，对于原告的诉讼请求，核实审理中是否对原告取得票据的基础法律关系证据进行实质性审查，证据充分的，判决支持原告诉讼请求；证据不足或没有证据的，判决驳回原告行使票据追索权的诉讼请求；原告主张与直接前手存在票据贴现的，判决该票据贴现行为无效，贴现款和票据互相返还；（3）目标当事人为原告非直接前手的，对案件按照票据法律规定继续处理，将犯罪线索移送公安机关处理。

七、应用实效

该场景嵌入系统后，截至2024年12月31日，共触发200条提示，反馈196条，反馈率达98%，其中反馈有帮助数165条，反馈有帮助率84.18%。

反馈有帮助的165条线索中，49条有备注内容，30条备注内容大意为“有帮助，起到提示作用，会认真审查”，17条备注内容大意为“已审查，但目标当事人非持票人，与持票人也非直接前后手关系”，1条备注“存在犯罪嫌疑，应当自动推送相关材料供判断”，1条备注“案件已经审结”。

该场景自嵌入系统以来，实现了预期成效。一方面，根据反馈情况，经该场景提示后，承办法官均重点关注并审慎处理了所涉案件，审理中对持票人取得票据的基础交易关系的真实性进行了重点审查，票据纠纷诉讼活动得以进一步规范。另一方面，对涉嫌犯罪的当事人移送公安机关处理，加强了对以票据贴现为业犯罪行为的打击力度，对维护金融秩序起到了一定作用。

【典型案例】

案例一：在该场景推广核验阶段，模型反馈崇明法院已判决的涉及上海某贸易有限公司的票据追索权纠纷有11件，且该公司均为被告，与原告均非直接前后手关系，在后续审理中发现该公司仍不断有类似纠纷。截至2023年12月，崇明法院所涉该公司的已判决案件共计38件，且均为票据追索权纠纷。经分析，这些案件具有以下特征：一是原告与该公司均非直接前后手关系，部分票据均经一至两手背书转让给同一原告；二是票据背书链中该公司的后手多为“贸易”“实业”“商贸”类企业，且这些企业在多个案件的票据背书链中均有体现，经查询企业公示信息，该类企业多成立于2020年前后，涉及大量票据纠纷。崇明法院经研判后认为上海某贸易有限公司涉嫌票据民间贴现为业，并将犯罪线索移送公安机关。

案例二：2018—2023年，在上海法院一审票据追索权纠纷案件中涉及上海某实业有限公司的案件有49件。闵行法院审理的一起票据追索权纠纷案件中，该公司作为被告，与原告系直接前后手关系。承办法官收到场景提示信息后，经与企业公示信息对比碰撞，发现该公司成立时间为2020年，注册资本为10万元，属于小微企业，企业公示信息显示有48件涉诉案件，案由均为票据付款请求权纠纷或票据追索权纠纷，高度疑似以票据民间贴现为业。承办法官在收到提示核查后将犯罪线索移送公安机关。

【法律依据】

1.**《中华人民共和国票据法》第十条** 票据的签发、取得和转让，应当遵循诚实信用的原则，具有真实的交易关系和债权债务关系。

票据的取得，必须给付对价，即应当给付票据双方当事人认可的相对应的代价。

2.**《全国法院民商事审判工作会议纪要》第101条** 票据贴现属于国家特许经营业务，合法持票人向不具有法定贴现资质的当事人进行“贴现”的，该行为应当认定无效，贴现款和票据应当相互返还。当事人不能返还票据的，原合法持票人可以拒绝返还贴现款。人民法院在民商事案件审理过程中，发现不具有法定资质的当事人以“贴现”为业的，因该行为涉嫌犯罪，应当将有关材料移送公安机关。民商事案件的审理必须以相关刑事案件的审理结果为依据的，应当中止诉讼，待刑事案件审结后，再恢复案件的审理。案件的基本事实无须以相关刑事案件的审理结果为依据的，人民法院应当继续审理。

根据票据行为无因性原理，在合法持票人向不具有贴现资质的主体进行“贴现”，该“贴现”人给付贴现款后直接将票据交付其后手，其后手支付对价并记载自己为被背书人后，又基于真实的交易关系和债权债务关系将票据进行背书转让的情形下，应当认定最后持票人为合法持票人。

八、心得体会

票据贴现属国家特许经营业务，需要特许经营资质，而民间贴现行为规避了国家管制，影响金融市场的稳定。涉票据民间贴现为业案件甄别预警应用场景的建设，符合中央金融工作会议关于全面加强金融监管的精神，亦有利于《全国法院民商事审判工作会议纪要》第 101 条规定的落地。

建设该场景的目标是通过大数据筛查、比对碰撞的方式，发现以票据民间贴现为业的案件当事人，防止审理中无效贴现被认定为合法背书的案件差错，同时将以票据民间贴现为业的犯罪线索移送公安机关，实现对违法犯罪行为的打击，助力维护稳定的金融秩序。

建立筛选规则之前，从当事人以贴现进行抗辩的案件着手，梳理案件共性，包括目标当事人的名称、企业信息、前后手之间的关系等，发现涉嫌民间贴现为业的企业具有以下三个特征：一是不具有票据贴现资质，以此排除“银行”“保理”等金融机构类当事人；二是涉案数量多；三是多为不具有实体经营的空壳公司。根据上述特点，建立数据模型规则，并反复论证打磨，形成一套相对完备的筛选规则。结合企业公示信息反映的企业经营信息、社保信息、涉诉案件数量及案由分布等情况，对数据模型反馈的线索逐条进行人工核验，再根据核验情况不断优化模型规则，进一步提升筛选的准确性。

实践证明，该场景规则设定与案件审理特点相吻合，解决了法官在个案审理中难以掌握当事人整体涉诉情况故而无法认定民间贴现的难题。目前，该场景能够有效识别当事人大量涉及票据纠纷等不合理情形，运用大数据筛查弥补了个案审理的缺陷。法官收到预警提示后，结合企业经营情况、涉诉次数、案由集中度等信息综合研判，审理中根据目标当事人在案件中的不同身份作出不同处理。在此，需特别提醒的是，对非原告或非原告直接前手的目标当事人，亦应当予以充分关注，若发现该企业存在犯罪嫌疑，亦需将犯罪线索及时移送公安机关，避免犯罪线索的遗漏。

执笔人：上海金融法院　王　倩

上海市崇明区人民法院　王　云

核稿人：上海市高级人民法院金融审判庭　朱　川

诉讼主体资格丧失提示预警应用场景

◎ 上海市高级人民法院申诉审查及审判监督庭
上海市嘉定区人民法院　上海市黄浦区人民法院

【关键词】

丧失诉讼主体资格　自然人　企业法人

【要旨】

司法实践中，自然人离世或企业注销，则意味着诉讼主体资格的丧失，给案件审理带来一系列复杂的法律程序和潜在的风险。为了应对这一挑战，上海高院和嘉定法院、黄浦法院携手联建，采用大数据分析技术，通过自动化手段在立案受理、开庭排期、文书制作定稿等关键时间节点向办案人员推送提示信息。这些提示信息能够及时告知办案人员相关自然人或企业的最新状态，帮助他们迅速作出应对，从而避免了因信息滞后导致的程序空转和审理错误。这一举措不仅提高了案件审理的规范性和准确性，也显著提升了司法效率，更好地保障了当事人的合法权益。通过科技赋能司法，向提高司法质量方面迈出了坚实的一步。

自然人死亡丧失诉讼主体资格篇

一、场景描述

近年来，随着诉讼案件的持续增长，全市法院普遍面临着“案多人少”的严峻挑战。法官在繁重的审判工作中，往往难以频繁地在不同诉讼阶段逐案核实涉诉自然人的生存状态，这导致大量因自然人死亡而丧失诉讼主体资格的案件被裁定再审或发回重审。为了有效解决这一问题，场景设计者采用一种创新的方法，通过对全市法院近五年来民商事与行政案件裁判文书落款日期，与上海市大数据中心采集的自然人死亡日期进行精准比对，成功地筛选出文书落款日期晚于自然人死亡日期的案件。为了加强预警和防错机制，该场景在平台嵌入系统时，特别在立案受理、开庭排期、文书制作定稿这三个关键时间节点，为办案人员提供了自动发送短信或弹窗提示的功能。这一举措将依托数字技术，实现智能预警和提前防错，从而有效减少因自然人死亡而导致的诉讼主体资格问题，提高审判质量和效率。

二、线索来源

法院在日常对审判工作的严密监督与案件评查过程中，发现了一定数量因自然人死亡而引发的实体和程序上错误的案件。例如，在嘉定法院的相关案例中，近年来不少案件在一审判决后，于二审阶段才发现自然人已经死亡的情况，这些案件不得不发回重审、进行调解以纠正错误，甚至部分案件须通过再审程序进行纠正。这些案例数量之多，引起审判监督人员的高度关注。同时，一线法官们也强烈表达了对打破“数据壁垒”、解决办案中实际痛点的迫切需求。这一问题的解决，无疑将对提高审判质量效率和确保司法公正具有深远意义。

三、数据建模

（一）数据来源

1. 5 年内全市已结及在办的民商事和行政案件的案件信息。

2. 上海市大数据中心的自然人死亡数据。

（二）建模步骤

第一步：限定筛查案件范围

将筛查案件范围限定为：（1）近五年来已审结的民商事和行政且结案方式为判决、调解的案件；（2）目前在办的民商事和行政案件。

第二步：提取碰撞信息点

在限定的上述已结案件范围内，通过上海法院审判执行办案平台提取生效法律文书的落款日期以及结构化信息点中的结案日期。通过上海市卫生健康委员会信息系统提取当事人自然人的生存情况，对生存状态为死亡的自然人进一步提取其死亡日期。

在限定的上述在办案件范围内，提取案件当事人为自然人的主体信息。通过上海市卫生健康委员会信息系统，提取上述案件当事人自然人的生存情况，对于已经死亡的自然人，进一步提取其死亡日期。

第三步：碰撞信息点

将结案文书落款日期（未识别到文书落款日期的，提取结案日期）与死亡日期进行碰撞，筛选出文书落款日期或结案日期晚于死亡日期的案件。

将在办案件的自然人主体信息与已经死亡的自然人信息进行碰撞，筛选出待立案及在办案件中自然人已死亡的案件。

（三）思维导图

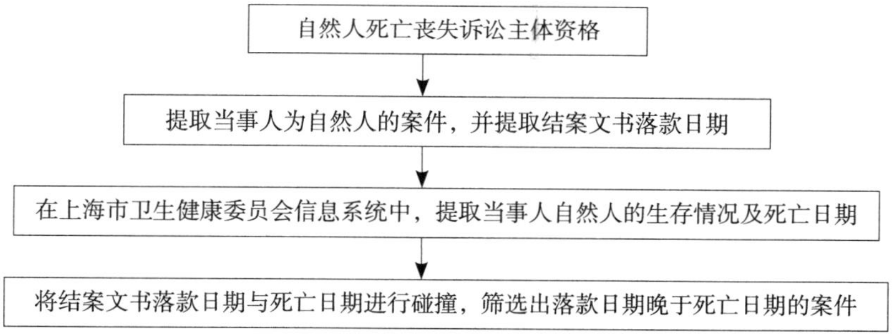

（四）模型分析及优化

针对当事人虚伪陈述自然人生存状况的问题进行深入分析，同时从该模型需要加强前端提示预警的角度考虑对模型予以优化完善，着手加入多个提醒节点，进行全方位预警。

四、类案前端治理

2023 年 8 月 10 日，该场景在全市范围内正式推广。各院普遍反馈认为，鉴于诉讼程序普遍长达 3 个月至 6 个月，该场景需要在嵌入系统时加入多个触发节点，才能达到及时预警，防止遗漏自然人死亡信息而造成案件差错，最后场景设计者在设计嵌入规则时设置了立案信息保存、排期保存、裁判文书定稿三个触发节点。

五、嵌入提示

（一）触发情形

当受理或办理当事人为自然人的案件时，同步比对上海市卫生健康委员会信息系统的自然人死亡信息，如果出现死亡信息，则触发场景，说明涉案当事人已经死亡，需承办人予以核实。

（二）触发节点及提示内容

1. 立案信息保存

×× 法官：上海数字法院平台提示，您正在立案的【案号】案件，可能存在当事人【当事人姓名】已于【死亡日期】死亡的情形。本提示不作为定案依据，请审慎核实后依法处理，避免出现案件质量差错瑕疵。

2. 排期保存

×× 法官 / 法官助理：上海数字法院平台提示，您正在审理的【案号】案件，可能存在当事人【当事人姓名】已于【死亡日期】死亡的情形。本提示不作为定案依据，请审慎核实后依法处理，避免出现案件质量差错瑕疵。

3. 裁判文书定稿

×× 法官 / 法官助理：上海数字法院平台提示，您正在审理的【案号】案件，可能存在当事人【当事人姓名】已于【死亡日期】死亡的情形。本提示不作为定案依据，请审慎核实后依法处理，避免出现案件质量差错瑕疵。

（三）嵌入思维导图

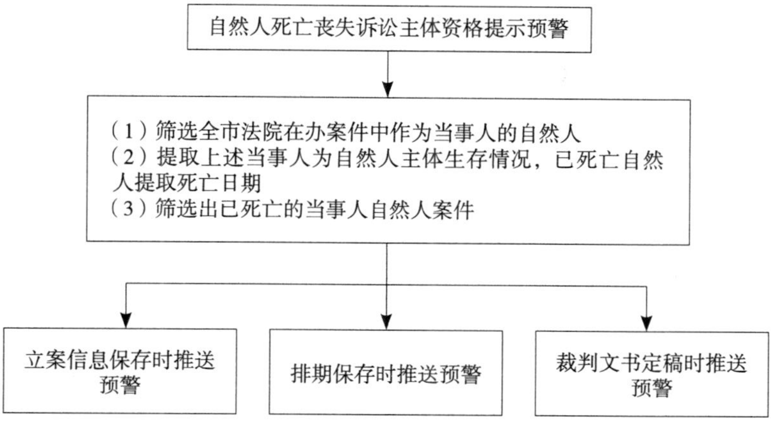

六、办案指引

收到上述提示后，应当根据触发节点和提示内容采取以下做法：

（一）立案保存节点

立案法官收到应用场景提示的，经核实确认自然人已经死亡的，则告知当事人重新变更诉讼主体，否则不予立案；经核实确认自然人未死亡的，则正常立案。

（二）排期保存节点

承办法官/法官助理收到应用场景提示的，经核实确认自然人已经死亡的，则告知当事人需要重新变更诉讼主体；经核实确认自然人未死亡的，则正常排期开庭。

（三）裁判文书定稿节点

承办法官/法官助理收到应用场景提示的，经核实确认自然人已经死亡的，则告知当事人需要重新变更诉讼主体，并重新开庭；经核实确认自然人未死亡的，则制发文书。

七、应用实效

截至2024年12月31日，系统反馈该场景命中总数2873次，反馈总数2822次，反馈率达98.22%。反馈的案件中，有帮助数2647次，占93.80%，无帮助数175次，占6.2%。

该场景设置了立案信息保存、排期保存和裁判文书定稿三个嵌入节点。在立案信息保存节点触发命中数为1340次，反馈有帮助数1266次，待反馈数21次，无帮助数53次。在排期保存触发命中数679次，反馈有帮助数615次，待反馈数11次，无帮助数53次。在裁判文书定稿触发命中数854次，反馈有帮助数766次，待反馈数19次，无帮助数69次。反馈有效的备注内容大部分表述为"有效，经过核查当事人确已死亡，有利于查明诉讼主体，希望能够推送死亡的相关证明"。

【典型案例】

案例一：普陀法院在审理一起民间借贷案件时，经"自然人死亡丧失诉讼主体资格"应用场景预警提示，"市卫健委信息"显示该案被告已于2022年5月27日死亡。该院收到预警信息后，立即与公安机关核验户籍信息，但户籍信息显示该被告并未死亡。考虑到公安机关数据更新可能不及时、被告家属可能存在隐瞒事实等情况，该院至其经常居住地的居委会核实，发现该被告确已死亡。该院及时响应并作出判断，向原告释明存在的诉讼风险，建议对诉讼对象予以调整，同时对该被告家属予以口头训诫，要求提交死亡证明和火化证明，最终案件双方以调解结案。

案例二：嘉定法院在办理一起民间借贷纠纷案件时，该院收到应用场景提示“可能存在当事人蒋某已于2023年4月28日死亡的情形”后，承办人第一时间到公安机关进行户籍信息核实，未发现当事人蒋某户籍信息存在异常，承办人又先后联系嘉定区卫健委、市卫健委、市疾控中心生命统计科、市公安局静安分局刑侦支队，确认蒋某确于上述时间死亡，之后承办人联系申请执行人方某，申请执行人主动申请撤销执行，场景推动执源治理效果良好。

企业注销丧失诉讼主体资格篇

一、场景描述

以往，法院在审查企业主体资格时，主要依赖两种途径：一是依赖诉讼参与人提供的信息，二是通过企业信用信息网、“天眼查”等外部网站或App进行查询。然而，这两种方式不仅操作烦琐，而且存在信息滞后的问题，给审判工作带来了诸多不便。

为了打破这一困境，人民法院通过与上海市大数据中心展开深入合作，实现了信息共建、共联、共享，建立了自动识别模式。通过这一创新举措，系统能够依托立案受理、开庭排期、裁判文书定稿等案件审理的关键节点，自动推送企业注销案件的提示预警信息。这不仅较大地提升了案件的审判效率，还有效减少了因企业注销而引发的错案风险。

对于涉主体资格线索，通过多渠道审查和复核，确保信息的准确性和时效性，并经过分类处理，进一步减少因企业注销而带来的负面影响。这一系列的努力，使得司法大数据真正成为服务人民群众、提升司法公信力的有力工具。

二、线索来源

线索主要来源于法院内部日常的审判监督与案件评查过程。办案实践中存在一个不容忽视的现象：众多案件因企业主体注销而产生了实体和程序上的差错。以黄浦法院为例，近年来，一些案件进入二审程序阶段，法官才意外发现企业主体已经注销，导致不得不发回重审、进行调解或启动再审程序来纠正这些错误。这类情况频繁发生，数量众多，已经成为一个亟待解决的问题。

面对这样的困境，一线承办法官们深感压力与挑战。他们纷纷反映，急需打破现有的“数据壁垒”，实现各部门之间的信息共享与联通，从而更加高效地解决办案过程中遇到的这一痛点。这样的呼声，无疑为数字法院建设指明了方向，也为推动司法信息化、智能化建设提供了强大的内在驱动力。

三、数据建模

（一）数据来源

1. 企业登记信息（源于上海市市场监督管理部门共享的数据）。

2. 民事裁判文书（上海法院审判执行办案平台）。

（二）建模步骤

第一步：在上海法院审判执行办案系统中通过结构化信息提取出当事人企业名称。在上海法院裁判文书库中，用提取到的上述当事人企业主体名称提取生效案件结案文书，再进一步提取结案文书落款日期。

第二步：在上海企业工商登记信息系统中，提取上述当事人企业的存续情况及注销日期。

第三步：将结案文书落款日期与注销日期进行碰撞，筛选出落款日期晚于注销日期的案件。

第四步：逐案查明并对案件后续处理方式进行分类。

（三）思维导图

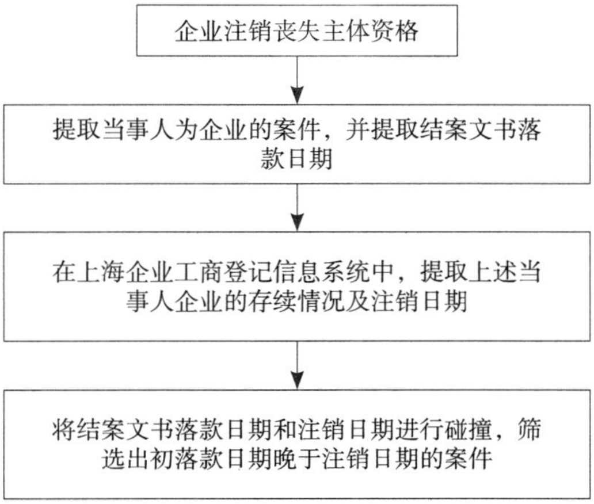

（四）模型分析及优化

针对核验过程中反馈到的一种特殊的企业注销后再次成立的情形，可能也会不当地被预警。该模型对已存文书的筛查较为单一，如果在嵌入阶段进行多次节点预警，则可以多次比较，有效解决这一特殊情形，有针对性地在嵌入阶段设置节点。

四、类案前端治理

“企业注销丧失诉讼主体资格提示预警”应用场景推广后，成功识别并核实了一批丧失诉讼主体资格案件，场景的模型规则得到认可。针对这些查证属实的案件线索，各法院采取了多样化的处理方式，旨在确保法律公正和当事人权益得到充分保障。

通过各法院的核验、复查、分类化处理，该场景成功地完成了从推广到嵌入阶段前的旧案扫尾工作，基本上确保了模型的实际应用效果。同时根据相关法院的反馈，鉴于实践中可能会出现企业注销后再成立的特殊情形以及担心预警信息滞后不及时的状况，单一节点的预警效果不够，需要多个节点进行预警。因此，该场景在嵌入系统时决定加入多个触发节点，确保案件审理全流程进行预警推送，避免因为数据交换不及时遗漏企业注销信息而造成案件差错，最终在设计嵌入规则时设置了立案信息保存、排期保存、裁判文书定稿三个触发节点。

五、嵌入提示

（一）触发情形

当受理当事人为企业的案件时，同步比对工商登记的企业注销信息，如果出现注销，则触发场景，说明涉案企业在工商登记为注销，需承办人予以核实。

（二）触发节点及提示内容

1. 立案信息保存

××法官：上海数字法院平台提示，【案号】案件中，可能存在当事企业【企业名称】已于【注销日期】核准注销的情形。本提示不作为定案依据，请审慎核实后依法处理，避免出现案件质量差错瑕疵。

2. 排期保存

×× 法官 / 法官助理：上海数字法院平台提示，您正在审理的【案号】案件，可能存在当事企业【企业名称】已于【注销日期】核准注销的情形。本提示不作为定案依据，请审慎核实后依法处理，避免出现案件质量差错瑕疵。

3. 裁判文书定稿

×× 法官 / 法官助理：上海数字法院平台提示，您正在审理的【案号】案件，可能存在当事企业【企业名称】已于【注销日期】核准注销的情形。本提示不作为定案依据，请审慎核实后依法处理，避免出现案件质量差错瑕疵。

（三）嵌入思维导图

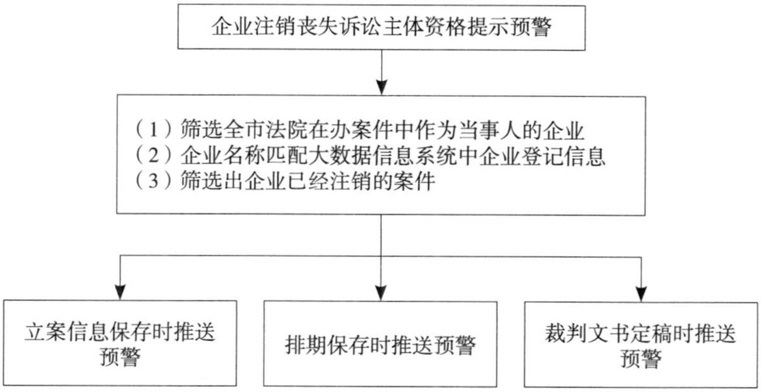

六、办案指引

收到上述提示后，应当根据触发节点和提示内容采取以下做法：

（一）立案保存节点

立案法官收到应用场景提示的，经核实确认企业已经注销的，则告知当事人重新变更诉讼主体，否则不予立案；经核实确认企业未注销的，则正常立案。

（二）排期节点

承办法官 / 法官助理收到应用场景提示的，经核实确认企业已经注销的，则告知当事人需要重新变更诉讼主体；经核实确认企业未注销的，则正常排期开庭。

（三）裁判文书定稿节点

承办法官 / 法官助理收到应用场景提示的，经核实确认企业已经注销的，则告知当事人需要重新变更诉讼主体，并重新开庭；经核实确认企业未注销的，则制发文书。

七、应用实效

截至 2024 年 12 月 31 日，系统反馈该场景命中总数 4799 次，反馈总数 4673 次，反馈率达 97.37%。反馈的案件中，有帮助数 4180 次，占 89.45%；无帮助数 493 次，占 10.55%。

该场景设置了立案信息保存、排期保存、裁判文书定稿三个嵌入节点，在立案信息保存时触发 1944 次，反馈有帮助数 1758 次，待反馈数 42 次，无帮助数 144 次；在排期保存节点触发命中数

1022次，反馈有帮助数888次，待反馈数32次，无帮助数102次；在裁判文书定稿触发命中数1833次，反馈有帮助数1534次，待反馈数52次，无帮助数247次。反馈有效的备注内容大部分表述为“有效，经过核查，当事人已经更换主体，解决了办案中的问题，希望加大推送提示力度”。

【典型案例】

案例一：在杨浦法院受理的一起侵害商标权纠纷案中，排期保存节点触发之后，经过模型比对，发现企业已经注销，于是通过上海法院12368平台发送预警短信，内容为“经‘企业注销丧失诉讼主体资格’应用场景的数据模型智能筛查比对，发现您承办的××号案件，当事企业公司已于2023年5月4日核准注销，请核查诉讼主体资格……”。因该案还在审理过程中，承办法官收到短信后立即复核了原被告主体资格，避免出现案件质量瑕疵。

案例二：上海三中院审理一起技术服务合同纠纷案件的伊始，法院案件办理系统便通过“数字监管信息”的黄色提示，向承办法官发出了重要预警：本案中的被上诉人已经核准注销，请核查诉讼主体资格。接到预警信息后，该案的承办法官立即展开核验工作，同时审管办也进行了复核。经过多方查证，法院确认了这一预警信息的有效性，被上诉人确实已经注销，不再具备诉讼主体资格。这一智能预警应用场景的嵌入，不仅提高了法院审判工作的质量，还有效避免了因诉讼主体资格问题而导致的案件差错。它如同一位细心的助手，时刻为法官们提供着重要信息，确保案件审理的公正、公平和高效。

【法律依据】

1.《**中华人民共和国民事诉讼法**》**第五十一条** 公民、法人和其他组织可以作为民事诉讼的当事人。

法人由其法定代表人进行诉讼。其他组织由其主要负责人进行诉讼。

2.《**最高人民法院关于适用〈中华人民共和国民事诉讼法〉的解释**》**第五十五条** 在诉讼中，一方当事人死亡，需要等待继承人表明是否参加诉讼的，裁定中止诉讼。人民法院应当及时通知继承人作为当事人承担诉讼，被继承人已经进行的诉讼行为对承担诉讼的继承人有效。

第六十四条 企业法人解散的，依法清算并注销前，以该企业法人为当事人；未依法清算即被注销的，以该企业法人的股东、发起人或者出资人为当事人。

第三百三十三条 民事诉讼法第一百七十七条第一款第三项规定的基本事实，是指用以确定当事人主体资格、案件性质、民事权利义务等对原判决、裁定的结果有实质性影响的事实。

八、心得体会

企业注销与自然人诉讼主体资格的丧失，长期以来都是审判实务中的棘手挑战，对一线承办法官而言，更是一道难以逾越的鸿沟。在过去，承办法官只能依赖商用平台、公安部门或当事人自述来拼凑案件的关键信息，然而这种信息获取方式的滞后性常常导致案件审理出现偏差，甚至可能引发信访矛盾，对司法效率和公信力造成了不小的冲击。

诉讼主体资格丧失提示预警应用场景以打破数据壁垒为核心，如何获取数据成为重中之重的问题。项目组确定了具体所需的数据后，首先利用上海市政务数据共享建设完备的优势，在大数据中心平台搜索是否有已经共享的信息。在发现工商信息和自然人死亡信息已经共享后，与数据提供部门及时进行对接，得到了数据提供单位的大力支持，最终实现企业信息、上海市卫生健康委员会的自然人死亡信息以及法院涉诉信息的实时交汇与碰撞，为下一步进行其他信息的共享打下了坚实的基础。

在与外部单位的沟通和协调过程中，项目组深刻体会到以下几点经验办法的重要性：第一，明确目标，建立信任。在与外部单位沟通时，项目组首先明确了数据共享的目标和意义，让对方了解这一系统对提升审判质量和效率的重要性。通过坦诚的交流，项目组建立了相互信任的关系，为后续的合作打下了坚实的基础。第二，制定计划，确保实施。在数据交换协议的制定过程中，项目组充分考虑数据的安全性、准确性和实时性要求。通过与外部单位共同商讨，项目组制定了详细的数据碰撞计划，并明确了双方的责任和义务。这确保了数据的顺利获取和系统的有效运行。第三，及时沟通，解决问题。在数据共享过程中，项目组遇到不少问题，如数据传输延迟、数据格式不统一等。但项目组始终保持着与外部单位的及时沟通，共同商讨解决方案。通过双方的共同努力，这些问题都得到了有效地解决。

解决了数据共享问题后，场景推进的重心就变换为确保实用性。在场景推广和核验阶段，为避免法官疑虑，要及时沟通，确保每一个核验案件都得到妥善解决，意在让法官们感受到，这个系统并非为纠错追责，而是致力于提升审判工作的质量和效率。为了确保预警效果的全面覆盖和实时性，该场景选取立案、排期和撰写文书这三个案件审理的关键节点进行提示。从实际应用效果来看，该系统不仅提高了法官们的工作效率，还显著提升了审判质量。一线法官普遍反馈，该系统帮助率高、体验感强，真正为他们解决了办案过程中的棘手问题。

数字法院建设正在经历从“器”到“道”的深刻转变，而诉讼主体资格丧失提示预警系统正是这一转变的生动缩影。它唤醒了沉睡的数据，打破了“数据壁垒”，释放了一线承办法官的生产力，让数据真正为司法实践服务。我们坚信，在科技的强力推动下，未来的司法审判将更加高效、公正，为人民群众提供更加优质的司法服务。

执笔人：上海市高级人民法院申诉审查及审判监督庭　金志垚
上海市嘉定区人民法院　周　莉
上海市黄浦区人民法院　刘　澍
核稿人：上海市高级人民法院申诉审查及审判监督庭　罗健豪

人民陪审员参审规范提示预警应用场景

◎ 上海市虹口区人民法院

【关键词】

人民陪审员　诉讼回避　信息披露

【要旨】

人民陪审员制度是中国特色社会主义司法制度的重要组成部分。实践中，可能发生人民陪审员成为案件当事人或者代理人的情况。为维护司法公正，理应及时向其他当事人披露相关信息。根据案件情况确有需要的，可实行诉讼回避。但在传统模式下，承办法官、其他当事人往往难以及时发现案件的当事人或代理人是本院在任人民陪审员。该场景通过搭建全市法院人民陪审员数据库，将人民陪审员数据与案件结构化数据进行比对碰撞，筛查出相关案件线索，并选取立案信息保存时、分案时、点击结案信息保存时三个不同节点发出系统预警，助力人民陪审员规范参审，为审判工作提质增效。

一、场景描述

根据《人民陪审员法》的规定，人民陪审员的回避适用审判人员回避的法律规定。在本场景建设之前，一般在当事人或代理人主动告知、承办法官人工核查后，方能发现该当事人或代理人是本院在任人民陪审员的情形，但此种方式容易产生疏漏。本场景嵌入系统并在不同的节点发送提示预警，能够充分发挥数字赋能审判工作的作用。通过立案信息保存时、分案时的预警，可尽早提示承办法官，充分保障当事人诉讼知情权；通过点击结案信息保存时的预警，有助于发现审理过程中案件当事人或代理人被任命为人民陪审员的特殊情形，增强审判工作的规范性，提升司法权威和公信力。

二、线索来源

为着力推进人民陪审员深度参审、实质参审、规范参审，虹口法院修订《人民陪审员工作百问百答手册》，新增人民陪审员实质化参审办法等内容，认真落实随机抽选原则，充分保障人民陪审员的各项权利。虹口法院在办案工作中发现，案件当事人或者代理人为本院在任人民陪审员的情况时有发生。根据相关法律规定，人民陪审员的回避应适用审判人员回避的法律规定。但实践中，由于人民陪审员人数较多、任职时长不一，承办法官即便知晓人民陪审员姓名，也不能准确掌握其任职期限，更无法与案件当事人的长相、身份信息一一匹配。其他当事人及时获取相关信息的难度更大。在当事人或代理人不主动披露的情况下，承办法官、其他当事人不易自行发现该当事人或代理人是本院在任人民陪审员的情况。借助此次应用场景建设，虹口法院以数字赋能推进业务监督为目标，以全市法院审判办案系统结构化数据为基础，通过案件信息与人民陪审员数据库信息的筛查比对，深入挖掘案件当事人或代理人为本院在任人民陪审员的情况，规范人民陪审员工作。

三、数据建模

（一）数据来源

1. 案件当事人信息（源于上海法院审判执行办案平台）。

2. 人民陪审员信息（源于人民陪审员数据库）。

（二）建模步骤

第一步：从上海法院审判执行办案平台中，筛查出案件当事人（如当事人为公司，即公司的法定代表人或负责人）或代理人在人民陪审员库中（证件号码完全一致）的案件。

第二步：人民陪审员任命单位与案件承办法院一致。

第三步：人民陪审员的任命开始日期早于案件结案时间。

第四步：从符合上述条件的数据中筛查结案方式。

（三）思维导图

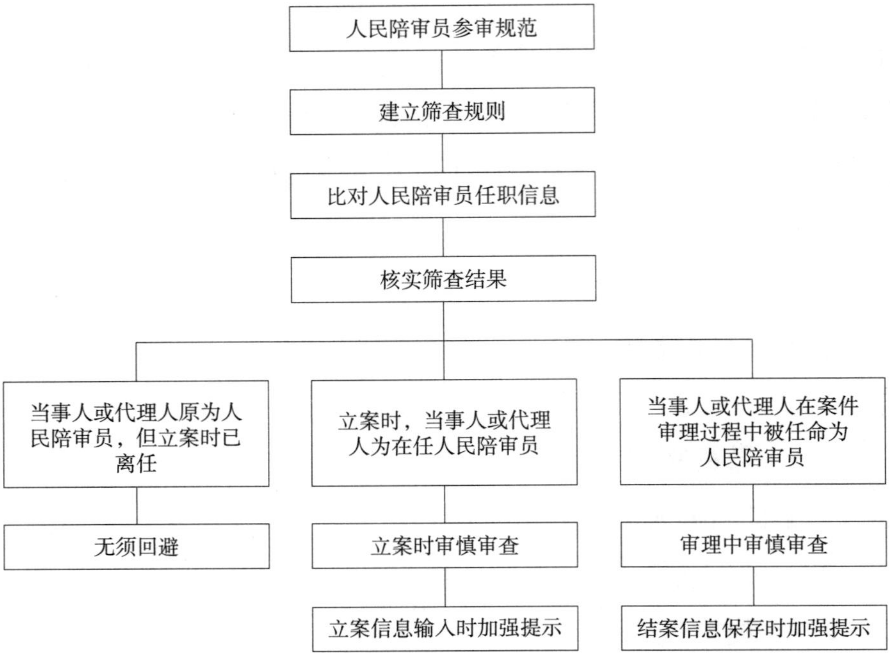

（四）模型分析及优化

依据诉讼回避的法律规定，对人民陪审员任职期间与案件审理期间是否重合及重合时间段进行深入分析，并对模型予以优化完善。

四、类案前端治理

推广核验过程中，人民陪审员离任后成为案件当事人或代理人的，是否需要向其他当事人披露相关信息或实行诉讼回避存在争议。经研究，人民陪审员离任后的诉讼回避没有法律规定，故而不应当限制人民陪审员离任后的诉讼权利，也无须进行信息披露。基于此，在申请嵌入的规则中将“人民陪审员任命开始日期早于案件结案时间”修改为“案件立案时间早于人民陪审员任命结束日期”，只筛选在任的人民陪审员成为案件当事人或代理人的情形。

人民陪审员的诉讼回避问题关乎司法公正，而回避事由的发现渠道较为低效。若因未及时披露相关信息，导致其他当事人不知晓是否存在回避事由而未及时申请回避，会影响案件审判效率和司法公信力。因此，需在立案、分案阶段加强审查，把好第一关，对于符合条件的案件及时作出处理，故在嵌入规则中分别设置了立案信息保存时、分案时两种不同的预警时间节点。考虑到存在审理过程中案件当事人或代理人被任命为人民陪审员的特殊情形，又增设了“人民陪审员任命开始时间晚于案件立案时间、早于点击结案信息保存时”这一筛选条件及“点击结案信息保存时”这一预警时间节点，从而实现精准监督、精准提示。

五、嵌入提示

（一）触发情形

当案件当事人（如当事人为公司，即公司的法定代表人或负责人）或代理人在人民陪审员库中（证件号码完全一致）且人民陪审员任命单位与案件所在单位一致时，系统进一步筛查案件立案时间早于人民陪审员任命结束日期的案件，或筛查陪审员任命开始时间晚于案件立案时间且早于点击结案信息保存时间的案件。如有，则触发场景，说明可能存在案件当事人或代理人为本院在任人民陪审员的情形，需承办法官予以核实。

（二）触发节点及提示内容

1. 立案信息保存时推送案件当事人或代理人是在任人民陪审员的提示

×× 法官/法官助理：上海数字法院平台提示，您正在立案的【案号】案件，存在案件当事人或代理人【人名】为您院在任人民陪审员的情况，可能需要向其他当事人披露相关信息，根据案件情况确有需要的可实行诉讼回避。本提示不作为定案依据，建议您审慎核实后依法处理，避免出现程序瑕疵。

2. 分案时推送案件当事人或代理人是在任人民陪审员的提示

×× 法官：上海数字法院平台提示，您正在办理的【案号】案件，存在案件当事人或代理人【人名】为您院在任人民陪审员的情况，可能需要向其他当事人披露相关信息，根据案件情况确有需要的可实行诉讼回避。本提示不作为定案依据，建议您审慎核实后依法处理，避免出现程序瑕疵。

3. 点击结案信息保存时推送案件当事人或代理人被任命为人民陪审员的提示

×× 法官：上海数字法院平台提示，您即将审结的【案号】案件，存在案件当事人或代理人【人名】在审理过程中被任命为您院人民陪审员的情况，可能需要向其他当事人披露相关信息，根据案件情况确有需要的可实行诉讼回避。本提示不作为定案依据，建议您审慎核实后依法处理，避免出现程序瑕疵。

（三）嵌入思维导图

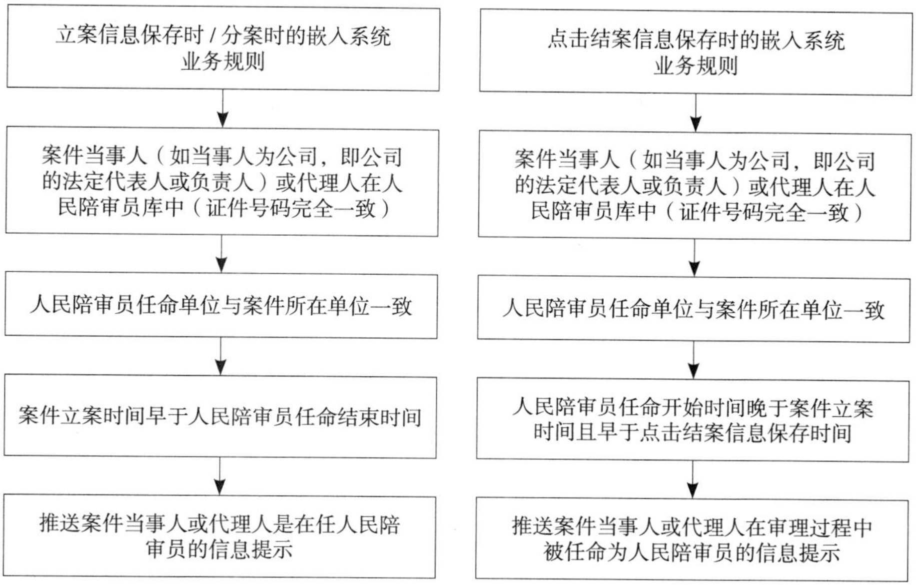

六、办案指引

收到上述提示后，应当根据触发节点和提示内容采取以下做法：

（一）立案信息保存节点

第一步：立案人收到应用场景提示，正在立案的案件可能存在当事人或代理人为本院在任人民陪审员的情况。立案人应当及时向本院政治部等职能部门核实情况。

第二步：如果当事人或者代理人确为本院在任人民陪审员，立案人理应及时向其他当事人披露相关信息，根据案件情况确有需要的可实行诉讼回避。

（二）分案节点

第一步：承办法官收到应用场景提示，正在办理的案件可能存在当事人或代理人为本院在任人民陪审员的情况。承办法官应当及时向本院政治部等职能部门核实情况。

第二步：如果当事人或者代理人确为本院在任人民陪审员，承办法官理应及时向其他当事人披露相关信息，根据案件情况确有需要的可实行诉讼回避。

（三）点击结案信息节点

第一步：承办法官收到应用场景提示，即将审结的案件可能存在当事人或代理人在审理过程中被任命为本院人民陪审员的情况。承办法官应当及时向本院政治部等职能部门核实情况。

第二步：如果当事人或者代理人确为本院在任人民陪审员，承办法官理应及时向其他当事人披露相关信息，根据案件情况确有需要的可实行诉讼回避。

七、应用实效

截至 2024 年 12 月 31 日，系统反馈该场景命中总数 100 次，反馈总数 98 次，反馈率达 98%，有帮助数 87 次，占 88.78%，无帮助数 11 次，占 11.22%。

该场景设置了立案信息保存、分案信息保存、结案信息保存三个嵌入节点。在立案保存节点触发命中数 79 次，反馈有帮助数 70 次，无帮助数 7 次；在分案信息保存节点触发命中数为 17 次，反馈有帮助数 15 次，无帮助数 2 次；在结案信息保存节点触发命中数 1 次，反馈为有帮助。反馈有帮助的 87 条线索中，66 条有备注内容，大意为“提示准确”“情况属实”“已报请指定管辖”等。承办法官在接收到该场景预警提示后，会向本院政治部核实情况，核实无误后及时向其他当事人披露相关信息，并根据案件情况决定是否实行诉讼回避，同时作出“有帮助”反馈。

【典型案例】

案例一：在静安法院受理的一起案件中，承办法官在分案信息保存节点收到预警提示，该案原告为该院在任人民陪审员。承办法官第一时间核实情况，发现该当事人确为新聘任的人民陪审员，并根据案件情况决定报请上级法院指定管辖，后该案被指定由黄浦法院审理。该场景的嵌入可及时发出提示预警，助力人民陪审员规范参审。

案例二：在奉贤法院受理的一起案件中，立案人（同时也系该案承办法官）在立案信息保存节点收到预警提示，该案被告为该院在任人民陪审员。承办法官第一时间核实情况，发现该当事人确为新聘任的人民陪审员，故及时告知该案原告相关情况。原告知晓后表示先撤回对被告的起诉，自行解决纠纷。通过该场景的提醒，承办法官充分保障了当事人诉讼知情权，为审判工作提质增效，维护司法公正。

【法律依据】

《中华人民共和国人民陪审员法》第十八条 人民陪审员的回避，适用审判人员回避的法律规定。

八、心得体会

贯彻落实好《人民陪审员法》，不断健全和完善人民陪审员制度，是发展社会主义民主政治、促进司法公正的重要途径。虹口法院立足司法大数据“富矿”，聚焦人民陪审员工作难点，打破“信息壁垒”、促进数据流通，形成规范人民陪审员工作的合力。

（一）人民陪审员规范参审的现实困境

案件当事人或代理人是案件承办法院人民陪审员的情况时有发生。但实践中存在以下三方面问题：一是理念有疏忽。由于对回避的法律规定不够重视，部分人民陪审员参加诉讼后未主动披露其人民陪审员身份。二是线索发现难。人民陪审员人数较多，且任期不同、任职时间长短不一，承办法官即便知晓人民陪审员姓名，也不能准确掌握其任职信息，更无法与案件当事人的长相、身份信息一一匹配。其他当事人及时获取相关信息的难度更大。在当事人不主动披露的情况下，要求承办法官、其他当事人及时主动发现案件当事人或代理人系本院在任人民陪审员的情况效率较低。三是信息核实难。人民陪审员任职信息通常由本院政治部掌握，考虑到个人信息安全，相关身份信息不能直接公开或共享，只能由承办法官提供线索供相关部门确认核实，难以发挥监管合力。

（二）人民陪审员参审规范的数字化探索

审判体系的高效顺畅运行离不开大数据的保障。将各类司法信息资源转化为海量有效数据，创新大数据应用，是新时代新发展阶段司法审判整体提质增效的强大驱动力。在安全合规的前提下，对人民陪审员数据、案件审判数据进行收集、比对，能够让数据发声、使数据关联。

1. 搭建人民陪审员数据库

在数字法院建设大背景下，当事人身份信息、审判流程信息等各类案件相关数据均以要素化的形式汇集成司法大数据。而人民陪审员信息也归集在各法院的政工系统中。只要将人民陪审员信息更新、收集、汇总，形成人民陪审员数据库，并接入司法大数据系统，即可抓取当事人或代理人为人民陪审员的案件信息，利用数字监督促进人民陪审员规范参审。

2. 充分研判筛选规则

第一步，以“人民陪审员任命单位与案件所在单位一致”“陪审员任命开始日期早于案件结案时间”为条件，将人民陪审员数据与案件结构化数据进行比对，筛查出全市法院符合条件的案件线索。第二步，通过对案件线索的全面核验，发现存在当事人或代理人原为人民陪审员但立案时已离任、立案时仍为在任人民陪审员、在案件审理过程中被任命为人民陪审员三种情形。第三步，经过充分研究诉讼回避的法律规定，考虑到人民陪审员任职期间与案件审理期间的重合可能性，设置了“立案时案件当事人或代理人是在任人民陪审员的提示”“审理过程中案件当事人或代理人被任命为人民陪审员的提示”两个子模型，模型规则得以进一步完善，“人民陪审员参审规范提示预警”应用场景基本成型。

3. 精准监督参审行为

实践中发现，部分承办法官在收到提示以后，仍需人工核实当事人或代理人担任人民陪审员的任职信息，但一个案件中可能有众多当事人或代理人，如果能准确提示到某一位当事人或代理人的姓名，则可以大大减轻承办法官的核对工作。场景项目组据此对预警提示语进一步优化，让审判监督更高效、数据服务更精准。

（三）数字法院建设助力人民陪审员工作纵深发展

虹口法院以信息技术和数字赋能双支撑，围绕人民陪审员的选任、培训、管理、考核等各个环节，定期组织规范参审培训课程，及时更新人民陪审员名录，使人民陪审员深度领会规范参审对公正审判的重要意义，提升人民陪审员工作效能。

本场景推广过程中，某法院在核验该场景应用触发的案件线索时发现，该院某人民陪审员在任职期间成了一刑事案件的被告人。经仔细核查，该人民陪审员因犯危险驾驶罪被判处了刑罚。根据法律规定，受过刑事处罚的，不得担任人民陪审员。基于此，该院立即停止该人民陪审员相关工作，并提请区人大常委会免去其职务。借助数字的力量，增进了人民陪审员队伍管理实效，也维护了人民陪审制度的权威性。

通过应用场景，健全人民陪审员退出机制；通过人民陪审员“数字画像”，充分发挥其专业技能。数字法院建设正在助力人民陪审员真正实现深度参审、实质参审、规范参审，推进司法民主，促进司法公正。

执笔人：上海市虹口区人民法院　吴静文　段宜辰

核稿人：上海市高级人民法院立案庭　乔蓓华

终本案件被执行人在他案执行完毕提示预警应用场景

◎ 上海市第二中级人民法院

【关键词】

终本案件　在办案件　同一被执行人　关联案件　执行完毕

【要旨】

终本制度系为合理分配有限的司法资源而设置的案件管理制度。但司法实践中，现有终本制度存在两方面的局限性：一是终本结案要件较难把握，部分案件存在结案不规范问题；二是当前终本案件定期复查手段存在局限性，部分终本案件无法及时恢复执行。该场景旨在通过关联案件推送，破除信息“孤岛”，串联有效执行线索，以控制终本结案，同时对现有终本案件复查机制形成有益补充。

一、场景描述

为进一步控制终本结案方式，完善终本案件复查机制，维护当事人合法权益，上海二中院依托上海法院执行办案系统，提出

“终本被执行人在他案执行完毕提示预警”场景。该场景以终本案件管理为核心，从“执行办案”“终本结案”“终本财产复查”三个流程节点出发，对同一被执行人在全市法院范围内执行完毕的关联案件进行推送。

结合推广、嵌入阶段全市法院反馈数据，该场景在以下三方面具有一定意义：一是在执行办案阶段，通过提示推送执行立案前 3 个月全市法院执行完毕情况，破除“信息孤岛”，为承办人提供新的财产调查工具，增加案件执行完毕可能性；二是在终本结案阶段，通过推送立案后至终本约谈前被执行人在他案执行完毕情况，提示承办人更审慎地采取终本结案方式，提高终本结案规范性；三是在终本结案后财产复查阶段，通过定期提示推送终本结案后至推送之日被执行人在他案执行完毕情况，提示承办法官对符合恢复条件的案件及时恢复执行，为现有终本复查机制提供有益补充。

二、线索来源

上海二中院在日常审执监督过程中发现，本院部分终本案件结案后，同一被执行人名下的关联案件在本市其他法院存在以“执行完毕”方式结案的情形——这一信息恰能为终本案件提供一定有益财产线索，为终本案件提供转机。

当前的终本案件复查机制存在以下待完善之处：（1）查询周期间隔较长。依据《最高人民法院关于严格规范终结本次执行程序的规定（试行）》第九条第二款之规定，终本结案后网络执行查控系统将每隔 6 个月发起一次自动查询，但因该复查周期较长，可能与新产生的财产线索之间存在一定的时间差，故可能无法及时对财产进行有效查控。（2）财产查控范围有限。目前的财产复查仅通过网络系统进行查控，所涉财产范围有限，无法覆盖现金、未登记的动产（如仓库内货物）等公示性较弱的财产，也无法对被执行人登记在他人名下或由他人占有的财产进行查控。

该场景通过监督预警方式，可及时推送终本案件结案后同一被执行人在他案以“执行完毕”结案的信息，对财产线索进行提示。该场景通过数据碰撞、信息整合等方式，破除债权人与债权人之间、法院与法院之间的信息“孤岛”，实现网络查控范围外的财产信息共享，通过锁定被执行人在他案中的履行信息，跳出“被执行人名下财产查找”的传统财产查询框架，识别其实际履行能力，推动终本案件实质性恢复。

在场景嵌入阶段，上海二中院结合推广阶段全市法院反馈的有益建议，在终本案件财产复查的基础上，于前端新增“执行办案”“终本结案”两个节点，通过在“办案”“结案”“结案后”三阶段设置提示预警，做到终本案件管理全流程覆盖。

三、数据建模

（一）数据来源

执行办案数据（源于上海法院审判执行办案平台）。

（二）建模步骤

第一步：从执行办案系统中，筛选模型嵌入后结案的终本案件。提取终本案件中被执行人身份信息（包括身份证号和社会信用代码）、终本结案日期。

第二步：比对身份信息，提取全市同一被执行人名下执行完毕案件，筛选条件为“初执案件”，执行内容为“金钱给付”。

第三步：检索近 3 个月执行完毕案件并推送给执行承办人和合议庭成员（结案后每 3 个月触发一次，终本结案 2 年后不再触发）。

（三）思维导图

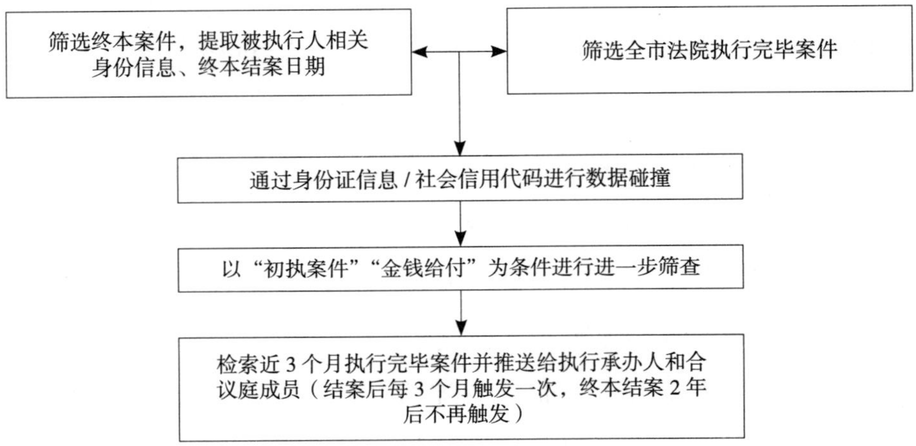

（四）模型分析及优化

针对模型准确率问题，优化规则筛除对财产线索提供价值较为有限的“小标的”案件。

四、类案前端治理

在模型推广阶段，该场景主要围绕终本后复查机制进行预警推送，具体线索核查规则如下：承办人针对不同类型的关联案件拟定不同的行动方案。若关联他案系自动履行，则在搜集财产线索的基础上，针对性约谈被执行人；若关联他案系基于保全的执行完毕，则视保全金额与执行到位标的之间是否有差额，视情况恢复执行并对余款进行冻结划扣；若关联他案系无保全的执行完毕，则结合卷宗判断终本结案后被执行人名下是否产生新的财产，或本院是否由轮候转为首封等。

上述初始规则可对终本复查机制起到有益补充，但无法对终本结案规范性进行监督预警。为进一步控制终本结案，上海二中院在前述模型的基础上，增设前端管理模型，在分案阶段和拟终本结案（终本约谈）两个节点补充推送一定时间内同一被执行人在他案执行完毕关联案件信息。具体增设规则如下：

第一步：从执行办案系统中，筛选执行在办案件，范围限缩为“初执案件”。提取前述在办案件中被执行人身份信息（包括身份证号和社会信用代码）、案件分案日期。

第二步：比对身份信息，提取全市同一被执行人名下执行完毕案件，筛选条件为“初执案件”，执行内容为“金钱给付”；另筛去标的额小于10000元（不含）人民币的“小标的案件”。

第三步：（1）收案阶段：检索“分案前3个月至分案之日”他案执行完毕案件并在分案时推送给执行承办人；（2）终本结案阶段：检索“分案后至终本约谈之日”他案执行完毕案件，并在承办人点击“终本约谈”保存按钮时推送给承办人及合议庭成员。

五、嵌入提示

（一）触发情形

嵌入场景模型共在三类情形下触发推送：一是在分案时，触发推送分案前3个月他案执行完毕情况；二是在终本约谈时，触发推送分案后至终本约谈之日他案执行完毕情况；三是终本结案后2年内，每3个月触发推送一次他案执行完毕情况。

（二）触发节点及提示内容

节点1【××法院】××法官/法官助理：上海数字法院平台提示，您正在办理的【案号】案件，该案被执行人【名称】近3个月在全市法院可能存在【执行完毕案件数】件以执行完毕方式结案的关联案件。以上信息供您参考，建议您通过查阅案卷、联系他案执行承办人等方式了解情况。本提示不作为定案依据，请您审慎核实后依法处理。

节点2【××法院】××法官/法官助理：上海数字法院平台提示，您正在办理的【案号】案件，该案被执行人【名称】自分案后至今在全市法院可能存在【执行完毕案件数】件以执行完毕方式结案的关联案件。以上信息供您参考，建议您通过查阅案卷、联系他案执行承办人等方式了解情况。本提示不作为定案依据，请您审慎核实后依法处理。本次为强制检索，如有重复请忽略。

节点3【××法院】××法官/法官助理：上海数字法院平台提示，您于【结案日期】终本结案的【案号】案件，该案被执行人【名称】近3个月在全市法院有【执行完毕案件数】件案件以执行完毕方式结案。以上信息供您参考，建议您通过查阅案卷、联系他案执行承办人等方式了解情况，对符合条件的终本案件及时恢复执行。本提示不作为定案依据，请您审慎核实后依法处理。

（三）嵌入思维导图

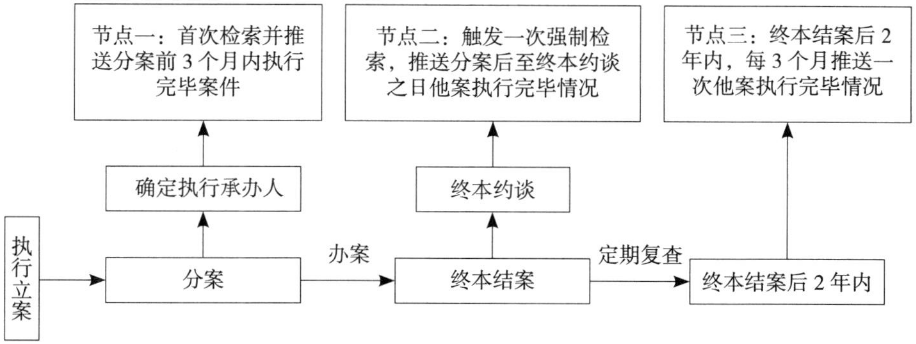

六、办案指引

收到上述提示后，应当根据触发节点和提示内容采取以下做法：

第一步：查看提示内容。进入执行办案系统，点击“案件办理”页面，并点击案件号右边的黄色按钮。

第二步：浏览关联案件概况。点击提示语“可能存在 × 件以执行完毕方式结案的关联案件”中的案件数量“×”。例如，若显示的是“存在5件”，则可通过点击数字“5”跳转窗口，浏览相关案件信息（该窗口推送中包含“案号”“关联案件承办人”等信息）。

第三步：进一步了解具体信息。承办人可通过上海法院即时通信、指挥中心等途径联系关联案件承办人，进一步了解他案执行完毕的具体情况。

第四步：依法处理本案。该场景提示的信息仅作为执行办案线索供承办人参考。承办人可视本案具体执行情况，依法对案件进行处理。

七、应用实效

截至2024年12月31日，系统反馈该场景命中总数11411次，反馈数10881次，反馈率达95.4%。其中有帮助数9257次，约占81.1%；无帮助数1624次，约占14.2%。

综合反馈数及备注情况，该场景推送线索相对准确且具有一定实效。经专班核实，在“有帮助”的线索中，多数承办人反馈“有助于了解被执行人的财产情况和履行能力”“有助于掌控被执行人的财产，有助于分辨被执行人区别履行情况”“便于全面掌握案情”“对终本核查有帮助”等，并表示“已向相关执行法院核实了解情况”；另有部分承办人反馈已通过该场景使案件获得实质性进展，如“根据提示已查明被执行人具备还款能力”“已联系被执行人，其承诺履行义务”“通过该场景，部分款项执行到位”等。

【典型案例】

案例一：在某甲有限公司与某乙（上海）有限公司仲裁一案执行过程中，上海数字法院平台分案时向承办人推送了被执行人在他案执行完毕信息。经网络查控，该被执行人名下确无可供执行的财产。为进一步获取案件线索，承办人根据提示预警信息，联系了静安法院11件执行完毕案件的他案承办人，沟通了解被执行人财产情况。经查，该被执行人虽名下无可供执行财产，但在外有大量可供支配资金，具有一定的履行能力。随后，承办人及时约谈被执行人法务，沟通系列案件后续履行方案。截至2024

年12月31日，约22件相关在办案件已经全部执行完毕，剩余案件亦已达成分期履行协议，被执行人正逐步清偿中。

案例二：在杨某1、杨某2与上海某房地产开发有限公司仲裁一案执行过程中，上海数字法院平台分案时向承办人推送了被执行人在他案执行完毕信息。因被执行人名下查无可供执行的财产，承办人根据推送信息对他案执行完毕线索进行核实。经查，近年来，宝山法院有该被执行人名下一定数量执行完毕案件。根据推送信息，本案承办人与宝山法院承办人取得联系，进一步获取了以下有益线索：（1）被执行人存在资金回笼情形。宝山法院在执行过程中查封了被执行人名下车位，并基于善意文明执行理念，同意由其自行向业主出售该车位，售出后将款项打入法院代管款账户。目前，车位仍在出售变卖中。（2）被执行人相关联系方式已更新。被执行人已变更其法务负责人，宝山法院可提供更新后的法务负责人联系方式。

根据上述线索，上海二中院约谈了该公司，并与宝山法院就该被执行人财产处置情况进行了会商，对被执行人财产清单进行核对，初步拟定了财产处置方案。

【法律依据】

《最高人民法院关于严格规范终结本次执行程序的规定（试行）》第一条　人民法院终结本次执行程序，应当同时符合下列条件：……（三）已穷尽财产调查措施，未发现被执行人有可供执行的财产或者发现的财产不能处置。

第九条第二款　终结本次执行程序后的五年内，执行法院应当每六个月通过网络执行查控系统查询一次被执行人的财产，并将查询结果告知申请执行人。符合恢复执行条件的，执行法院应当及时恢复执行。

八、心得体会

为进一步推动终本制度中公平与效率的平衡，保障债权人权益兑现，上海二中院以数字赋能为抓手，建立终本被执行人在他案执行完毕提示预警模型，以期实现终本案件财产线索的及时推送，破除终本案件监督难题。

在建设过程中，上海二中院发现以下两方面难题——其中部分难题因现有模型规则及技术限制仍有待解决。

一是如何进一步优化准确率。该场景虽能在一定程度上对终本案件结案及恢复起到提示、监管作用，但其功能价值并不完全周延，部分关联“执行完毕”案件线索对于财产调查工作参考性仍有限。此类线索主要可以分为以下三类：（1）关联案件“执行到位金额”明显低于终本案件“尚未执行标的金额”。就这一部分案件，工作专班已在嵌入模型优化时通过新增“筛除标的额小于 10000 元（不含）人民币的‘小标的案件’”规则予以优化。（2）关联案件系基于保全而执行完毕，他案保全财产清偿债权后无剩余财产。就这一情形，因保全金额需通过进一步关联被执行人名下执保案件，方能获取结构化数据，同时需要将该数据与“执行完毕”案件建立相关性，再将数据与“执行完毕”案件的执行到位金额进行比对，该场景较为复杂，数据量较大，故实现较为困难。（3）关联案件债权系因其他被执行人履行而得到清偿。在此类型下，系统虽可通过执行依据提取“连带责任”等关键词，但由于难以对实际支付人、实际强制执行财产所有人等数据进行捕捉，故无法最终判断该关联案件是否系因他人履行而“执行完毕”，无法在前端进行排除。如何进一步提升推送预警案件的准确性，有待进一步完善。

二是如何在算力有限的情况下，进一步完善该场景运转效果。因算力限制，目前该场景触发运行效果离理想状态尚有距离。依理想状态，终本结案后该场景应常态化运转，筛查到同一被执行人名下执行完毕案件后即刻推送。在此情形下，财产复查“时间差”将缩短至最小。但鉴于目前算力限制，现有规则仅能做到终本结案后 3 个月触发一次，就 3 个月内存在新财产线索向承办人进行推送。当前规则虽可有效补充现行终本财产复查机制，但仍有待进一步完善。

针对前述问题，工作专班拟进一步加强与技术部门沟通，完善该场景筛选条件和模型结构，提高该场景计算能力；增加执行办案中的结构化数据，将本案是否保全、保全金额、实际支付人、执行到位财产等信息纳入可被电脑采集的要素，进一步破除节点监督难题。

执笔人：上海市第二中级人民法院　张　枫　戴婧伊

核稿人：上海市第三中级人民法院（上海知识产权法院、上海铁路运输中级法院）钟　明

执行终本案件财产查控提示预警应用场景

◎ 上海市徐汇区人民法院　上海市浦东新区人民法院

【关键词】

终结本次执行程序　财产线索　恢复执行

【要旨】

《最高人民法院关于严格规范终结本次执行程序的规定（试行）》要求，执行案件终结本次执行程序结案后的五年内，执行法院应每六个月查询一次被执行人的财产。司法实践中，受制于查询方式有限、信息分析不够、已结案件管控不足等因素，一些有可供执行财产线索的案件没有及时恢复执行，影响当事人权益的实现。该场景以被执行人“住房公积金”“养老金”“胜诉债权”数据查询分析为切入点，制定筛查规则，发现有可供执行财产线索的案件，推动全市法院对相关案件进行复核、督办。符合恢复执行条件的，及时恢复执行，兑现当事人胜诉权益。

一、场景描述

终结本次执行程序，是指法院穷尽执行措施，未发现被执行人有可供执行的财产，依照一定程序暂时中止执行的结案方式。终本结案后发现被执行人有可供执行财产的，可以恢复执行。司法实践中，受制于查询方式有限、信息分析能力不足等因素，一些新出现的可供执行财产线索没有被及时发现，形成制约恢复执行工作的瓶颈。徐汇法院、浦东法院坚持以数字赋能推进类案提示、监督的思维，依托上海法院审判执行办案平台、上海法院裁判文书库系统数据以及上海市公积金管理中心、上海市社保中心对接数据为数据源，针对“公积金”“养老金”“胜诉债权”等不同财产形式，分别制定大数据筛查规则，构建案件办理提示及监督评查应用场景模型，对执行案件进行被执行人公积金、养老金、胜诉债权信息检索，并筛选、比对、碰撞“申请标的金额”“年龄”“是否涉民生”“案由”“当事人”“诉讼费负担”等相关核心数据，发现被执行人名下可供执行的财产线索，发出系统提示。该场景可有效辅助法官发现和分析财产线索，提高办理效率，拓展财产查控范围，切实提升案件执行实效。同时，该预警、提示功能还可为院庭长加强终本案件管理提供抓手。

二、线索来源

徐汇法院、浦东法院一贯高度重视恢复执行、“终本清仓”等工作。针对当事人提供的财产线索，严格做到逐一核查、有信必复。但终本结案后财产查询难、分析难、信息变化跟踪难等问题客观上制约着法院的审查效率和执行精准度。如一些已终本结案的案件，申请执行人反映被执行人可能有公积金、养老金或胜诉债权等财产线索，申请法院恢复执行。申请执行人的线索来源多为猜测或道听途说，不能提供相应的证明材料。财产的查询、分析、核验主要依靠法官人工逐案办理，而法官面对数以万计的终本案件，往往显得力不从心。借助“执行终本案件财产查控提示预警”应用场景，通过大数据碰撞筛选，可以实现对大批量案件的自动查询、智能分析、主动提示，高效发掘有效财产线索。

三、数据建模

（一）数据来源

1. 执行案件信息（源于上海法院审判执行办案平台）。
2. 审判案件信息（源于上海法院审判执行办案平台）。
3. 民事裁判文书（源于上海法院审判执行办案平台）。
4. 住房公积金信息（源于上海市公积金管理中心数据查询系统）。
5. 养老金账户信息（源于上海市社保中心数据查询系统）。

（二）建模步骤

1. 针对“公积金”

第一步：提取近 5 年来终本结案且被执行人是自然人的执行案件（终本结案后又以同一执行依据立执恢案号，且执恢案件的结案方式为非“终结本次执行程序”的，该终本案件不属于筛查范围），获取案件要素。

第二步：针对上述案件发起“点对点”公积金查询，获取被执行人公积金相关数据。

第三步：筛选被执行人公积金余额大于案件执行标的 5% 的案件，并剔除有委托冲还贷、委托冲还租的案件。

第四步：在前一步筛选基础上，抓取符合公积金查扣条件（达退休年龄、支付房贷或房租、公积金分割、涉民生案件等）之一的案件。

（三）思维导图

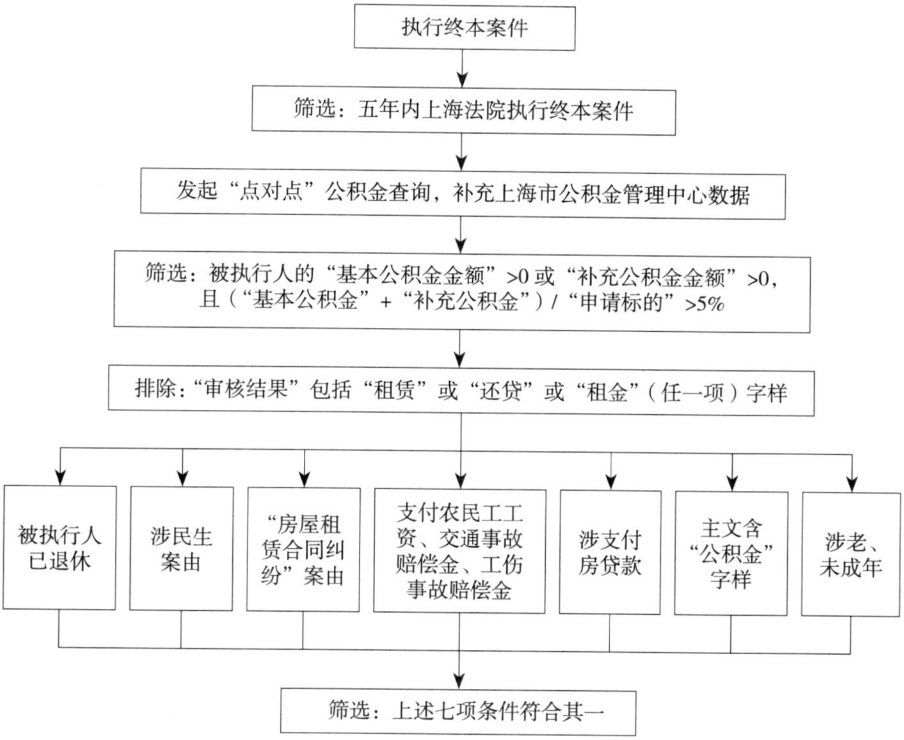

2. 针对“养老金”

第一步：提取近 5 年内终本结案且被执行人是自然人的执行案件（终本结案后又以同一执行依据立执恢案号，且执恢案件的结案方式为非“终结本次执行程序”的，该终本案件不属于筛查范围）。

第二步：在上述案件中提取被执行人退休时间在终本结案日期之后的案件。

第三步：针对上述案件发起“点对点”社保查询，获取被执行人月养老金相关数据。

第四步：在前一步筛选基础上，抓取符合月养老金查扣规则（“月养老金”>10000 元、涉民生案件月养老金 >6000 元等）之一的案件。

（四）思维导图

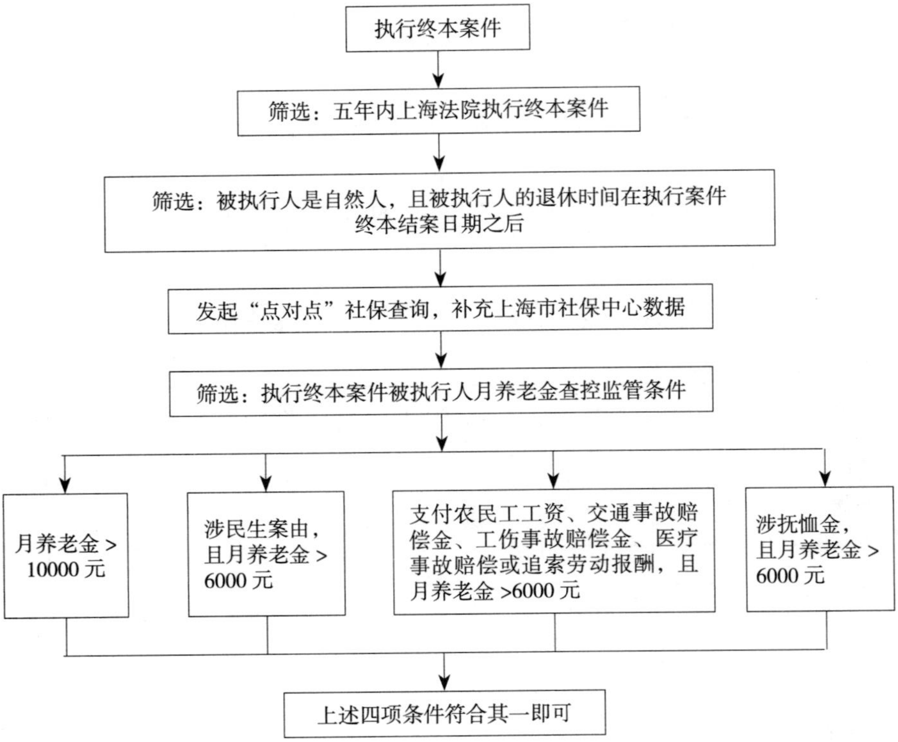

3. 针对“胜诉债权”

第一步：提取近5年内终本结案的执行案件（案件执行终本结案后又以同一执行依据立执恢案号，且执恢案件的结案方式为非“终结本次执行程序”的，该终本案件不属于筛查范围）。获取案件列表：案号、法院、承办法官、申请执行人、申请标的（金额）、被执行人、证件类型、证件号码、出生日期、实际案由、执行标的内容、结案方式（终结本次执行程序）、结案日期。

第二步：在第一步数据获取后，筛选执行终本案件的“被执行人”与审判系统中一审案件的“原告”匹配一致的案件列表（当事人为自然人的，需通过身份证号或出生日期精确锁定）。

第三步：在上一步基础上，筛选审判系统中的一审“案件生效日期”晚于执行终本案件“结案日期”的案件列表。

第四步：在第三步基础上，筛选“结案方式”=“判决”，且裁判文书（如有二审文书，一并筛选）中含“由【被告名称】负担”字样的一审案号；筛选“结案方式”=“调解”的一审案号。

（五）思维导图

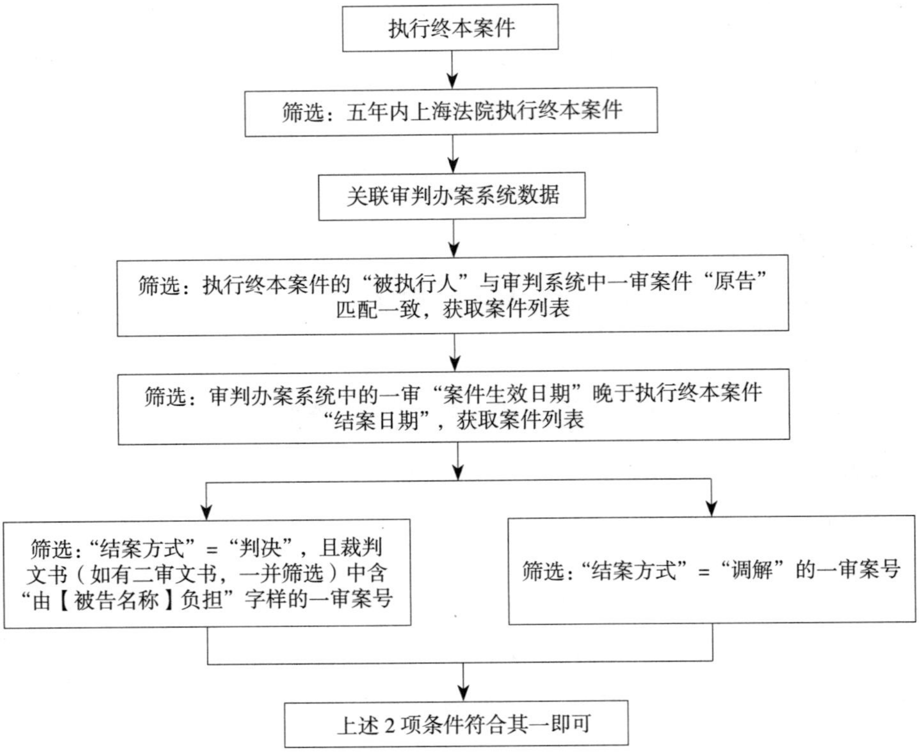

（六）模型分析及优化

一是“公积金”“养老金”等外部数据反馈有迟延。执行流程管理系统向市公积金管理中心、市社保中心系统发起查询后，一般需等待五个工作日方可收到数据反馈，在此期间账户余额、冻结信息、委托提取情况等均有可能发生变化，故数据的实时准确性会有一定偏差。二是执行办案系统中部分数据源存在误差。部分案件要素系通过抓取执行办案系统中结构化数据，因系统中部分数据源于立案阶段人工录入，如执行标的中的“支付房贷款”“支付农民工工资”等结构化数据，若立案阶段录入不全面或不精确，则会影响抓取的准确度。三是“胜诉债权”甄别时，以调解方式结案的诉讼案件中，被执行人作为原告可能与被告互负金钱给付义务。此外，劳动纠纷、抚养费纠纷等案件以及涉“银行”“保险公司”的案件，筛查准确性也有所偏差。针对上述问题，一是需要在立案阶段提升“执行标的内容”“案件标签”等信息录入的准确度与全面性。二是通过排除“涉诉标的”=0（行为执行案件）或“实际案由”=“抚养费纠纷”的案件，排除胜诉案件“原告”名称中含有“银行”或“保险”字样的案件，提高“胜诉债权”模型筛查的精准度。

四、类案前端治理

该模型的运行结构系通过对终本结案案件进行大数据的自动查询、智能分析比对，精准筛选得出实用信息（有效财产线索），实现主动提示、动态反馈。其原理同样契合在办执行案件办理流程以及相应执行工作监管要求。故可将该模型嵌入全流程执行办案系统，在初次执行案件办理阶段即予以应用，辅助法官分析财产线索，提高办理效率，降低办理差错。同时，其预警、提示功能还可为院庭长加强终本案件结案管理提供抓手。

五、嵌入提示

（一）触发情形

1. 针对在办案件

（1）当执行办案系统发起“限高令”时，模型开始筛查被执行人是否有可供执行的“公积金”“养老金”“胜诉债权”，若有，则发出提示，建议及时核实办理。

（2）当执行办案系统点击“终本约谈”时，模型开始筛查被执行人是否有可供执行的“公积金”“养老金”“胜诉债权”，若有，则发出提示，避免有财产而错误终本结案。

2. 针对终本案件

当终本结案后每六个月第一日，模型开始筛查被执行人是否有可供执行的“公积金”“养老金”“胜诉债权”，若有，则发出提示，建议及时核实办理。

（二）触发节点及提示内容

1. 针对在办案件

（1）触发节点：发起“限高令”。×× 法官 / 法官助理：上海数字法院平台提示，您办理的【执行案号】案件，可能存在待处理的公积金 / 养老金 / 胜诉债权线索【一审案号】，建议您及时核实。本提示不作为定案依据，请审慎核实后依法处理，避免出现案件质量差错瑕疵。

（2）触发节点：点击“终本约谈”。×× 法官 / 法官助理：上海数字法院平台提示，您办理的【执行案号】案件，可能存在待处理的公积金 / 养老金 / 胜诉债权线索【一审案号】，建议您及时核实。本提示不作为定案依据，请审慎核实后依法处理，避免出现案件质量差错瑕疵。

2. 针对终本案件

触发节点：终本结案后每六个月第一日。×× 法官 / 法官助理：上海数字法院平台提示，您办理的【执行案号】案件，可能存在待处理的公积金 / 养老金 / 胜诉债权线索【一审案号】，建议您及时核实。本提示不作为定案依据，请审慎核实后依法处理，避免出现案件质量差错瑕疵。

（三）嵌入思维导图（以“公积金”为例）

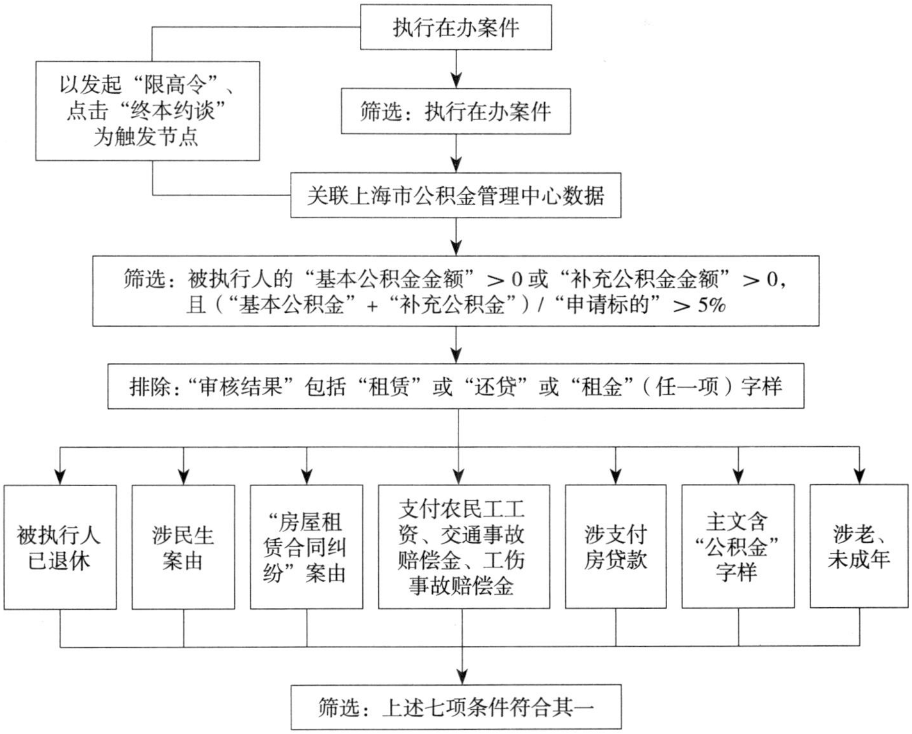

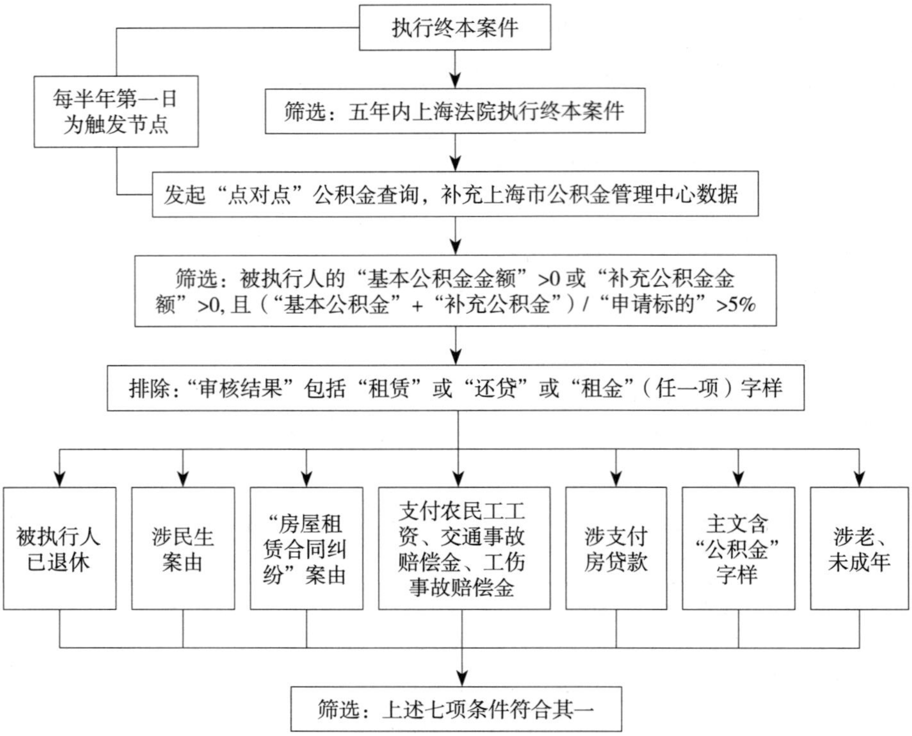

六、办案指引

收到上述提示后，应当根据触发节点和提示内容采取以下做法：

（一）针对“公积金”

第一步：查阅“点对点”公积金反馈信息，复核公积金是否符合《上海市高级人民法院、上海市公积金管理中心关于进一步完善住房公积金执行协作联动机制的若干意见》规定的冻结扣划条件，重点复核该意见第三条第四款第四项“被执行人的债务涉及支付住房房租”以及第七项“执行标的属于追索赡养费、抚养费、扶养费、抚育费、抚恤金、农民工工资、人身损害赔偿金的”。

第二步：复核后认为系有效财产线索的，应与申请执行人核实是否被执行人已自行履行完毕本案义务。

第三步：确认被执行人未自行履行的，应及时出具公积金查控文书，办理冻结扣划手续。

（二）针对“养老金”

第一步：承办法官查阅“点对点”社保反馈信息，确认月养老金发放金额。

第二步：承办法官复核后认为系有效财产线索的，应与申请执行人核实是否被执行人已自行履行完毕本案义务。

第三步：确认被执行人未自行履行的，应及时出具养老金查控文书，办理冻结扣划手续。

（三）针对“胜诉债权”

第一步：查阅“胜诉债权”案件信息，复核是否属于有效财产线索，获取案件生效法律文书、当事人联系方式等线索。

第二步：复核后认为系有效财产线索的，应与申请执行人核实是否被执行人已自行履行完毕本案义务。

第三步：核实“胜诉债权”案件是否进入执行程序。若已进入执行程序，则向执行法院发出协助执行函。若未进入执行程序，向次债务人发出履行到期债务通知书。

七、应用实效

（一）“公积金”

截至2024年12月31日，系统反馈该场景命中总数177次，已反馈166次，反馈率达93.8%，反馈有帮助数152次，占 85.8%，反馈无帮助数 14 次，占 7.9%，待反馈数 11 次，占 6.2%。

该场景设置了发起“限高令”和点击“终本约谈”两个嵌入节点。在发起“限高令”节点触发命中数为 137 次，反馈有帮助数 114 次，待反馈数 11 次，无帮助数 12 次。在点击“终本约谈”节点触发命中数 40 次，反馈有帮助数 38 次，无帮助数 2 次。

（二）“养老金”

截至 2024 年 12 月 31 日，系统反馈该场景命中总数 1114 次，已反馈 1024 次，反馈率达 91.9%，反馈有帮助数 938 次，占 84.2%，反馈无帮助数 86 次，占 7.7%，待反馈数 90 次，占 8.1%。

（三）“胜诉债权”

截至 2024 年 12 月 31 日，系统反馈该场景命中总数 12499 次，已反馈 12343 次，反馈率达 98.8%，反馈有帮助数 10479 次，占 83.8%，反馈无帮助数 1864 次，占 14.9%，待反馈数 156 次，占 1.2%。

【典型案例】

（一）“公积金”案例

闵行法院审理的一起执行案件，案由为民间借贷纠纷，执行标的为支付欠款 5 万元。2013 年 11 月，经执行，被执行人张某暂无可供执行财产，案件终结本次执行程序。2023 年 3 月案件恢复执行，执行中未发现被执行人新的财产线索，执行法官对被执行人发起限高措施以督促其履行义务。次日，执行办案系统发出提示，告知被执行人名下有公积金财产线索。经核查，被执行人确有公积金账户余额 3.6 万元，且符合法定的公积金扣划条件，执行法官及时冻结并扣划了其公积金账户资金。

（二）“养老金”案例

徐汇法院审理的一起执行案件，案由为相邻关系纠纷，执行标的为赔偿损失 2.2 万元。执行中查明，被执行人邓某银行账户内暂无可供执行的资金。其名下虽有不动产，但鉴于本案执行标的金额小，不适宜采取处置不动产的执行措施。2023 年 10 月 11 日，执行法官对被执行人发起限高措施以督促其履行义务。次日，执行办案系统发出提示，告知被执行人名下有养老金线索。经核查，被执行人确有可领取的养老金（每月 7000 余元），执行法院及时冻结了其养老金银行账户。案件于 4 个月后执行完毕。

（三）“胜诉债权”案例

徐汇法院审理的一起执行案件，案由为买卖合同纠纷，执行标的为 19 万元。2023 年 12 月 5 日，执行法官向被执行人上海某科技公司发出执行通知督促其履行义务。次日，执行办案系统发出提示，告知被执行人名下有另案胜诉债权线索，胜诉债权案件为金山法院另一起案件。经核查，金山法院该生效民事判决书判令被告沈某支付原告上海某科技公司货款 147 万元，该案件已进入执行阶段，尚未执行完毕。徐汇法院随即向金山法院发出协助执行函，冻结并提取金山法院执行案件中上海某科技公司可领取的执行款。

【法律依据】

《最高人民法院关于严格规范终结本次执行程序的规定（试行）》第九条第二款 终结本次执行程序后的五年内，执行法院应当每六个月通过网络执行查控系统查询一次被执行人的财产，并将查询结果告知申请执行人。符合恢复执行条件的，执行法院应当及时恢复执行。

八、心得体会

通过“执行终本案件财产查控提示预警”应用场景的建设，项目组收获良多。

一是数字法院建设是解决长期困扰法院工作瓶颈问题的正确之道。以执行工作为例，终本案件财产查控难、恢复执行难是突出的顽瘴痼疾，传统执行模式下，靠法官个人逐案办理，无法解决数以万计的终本存案，而借助“执行终本案件财产查控提示预警”应用场景，通过大数据碰撞筛选，可以实现对大批量案件的自动查询、智能分析、主动提示，高效发掘有效财产线索。短短几小时内，可以完成对全市法院数十万件执行案件的相关财产查询、筛选。今后，靠当事人或法官人工查询财产线索的传统执行模式将成为过去式，而以大数据筛查为主、人工复核为辅的新模式将成为主流，这种转变是深层次的，并非仅仅是“器”的层面。

二是数字法院建设是推进审判执行工作高质量发展的必经之道。解决“案多人少”这一矛盾不能简单地靠降低案件量或是增加司法资源来实现，而是应当努力提升司法能力。通过在全流程网上办案系统嵌入相关应用场景，可以使案件自动接受“体检”，有力辅助法官高效办案，避免适法不统一、程序空转等问题。

三是数字法院建设是释放人民法院和法官内部潜能的有效之道。数字化可以有效帮助法官分析大量的基础信息、处理大量辅助性事务，使法官从繁重的辅助性工作中脱离出来，专注于案件办理的核心环节，集中精力于提升案件质效。随着法院数字化建设的深入，法官的作用不仅不会弱化，反而会更加凸显，法官也将更有职业尊荣感。

执笔人：上海市徐汇区人民法院　安　泰　王　顺
上海市浦东新区人民法院　赵力锐
核稿人：上海市第三中级人民法院（上海知识产权法院、上海铁路运输中级法院）钟　明

被执行人在另案领取案款提示预警应用场景

◎ 上海市奉贤区人民法院　上海市闵行区人民法院

【关键词】

领取案款　被执行人　终结本次执行程序　终结执行　规避执行

【要旨】

实践中，由于案款管理系统与执行办案系统相对独立、各法院案件数据相互隔离，法院在向案件申请执行人或案外人发放执行案款前，无法得知该领款人在其他案件中有无作为被执行人的情形。同样，法院在查询被执行人财产线索时，也无法掌握该被执行人有无在他案中作为申请执行人领取案款的情况，导致部分被执行人在他案中收到款项后即迅速将钱款转移，规避相关案件的执行。通过打通“数据壁垒”，以数字化、智能化应用场景对相关数据进行碰撞，对被执行人在他案领取案款的情形进行推送提示，可以实现提升执行到位率和打击规避执行行为的双重效果。

一、场景描述

提升执行到位率，及时兑现当事人的胜诉权益是当前执行条线的重点工作。当事人在他案领取执行案款后，应及时履行其作为被执行人案件中相应的法律义务。执行办案系统与案款管理系统目前只支持同一案件之间的数据同步，而系统在案款管理系统进行案款发放操作时并不会对该案款领取人是否为他案被执行人作出风险提示。该场景通过数据碰撞，筛选出本院被执行人在全市范围内其他执行案件中作为案款领取人的案件，向承办法官作出风险提示与监管，进而辅助承办法官作出决策，避免规避执行的情况。

二、线索来源

奉贤法院和闵行法院在执行办案中发现，法院在向案件申请执行人或案外人发放执行案款前，无法得知该收款人在其他案件中有无作为被执行人的情形；与之类似，法院在查询被执行人财产线索时，也无法掌握该被执行人有无在他案中作为申请执行人领取案款的情况，导致部分被执行人在他案收到款项后迅速将钱款转移，规避案件的执行。此类情形多次发生，虽可追究被执行人的拒执犯罪行为，但规避执行带来的案款迟迟不能到位，给胜诉当事人的合法权益带来不少损害，而且事后难以弥补。

面对上述难点堵点，借助数字化、智能化的应用场景，从源头防范和封堵漏洞，既可以防治规避行为，也可以辅助承办法官发现并执行被执行人有价值的财产，提升执行到位率。

通过执行办案系统筛选一段时间内所有未实际执行到位的案

件，即以终结本次执行程序方式和终结执行（和解长期履行）结案的案件，提取其中的被执行人信息。并将该信息与案款管理系统中领款人信息进行数据碰撞，奉贤法院和闵行法院筛查出数起未实际执结案件被执行人在其他案件领取案款的情形，且领取的案款可覆盖或基本覆盖该被执行人的案件标的金额。上述线索既为案件执行提供了财产线索，有效兑现胜诉当事人债权，又为打击逃避执行、规避执行提供了抓手，对提高执行工作高质量发展和智慧法院建设具有重要意义。该应用场景模型建设取得预期成效。

三、数据建模

（一）数据来源

1. 执行办案结案方式节点数据（源于上海法院审判执行办案平台）。

2. 案款到账及案款发还的节点数据（源于上海法院审判执行办案平台）。

（二）建模步骤

第一步：读取结案日期为 2019 年 1 月 1 日之后的以终结本次执行程序方式和终结执行（和解长期履行）结案的案件中被执行人的名称信息。

第二步：筛选全市法院执行案件中该被执行人作为案款领取人，且当该案有案款到账（案款系统），到账金额大于其作为被执行人所涉案件尚未执行到位标的金额 30% 的案件。

第三步：如存在上述数据，则将其作为案款领取人的案件信息推送至其作为被执行人的案件中（推送案号、领取金额、承办法官信息）。

（三）思维导图

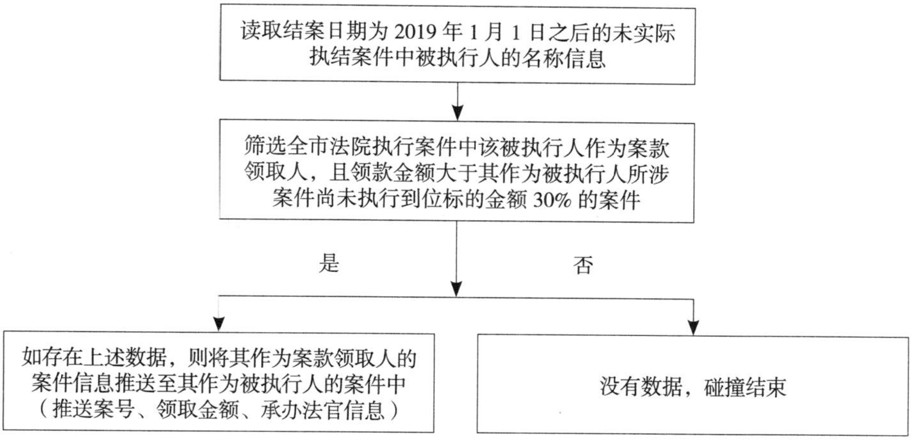

（四）模型分析及优化

该应用场景推广后，全市执行办案干警根据场景反馈数据进行了全面深入的核查，并针对被执行人在他案领取案款足以覆盖本案执行标的额的案件及时恢复执行，取得较好效果。与此同时，根据全市法院执行办案干警的反馈，奉贤法院与闵行法院对应用场景的规则进行了优化，优化内容为三个方面：一是提高案外人作为领款人比对的准确性，排除刑事案件中向案外人发放钱款的行为（排除规则：执行依据案号中包含“刑”，且案件来源为“审判庭移交执行”或“移送”）；二是增加排除规则，即本案的执行款足以清偿债权的，不再提示。规则：本案到款金额总额≥申请执行金额时，不再触发场景提醒；三是降低到账金额占该领款人作为被执行人所涉案件尚未执行到位标的金额比例，从 30% 降低至 20%。通过扩大数据提示范围，充分保障债权人胜诉权益。

四、类案前端治理

该应用场景立足于抓取、分析和推送被执行人在他案领取案款信息，有效弥补了案件终本或终结后对被执行人传统财产查控及网络财产查控功能不能及时启动的不足，取得预期效果。据此，应用场景推广后，奉贤法院与闵行法院以此为契机，在优化场景规则的基础上积极开展场景嵌入可行性论证，并如期推动该应用场景嵌入办案系统，实现了场景从事后监管向事前提示的转变。

嵌入后，针对在办案件中被执行人在他案有案款入账的情形，应用场景即将该信息向被执行人案件承办人和案款发放法院案件承办人双向推送并提示，以便被执行人案件承办人及时联系案款发放法院案件承办人，及时发出协助执行冻结或扣划该笔案款，提升案件执行到位率，及时兑现当事人的胜诉权益。

五、嵌入提示

（一）触发情形

当办理的案件被执行人在本院或本市其他法院执行案件中以申请执行人或案外人的身份领取案款，且领取的金额大于其作为被执行人案件标的额 20% 时，则触发该场景，提示被执行人法院及案款发放法院，对该笔领款情况进行关注，及时核实案款信息。

（二）触发节点及提示内容

1. 案款系统有新收款时（针对被执行人系另案申请执行人情形）

提示被执行人法院内容：【×× 法院】×× 法官 / 法官助理：上海数字法院平台提示，您正在办理的【案号】案件，被执行人

【名称】在【法院】【案号】中有执行案款【到账金额】元入账。本提示不作为定案依据，请审慎核实后依法处理，避免出现案件质量差错瑕疵。

提示案款发放法院内容:【××法院】××法官/法官助理：上海数字法院平台提示，您正在办理的【案号】案件，案款领取人【名称】在【法院】【案号】中属于被执行人，且本次发款金额可能大于其作为被执行人所涉案件尚未执行到位标的金额20%。本提示不作为定案依据，请审慎核实后依法处理，避免出现案件质量差错瑕疵。

2. 代管款处理通知生成时（针对被执行人系另案案款领取人情形）

提示被执行人法院内容:【××法院】××法官/法官助理：上海数字法院平台提示，您正在办理的【案号】案件，被执行人【名称】将在【法院】【案号】中作为案外人领取执行案款【退代管款金额】元。本提示不作为定案依据，请审慎核实后依法处理，避免出现案件质量差错瑕疵。

提示案款发放法院内容:【××法院】××法官/法官助理：上海数字法院平台提示，您正在办理的【案号】案件，案款领取人【名称】在【法院】【案号】中属于被执行人，且本次发款金额可能大于其作为被执行人所涉案件尚未执行到位标的金额20%。本提示不作为定案依据，请审慎核实后依法处理，避免出现案件质量差错瑕疵。

（三）嵌入思维导图

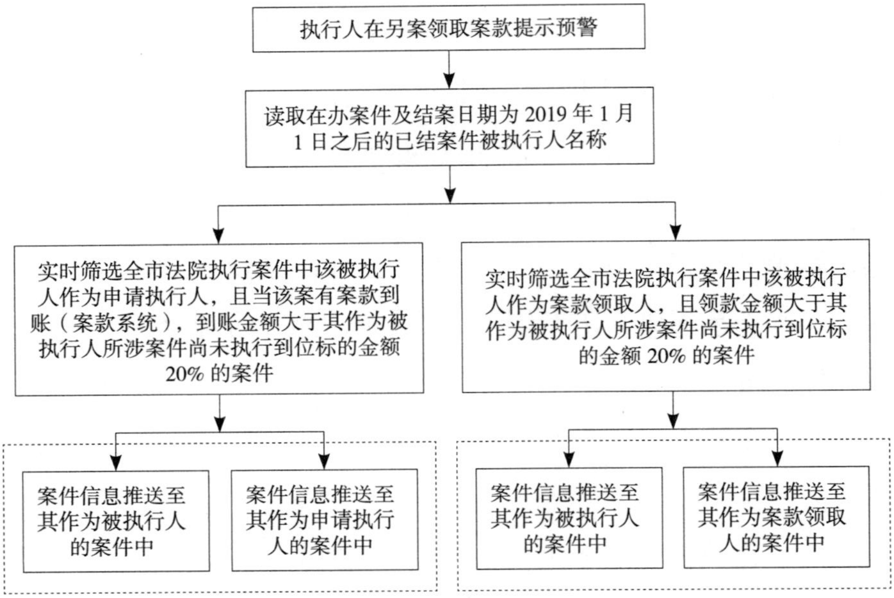

六、办案指引

为维护当事人合法权益，防止债务人在另案领取执行款后转移财产，加强本市法院间执行沟通协作与信息互通，拓展财产线索的发现和提示，充分发挥“被执行人在另案作为案款领取人的提示与监管”应用场景的作用，切实防范规避执行，上海高院制定了“被执行人在另案作为案款领取人的提示与监管”应用场景适用规则（试行）。规则如下：

（1）被执行人法院承办人收到应用场景提醒，得知被执行人在另案中有案款发放时，应当立即通过确保能让案款发放法院承办人知悉的方式取得有效联系。需要采取冻结、划拨等措施的，应当在五个工作日内发出协助执行文书。

（2）案款发放法院承办人收到应用场景提醒，本案案款领取人系另案被执行人时，应当立即暂缓发放款项，并根据另案联系情况妥善处理；被执行人法院在五个工作日内没有发出正式协助执行文书或作出有效联系的，案款发放法院可正常发放执行款。

（3）相关应用场景提醒将同步反馈至上海高院执行指挥中心，被执行人法院在五个工作日内没有发出正式协助执行文书或作出有效联系的，将由上海高院执行指挥中心作为督办事项下发至被执行人法院执行指挥中心并予以记录。

七、应用实效

截至 2024 年 12 月 31 日，系统反馈该场景命中总数 1224 次，反馈总数 1224 次，反馈率达 100%，有帮助数 1021 次，占 83.4%，无帮助数 203 次，占 16.6%。

应用场景嵌入后，反馈“有帮助”的案件涉及执行案款共计 5.9 亿余元，有效提升了执行到位率，维护了当事人胜诉权益。这也充分说明，由事后核查转变为事前监督，可以有效堵塞漏洞，也为打击逃避执行、规避执行提供了抓手，实现提升执行到位率和打击规避执行行为的双重效果。

【典型案例】

案例一：闵行法院在办理案件时，应用场景提示被执行人沈某在普陀法院一案件中有执行案款 267737 元入账。闵行法院承办人随即向普陀法院发出协助执行文书并扣划执行案款 168853 元，用于清偿该案，案款发放后将执行完毕结案。

案例二： 奉贤法院在办理案件时，应用场景提示被执行人上海某木制品有限公司在该院另一案件中有执行案款 260000 元入账。于是承办人从另案扣划执行案款 90884 元，用于清偿该案，案款发放后将执行完毕结案。

【法律依据】

1.**《最高人民法院关于适用〈中华人民共和国民事诉讼法〉的解释》第四百九十九条** 人民法院执行被执行人对他人的到期债权，可以作出冻结债权的裁定，并通知该他人向申请执行人履行。

该他人对到期债权有异议，申请执行人请求对异议部分强制执行的，人民法院不予支持。利害关系人对到期债权有异议的，人民法院应当按照民事诉讼法第二百三十四条规定处理。

对生效法律文书确定的到期债权，该他人予以否认的，人民法院不予支持。

第五百一十七条 经过财产调查未发现可供执行的财产，在申请执行人签字确认或者执行法院组成合议庭审查核实并经院长批准后，可以裁定终结本次执行程序。

依照前款规定终结执行后，申请执行人发现被执行人有可供执行财产的，可以再次申请执行。再次申请不受申请执行时效期间的限制。

2.**《最高人民法院关于执行和解若干问题的规定》第九条** 被执行人一方不履行执行和解协议的，申请执行人可以申请恢复执行原生效法律文书，也可以就履行执行和解协议向执行法院提起诉讼。

3.《**最高人民法院关于执行案件立案、结案若干问题的意见》第十七条第一款第一项** 有下列情形之一的，可以以“终结执行”方式结案：（一）申请人撤销申请或者是当事人双方达成执行和解协议，申请执行人撤回执行申请的。

八、心得体会

在执行程序中，存在部分被执行人同时是其他案件申请执行人的情况。如果他们收回了钱款，理应及时偿还自己拖欠的债务。但是实践中，有时却出现“一边领款，一边赖账”。如何堵塞这一漏洞，在该应用场景建设过程中，以问题为导向，以需求为目标，成功实现了数字赋能执行工作的目标。

（一）找准实践堵点：数据相互隔离

当前，执行案件办理已经实现了全流程网上办理，执行案款也实现了“一案一账户”全流程监管，被执行人在其他法院的执行案件情况，都有数据可查，有线索可找。然而，为何会产生“一边领款，一边赖账”的困境，主要是此前案件办理数据还没有实现融会贯通和深度挖掘。在传统执行办案模式下，执行干警通常关注的重点是案件办理流程的规范性，注重的是审判监督。出于办案安全性的考虑，各个法院的数据相互独立、相互隔离，除案件本身具有关联性等情况外，一般无法第一时间掌握其他法院相关案件信息。有些被执行人，就利用“信息壁垒”暗度陈仓，通过各种形式迅速转移其另案执行到位的钱款，逃避法院执行。

（二）打磨场景规则：精准唤醒海量数据

防范“一边领款，一边赖账”，不仅需要打通全市法院海量的“沉睡”数据，打破以法院为单元的管理模式，还要依托智能化提示预警系统。在全市推进数字法院建设的浪潮中，奉贤法院和闵行法院不谋而合，都将选题聚焦于这个问题。

“可以将被执行人在另案作为原告或者申请执行人的案件信息推送给执行法官，因为他已经有胜诉债权了。”

“胜诉，不一定能够实现债权。推送的线索过多，有价值的线索太少。能否再进一步，聚焦执行到‘真金白银’的案件。”

“可以限缩提示条件，被执行人在另案作为申请执行人的案件‘专属账号’中有钱款汇入的情况下，再将线索推送给执行承办法官。”

“为了确保推送精准性和高效性，可以设置当领取的钱款大于其作为被执行人案件标的额 20% 时，才触发推送。”

“为了加强保障，提示信息不仅仅推送给一个执行案件的承办人，两个执行案件的承办人都要推送。”

在业务人员、技术人员的思维碰撞中，“被执行人在另案领取案款提示预警”应用场景逐渐成熟。

（三）确保长效运行：建立专门业务规则

在建设过程中，上海高院应用场景研发专班对这一场景予以肯定，但也指出落地过程中，可能存在衔接问题：如果被执行人法院承办法官收到线索提示以后，未及时联系另案承办人并采取相关措施，该如何处理，另案承办人收到提示以后，是否要暂缓发放执行款。为了配套应用场景的落地运行，上海高院执行局下发了《关于“被执行人在另案作为案款领取人的提示与监管”应用场景适用规则（试行）的通知》，助力和规范应用场景运行。该通知明确，被执行人法院承办人收到应用场景提醒，应当与案款发放法院承办人取得联系，需要采取冻结、划拨等措施的，及时发出协助执行文书。案款发放法院承办人收到应用场景提醒，应当暂缓发放款项，并根据另案联系情况妥善处理。

（四）检验运行实效：提升群众满意度

应用场景上线运行，配套规则全市下发，被执行人再想暗度陈仓“一边领款，一边赖账”，就没那么容易了。

奉贤法院在办理一起买卖合同纠纷执行案件过程中，就收到了这个应用场景的线索提示。被执行人某木制品公司名下无可供执行财产，且被执行人也表示无力偿还，故该案依法终结本次执行程序。然而，结案后不久被执行人作为申请执行人的某一起案件中竟有 26 万元的执行款到账。鉴于该笔到账款项远超案款领取人作为被执行人案件的标的额，收到场景提示以后，奉贤法院承办人立即联系案款进账案件承办人，办理扣划手续，将上述款项扣划至本案，清偿了本案债务。

自场景模型嵌入办案系统后，有效提升了全市法院执行案件办理的执行到位率和执行完毕率，也有力打击了逃避执行、规避执行行为。

执笔人：上海市奉贤区人民法院　胡　双
上海市闵行区人民法院　周青松
核稿人：上海市第三中级人民法院（上海知识产权法院、
上海铁路运输中级法院）　钟　明

被执行人服刑监禁信息提示预警应用场景

◎ 上海市金山区人民法院　上海市松江区人民法院

【关键词】

执行送达　被执行人　服刑监禁　查人找物

【要旨】

“切实解决执行难”是执行工作的主旋律，“物难查、人难找、送达难”始终是困扰执行工作的三大难题，究其根本在于执行法官难以及时掌握被执行人相关信息进而制约了执行程序的送达效率。实践中发现，部分经审结生效的案件进入执行程序后，被执行人存在因其他刑事犯罪行为被他案或其他法院判处刑罚并尚处于服刑期内的情形，囿于当前审执模式信息交互壁垒，执行法院承办法官难以及时掌握上述被执行人服刑监禁信息，而仅根据被执行人户籍地址或原审送达地址确认书填写的地址进行邮寄送达，并在邮寄未有效送达后，转而采取公告方式进行送达。但从送达规范性角度而言，被执行人实际处于监所服刑状态，并非下落不明，不符合公告送达的程序要求，存在执行文书送达程序失范问题。该场景通过与全市法院刑事判决案件中被告人信息进行碰撞，筛选出被执行人在服刑监禁期的在办执行案件，在执行分案节点将信息推送给执行法官，提醒执行法官通过查阅卷宗，进一步明确被执行人下落，提高执行效率，规范文书送达，避免浪费司法资源。

一、场景描述

法律文书送达是审判执行工作的重要环节，尤其是执行环节文书的有效送达，不仅直接影响着人民群众胜诉权益保障，亦制约着司法程序效能的高效运转。执行案件办理过程中发现，由于被执行人相关“人、财、物”审执信息流转不畅，执行法院在通过邮寄方式未能有效向被执行人送达执行通知书、报告财产令等法律文书后，通常会转而采取公告方式进行送达。但是实际上，相关被执行人并非下落不明，而系因涉及其他刑事案件被羁押或已被判处有期徒刑而在监狱服刑，不符合公告送达程序要求。如能在执行分案节点，将执行案件被执行人信息与刑事案件被告人信息进行碰撞，从而提示被执行人服刑监禁情况，则可第一时间告知执行法官被执行人下落，规范后续的文书送达工作，提高执行效率。

二、线索来源

金山法院与松江法院高度重视执行效率以及执行工作规范，坚持“程序正义、凝聚合力、数字赋能”执行工作理念，对以终结本次执行程序结案的案件设定严格要求，不定期组织排摸，积极探索破解“送达难”的相关举措。在排摸沟通中发现，部分执行案件的被执行人出狱后主动联系执行法院，称其前期因涉及刑事案件被羁押或被判处有期徒刑而在监狱服刑，并不知道自己已被申请执行。之后及时履行义务，案件得以执行完毕。也会有被执行人家属联系法院称被执行人已在监狱服刑的情况。两家法院高度重视此类情况，并进一步对案件进行梳理，排查出一部分因执行法院不清楚被执行人服刑监禁情况，而错误选择送达方式的执行案件。为进一步规范执行、加大执行力度，两家法院要求执行法官在本院审判办案系统中查询被执行人是否涉及刑事案件，以此来明确被执行人下落。但此种方法存在两个弊端：一方面是仅能查询本院案件，对于被执行人在其他法院被判刑或因涉刑被监禁的案件难以检索；另一方面是由人工对被执行人服刑监禁相关信息逐一核查，效率低且存在遗漏线索可能性。

通过此次应用场景建设，以上海法院执行办案系统案件结构化数据为数据源，设立筛查规则，提取目标数据。而后对目标数据再次进行人工复核分析，碰撞比对，梳理被执行人被羁押或在监狱服刑的案件信息，对所获信息进行分析研判，明确被执行人下落，提高执行效率，避免不当送达。

三、数据建模

（一）数据来源

1. 执行案件当事人信息（源于上海法院审判执行办案平台）。

2. 刑事裁判文书（源于上海法院审判执行办案平台）。

（二）建模步骤

第一步：从上海法院执行办案系统中，提取立案日期在2020年1月1日后的执行案件被执行人（自然人）信息，包含被执行人姓名、身份证号码、户籍地址等要素。

第二步：通过在上海法院审判办案系统检索该被执行人身份信息，获取该被执行人为被告人且被判处主刑的刑事案件，包含被告人名称、身份证号码、户籍地址、案号、审理法院、立案日期、结案日期、结案方式、判决生效时间、判罚主刑刑罚种类、主刑到期时间、缓刑等要素。

第三步：逐案筛查同时符合前述两条规则的执行案件，对被执行人是否仍在服刑监禁情况进行梳理分类，即筛选第一步的执行立案时间在第二步的刑事判决生效时间之后、主刑到期时间之前的案件。

（三）思维导图

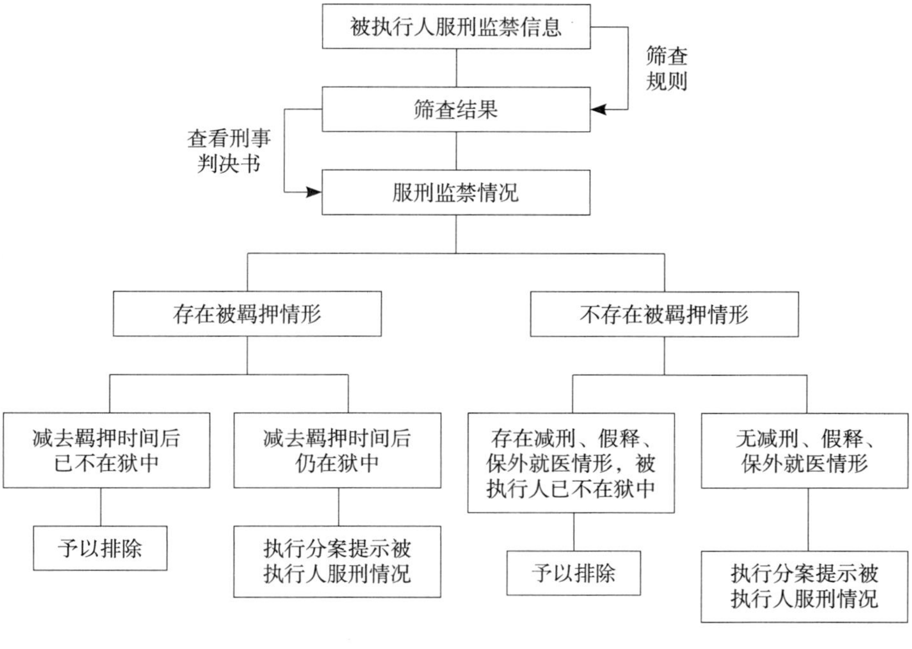

（四）模型分析及优化

模型主要着眼于执行程序中服刑监禁的被执行人文书送达不规范、查找被执行人困难导致执行难的情形开展。主要做法是打通执行办案系统和刑事审判办案系统壁垒，通过将执行案件中被执行人信息与刑事案件中被告人信息进行碰撞，同时结合刑事判决刑罚种类和主刑刑期两个要素，判定被执行人是否尚在监狱服刑。需要说明的是，可能存在刑事案件中，被执行人因被羁押而折抵刑期或在服刑过程中被假释、减刑等提前结束服刑监禁的情形，但此类案件线索占比较少且数据较难提取，故可以认定筛查规则基本满足推广应用的适用条件。

在数据核验过程中，发现被判处拘役或者三年以下有期徒刑的被告人可能会存在适用缓刑的情形，场景推广应用时初期设定的规则中忽视了被执行人被判处缓刑的情形，与场景最终期待实现的效能有所差异，故在原先的筛查规则基础上进行了优化，剔除了被执行人为被告人的刑事案件中被判处缓刑的数据，再次进行碰撞，更加准确地发挥提示预警的作用。

四、类案前端治理

该场景对于已结案件的作用属于事后监管，在嵌入系统时需要考虑嵌入的节点，让其发挥事前提示预警的作用，尽可能将办案瑕疵风险化解在前端。通过筛查数据分析，已知被执行人在执行立案后仍在服刑监禁，若执行法院未获取该信息，仍通过原地址进行文书送达，确实会对案件后续执行产生影响，由于文书送达不规范对被执行人而言可能侵害其权益，特别在处置被执行人财产方面，故提示预警越早越好。对法院而言，为了寻找实际在监狱服刑的被执行人而付出时间和精力，一定程度上浪费了司法资源，也不利于执行难问题的解决。因此，在执行分案节点，将符合场景规则的信息提示推送给执行法官比较妥帖。此时能够第一时间提醒执行法官明确被执行人下落，在采取查控措施前规范文书送达，保证办案质量。

五、嵌入提示

（一）触发情形

当执行案件中作为被执行人的自然人被检索到在全市法院刑事案件中作为被告人的情形，则进一步检索该刑事案件判决信息。若该被告人被判处有期徒刑及以上（排除缓刑）刑罚（包括无期徒刑、死刑），且当前日期 < 案件生效日期 + 主刑天数，则触发场景，说明该被执行人有关联刑事案件，且疑似刑期未满，尚在服刑阶段。此时向执行法官推送关联刑事案号，提醒执行法官需要注意核实，避免执行程序不当送达，提升执行效率。

（二）触发节点及提示内容

触发节点：分案信息保存。

提示内容：×× 法官 / 法官助理：上海数字法院平台提示，您正在办理的【案号】案件，可能存在被执行人正服刑监禁情形，关联案号为【刑事案号】，建议您及时核查。本提示不作为定案依据，请审慎核实后依法处理，避免出现案件质量差错瑕疵。

（三）嵌入思维导图

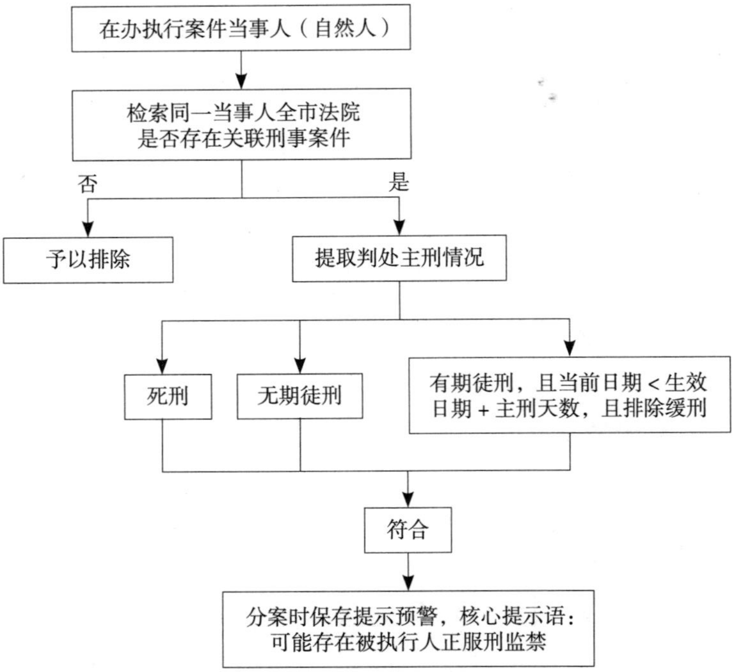

六、办案指引

收到上述提示后，应当根据触发节点和提示内容采取以下做法：

第一步：执行法官 / 法官助理 / 书记员收到应用场景提示的，应将执行案件所涉被执行人姓名、证件号码与提示内容中关联刑事案件案号所涉被告人身份信息进行比对，核实被提示的被执行人是否确实存在关联刑事案件。

第二步：经核实确认被执行人确已存在关联刑事案件的，则进一步在办案系统中核查被执行人是否被判处有期徒刑以上刑罚（排除缓刑），且刑期未满。

第三步：若属实，联系被执行人所在监所转交送达相关执行文书（包括但不限于执行通知书、财产报告令、评估报告等）。

七、应用实效

截至2024年12月31日，系统反馈该场景命中总数1412次，反馈总数1379次，反馈率达97.66%，有帮助数1320次，占95.72%，无帮助数59次，占4.28%。

该场景设置的提示节点为分案信息保存时，保证推送的时效性，使执行法官、法官助理及书记员在执行通知文书制作、送达和采取执行措施前就知晓，能够及时反应，处理好案件。反馈的有帮助线索，部分执行法官填写了备注，内容大意为“寻找被执行人重要线索”“便于判断案件后续处理方式”等。反馈的无帮助线索，经核查，多为被执行人已经出狱或者执行法官已经通过其他渠道知晓该情况。反馈被执行人已经出狱的情形，主要是模型规则对于刑事案件服刑期间的计算简单地以刑事判决生效日期与判决规定的服刑期限相加，而忽视了羁押折抵刑期以及减刑、假释、保外就医的情形，导致获取的信息显示被执行人在服刑中但实际被执行人已在狱外。但囿于技术限制无法准确提取这部分数据，且这部分案件对整个场景影响度较小，可以忽略不计。

【典型案例】

案例一：金山法院受理的一起保险人代位求偿权纠纷案件的关联执行案件中，该案被执行人陈某在执行立案前，因犯以危险方法危害公共安全罪被金山法院判处有期徒刑五年六个月，刑期自 2021 年 9 月 28 日起至 2027 年 3 月 27 日止。该执行案件执行法官在分案信息保存后收到推送，提示该案被执行人或正服刑监禁并将关联刑事案件案号予以提供。该执行案件执行法官收到提示信息后，及时核查被执行人关联刑事案件执行情况。经核查，该场景提示预警信息属实，并反馈“有帮助”。该场景推送信息有助于为执行法官精准判断被执行人是否属于下落不明情况提供有效协助，类似案件中无须将执行通知书、报告财产令等法律文书进行公告送达，可由所在监所转交送达，也避免了执行法官为找人而付出无用功，节约了司法资源。

案例二：松江法院执行的一起民间借贷纠纷案件的关联执行案件中，该案被执行人吴某在执行立案前，因犯诈骗罪被奉贤法院判处有期徒刑十二年，刑期自 2021 年 8 月 10 日起至 2033 年 8 月 9 日止。该执行案件执行法官在分案信息保存后收到推送，提示该案被执行人或正服刑监禁并将关联刑事案件案号予以提供。该执行案件执行法官收到提示信息后，及时通过审判办案系统核查被执行人关联刑事案件执行情况，在确认被执行人吴某已被移送至新收犯监狱后，依法将执行通知书、报告财产令等相关法律文书由监所转交送达，确保执行文书有效、规范送达。

【法律依据】

《中华人民共和国民事诉讼法》第九十三条　受送达人被监禁的，通过其所在监所转交。

受送达人被采取强制性教育措施的，通过其所在强制性教育机构转交。

第九十五条 受送达人下落不明，或者用本节规定的其他方式无法送达的，公告送达。自发出公告之日起，经过三十日，即视为送达。

公告送达，应当在案卷中记明原因和经过。

八、心得体会

本场景是贯通审判与执行系统的一次有益尝试，将执行案件被执行人数据和刑事案件被告人数据进行碰撞比对，推送预警二者信息一致的案件。规则简单、逻辑清晰、操作易行，以“小场景”为切口，描绘治理“执行难”大篇章，赢得了各院执行法官的好评。

立足于执行案件需要查人找物的办案特点，该场景利用模型规则，查找推送刑事案件判处有期徒刑及以上刑罚的被执行人，免去了这部分案件的执行法官为了找人而付出的艰辛。从案件占比来讲，这部分案件占全部执行案件的比重不大，但是对于规范执行办案大有裨益，特别是在送达方面。例如，处置被执行人重大资产时，需要将评估报告送达，以往只能认定被执行人下落不明而采取公告送达的方式，但因为并未实际送达，被执行人针对评估报告异议的权利较难实际保障，也容易引起不必要的矛盾。现在知晓被执行人的服刑情况，则可以通过所在监所转交送达，保障了其作为民事案件当事人的合法权益，这也是善意文明执行理念的一次生动实践。

场景建设是一项全新的工作，可谓“摸着石头过河”，是一个不断试错的过程。模型规则构思初期，项目组未考虑到被执行人被判处缓刑的情况，造成数据失真，及时修改后模型效果基本达到了预期。场景嵌入后，各院反馈有帮助率一直稳定在 90% 以上，如果后续能以全国法院裁判文书系统甚至监狱系统数据作为基础，则数据将更加全面、精准。

执笔人：上海市金山区人民法院　李旭峰
上海市松江区人民法院　王晨旭
核稿人：上海市第三中级人民法院（上海知识产权法院、上海铁路运输中级法院）钟　明

金融借款合同纠纷执行案件涉抵押房产处置提示预警应用场景

◎ 上海市长宁区人民法院

【关键词】

抵押房产　金融借款合同纠纷　拍卖　变卖

【要旨】

在涉及抵押房产处置的执行案件中，金融借款合同纠纷占比较高，房产能否尽快进入拍卖处置程序直接影响案件的执行完毕情况和执行到位情况。但因房屋腾退难度大、周期长、片面追求结案等原因，导致房屋处置效率偏低。长宁法院以此为切入点，提炼案件特点、制定筛查规则，构建“金融借款合同纠纷执行案件涉抵押房产处置提示预警”类案模型，通过“拍卖”“变卖”等案件信息数据的比对碰撞，对金融借款纠纷执行案件中抵押房产处置情况进行筛选，以期发现应腾未腾、应拍未拍的线索，进而监督纠错，为避免消极执行、拖延执行、违规结案提供指引。

一、场景描述

梳理金融借款合同纠纷执行案件中涉及抵押房产处置的主要特征，以上海法院审判执行办案系统和司法委托系统案件结构化数据为数据源，设立筛查规则，提取系统数据，进行碰撞比对，发现未能及时处置抵押房产的案件线索，依法进行评查监督，防止滥用《最高人民法院关于严格规范终结本次执行程序的规定（试行）》中关于“发现的财产不能处置”的规定，以申请执行人未申请拍卖为由不进行处置或者对轮候查封但享有优先权的财产未经法定程序商请首封法院或公安机关移送处置权而“带财终本”。

二、线索来源

长宁法院在梳理近年来房屋腾退类案件执行情况时，发现2019年至2023年，该院共办理房屋腾退类执行案件511件，其中金融借款合同纠纷有86件，占16.8%，从执行立案到房屋腾退、拍卖、执行完毕，多数涉房屋腾退案件执行天数超出执行案件平均执行天数，执行周期最长的案件从首次执行到恢复执行、执行完毕历时12年，反映出该类案件的执行效率偏低。这其中虽有各种原因杂糅导致，但应妥善解决。

三、数据建模

（一）数据来源

1. 执行裁定书（源于上海法院审判执行办案平台）。

2. 民事裁判文书（源于上海法院审判执行办案平台）。

3. 自主网络拍卖记录（源于司法委托系统）。

（二）建模步骤

第一步：从办案系统中筛选五年内结案案由为金融借款合同纠纷、原告为银行、一二审判决书或调解书中带有关键词“拍卖、变卖”（连续 5 个字符）和“房”的民初字号案件。

第二步：以民初案号关联出所有已结案的执、执恢案号案件。

第三步：从第二步执、执恢案号筛选出结案方式为“终结执行”（该项内剔除“和解长期履行”）或“裁定终结本次执行程序”的案件。

第四步：在第三步基础上进一步在“司法委托系统”检索，查询相关案号是否有上拍记录或进入拍卖程序。

第五步：剔除无关联案件线索，对筛选出的无上拍记录或进入拍卖程序的案件线索作进一步筛减：（1）针对“执恢”案件，筛除结案方式为“裁定终结本次执行程序”的“执恢”案件；（2）检查是否有关联的执恢案件，剔除结案方式为“执行完毕”的“执恢”案件。

第六步：在碰撞上述五步所设条件的数据后，形成初步线索清单，再通过人工方式对线索进行纠错，并对人工审核逾期未上传书面材料、结案报告的案件进行监督评查。

（三）思维导图

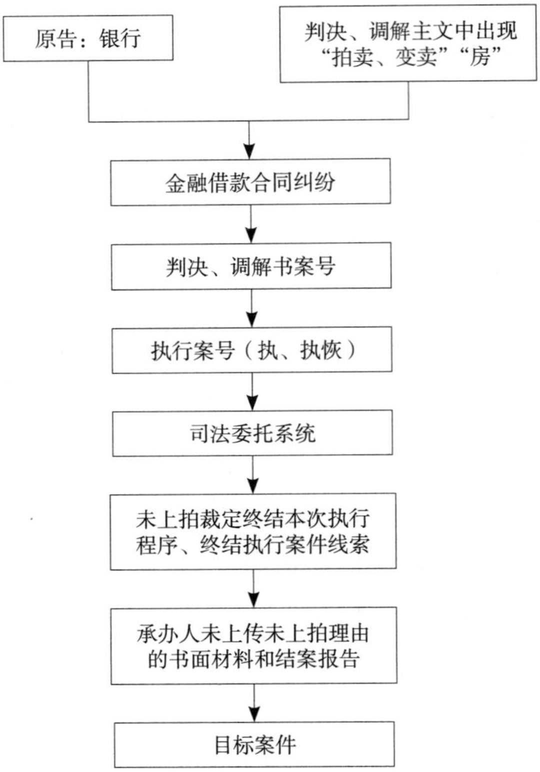

（四）模型分析及优化

针对因“终结执行”的真实性难以核对导致虚假和解情形进行深入分析并对模型予以优化完善。

四、类案前端治理

不同案件执行过程中，未处置抵押房产的原因各有不同，涉及范围较广。但从提示法官审慎核实和规范办案流程角度出发，在前期剔除“和解长期履行”二级结案方式的基础上，推广阶段的筛查规则应认定为基本满足嵌入应用的适用条件。

由于场景推广应用时设定的规则采取的反推法，与嵌入规则的思路有所差异，故在前期的筛查规则基础上，调整了执行案件与符合设定条件的前审案件的关联顺序，从而起到真正的提示预警作用。通过筛查数据分析，各法院对涉房屋腾退案件的执行模式、办案流程、采取强制措施的适用条件、强制腾退的启动条件、不予腾退的判断标准、强制腾退执行协作机制、现场工作方案和风险防范预案等存在不同认识，还存在规则难细化、同案不同执、适法不统一的问题；极个别案件中也存在消极执行、不主动作为的情况。因此，在结案阶段，一方面可以提醒执行法官再次确认案件中应拍未拍的情形和原因，如已具备处置条件的及时处置，另一方面在该阶段提示预警可以精准限定需提示的案件范围，避免对其他执行案件办理产生信息干扰。

五、嵌入提示

（一）触发情形

当办理涉及抵押房产处置的金融借款合同纠纷执行案件时，自动将办案系统数据与司法委托系统中的上拍记录进行对比碰撞。如符合案件筛选条件而无上拍记录，则触发场景，说明涉案抵押房产应拍未拍，需承办人予以核实。

（二）触发节点及提示内容

提示节点：结案信息保存时。

提示内容：×× 法官：上海数字法院平台提示，您正在执行的【案号】案件，可能存在涉案抵押房产未启动变价处置程序。

建议您核实抵押物是否具备处置条件，审慎结案。本提示不作为定案依据，请审慎核实后依法处理，避免出现案件质量差错瑕疵。

（三）嵌入思维导图

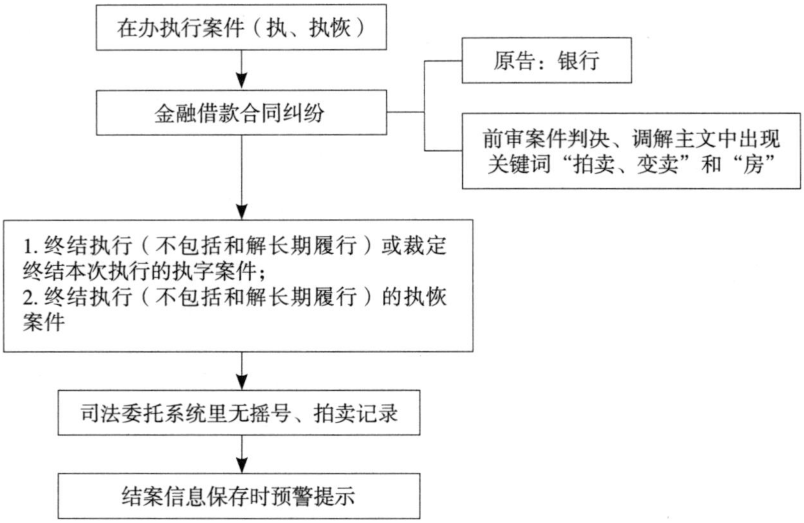

六、办案指引

收到上述提示后，应当根据提示内容采取以下做法：

第一步：执行案件的承办人收到应用场景提示的，应尽快核查该案中是否存在涉案抵押房屋未处置的情况。

第二步：经核实确认，若存在涉案抵押房屋未处置之情形，应复查该案卷宗中是否齐备能够佐证涉案抵押房屋不具备处置条件的材料：涉案抵押房屋的实地调查笔录、与相关人员的谈话笔录、和解笔录、向首封法院发送的协商处置函、合议庭评议笔录、专业法官会议讨论记录等。

第三步：如没有上述材料佐证涉案房屋不具备处置条件的，承办法官应补充相关材料或者依法及时处理涉案房屋再行结案，切实做到应拍尽拍，加大对房产处置的力度。

七、应用实效

截至2024年12月31日，系统反馈该场景命中总数475次，反馈总数451次，反馈率达94.94%，有帮助数404次，占89.58%，无帮助数47次，占10.42%。

反馈有帮助的404条线索中，310条有备注内容，备注内容除185条对场景提示表示感谢和肯定外，88条备注中注明该案房产由于双方当事人正在和解、涉案房屋进入征收程序等原因申请执行人同意暂不处理房屋，有9条备注中明确反馈已经核实房屋情况开始启动处置程序或已申请参与分配，有28条备注中明确反馈正在核查涉案房屋状态。

从反馈无帮助的具体备注内容看，虽然部分案件因存在案外人提出异议、破产受理或者正涉及其他诉讼等特殊情况而确实无法、无须启动变价处置程序，但该场景确实起到了准确的提示预警作用。

【典型案例】

案例一：上海金融法院执行的一起金融借款合同纠纷案件中，承办法官收到场景推送提醒，虽然无法就案涉抵押物启动变价处置程序，但涉案抵押房产系因申请人书面申请不处置而未处置，且收到预警提示后，该案经过合议庭讨论、专业法官会议评议等程序审慎研判。该场景起到了积极的提示预警作用，对符合处置条件的抵押物必须处置，对不处置抵押物必须符合法定理由和经过法定程序。

案例二： 松江法院执行的一起金融借款合同纠纷案件中，承办法官收到场景推送提醒，提示该执行案件存在未及时处置抵押房产的情形。承办法官依据提示调阅案件卷宗，发现该案件申请执行人确系已查封房产的抵押权人，未能及时处置系案外人提起了执行异议，现已查明执行异议已被驳回，故承办法官及时启动评估、拍卖程序，现该案涉抵押房产已评估完毕并进入拍卖程序。该场景为法官办理执行案件涉抵押房产处置提供了有效预警，避免了涉抵押房产因案外人异议或其他情况导致处置周期长，从而充分保障了申请执行人的胜诉权益，避免消极执行。

【法律依据】

1.**《最高人民法院关于严格规范终结本次执行程序的规定（试行）》第四条** 本规定第一条第三项中的“发现的财产不能处置”，包括下列情形：

（一）被执行人的财产经法定程序拍卖、变卖未成交，申请执行人不接受抵债或者依法不能交付其抵债，又不能对该财产采取强制管理等其他执行措施的；

（二）人民法院在登记机关查封的被执行人车辆、船舶等财产，未能实际扣押的。

2.**《最高人民法院关于进一步完善执行权制约机制、加强执**

行监督的意见》第 24 条 严格把握规范终结本次执行程序的程序标准和实质标准。……不得以申请执行人未申请拍卖为由不进行处置而终结本次执行程序；不得对轮候查封但享有优先权的财产未经法定程序商请首封法院移送处置权而终结本次执行程序……

八、心得体会

民事强制执行中，司法拍卖是联动财产控制与财产分配的重要执行措施，不仅与债权人的合法权益兑现息息相关，也是“执行难”“执行乱”现象的高发领域。坚持数字赋能执行，提升相关类案的办理质效，既是进一步加大工作力度、深化工作改革、推动执行质效提升转好的关键举措，更是防范金融行业风险、规范金融市场秩序、营造良好营商环境的有力抓手。建设“金融借款合同纠纷执行案件涉抵押房产处置提示预警”应用场景，是长宁法院在上海高院执行局有力指导下，运用小切口、大数据、强管理思维，着力破解房屋腾退类案件执行难题的生动实践。从对已结案件的监督评查和对在办案件的预警提示效果来看，这一场景顺应了数字法院建设背景下执行办案模式深度变革的需求，发挥了切实作用。

（一）坚持问题导向，在日常管理中深挖盲点问题

为破解房屋腾退这一司法瓶颈、执行难题，长宁法院积极开展工作探索，2019 年至 2023 年，共办理房屋腾退类执行案件 511 件，腾退房屋面积总计 136382 平方米，房产拍卖总标的额 215174 万元，取得良好工作成效。该院时刻关注指标运行中反映

出的短板弱项，在深入分析数据背后的成因，查找影响执行质效的问题症结过程中，该院发现房屋腾退类执行案件办理质效受金融借款合同纠纷类案影响较大，且此类案件往往由于相关执行规范尚未全面有效落实落地、与兄弟法院间强制腾退执行协作机制不健全等多方面原因，执行效率偏低。从执行工作流程来看，承办法官事务性工作负担较重，亟须具备数据汇集、数据应用和实战指挥等紧贴执行工作现实需求的功能辅助工具。从执行管理角度来看，因个案情况差异较大、内外部系统存在数据壁垒等原因，以往仅依靠院、局长监管和个案督办的方式进行管理难以满足执行工作效能进一步提升的更高要求。由此，在前期执行办案数据“全留痕”的基础上，结合应用场景建设手段，对终本案件办理的合规性进行初步自动化核查，将执行权的运行关进“数据铁笼”，实现智能提醒与事前监管相结合，全链条强化监督管理的工作思路应运而生。

（二）坚持需求导向，在共治共享中不断凝聚共识

应用场景建设的关键，是梳理提炼筛查规则，并将该规则映射到研发建模平台上进行数字化建构，最终形成相对准确可靠的司法数据分析和应用模型。这样的规则背后凝聚了法官集体的智慧和思考，通过转化形成一整套大数据智能分析系统的支持，最终的应用又反哺于法官的实际办案需求。但法官业务知识的获取，过去总是依赖于对法条和对判例的学习和理解，法官对案件要件的归纳能力取决于办案经验和知识结构，个体差异性明显。该场景的筛查规则，是根据类案司法实践中所依据的相关法律和司法解释，同时结合全市法院司法实践需求和实际，凝练出合法、标准、可行的“最大公约数”。因此，在构想、申报和建模阶段，长宁法院项目组积极寻求上海高院执行局业务指导，同步调研兄弟法院类案执行工作先进经验和堵点难点问题，形成初步建设方案。在全市推广核验阶段，充分吸纳各法院提出的修改完善建议，主动沟通，有效破解部分法官对于“刀刃向内”的误解和顾虑，争取全市三级法院的积极响应和大力支持。各环节的沟通协调工作尽管耗费了大量时间，但凝聚共识的过程就是集思广益、宣传推广的过程，也为后续的嵌入办案系统、全面应用实战打下了坚实的基础。

（三）坚持结果导向，在深度应用中推动良性发展

从应用场景嵌入系统后的实效数据和个别承办法官向项目组反馈的个案应用效果来看，大部分执行法官高度认可该应用场景的建设意义和价值，特别是在规范办案程序方面的价值。规范执行程序是实现程序正义的应有之义。数字法院建设的时代背景下，排查程序瑕疵不再需要依靠传统的人工逐案查阅卷宗的方式，而可以通过数字化手段自动筛查、精准识别，进而提示和纠正。但提示预警并非应用场景建设的最终目的，类案办理质效的切实提升仍需构建全方位、全链条的管理机制：一是规范结案，严把终本、终结案件审批关。进一步强化规范结案，建立健全院、局长、执行长分级审查和专业法官会议研判制度，加大案件评查、责任追究力度。二是加大对涉案房产的清场力度。对具备执行条件的房屋，坚持“应执尽执、应腾尽腾”，依法通过罚款、拘留、强制清场等强制措施，持续加大执行工作力度，及时保障胜诉当事人实现合法权益。三是建立金融借款合同纠纷执行案件涉及抵押房产处置的预警机制。及时梳理排查类似情况案件的具体特征，通过数字化方法建立相应的研判预警机制，对于应拍未拍的异常情况要求限期上传材料，实时预警、督促整改。下一步，在该场景应用成熟后，亦可适时将涉金融借款合同纠纷扩大到所有涉及抵押房产需要变现处置的执行案件，并将抵押房产的处置情况在该场景应用中及时通知承办法官。

执笔人：上海市长宁区人民法院　顾首明　杨　楠　吕　健
核稿人：上海市第三中级人民法院（上海知识产权法院、上海铁路运输中级法院）　钟　明

刑事案件中单一虚假立功情节致减轻处罚类案监督应用场景

◎ 上海市高级人民法院刑事审判庭
上海市第一中级人民法院

【关键词】

单一虚假立功　减轻处罚　线索来源合法性　提示预警

【要旨】

实践中，被告人为获得从宽处罚，可能存在通过贿买、违反监管规定等不法手段获取他人犯罪线索，炮制虚假立功的情形。鉴于被告人已经具有自首、从犯等法定情节时，即便没有立功情节也可减轻处罚，虚假立功的可能性相对较低；而被告人没有其他法定情节，因单一立功情节减轻处罚时，虚假立功的风险就明显提升。故可通过“智能检索＋人工筛查”，梳理排查单一立功情节致减轻处罚刑事案件，推动认定立功线索来源合法性判断及查证属实规则的完善，堵塞漏洞，防范廉政风险。虚假立功致减轻处罚类案监督应用场景嵌入系统后，对法官审理涉立功认定案件发挥了较为积极的提示性作用，也督促前端办案机关全面收集、移送有关立功认定的证据材料，有利于防范虚假立功风险。

一、场景描述

实践中，被告人、上诉人为获得从宽处罚，存在涉嫌通过贿买、违反监管规定等非法手段获取他人犯罪线索、制造虚假立功的情形。虽然相关司法解释和司法指导文件中，有较为详尽的立功认定规定，但仍然存在虚假立功的操作空间及制度漏洞。为防范出现虚假立功情形，在数字赋能提升监督质效背景下，通过配备一定的算法规则，深化运用大数据拓展监督手段，对立功案件特别是因单一立功情节致减轻处罚案件进行监督，能够在相当程度上提示、规范包括法院在内的办案机关对立功真实性、合法性的审查，堵塞漏洞，防范虚假立功风险。

二、线索来源

个案线索来源于某法院审理的被告人林某危险驾驶一案。林某醉酒驾驶机动车，撞击交通信号灯杆，后通知朋友王某到场处理事故，本人则弃车逃离现场。王某到场后报警，谎称自己系肇事司机，被民警当场识破，并在民警要求下，带民警至林某家中将林某抓获。2022 年 6 月 27 日，某法院以危险驾驶罪判处林某拘役三个月，并处罚金人民币五千元。林某不服，提出上诉。二审期间，林某检举揭发王某（即其叫来“顶包”的朋友）曾诈骗余某钱款，认为其具有立功表现，请求改判缓刑，并提交了外省市公安机关出具的情况说明、立案告知书等材料。二审法院认为，林某在二审期间向外省市公安机关举报他人诈骗，公安机关据此立案侦查，认定被举报对象存在诈骗嫌疑，但尚未对嫌疑人采取刑事强制措施；林某虽向公安机关举报他人涉嫌犯罪，但相关线索尚未查证属实，不能认定具有立功表现。2022 年 9 月 15 日，二审法院裁定驳回林某上诉，维持原判。2022 年 10 月 16 日，林某提出申诉，认为其具有立功表现，请求依法重新审理。法院经审查，林某检举内容为王某虚构投资项目诈骗余某钱款，王某与余某曾是男女朋友关系，且被害人余某从未报警。法院认为，林某虽向公安机关举报他人涉嫌犯罪，但相关线索尚未查证属实，故不认定具有立功表现，并于 2023 年 6 月 25 日驳回申诉。经研判，本案中林某检举他人涉嫌诈骗犯罪，但相关被害人并未报案；公安机关立案后，未对嫌疑人采取刑事强制措施；林某与检举对象王某及“被害人”余某皆熟识，该检举线索来源可疑，仅依据立案通知书和公安机关情况说明，尚不足以认定犯罪线索已查证属实，虚假立功风险较高。因此，司法实践中，通过各种手段虚假立功从而获得从轻或减轻处罚的情况应引起重视。

三、数据建模

（一）数据来源

刑事裁判文书（源于上海法院审判执行办案平台）。

（二）建模步骤

考虑到被告人已经具有自首、从犯等法定情节时，即便没有立功情节也可减轻处罚，故虚假立功的可能性相对较低；而被告人没有其他法定情节，仅因单一立功情节减轻处罚时，虚假立功的风险就明显提升。同时，考虑涉多名被告人刑事案件中，系统尚难以区分多个减轻处罚情节归属于不同被告人还是一名被告人，故场景将梳理排查样本限于单一被告人刑事案件，并分四步嵌入建模规则。即：

第一步：系统自动筛选仅含一名被告人的刑事案件。

第二步：通过三个关键词即“立功+减轻处罚+第六十八条”从上海法院审判办案系统中筛选出相应案件。

第三步：通过检索“自首”“从犯”“未遂”“中止”“防卫”“未成年人”等法定情节及对应的刑法条目，进一步剔除掉被告人因具有多个法定情节而减轻处罚的案件。

第四步：通过系统自动抓取等，进一步梳理疑点信息。包括审查“立功产生阶段”“立功类型”“被告人审前是否羁押”“是否有充分的立功证据材料”“是否对被告人适用缓刑”“适用缓刑案件是否经专业法官会议讨论”等信息，进而获取目标案件。

（三）思维导图

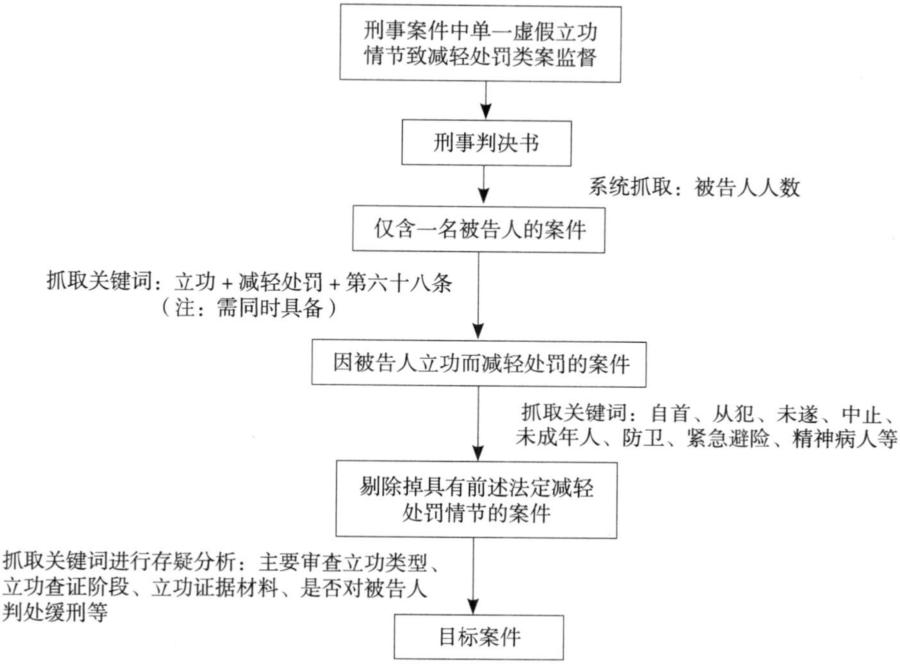

（四）模型分析及优化

在模型中增设“案件是否经专业法官会议讨论”“认定立功是否有证据材料”等提示，规范程序要求；在区分不同立功类型基础上，在模型中增设“检举揭发型”“提供线索型”“协助抓捕型”“阻止犯罪型”“其他贡献型”五类立功情形认定通常所涉及的证据材料类型，让法官认定立功情节有据可依。

四、类案前端治理

针对类案监督模型中反映出的被告人立功证据材料收集不全等问题，上海高院会同上海市检察院、上海市公安局根据《刑法》以及相关司法解释规定，制定《刑事案件立功认定基本证据指引（试行）》，明确刑事案件立功认定证据链条的构建以及不同立功类型需要查证的事实与证明材料，为前端办案机关全面收集、移送有关立功认定的证据材料以及刑事法官审查认定立功情节提供办案指引。对于审理阶段发现的立功证据材料相对薄弱的情形，由法院督促前端办案机关或者辩护人等其他诉讼参与人进一步补充完善相关证明材料，并在充分举证、质证后决定是否认定立功。

五、嵌入提示

（一）触发情形

当在办单一被告人刑事案件涉及的判决文书材料含“立功 + 减轻处罚 + 第六十八条”关键词，且不含诸如“从犯”“自首”等其他法定减轻处罚情节的关键词时，触发场景，向承办法官、法官助理等提示案件可能涉及单一立功情节致减轻处罚情形，应当注意审查立功所需证据材料。

（二）触发节点及提示内容

触发节点：裁判文书制作保存时；结案信息保存时。

提示内容:【 ×× 法院 】×× 法官 / 法官助理：上海数字法院平台提示，您正在审理的【案号】案件，可能存在单一立功情节致减轻处罚情形，建议您审慎核实立功证据材料，避免出现案件质量差错瑕疵。

（三）嵌入思维导图

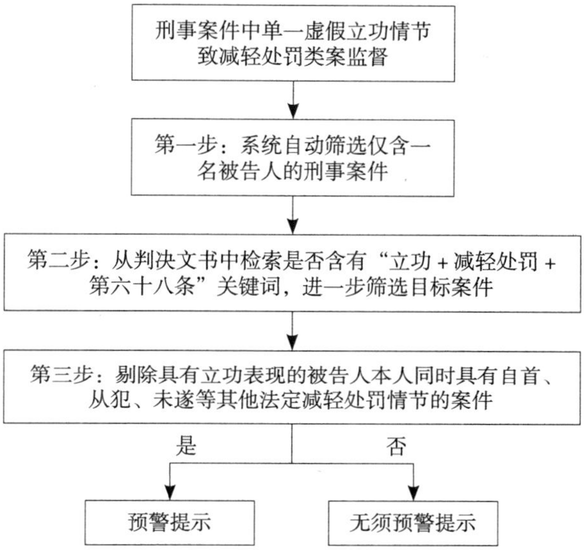

六、办案指引

收到上述提示后，应当根据触发节点和提示内容采取以下做法：

第一步：根据刑事判决书等案件材料框定被告人立功类型，即确定属于检举揭发型、提供线索型、阻止犯罪型、协助抓捕型还是其他贡献型立功。

第二步：根据不同立功类型，参照《刑事案件立功认定基本证据指引（试行）》，详细核查目标案件中涉及立功的案卷材料，判断相关证据是否具有真实性、合法性、关联性。

第三步：如证实被告人具有立功情节的证据较为薄弱，应要求公诉机关、辩护人等进一步就具体立功情况补充完善相关材料，并在举证、质证后决定是否作为定案依据；对于已开庭的案件，可视情针对立功认定等问题进行二次庭审。

第四步：合议庭应当根据举证质证情况，结合相关证据材料，依法认定被告人是否具有立功情节。

第五步：合议庭对认定被告人是否具有立功情节存在较大争议或者拟对被告人减轻处罚的，应当将案件提交专业法官会议讨论，着重就立功、量刑等问题听取意见。

第六步：关于裁判文书的制作及归档问题，裁判文书应当对立功情况、证据材料及认定问题予以阐述和评判；书记员应当将案件审理期间新出现的立功证据材料及时归档、备查。

七、应用实效

截至 2024 年 12 月 31 日，单一虚假立功情节致减轻处罚类案监督应用场景共计对全市法院审理的 90 件刑事案件发出提示预警。其中，54 件案件系在裁判文书定稿时发出提示预警，36 件案件系在结案信息保存时发出提示预警。

从反馈结果看，90 件案件均在上海数字法院平台中录入反馈信息，反馈率达 100%。从反馈内容看，79 件案件反馈“有帮助”，其中 12 件案件特别备注“已仔细审查认定立功情节所需证据材料”或“要求公诉机关补充完善了证明立功情节的相关证据，并召开专业法官会议讨论，同时纳入四类案件监管”；5 件案件虽反馈“其他”，但从备注栏填写情况看，填写人均注明“经审核在案证据材料，被告人确有立功表现，关于立功事实清楚，证据确实充分，无须讨论、纳入监管”，说明该应用场景能够达到有效提示、督促法官仔细核查立功材料、审慎认定立功情节的目的。综上，反馈有帮助率达93.3%。另有6件案件反馈“无帮助”，主要涉及“经综合考虑未对具有立功情节的被告人减轻处罚”等情形。

总体来说，单一虚假立功情节致减轻处罚类案监督应用场景的嵌入，在法官审理涉立功情节认定案件过程中起到了明显的提示性作用，也倒逼前端办案机关全面收集、移交有关立功认定的证据材料，有利于防范虚假立功风险。

【典型案例】

案例一：奉贤法院审理的被告人仲某某买卖国家机关证件罪一案，结案信息保存时，系统发出提示预警，认为可能存在虚假立功致减轻处罚的情况。承办人根据提示信息，重新核查了案件中涉及立功的案卷材料，发现证实被告人具有立功情节的证据确实较为薄弱，于是要求公诉机关进一步就具体立功情况补充完善相关证据，并在重新举证质证后作为定案依据。同时，为加强对本案的程序监管，承办人在结案前将案件提交专业法官会议，着重就立功、量刑等问题进行讨论，并根据专业法官会议意见进行判决。

案例二：静安法院审理的被告人廖某某、金某等强制侮辱一案，裁判文书初拟时，被提示可能存在虚假立功致减轻处罚的情况。承办人遂根据系统提示情况，针对案件中的立功认定等问题进行二次开庭审理。庭审过程中，辩护人提交了被告人的立功材料并发表辩护意见，公诉机关针对举证材料及立功情节补充发表了质证意见。合议庭根据举证质证情况，并结合相关证据材料，最终依法认定被告人具有立功情节，并在裁判文书中对立功情况予以详细阐述。

案例三： 浦东法院审理的被告人袁某假冒注册商标一案，结案信息保存时，被提示可能存在虚假立功致减轻处罚情况。承办人在详细审阅已有案卷材料，确认现有证据足以证实被告人具有立功情节的基础上，在电子卷宗中补充归入相关证据材料，确保电子卷宗立功证据材料的完整性、真实性。

【法律依据】

1.**《中华人民共和国刑法》第六十八条** 犯罪分子有揭发他人犯罪行为，查证属实的，或者提供重要线索，从而得以侦破其他案件等立功表现的，可以从轻或者减轻处罚；有重大立功表现的，可以减轻或者免除处罚。

2.**《最高人民法院关于处理自首和立功具体应用法律若干问题的解释》第五条** 根据刑法第六十八条第一款的规定，犯罪分子到案后有检举、揭发他人犯罪行为，包括共同犯罪案件中的犯罪分子揭发同案犯共同犯罪以外的其他犯罪，经查证属实；提供侦破其他案件的重要线索，经查证属实；阻止他人犯罪活动；协助司法机关抓捕其他犯罪嫌疑人（包括同案犯）；具有其他有利于国家和社会的突出表现的，应当认定为有立功表现。

3.**《最高人民法院关于处理自首和立功若干具体问题的意见》** 四、关于立功线索来源的具体认定 犯罪分子通过贿买、暴力、胁迫等非法手段，或者被羁押后与律师、亲友会见过程中违反监管规定，获取他人犯罪线索并“检举揭发”的，不能认定为有立功表现。

犯罪分子将本人以往查办犯罪职务活动中掌握的，或者从负有查办犯罪、监管职责的国家工作人员处获取的他人犯罪线索予以检举揭发的，不能认定为有立功表现。

犯罪分子亲友为使犯罪分子“立功”，向司法机关提供他人犯罪线索、协助抓捕犯罪嫌疑人的，不能认定为犯罪分子有立功表现。

五、关于“协助抓捕其他犯罪嫌疑人”的具体认定　犯罪分子具有下列行为之一，使司法机关抓获其他犯罪嫌疑人的，属于《解释》第五条规定的“协助司法机关抓捕其他犯罪嫌疑人”：1. 按照司法机关的安排，以打电话、发信息等方式将其他犯罪嫌疑人（包括同案犯）约至指定地点的；2. 按照司法机关的安排，当场指认、辨认其他犯罪嫌疑人（包括同案犯）的；3. 带领侦查人员抓获其他犯罪嫌疑人（包括同案犯）的；4. 提供司法机关尚未掌握的其他案件犯罪嫌疑人的联络方式、藏匿地址的，等等。

犯罪分子提供同案犯姓名、住址、体貌特征等基本情况，或者提供犯罪前、犯罪中掌握、使用的同案犯联络方式、藏匿地址，司法机关据此抓捕同案犯的，不能认定为协助司法机关抓捕同案犯。

七、关于自首、立功证据材料的审查　……人民法院审查的立功证据材料，一般应包括被告人检举揭发材料及证明其来源的材料、司法机关的调查核实材料、被检举揭发人的供述等。被检举揭发案件已立案、侦破，被检举揭发人被采取强制措施、公诉或者审判的，还应审查相关的法律文书。证据材料应加盖接收被告人检举揭发材料的单位的印章，并有接收人员签名。

人民法院经审查认为证明被告人自首、立功的材料不规范、不全面的，应当由检察机关、侦查机关予以完善或者提供补充材料。

上述证据材料在被告人被指控的犯罪一、二审审理时已形成的，应当经庭审质证。

八、关于对自首、立功的被告人的处罚　对具有自首、立功情节的被告人是否从宽处罚、从宽处罚的幅度，应当考虑其犯罪事实、犯罪性质、犯罪情节、危害后果、社会影响、被告人的主观恶性和人身危险性等。……立功的还应考虑检举揭发罪行的轻重、被检举揭发的人可能或者已经被判处的刑罚、提供的线索对侦破案件或者协助抓捕其他犯罪嫌疑人所起作用的大小等。

具有自首或者立功情节的，一般应依法从轻、减轻处罚；犯罪情节较轻的，可以免除处罚。类似情况下，对具有自首情节的被告人的从宽幅度要适当宽于具有立功情节的被告人。

虽然具有自首或者立功情节，但犯罪情节特别恶劣、犯罪后果特别严重、被告人主观恶性深、人身危险性大，或者在犯罪前即为规避法律、逃避处罚而准备自首、立功的，可以不从宽处罚。

对于被告人具有自首、立功情节，同时又有累犯、毒品再犯等法定从重处罚情节的，既要考虑自首、立功的具体情节，又要考虑被告人的主观恶性、人身危险性等因素，综合分析判断，确定从宽或者从严处罚。累犯的前罪为非暴力犯罪的，一般可以从宽处罚，前罪为暴力犯罪或者前、后罪为同类犯罪的，可以不从宽处罚。

……

八、心得体会

立足审判需求，找准着力方向。一个有价值的选题，是确保应用场景开发质量的关键所在。为充分论证“刑事案件中单一虚假立功情节致减轻处罚类案监督”应用场景有嵌入的必要性与可行性，上海一中院从近千件案件中寻找线索，以真实的数据、案例为支撑，经反复研究论证，最终确定选题“能用”“有用”“实用”。嵌入过程中，同样立足实际，针对技术端反馈的部分有效信息难以抓取或抓取错误等情形，以规范性法律文本为基础，兼顾考虑实践中常见多见的表述方式，不断优化案例检索要素，尽可能保证系统输出精准度。

持续跟踪问效，做好“后半篇”文章。在应用场景推广过程中，收到不少意见反馈。例如，嵌入本场景尽管对防范虚假立功风险起到提示作用，但是还缺乏有关立功情节认定的操作指引；如何推动前端办案部门也关注该问题，从源头上遏制虚假立功风险等。这些宝贵意见对我们做好“后半篇”文章提出更高要求。为进一步规范立功认定程序与立功证据标准，上海高院、上海市检察院与上海市公安局联合制定《刑事案件立功认定基本证据指引（试行）》，将内部数字监督进一步拓展、延伸到推动前端治理，为办案部门统一立功情节认定标准提供依据，全面防范虚假立功风险。

执笔人：上海市高级人民法院刑事审判庭　李长坤
　　　　上海市第一中级人民法院　张亚男
核稿人：上海市高级人民法院刑事审判庭　周　欣

适用缓刑刑事案件辩护人行使辩护权风险防控与类案监督应用场景

◎ 上海市第三中级人民法院（上海知识产权法院、上海铁路运输中级法院）

【关键词】

刑事案件　被告人适用缓刑　同一辩护人　廉政风险

【要旨】

落实司法审判责任制，必须确立“职权由法定、有权必有责、用权受监督、违法受追究”的权力制约监督原则。刑事案件中，是否对判处三年及三年以下有期徒刑、拘役的被告人适用缓刑，法官及合议庭具有较大自由裁量权，难以进行有效监管，容易滋生腐败问题。该应用场景通过梳理全市法院审结的被告人被判处缓刑的刑事案件中，同一委托辩护人参与的案件数量，筛查出可能存在廉政风险的案件，及时开展调查核实，筑牢廉政防线。

一、场景描述

司法实践中，刑事案件辩护人往往以被告人退赃退赔、预缴罚金、家庭困难、身体状况较差等原因为被告人博取“缓刑”，而是否对被告人适用缓刑，是法院的自由裁量权之一。由此，可能引发辩护人和审判人员不当交往，甚至导致司法腐败。经过综合研判，上海三中院从全局和战略高度，深刻认识到严格公正司法的重要意义，决定以刑事案件中辩护人行使辩护权廉政风险防控为切入点开展监督活动，通过梳理同一辩护人在全市代理的被告人被判处缓刑的案件数量，计算同一法院案件数量占比，发现可能存在的廉政风险。以此为契机，加强司法权力内部运行监督力度，切实把严格公正司法的要求贯彻到刑事审判的全过程各方面，全面准确落实司法责任制。该应用场景嵌入系统后，相关信息及时推送至业务部门负责人，既可以规范司法自由裁量权的行使，又可以帮助院庭领导更好地履行审判监督管理职责。

二、线索来源

上海三中院通过前期调研、案件梳理等方式发现，刑事案件专业化程度高，某一类案件往往由上海某法院或某法院的某个、某几个审判团队进行审理，例如，食品药品犯罪案件、知识产权犯罪案件。长此以往，容易引发辩护人和审判人员不正当交往等问题，可能发生刑事审判人员对被告人不当适用缓刑的情形，削弱司法权威、降低司法公信力。因此，需要以强有力的制约监督确保刑事审判权始终在法治轨道上运行、在制度笼子里运行。上海三中院通过建设“适用缓刑刑事案件辩护人行使辩护权风险防控与类案监督”应用场景构建动态模型实现数据化、可视化，打造廉政风险监督新模式，以实现对司法办案活动的有效监控。

三、数据建模

（一）数据来源

刑事案件信息（源于上海法院审判执行办案平台）。

（二）建模步骤

第一步：从上海法院 2015 年 1 月 1 日以来审结的所有刑事案件中，筛选出对被告人判处三年及三年以下有期徒刑、拘役且适用缓刑的案件。

第二步：从审判办案平台中提取此类案件委托辩护人相关信息，筛选出同一辩护人代理的案件数量≥ 30 件的，按照从高到低的顺序进行排序，作为目标线索进行标示。

第三步：从同一辩护人代理的案件中，提取案件对应的法院名称，根据法院名称进行归类，记录同一家法院出现的次数，按照从高到低的顺序进行排序。

第四步：针对同一辩护人代理的案件，同一家法院出现的次数除以该辩护人代理的案件总数，筛选出占比超过 50% 的，按照比重从高到低进行排序，作为重点目标线索进行标示。

第五步：通过“第二步”筛选得出排序前五的辩护人信息与通过“第四步”筛选得出排序前五的辩护人信息进行碰撞，标示重合的辩护人信息，得出最终目标线索。

（三）思维导图

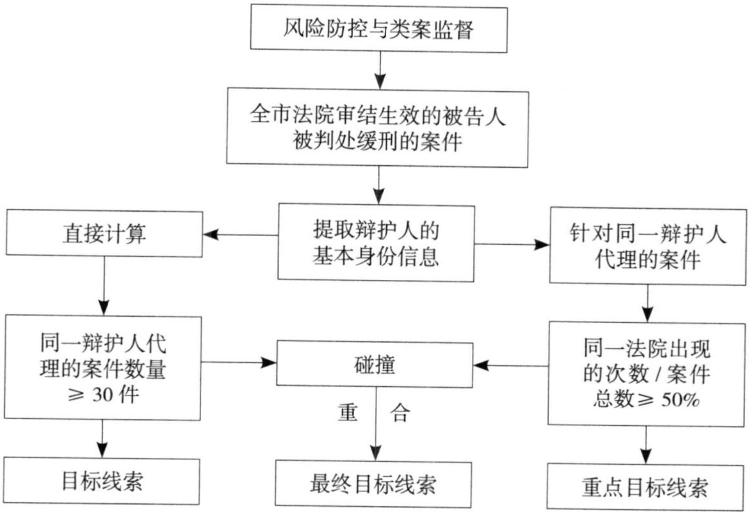

（四）模型分析及优化

由事后监督转为事前预防，通过对全市各法院委托辩护人代理的刑事案件进行梳理，若同一辩护人代理的被告人被判处缓刑的案件超过一定数量，则进行提示。针对提示对象过于宽泛可能会引发规避等情形进行深入分析，将应用场景的提示对象设置为案件所在的业务部门负责人，并据此对模型予以优化完善。

四、类案前端治理

场景在推广应用时采用反推法设定规则，与嵌入上海法院审判办案平台的思路有所差异，故在原先的筛查规则基础上，考虑到应用场景发挥作用的时间跨度，采用动态时间计算法，将"2015年以来"的时间范围修改为"自案件立案之日起往前倒推八年"。承办人员对在办案件排期时，系统自动计算同一辩护人代理的被告人在本院判处缓刑的案件数量，当案件数量≥10件时，提醒案件对应的业务部门负责人，起到提示预警作用。由业务部门负责人加强监管，防范廉政风险。

五、嵌入提示

（一）触发情形

当承办人员办理案号为“刑初”案件时，点击“开庭排期”，系统自动筛查该案辩护人近八年来在本院代理的被告人被判处缓刑的案件数量。若案件数量≥10件，则提示案件对应的业务部门负责人，由业务部门负责人组建工作专班予以核实。

（二）触发节点及提示内容

开庭排期

××庭长：上海数字法院平台提示，我院受理的【案号】案件，辩护人是【律师事务所信息】的【辩护人姓名】，承办人员是【承办法官姓名】。【立案日期 -8年】至今，该辩护人在我院代理的刑事案件中，已经有【××】件案件的被告人被判处缓刑，需予以关注。本提示不作为定案依据，请审慎核实后依法处理，避免出现案件质量差错瑕疵。

（三）嵌入思维导图

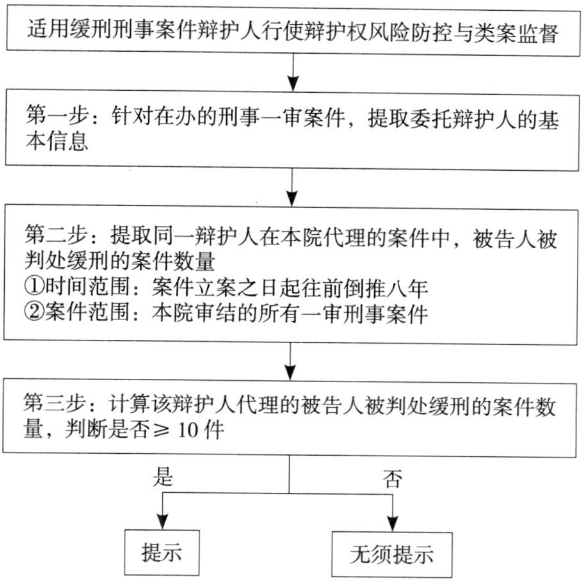

六、办案指引

收到上述提示后，可以采取以下做法：

第一步：梳理该辩护人在本院代理的所有刑事案件，重点标示被告人被判处缓刑的案件。

第二步：坚持案件承办人员回避原则，由业务部门负责人组建工作专班，分组对被告人被判处缓刑的案件进行排查。

第三步：经排查，发现案件可能存在对被告人不当适用缓刑的情形，标注为重点目标案件，由业务部门负责人决定是否提交专业法官会议讨论。

第四步：业务部门负责人决定提交专业法官会议讨论的，经专业法官会议复核，发现案件处理不公正，存在廉政风险因素的，及时将线索移交监察室。

七、应用实效

该场景设置了开庭排期一个嵌入节点，截至2024年12月31日，系统反馈该场景命中总数291次，反馈总数275次，反馈率达94.5%，有帮助数265次，占96.36%，无帮助数10次，占3.64%。

在反馈有帮助的265条线索中，167条有备注内容，多数备注内容大意为“有帮助，将会依法审慎处理”，其中，1条备注内容为“该场景应用对于承办人办理案件中的廉政监督极具参考价值”，1条备注内容为“周到”，2条备注内容为“最好还可以突出案件占比”。

【典型案例】

奉贤法院刑事审判庭在办理一起诈骗案件时，收到该应用场景推送的提示信息，该案辩护人在奉贤法院代理的案件中已经有多件案件被告人被判处缓刑。该庭收到提示后，第一时间召开庭务会，组建工作专班，分两组对应用场景提及辩护人所代理的案件进行全面梳理，对于可能存在不当适用缓刑情形的案件重点标注，提交专业法官会议讨论复核。经过自查，暂未发现存在廉政风险的案件。该庭严格依照法律、司法解释及相关量刑指导文件要求，进一步加大案件判决中缓刑适用的监督力度，充分发挥专业法官会议规范审判权运行、促进审判监督管理的作用；同时，严明政治纪律和政治规矩，加强廉政教育，督促全庭干警做到“有问必录”。该应用场景对于促进刑事审判规范化、防范化解廉政风险具有积极意义。

【法律依据】

1.《**中华人民共和国刑法**》**第七十二条** 对于被判处拘役、三年以下有期徒刑的犯罪分子，同时符合下列条件的，可以宣告缓刑，对其中不满十八周岁的人、怀孕的妇女和已满七十五周岁的人，应当宣告缓刑：

（一）犯罪情节较轻；

（二）有悔罪表现；

（三）没有再犯罪的危险；

（四）宣告缓刑对所居住社区没有重大不良影响。

宣告缓刑，可以根据犯罪情况，同时禁止犯罪分子在缓刑考验期限内从事特定活动，进入特定区域、场所，接触特定的人。

被宣告缓刑的犯罪分子，如果被判处附加刑，附加刑仍须执行。

第七十六条 对宣告缓刑的犯罪分子，在缓刑考验期限内，依法实行社区矫正，如果没有本法第七十七条规定的情形，缓刑考验期满，原判的刑罚就不再执行，并公开予以宣告。

第七十七条 被宣告缓刑的犯罪分子，在缓刑考验期限内犯新罪或者发现判决宣告以前还有其他罪没有判决的，应当撤销缓刑，对新犯的罪或者新发现的罪作出判决，把前罪和后罪所判处的刑罚，依照本法第六十九条的规定，决定执行的刑罚。

被宣告缓刑的犯罪分子，在缓刑考验期限内，违反法律、行政法规或者国务院有关部门关于缓刑的监督管理规定，或者违反人民法院判决中的禁止令，情节严重的，应当撤销缓刑，执行原判刑罚。

2.《**中华人民共和国法官法**》**第四十六条** 法官有下列行为之一的，应当给予处分；构成犯罪的，依法追究刑事责任：

（一）贪污受贿、徇私舞弊、枉法裁判的；

（二）隐瞒、伪造、变造、故意损毁证据、案件材料的；

（三）泄露国家秘密、审判工作秘密、商业秘密或者个人隐私的；

（四）故意违反法律法规办理案件的；

（五）因重大过失导致裁判结果错误并造成严重后果的；

（六）拖延办案，贻误工作的；

（七）利用职权为自己或者他人谋取私利的；

（八）接受当事人及其代理人利益输送，或者违反有关规定会见当事人及其代理人的；

（九）违反有关规定从事或者参与营利性活动，在企业或者其他营利性组织中兼任职务的；

（十）有其他违纪违法行为的。

法官的处分按照有关规定办理。

3.《**中华人民共和国律师法**》**第四十九条** 律师有下列行为之一的，由设区的市级或者直辖市的区人民政府司法行政部门给予停止执业六个月以上一年以下的处罚，可以处五万元以下的罚款；有违法所得的，没收违法所得；情节严重的，由省、自治区、直辖市人民政府司法行政部门吊销其律师执业证书；构成犯罪的，依法追究刑事责任：

（一）违反规定会见法官、检察官、仲裁员以及其他有关工作人员，或者以其他不正当方式影响依法办理案件的；

（二）向法官、检察官、仲裁员以及其他有关工作人员行贿，介绍贿赂或者指使、诱导当事人行贿的；

（三）向司法行政部门提供虚假材料或者有其他弄虚作假行为的；

（四）故意提供虚假证据或者威胁、利诱他人提供虚假证据，妨碍对方当事人合法取得证据的；

（五）接受对方当事人财物或者其他利益，与对方当事人或者第三人恶意串通，侵害委托人权益的；

（六）扰乱法庭、仲裁庭秩序，干扰诉讼、仲裁活动的正常进行的；

（七）煽动、教唆当事人采取扰乱公共秩序、危害公共安全等非法手段解决争议的；

（八）发表危害国家安全、恶意诽谤他人、严重扰乱法庭秩序的言论的；

（九）泄露国家秘密的。

律师因故意犯罪受到刑事处罚的，由省、自治区、直辖市人民政府司法行政部门吊销其律师执业证书。

八、心得体会

数字法院建设要求数字技术与法院业务深度融合，从而“唤醒”沉睡的司法数据。在刑事案件中，是否对被告人判处缓刑依赖合议庭、独任法官的自由裁量权，如缺乏有效监管，可能导致不良效应。通过梳理同一辩护人在全市法院代理的被告人判处缓刑的刑事案件，可以发现可能存在的廉政风险。经过研究，项目组意识到在排查司法廉政隐患方面，数字建模与智能应用开发相结合，能发挥更大作用。

应用场景的建设，从数字建模到推广评查，再到嵌入测试、优化完善，每一步都走得很扎实。在不断的打磨中，项目组更加深刻地体会到数字法院建设确实是司法领域的一场重塑性变革。本应用场景把“被告人被判处缓刑”“辩护人信息”等一个个看似没有关联的信息串联起来，克服“数据孤岛”效应，打通数据壁垒，把存在高度风险的案件信息及时推送给业务部门负责人，既可以加强审判监督管理，又可以形成强大震慑力，防范廉政风险。为了充分发挥场景实效，进一步降低因不恰当适用缓刑产生的廉政风险，项目组将风险线索提示人范围优化扩大至相关负责领导，以期这个场景像一把“手术刀”，清除侵蚀党的健康肌体的“病毒”。

目前，数字法院建设成果初步彰显，项目组深刻感受到在建设过程中既要有革故鼎新的魄力，又要有自我超越的担当。本场景建设只是一个小小的榫卯部件，力求为数字法院整体的行稳致远提供助力。

执笔人：上海市第三中级人民法院（上海知识产权法院、
上海铁路运输中级法院） 肖晚祥　宋　典
核稿人：上海市高级人民法院刑事审判庭　周　欣

刑事案件律师辩护全覆盖提示预警应用场景

◎ 上海市青浦区人民法院

【关键词】

律师全覆盖　法律援助　三年以上　拒不认罪

【要旨】

实践中，存在辩护律师未按照规定委托或者指定的情形，特别是可能判处三年以上有期徒刑及本人或其共同被告人拒不认罪两种情形，律师辩护覆盖率还有所欠缺。该场景旨在通过审判系统大数据，提取刑事案件相关数据，从而发现律师辩护未覆盖的案件，加强该类案件系统预警。发现被告人没有委托辩护人的，应为其指定法律援助律师，以此推动刑事案件律师辩护全覆盖工作，加强被告人人权司法保障。

一、场景描述

为保障刑事案件犯罪嫌疑人、被告人合法权利，《刑事诉讼法》《法律援助法》等均对法律援助制度作出规定，明确在一些法定情形下，对犯罪嫌疑人、被告人没有委托辩护人的，人民法院、人民检察院和公安机关应当通知法律援助机构指派律师为其提供辩护。2022 年 10 月《最高人民法院、最高人民检察院、公安部、司法部关于进一步深化刑事案件律师辩护全覆盖试点工作的意见》（司发通〔2022〕49 号），2023 年 4 月上海高院、上海市检察院、上海市公安局、上海市司法局发布《关于进一步深化刑事案件律师辩护全覆盖试点工作的实施意见》（沪司发〔2023〕28 号），将律师辩护全覆盖范围进一步予以扩大。本场景发现部分案件被告人未委托辩护人，也无法律援助机构指派律师为其提供辩护，因而提示法官，建议若被告人没有委托辩护人，应为其指定法律援助律师。

二、线索来源

实践中发现，特别是对具有可能判处三年以上有期徒刑、本人或其共同被告人拒不认罪的，部分案件的被告人未委托辩护人，也没有法律援助机构指派律师为其提供辩护。原因在于：权利告知不全面及当事人主观因素；对于普通程序案件担心影响审判节奏；承办人未重视律师辩护全覆盖问题。对此，青浦法院高度重视刑事案件律师辩护覆盖率及被告人权利保障问题，与区司法局定期召开联席会议，扩大刑事案件法律援助覆盖范围，强化对法律援助意义、流程释明，加强与法律援助中心沟通协调，建立专人对接制度，缩短指定辩护程序流转时间，旨在提升律师辩护覆盖率，并提高指定辩护工作质效。另外，有必要依托数字改革赋能，辅助推动刑事案件律师辩护全覆盖工作。通过此场景建设，以刑事裁判文书及结案信息点为数据抓手，分为 11 项子模型予以筛查。

三、数据建模

（一）数据来源

1. 审判数据（源于上海法院审判执行办案平台）。

2. 刑事裁判文书（源于上海法院审判执行办案平台）。

（二）建模步骤

第一步：调取一审刑事裁判文书以及结案信息点。

第二步：（1）承办部门≠立案庭。（2）结案方式≠撤诉、不予受理、检察机关撤诉、准予撤诉、退回检察院、并入公诉案件并案处理、移送、终止、驳回起诉。

第三步：

（子模型一）：盲、聋、哑人无辩护人

（1）文书：含有“盲人”或者“聋”或者“哑”字样；且（2）文书：含有“第十九条”；且（3）结案信息：辩护人无；且（4）文书：不含辩护人。

（子模型二）：尚未完全丧失辨认或者控制自己行为能力的精神病人无辩护人

（1）文书：含有“精神病”；且（2）文书：含有“第十八条第二款”或者“第十八条第三款”字样；且（3）结案信息：辩护人无；且（4）文书：不含辩护人。

（子模型三）：可能被判处无期徒刑、死刑的人无辩护人

（1）结案信息：含有“无期徒刑”或者“死刑”；且（2）结

案信息：辩护人无；且（3）文书：不含辩护人。

（子模型四）：高级人民法院复核死刑案件无辩护人

（1）审理法院：上海市高级人民法院；且（2）案号："刑核"案件；且（3）文书：含有"死刑复核"字样；且（4）结案信息：辩护人无；且（5）文书：不含辩护人。

（子模型五）：死刑缓期执行期间故意犯罪的案件无辩护人

（1）文书：含有"死刑缓期执行期间故意犯罪"字样；且（2）结案信息：辩护人无；且（3）文书：不含辩护人。

（子模型六）：审判时未满十八周岁的案件无辩护人

（1）文书：含有"未检刑诉"字样；且（2）结案日期减去被告人出生日期小于18年；且（3）结案信息：辩护人无；且（4）文书：不含辩护人。

（子模型七）：缺席审判案件的被告人无辩护人

（1）文书：含有"缺席审判"；且（2）结案信息：辩护人无；且（3）文书：不含辩护人。

（子模型八）：可能判处三年以上有期徒刑的人无辩护人

（1）结案信息：≥有期徒刑三年（包括有期徒刑三年，缓刑×年）；且（2）结案信息：辩护人无；且（3）文书：不含辩护人。

（子模型九）：本人或其共同被告人拒不认罪无辩护人

（1）程序：普通程序或转普通程序案件；且（2）文书：同时不含"第六十七条"及"如实供述"字样；且（3）结案信息：辩护人无；且（4）文书：不含辩护人。

（子模型十）：案情重大复杂无辩护人

（1）结案信息：含"大案"或"要案"或"疑难"或"本院

重点案件”；且（2）结案信息：辩护人无；且（3）文书：不含辩护人。

（子模型十一）：案件可能造成重大社会影响无辩护人

（1）结案信息：含“矛盾激化”或“涉诉信访、矛盾突出”；且（2）结案信息：辩护人无；且（3）文书：不含辩护人。

（三）思维导图

- 调取刑事一审判决书和结案信息点
  - 设定结案方式、承办部门等
    - （一）盲、聋、哑人无辩护人
      - （1）文书：含“盲人”或“聋”或“哑”
      - 且（2）文书：含“第十九条”
      - 且（3）结案信息：辩护人无
      - 且（4）文书：不含辩护人
    - （二）尚未完全丧失辨认或者控制自己行为能力的精神病人无辩护人
      - （1）文书：含“精神病”
      - 且（2）文书：含“第十八条第二款”或“第十八条第三款”
      - 且（3）结案信息：辩护人无
      - 且（4）文书：不含辩护人
    - （三）可能被判处无期徒刑、死刑的人无辩护人
      - （1）结案信息：含“无期徒刑”或“死刑”
      - 且（2）结案信息：辩护人无
      - 且（3）文书：不含辩护人
    - （四）高级人民法院复核死刑案件无辩护人
      - （1）审理法院：高院
      - 且（2）案号：“刑核”案件
      - 且（3）文书：含“死刑复核”
      - 且（4）结案信息：辩护人无
      - 且（5）文书：不含辩护人
    - （五）死刑缓期执行期间故意犯罪的案件无辩护人
      - （1）文书：含“死刑缓期执行期间故意犯罪”
      - 且（2）结案信息：辩护人无
      - 且（3）文书：不含辩护人
    - （六）审判时未满十八周岁的案件无辩护人
      - （1）文书：含“未检刑诉”字样
      - 且（2）结案日期减被告人出生日期小于18年
      - 且（3）结案信息：辩护人无
      - 且（4）文书：不含辩护人
    - （七）缺席审判案件的被告人无辩护人
      - （1）文书：含有“缺席审判”
      - 且（2）结案信息：辩护人无
      - 且（3）文书：不含辩护人
    - （八）可能判处三年以上有期徒刑的人无辩护人
      - （1）结案信息：≥有期徒刑三年（包括有期徒刑三年，缓刑×年）
      - 且（2）结案信息：辩护人无
      - 且（3）文书：不含辩护人
    - （九）本人或其共同被告人拒不认罪无辩护人
      - （1）程序：普通程序或转普通程序案件
      - 且（2）文书：同时不含“第六十七条”及“如实供述”
      - 且（3）结案信息：辩护人无
      - 且（4）文书：不含辩护人
    - （十）案情重大复杂无辩护人
      - （1）结案信息：含“大案”或“要案”或“疑难”或“本院重点案件”
      - 且（2）结案信息：辩护人无
      - 且（3）文书：不含辩护人
    - （十一）案件可能造成重大社会影响无辩护人
      - （1）结案信息：含“矛盾激化”或“涉诉信访、矛盾突出”
      - 且（2）结案信息：辩护人无
      - 且（3）裁判文书：不含辩护人

（四）模型分析及优化

针对由模型所依据的裁判文书、结案信息点到嵌入模型所依据的立案、排期信息点转化，进行深入分析并对模型予以优化完善。

四、类案前端治理

考虑到从已结案件模型核验引至在办案件嵌入系统前端治理以及核查报告反映出来的模型问题，对嵌入规则进行了优化：一是将原来推广模型的11个子模型归为4类子模型；二是在嵌入子模型一（由原推广模型子模型一、二、三、五、七、九、十、十一合并而成）设置为“案件程序=普通程序或简易转普通程序或速裁转普通程序，且被告人关联辩护人信息为空，且案件字号为刑初或刑终，且电子起诉书不含‘第六十七条’”；三是在嵌入子模型四中，将原推广模型“筛查结案信息≥有期徒刑三年”优化成“案件程序=简易程序，且审判组织审判长不为空，且被告人关联辩护人信息为空，且案件字号为刑初或刑终”。

五、嵌入提示

（一）触发情形

1. 子模型一：普通程序案件中律师辩护全覆盖嵌入需求

当前案件性质=刑事案件；

且承办部门不包含“立案”【关键词】；

且案件程序=(普通程序或简易转普通程序或速裁转普通程序)；

且被告人关联辩护人信息为空；

且案件字号为刑初或刑终；

且电子起诉书不含“第六十七条”。

2. 子模型二：死刑复核程序案件中律师辩护全覆盖嵌入需求

当前案件承办法院 = 上海高院且案件字号 = 刑核；

且被告人关联辩护人信息为空。

3. 子模型三：审判时未满十八周岁的案件律师辩护全覆盖嵌入需求

当前案件性质 = 刑事案件且承办部门不包含“立案”【关键词】；

且排期法庭用途 = 庭审或法庭用途 = 宣判；

且排期开庭开始日期减去被告人出生日期 <18 年；

且该被告人关联辩护人信息为空；

且案件字号为刑初或刑终。

4. 子模型四：简易程序案件中可能判处三年以上有期徒刑案件律师辩护全覆盖嵌入需求

当前案件性质 = 刑事案件且承办部门不包含“立案”【关键词】；

且案件程序类型 = 简易程序；

且审判组织审判长不为空；

且被告人关联辩护人信息为空；

且案件字号为刑初或刑终。

（二）触发节点及提示内容

1. 子模型一：（1）若立案时为普通程序，则为立案后六日；（2）若立案时为速裁程序或者简易程序，则为速裁转普通或简易转普通申请。

2. 子模型二：制作裁判文书申请签发。

3. 子模型三：排期。

4. 子模型四：（1）分案；（2）修改审判组织。

上述四个子模型提示内容：×× 法官 / 法官助理 / 书记员：上海数字法院平台提示，您正在审理的【案号】案件，可能存在辩护律师未按照规定委托或者指定的情形。建议若被告人没有委托辩护人，应为其指定法律援助律师。本提示不作为定案依据，请审慎核实后依法处理，以推进刑事律师辩护全覆盖工作。

（三）嵌入思维导图

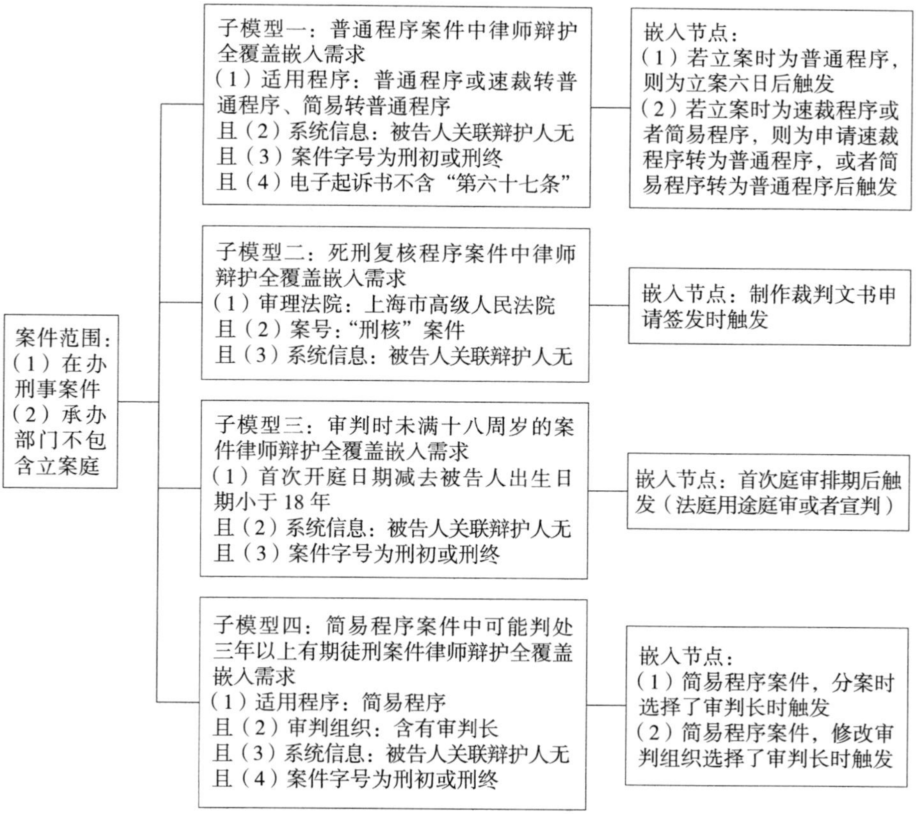

六、办案指引

收到上述提示后，应当根据触发节点和提示内容采取以下做法：

第一步：当法官、法官助理、书记员收到提示后，核查案件是否为以下几种情形：（1）盲、聋、哑人；（2）尚未完全丧失辨认或者控制自己行为能力的精神病人；（3）可能被判处无期徒刑、死刑的人；（4）高级人民法院复核死刑案件；（5）死刑缓期执行期间故意犯罪的案件；（6）审判时未满十八周岁；（7）缺席审判案件的被告人；（8）可能判处三年以上有期徒刑；（9）本人或其共同犯罪嫌疑人拒不认罪；（10）案情重大复杂；（11）案件可能造成重大社会影响。

第二步：如果是上述情形，被告人没有委托辩护人的，则再次向被告人释明法律援助的权利，通过法律援助机构指派律师为其提供辩护。

第三步：如果已经委托或者指定辩护但是没有及时输入系统的，则尽快输入辩护人信息，避免遗漏。

七、应用实效

截至 2024 年 12 月 31 日，系统反馈该场景命中总数 740 次，反馈总数 707 次，反馈率达 95.54%，有帮助数 673 次，占 95.19%，无帮助数 34 次，占 4.81%。

反馈有帮助的 673 条线索中，除了反馈“有帮助”外，86 条有具体备注内容，23 条备注内容为“及时提醒”、7 条备注内容为“已重视”、12 条备注内容大意为“将按照规定为被告人指定辩护人”、1 条备注内容为“充分保障被告人辩护的权利”、2 条备注内容为“预警信息明确”。

【典型案例】

某承办法官在某案中修改审判组织时触发了该应用场景，此案为掩饰、隐瞒犯罪所得案，且属于可能被判处三年以上有期徒刑的案件，但审判管理系统中没有显示辩护人信息，因此，场景被触发。承办法官收到本场景提示信息后，第一时间核查情况，发现被告人大专刚毕业，家庭经济状况一般，没有委托辩护人。考虑到他可能会被判处三年以上有期徒刑，于是再次告知被告人法律援助的相关权利，并为其指定法律援助辩护人。该案中，法律援助律师认真负责，在会见被告人之后，与其家人联系，向承办法官转达被告人退赔意愿，并前往派出所与上游诈骗犯罪的被骗人员商谈赔偿事宜。后承办法官本着惩罚与教育相结合的原则，对被告人判处缓刑，希望其更好地融入社会。该场景对推动刑事案件律师辩护全覆盖工作、保障被告人的辩护权利起到了良好的辅助作用。

【法律依据】

1.**《中华人民共和国刑事诉讼法》第三十五条**　犯罪嫌疑人、被告人因经济困难或者其他原因没有委托辩护人的，本人及其近亲属可以向法律援助机构提出申请。对符合法律援助条件的，法律援助机构应当指派律师为其提供辩护。

犯罪嫌疑人、被告人是盲、聋、哑人，或者是尚未完全丧失辨认或者控制自己行为能力的精神病人，没有委托辩护人的，人民法院、人民检察院和公安机关应当通知法律援助机构指派律师为其提供辩护。

犯罪嫌疑人、被告人可能被判处无期徒刑、死刑，没有委托辩护人的，人民法院、人民检察院和公安机关应当通知法律援助机构指派律师为其提供辩护。

第二百七十八条 未成年犯罪嫌疑人、被告人没有委托辩护人的，人民法院、人民检察院、公安机关应当通知法律援助机构指派律师为其提供辩护。

2.**《中华人民共和国法律援助法》第二十五条** 刑事案件的犯罪嫌疑人、被告人属于下列人员之一，没有委托辩护人的，人民法院、人民检察院、公安机关应当通知法律援助机构指派律师担任辩护人：

（一）未成年人；

（二）视力、听力、言语残疾人；

（三）不能完全辨认自己行为的成年人；

（四）可能被判处无期徒刑、死刑的人；

（五）申请法律援助的死刑复核案件被告人；

（六）缺席审判案件的被告人；

（七）法律法规规定的其他人员。

其他适用普通程序审理的刑事案件，被告人没有委托辩护人的，人民法院可以通知法律援助机构指派律师担任辩护人。

3.**《最高人民法院关于适用〈中华人民共和国刑事诉讼法〉**

的解释》第四十七条 对下列没有委托辩护人的被告人，人民法院应当通知法律援助机构指派律师为其提供辩护：

（一）盲、聋、哑人；

（二）尚未完全丧失辨认或者控制自己行为能力的精神病人；

（三）可能被判处无期徒刑、死刑的人。

高级人民法院复核死刑案件，被告人没有委托辩护人的，应当通知法律援助机构指派律师为其提供辩护。

死刑缓期执行期间故意犯罪的案件，适用前两款规定。

第五百六十四条 审判时不满十八周岁的未成年被告人没有委托辩护人的，人民法院应当通知法律援助机构指派熟悉未成年人身心特点的律师为其提供辩护。

第六百零一条 人民法院审理人民检察院依照刑事诉讼法第二百九十一条第一款的规定提起公诉的案件，被告人有权委托或者由近亲属代为委托一至二名辩护人。委托律师担任辩护人的，应当委托具有中华人民共和国律师资格并依法取得执业证书的律师；在境外委托的，应当依照本解释第四百八十六条的规定对授权委托进行公证、认证。

被告人及其近亲属没有委托辩护人的，人民法院应当通知法律援助机构指派律师为被告人提供辩护。

被告人及其近亲属拒绝法律援助机构指派的律师辩护的，依照本解释第五十条第二款的规定处理。

4. 最高人民法院、最高人民检察院、公安部、司法部《关于进一步深化刑事案件律师辩护全覆盖试点工作的意见》

确定通知辩护范围 犯罪嫌疑人没有委托辩护人，且具有可能判处三年以上有期徒刑、本人或其共同犯罪嫌疑人拒不认罪、案情重大复杂、可能造成重大社会影响情形之一的，人民检察院应当通知法律援助机构指派律师为其提供辩护。已先行开展试点的地区，可以结合本地实际扩大通知辩护案件范围。

5. 上海市高级人民法院、上海市人民检察院、上海市公安局、上海市司法局《关于进一步深化刑事案件律师辩护全覆盖试点工作的实施意见》

确定通知辩护范围。除具有刑事诉讼法第三十五条、第二百七十八条和法律援助法第二十五条规定的应当通知辩护情形外，犯罪嫌疑人没有委托辩护人，且具有下列情形之一的，人民检察院应当通知法律援助机构指派律师为其提供辩护：（1）可能判处三年以上有期徒刑；（2）本人或其共同犯罪嫌疑人拒不认罪；（3）案情重大复杂；（4）案件可能造成重大社会影响。

……

八、心得体会

作为该场景研发的项目组，在积极推进该项目研发的过程中，也曾存在一些问题与困惑，但项目组通过逐一比对数据、精准分析原因、加强沟通协调、紧密团结协作，最终确保场景在选题申报、模型建立、项目推广、嵌入论证、嵌入验收等环节都能有序推进，并积极参与数字法院建设的成果展示，进行了两次场景案例的宣传，在数字赋能权利司法保障方面起到应有的作用。项目组将场景研发中遇到的问题及解决路径总结如下：

（一）发现选题申报切入点覆盖面不全后予以完善

在该选题刚申报时，存在选题申报切入点覆盖面不全的问题，当时场景只覆盖了2类情形，后对选题进行了扩充和完善，涵盖了法定以及扩大试点的共11种情形，强化场景的功能与意义，全面推动刑事案件律师辩护全覆盖工作。

（二）发现模型建立筛查规制不周延后予以补充

该场景推广模型分为11项子模型，因此，需要对每项子模型进行模型规则撰写，难免会遇到规则不周延从而导致误筛的情形。如在“盲、聋、哑人无辩护人”子模型设置时，起初仅设置“（1）裁判文书：含有‘盲人’或‘聋’或‘哑’，且（2）结案信息：辩护人无，且（3）裁判文书：不含辩护人”。后在第一版数据中，发现了因被告人户籍地址中含有“聋”或“哑”关键词而被误筛的情形。后项目组进行分析研判，在规则中增加“且裁判文书：含有‘第十九条’”（备注:《刑法》第十九条是关于聋哑人或者盲人犯罪的规定），以此排除误筛情形。

（三）发现嵌入测试触发过多、触发错误后予以优化

处于嵌入测试阶段的应用场景应达到运行状态较为稳定、命中较为精准、反馈较为有效的标准。在本场景嵌入测试后，项目组发现了触发过多、触发错误的问题，导致反馈有帮助率仅为69.92%。后项目组予以分析研判，主要原因为嵌入设置时没有排除刑辖、刑他等不需要指定辩护人的案件，后项目组申报了优化方案，并重新申请嵌入论证，予以再次测试。规则优化后，反馈有帮助率大幅提升，项目成功验收。

此外，项目组在项目研发过程中，还总结出以下经验规则：一是在选题申报时应避免选题重复、考虑建模可行性、避免选题争议、注重选题意义；二是在模型建立时应注重业务规则的撰写精准易转化、模型算法的撰写需要将业务规则转换为更具逻辑性的声明性语言、强化对数据的预判、减少调整次数快速建模；三是在推广过程中应做到核查数据细致、合理运用Excel表功能、认真撰写评查报告；四是在嵌入论证时应充分准备嵌入论证材料、仔细分析反馈数据、精准选择嵌入点；五是在嵌入验收时应及时跟进命中推送情况、充分准备验收材料、关注嵌入后续工作。

执笔人：上海市青浦区人民法院　黄　佳

核稿人：上海市高级人民法院刑事审判庭　周　欣

涉外、涉港澳台民商事裁判文书规范提示预警应用场景

◎ 上海市高级人民法院办公室
上海市高级人民法院商事审判庭
上海市第二中级人民法院
上海市浦东新区人民法院

【关键词】

涉外　涉港澳台　民商事裁判文书　公信力

【要旨】

裁判文书是审判工作成果的核心承载，是司法水平的集中体现。针对涉外、涉港澳台民商事裁判文书，虽然最高人民法院发布了相应写作规范，但实践中仍存在文书表述不当的情形，影响了涉外、涉港澳台民商事裁判文书质量。该场景依托上海法院审判办案系统，制定筛查规则，构建场景应用模型，对涉外、涉港澳台民商事案件裁判文书中的标题、当事人身份信息等相关数据进行筛查，发现文书表述不符合规定的案件线索，推动全市法院开展专项监督。

一、场景描述

当前，涉外、涉港澳台民商事裁判文书中的错误具有三个特点：一是隐蔽性，初步校对文书不容易发现错误。二是分散性，易错点、风险点多而分散，分布在文书的各个部分。三是专业性要求高，如果不熟悉涉外、涉港澳台文书制作规范，则容易出现错误。因此，将相应模型规则嵌入系统，实现从“事后监督”向“事前监督”转变，从“个案纠错”向“系统防错”转变，真正帮助一线承办法官在文书制作时、出具前减少错误，切实提升涉外、涉港澳台民商事裁判文书质量，是实现该场景“好用、管用”现实价值的关键。

二、线索来源

为更好对接国际商事规则，助力上海打造国际商事争端解决优选地，上海法院高度重视涉外、涉港澳台民商事裁判文书的质量问题。针对涉外、涉港澳台文书制作规范特殊、文书制作易错点和风险点高、隐蔽性强的情况，根据最高人民法院涉外、涉港澳台文书制作相关业务规范，梳理裁判文书表述易错点，制定业务筛查规则，构建“涉外、涉港澳台民商事裁判文书规范化制作提示预警”场景应用并进行筛查。

通过此次应用场景建设，以 2021 年 1 月 1 日至 2022 年 12 月 31 日期间全市法院审结的民商事案件裁判文书为案件范围，筛查分析案件标签为涉外或涉港或涉澳或涉台、文书编号含“民”关键词、结案方式为判决、裁定、调解的民商事案件，并对上述线索根据结案文书分析是否存在表述不规范的情形，通过大数据规避涉外、涉港澳台民商事裁判文书撰写过程中的错误。

三、数据建模

（一）数据来源

民商事裁判文书（源于上海法院审判执行办案平台）。

（二）建模步骤

第一步：从审判办案系统中筛选案件标签标注为“涉外”或“涉港”或“涉澳”或“涉台”的案件。

第二步：根据应用场景模型规则，对上述案件裁判文书分析是否存在以下文书制作不规范的现象：

条件 1：案件标签为“涉外”，且排除案件当事人均为“非外国当事人”的案件，且文书标题未命中“中华人民共和国×××法院”的民事判决书 / 调解书 / 裁定书。

“非外国当事人”的具体判断规则（在结构化信息中筛查，同时满足以下两项）：

（1）当事人为自然人时，当事人“证件类型”为“居民身份证”或“军警证件”或“中国公民护照”；

（2）当事人为法人或非法人组织时，当事人“注册地址”为国内地址。

条件 2：案件标签为“涉港”或“涉澳”或“涉台”，且文书标题命中“中华人民共和国 ××× 法院”的民事判决书 / 调解书 / 裁定书。

条件 3：案件标签为“涉港”，且当事人住所地含“香港”，且当事人住所地未准确表述为“香港特别行政区 ×××”。

条件 4：案件标签为“涉澳”，且当事人住所地含“澳门”，且当事人住所地未准确表述为“澳门特别行政区 ×××”。

条件 5：案件标签为“涉台”，且当事人住所地含“台湾”，且当事人住所地未准确表述为“台湾地区 ×××”。

（三）思维导图

子模型一：涉外、涉港澳台民商事裁判文书规范提示预警

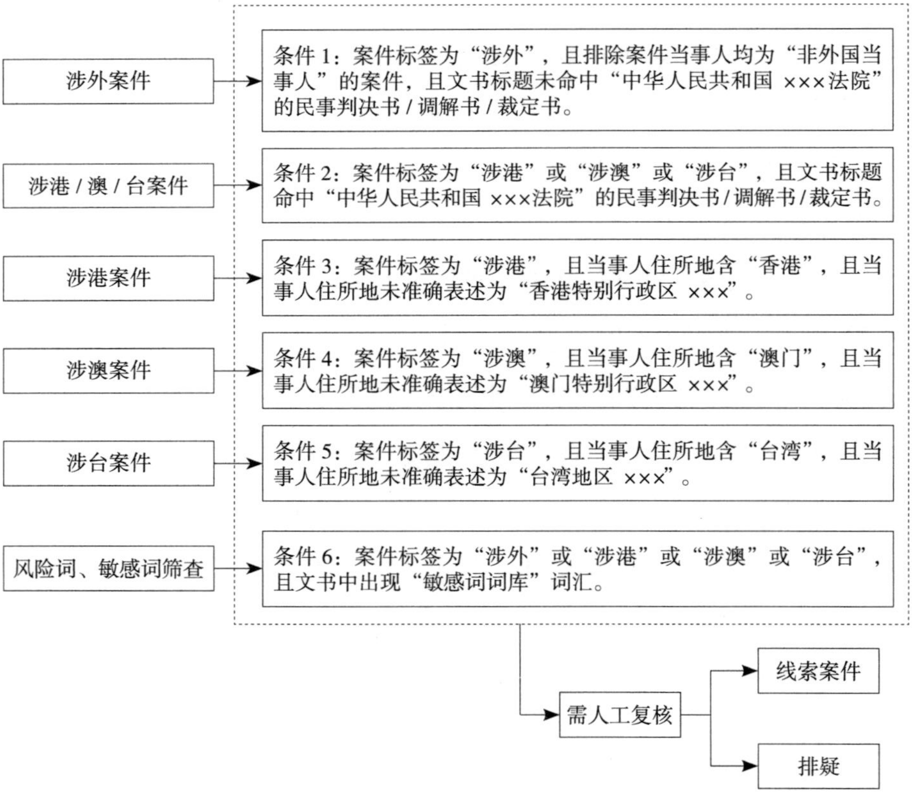

（四）模型分析及优化

针对前期应用场景筛查出来的案件及各院核查反馈的情况，对模型中部分规则进行优化，具体优化内容为：

第一步：从审判办案系统中筛选案件标签标注为“涉外”或“涉港”或“涉澳”或“涉台”的案件。

第二步：根据场景应用模型规则，对上述案件裁判文书分析是否存在以下文书制作不规范的现象：

条件 1：案件标签为“涉外”，且排除案件当事人均为“非外国当事人”的案件，且文书标题未命中“中华人民共和国×××法院”的民事判决书 / 调解书 / 裁定书。

“非外国当事人”的具体判断规则（在结构化信息中筛查，同时满足以下两项）：

（1）当事人为自然人时，当事人“证件类型”为“居民身份证”或“军警证件”或“中国公民护照”或“台湾居民来往大陆通行证”或“港澳居民来往内地通行证”或“台湾居民身份证”或“港澳居民身份证”；

（2）当事人为法人或非法人组织时，当事人“注册地址”为国内地址。

条件 2：案件标签为“涉港”或“涉澳”或“涉台”，且案件标签未标注“涉外”，且文书标题命中“中华人民共和国 ×××法院”的民事判决书 / 调解书 / 裁定书。

条件 3：案件标签为“涉港”，且当事人住所地含“香港”，且当事人住所地未准确表述为“香港特别行政区 ×××”。

条件 4：案件标签为“涉澳”，且当事人住所地含“澳门”，且当事人住所地未准确表述为“澳门特别行政区 ×××”。

条件 5：案件标签为“涉台”，且当事人住所地含“台湾”，且当事人住所地未准确表述为“台湾地区 ***”。

四、类案前端治理

从评查结果看，初步筛查的案件中存在误判的情形，主要有以下几方面原因：一是因追加、变更当事人导致案件审理中产生涉外、涉港澳台因素。通过人工复核发现，部分案件立案时不具备涉外或涉港澳台因素，但在案件审理过程中因追加、变更当事人产生涉外、涉港澳台因素，并因此被加注“涉外”“涉港”“涉澳”“涉台”标签，从而导致涉外或涉港澳台因素产生时点之前制作的裁判文书被误判为制作不规范。二是身份证明材料的录入错误。审判办案系统中当事人信息系人工录入，我国当事人的“证件类型”包括居民身份证、军警证明、中国护照等不同类型，应当根据实际情况准确录入。如果“证件类型”选取“其他”，则无法根据“证件类型”信息点识别当事人是否属于中国人，导致当事人身份性质误判。三是“涉外”“涉港”“涉澳”“涉台”标签的录入错误。通过人工复核发现，部分涉外、涉港澳台案件的标签存在错误，如非涉外案件错误勾选了“涉外”标签，涉港案件错误勾选了“涉外”标签等，导致筛查出的存疑案件与实际性质不匹配。因此，本模型拟设定在裁判文书定稿时触发提示预警，通过该时间节点的提示，应当可以避免文书差错。

五、嵌入提示

（一）触发节点

裁判文书“定稿”时。

（二）提示内容

当触发条件1时，提示内容如下：×× 法官 / 法官助理：上海数字法院平台提示，您正在审理的【案号】案件，可能存在涉外民商事案件文书制作不规范的情形（涉外裁判文书未加冠“中华人民共和国”），建议您审慎核实案件标签及文书内容。本提示不作为定案依据，请审慎核实后依法处理，避免出现文书差错。

当触发条件2时，提示内容如下：×× 法官 / 法官助理：上海数字法院平台提示，您正在审理的【案号】案件，可能存在涉外民商事案件文书制作不规范的情形（涉港澳裁判文书加冠“中华人民共和国”），建议您审慎核实案件标签及文书内容。本提示不作为定案依据，请审慎核实后依法处理，避免出现文书差错。

当触发条件3时，提示内容如下：×× 法官 / 法官助理：上海数字法院平台提示，您正在审理的【案号】案件，可能存在涉外民商事案件文书制作不规范的情形（涉港当事人信息表述不规范），建议您审慎核实案件标签及文书内容。本提示不作为定案依据，请审慎核实后依法处理，避免出现文书差错。

当触发条件4时，提示内容如下：×× 法官 / 法官助理：上海数字法院平台提示，您正在审理的【案号】案件，可能存在涉外民商事案件文书制作不规范的情形（涉澳当事人信息表述不规范），建议您审慎核实案件标签及文书内容。本提示不作为定案依据，请审慎核实后依法处理，避免出现文书差错。

当触发条件5时，提示内容如下：** 法官 / 法官助理：上海数字法院平台提示，您正在审理的【案号】案件，可能存在涉外民商事案件文书制作不规范的情形（涉台当事人信息表述不规范），建议您审慎核实案件标签及文书内容。本提示不作为定案依据，请审慎核实后依法处理，避免出现文书差错。

（三）嵌入思维导图

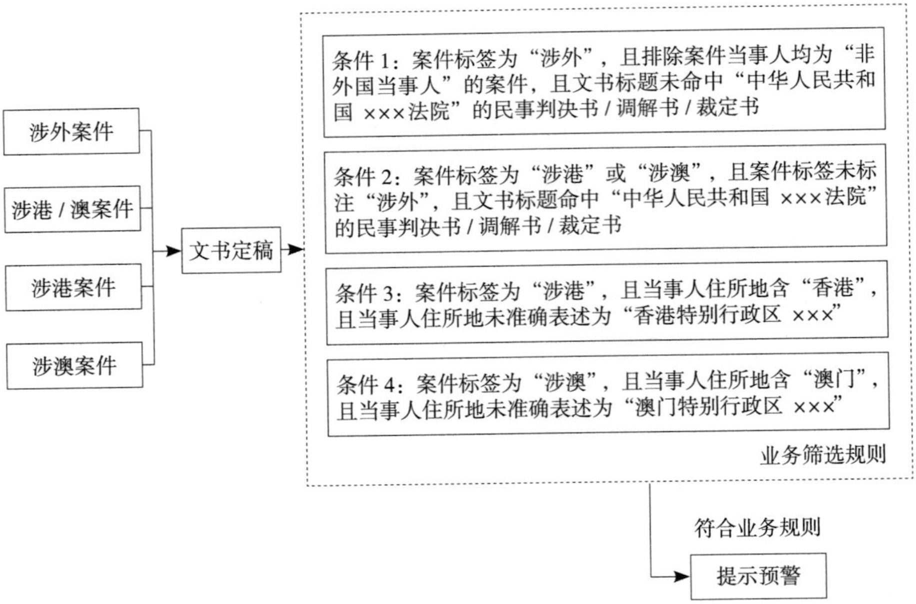

（四）嵌入命中情况

自 2023 年 11 月 17 日，该场景嵌入系统进行提示预警后的基本效果是法官、法官助理对标签为“涉外”“涉港”“涉澳”“涉台”的裁判文书进行定稿时，该应用场景会对文书进行筛查并通过办案平台对法官及法官助理作提示预警。

为检验模型实效，在模拟测试阶段，选择一起涉外和涉港案件，分别录入两个裁判文书，其中涉外裁判文书中未加冠“中华人民共和国”、涉港裁判文书加冠“中华人民共和国”且涉港当事人的身份信息仅表述为“香港居民”。后即被数字监管发现差错，并通过办案平台进行精准有效的预警提示，达到预期效果。

六、办案指引

收到上述提示后，应当根据触发节点和提示内容采取以下做法：

第一步：核查案件是否属于涉外、涉港澳台民商事类型，并对提示内容中是否存在文书表述不当进行甄别。个别用语存有异议的，可及时反馈，以统一相关表述。

第二步：文书定稿前对经过甄别后确实存在表述不当的用词予以修改完善，以保障涉外、涉港澳台文书的准确性和严肃性。

七、应用实效

截至 2024 年 12 月 31 日，系统反馈该场景命中总数 499 次，反馈总数 395 次，反馈率达 79.15%，其中反馈有帮助数 329 条，有帮助反馈率达 83.29%；反馈无帮助数 66 条。经对反馈无帮助的案件逐案分析，具体原因可分为以下几类：

（1）场景提示规则明确度不足。多个案件承办法官反映场景应用仅有提示，但不清楚具体不规范之处在文书何处，亦不清楚筛查的业务规则。

（2）被推送主体不准确。触发提示的文书非由被推送主体起草，应推送至该文书的起草人，如有多个案件的承办法官反映，该案已有文书为保全裁定书，应将提示推送给保全承办法官。

（3）涉外标签未作及时调整。案件原告已撤回对外籍被告的起诉，现案件已不属涉外案件。

【典型案例】

上海金融法院审理的一起案件，在涉港案件的裁判文书上误冠“中华人民共和国”，在该裁判文书定稿后触发场景。承办人在收到提示后反馈“按照上述提示对文书作再次校对”，并根据提示内容进行了修改，及时避免了文书差错。

【法律依据】

《最高人民法院涉外商事海事裁判文书写作规范》

一、裁判文书的首部应当分别写明文书标题、案号、当事人及其法定代表人（或代表人）和委托代理人的基本情况以及案件由来、案由和审理过程等

……

（二）案件当事人中如果没有外国人、无国籍人、外国企业或组织的，除最高人民法院制作的裁判文书外，其他各级人民法院制作的裁判文书标题中的法院名称无需冠以“中华人民共和国”字样。

……

二、裁判文书应当准确列明当事人的诉讼地位、姓名或名称及其住所地

……

（十二）表述港澳地区当事人住所地时，应当使用香港特别行政区、澳门特别行政区的全称。

表述台湾地区当事人住所地时，应当写明“台湾地区 ××

市……”，不应使用“台湾省”或“台湾”等表述。

……

八、心得体会

应用场景建设是一项系统性工程，需要充分发挥建设者的主观能动性、积极性和创造性，同时也需要业务部门与技术部门紧密配合，层层推进，才能做出成效。

涉外、涉港澳台民商事裁判文书规范提示预警应用场景，其最终目的是预防涉外、涉港澳台民商事案件裁判文书出现错误，确保裁判文书质量。在场景建设过程中，建议可通过以下方式嵌入审判办案系统，实现全流程监管：

一是由系统对涉外、涉港澳台案件标签进行自动识别标注。目前，绝大多数涉外、涉港澳台民商事案件为主体涉外、涉港澳台，可由系统对当事人信息进行自动识别提示。录入当事人信息后，如果当事人中存在外国或港澳台当事人的，即由系统自动识别并标注涉外、涉港澳台标签，同时，提示承办人人工核验，最大限度地避免漏标、错标的情况出现。

二是增加审判办案系统智能文书辅助制作模块的提示功能。在文书制作时，对涉外、涉港澳台民商事裁判文书的标题、首部（包括当事人国籍、身份证件、住所地信息等）、正文（包括法律适用、币种等）、尾部（包括上诉期等）、落款（包括审判组织等）的标准表述进行建议和提示，从而在文书制作环节减少差错。

三是增加智能文书辅助纠错模块的纠错功能。与智能文书辅助制作模块配套，在文书纠错模块对文书表述与规范表述不一致的地方进行纠错提示，并嵌入最高人民法院制定的涉外、涉港澳台民商事裁判文书制作的规范性文件，法官在进行文书纠错时可看到相应涉外、涉港澳台民商事裁判文书制作规范的内容提示。

执笔人：上海市高级人民法院办公室　刘志超
上海市第二中级人民法院　朱志磊
上海市浦东新区人民法院　沈佳琳
核稿人：上海市高级人民法院海事及海商审判庭　金晓峰

市场监管领域行政诉讼“一人多诉”甄别预警应用场景

◎ 上海铁路运输法院

【关键词】

市场监管　一人多诉　投诉举报

【要旨】

在市场监管领域，有一批当事人反复向市场监管部门投诉举报，进而提起行政诉讼，既干扰了正常市场经营管理秩序，又浪费了有限的行政资源与司法资源。该场景旨在通过对全市行政案件进行大数据检索，形成市场监管领域行政诉讼“一人多诉”清单，进而“抓前端、治未病”，对在办案件进行事先提示预警，有利于审判组织及时掌握当事人投诉举报并提起多起行政诉讼的情况，了解诉讼意图及类案处理方式，避免出现案件质量差错瑕疵，切实促进适法统一，提升司法公信力。

一、场景描述

根据《最高人民法院关于适用〈中华人民共和国行政诉讼

法〉的解释》第十二条第五项的规定，为维护自身合法权益向行政机关投诉的，与行政机关的处理答复存在利害关系，具有原告主体资格。上铁法院在审理行政案件过程中，发现市场监管领域有一批疑似“一人多诉”，多次反复以相似理由向该院提起行政诉讼，涉案数量少则四五件、多则二三十件，且呈现增长趋势。此类人群借投诉举报、行政复议、行政诉讼向商家施压牟利，且相互抱团，学习参照，涉诉量较大，法院审理时应更加慎重。通过建立筛选规则，将检索出的“一人多诉”清单嵌入办案系统，能够提前预警，有效提醒法官同案同判，尤其是避免出现裁判方式不统一、裁判理由或依据不一致等情形。

二、线索来源

上铁法院集中管辖徐汇区、长宁区、普陀区、虹口区行政案件，多家大型电商平台的运营商在该院辖区，故该院审理市场监管案件数量较多，在全市具有一定的代表性。在审理行政案件过程中，上铁法院发现市场监管领域有一批当事人，多次反复以相同或类似理由向市场监管部门投诉举报后，经复议提起行政诉讼或者直接提起行政诉讼，诉讼请求复杂多样，包括要求市场监管部门履行查处商家或电商平台的法定职责、给予行政奖励、撤销不予受理告知、撤销复议不予受理决定等。由于全市各相关法院就类似案件的办理缺乏有效的数据共享机制，或者部分初任法官、岗位交流法官对于该类案件的办理缺乏经验，导致案件裁判标准不一致，影响司法权威和公信力，也不利于保障正常的市场经营管理秩序，故有必要依托数字改革赋能，提高案件办理质效。

通过该应用场景的建设，筛选2018年以来全市范围内起诉市场监管部门数量大于或者等于5件的当事人及涉诉案件情况。就检索出的案件而言，根据结案文书分析研判，大部分案件以被诉告知对原告的自身合法权益明显不产生实际影响，原告提起本案诉讼不属于人民法院行政诉讼受案范围为由裁定驳回起诉，但是也有个别案件进入实体审理，最终判决驳回原告诉讼请求。

三、数据建模

（一）数据来源

行政裁判文书（源于上海法院审判执行办案平台）。

（二）建模步骤

通过以下规则建立市场监管领域行政诉讼“一人多诉”数据画像：

规则1：2018年以来结案的行政诉讼（含行政赔偿诉讼）案件。

规则2：被告名称含“市场监督管理局”或“药品监督管理局”。

规则3：裁判文书包含关键词“投诉”或“举报”或“不予立案”或“奖励”或“平台”或“App”或“消费者权益保护法”或“食品安全法”或“三倍（3倍）”或“十倍（10倍）”或“惩罚性”。

规则4：在规则1至规则3的基础上去掉一审行政案件衍生的二审、再审行政案件，同时清单中列明二审案号，即案件存在一审、二审、再审审查的，仅算一起案件，确保筛查数据的准确性。

规则5：同一当事人起诉次数≥5。

同时符合上述规则1至规则5条件的，筛选得出“一人多诉”清单。

（三）思维导图

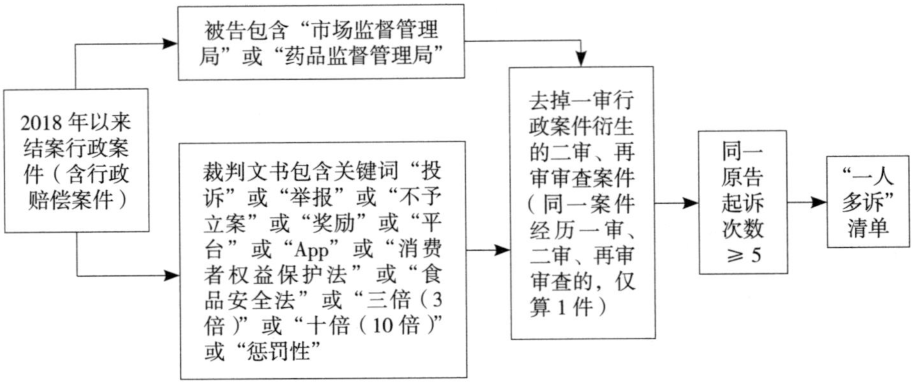

（四）模型分析及优化

根据推广应用的反馈意见，从以下两个角度对应用场景模型进一步完善：一是动态更新“一人多诉”清单。根据全市实际审结行政案件情况予以实时动态更新，将涉诉案件数大于或者等于5件的当事人不断充实进来。二是将发送提醒时间节点提前至分案保存阶段。这样能够让审判组织及时掌握案件当事人涉嫌牟利性职业索赔的情况，尽早加以有效应对。

四、类案前端治理

由于场景推广应用时设定的规则采取的是反推法，与嵌入规则的思路有所差异，为了“抓前端、治未病”，及时事先对审判组织进行预警提示，确定了两步走的思路，即根据原先的筛查规则，筛选出涉案数在一定数量以上的“一人多诉”清单库，该库每日动态更新，将涉案量达到筛选规则的当事人纳入。在此基础上，将该清单库与起诉市场监督管理部门的原告进行比对，发现该库中的当事人再次起诉的，则在立案阶段分案保存时，即进行预警提示，让审判组织了解原告涉及多次起诉的情况，从而更加审慎地进行审理，确保和之前类似案件裁判标准的一致性。在裁判文书定稿时，再次提醒审判组织，进行双重把关，避免案件质量瑕疵，确保适法统一。

五、嵌入提示

（一）触发情形

从在办行政案件（包括一审、二审、再审审查案件）中，筛选出当事人包含“市场监督管理局”或“药品监督管理局”的案件，检验筛查出的案件当事人是否与比对库即疑似“一人多诉”清单库中已经存在的当事人重合，如重合，则触发场景，该当事人为需要标识预警的疑似“一人多诉”情形，需要审判组织关注、核实该当事人多次提起市场监管类诉讼的情况。

（二）触发节点及提示内容

1. 分案保存

×× 法官 / 法官助理：上海数字法院平台提示，您正在审理的【案号】案件，可能存在当事人投诉举报并提起多起行政诉讼的情形。本提示不作为定案依据，请审慎核实后依法处理，避免出现案件质量差错瑕疵。

2. 裁判文书定稿

×× 法官 / 法官助理：上海数字法院平台提示，您正在审理的【案号】案件，可能存在当事人投诉举报并提起多起行政诉讼的情形。本提示不作为定案依据，请审慎核实后依法处理，避免出现案件质量差错瑕疵。

（三）嵌入思维导图

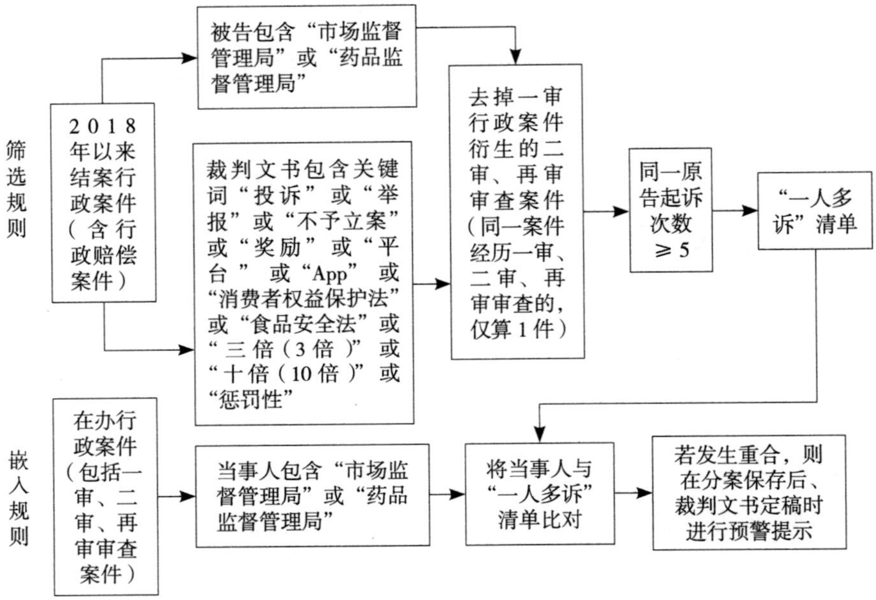

六、办案指引

该场景在两个时间节点进行提示：分案信息保存、裁判文书定稿。收到上述提示后，应当根据触发节点和提示内容采取以下做法：

第一步，分案信息保存时，法官或者法官助理收到场景推送的“一人多诉”预警信息后，应当注意审查该当事人起诉是否符合起诉条件，尤其是加强主体资格、利害关系方面的审查，若已经存在不予立案或裁定驳回起诉先例的，可以参照处理。

第二步，审判环节，审判组织除了审查起诉条件，决定是否进入实体审理以外，还要重点关注当事人提起的诉讼请求是否与其起诉过的其他案件具有相似性，被诉行政行为是否具有相似性，与其他“一人多诉”当事人起诉的案件是否具有相似性等，进而在裁判尺度上保持统一。

第三步，文书定稿时，承办法官或者法官助理应当重点关注文书内容的准确性，尤其是裁判文书参照同一或者类似当事人模板的，尤其要注意当事人身份信息、行政行为编号、金额、日期等信息的校对，避免漏改、错改导致的文书差错。

七、应用实效

截至 2024 年 12 月 31 日，系统反馈该场景命中总数 285 次，反馈次数 285 次，反馈率达 100%；有帮助数 269 次，占 94.39%，无帮助数 16 次，占 5.61%。

该场景设置了分案保存和裁判文书定稿两个嵌入节点。在分案保存节点触发命中数为 187 次，反馈有帮助 180 次，无帮助 7 次。在裁判文书定稿节点触发命中数 98 次，反馈有帮助 89 次，无帮助 9 次。反馈有帮助的 269 条线索中，207 条有备注内容，43 条备注“识别正确”等，11 条备注“对于避免裁判不一致具有很好的提示作用”“能了解关联案件的处理，保证案件处理的统一性”或“原告起诉资格及是否符合立案条件的判断具有意义”等，8 条备注“确系多次投诉举报并提起多项诉讼”或“经提醒，发现确实存在当事人反复投诉举报再行起诉的问题”，4 条备注“有助于协调”，2 条备注“本案虽为信息公开案件，但该提醒有利于深入认识其申请信息公开的可能动机”“便于了解原告的真实诉求”，2 条备注“对于维护市场秩序和消费者合法权益具有重要意义”，其他则备注“有帮助”“已经注意到”“有效”“好”“已了解情况”等内容。

【典型案例】

案例一：2023 年 12 月 2 日，静安法院法官收到了在分案信息保存时触发的“市场监管领域行政诉讼‘一人多诉’甄别预警”应用场景提示信息，告知其正在审理的案件可能存在当事人投诉举报并提起多起行政诉讼的情形，本提示不作为定案依据，请审慎核实后依法处理，避免出现案件质量差错瑕疵。该法官对于相应当事人提起多起诉讼的情况尚不了解，接到该提醒后，其及时核实该当事人在全市法院诉讼及裁判情况，在审理和裁判方式选择上，与类似案件保持一致。

案例二：2024 年 5 月 23 日，上铁法院法官收到了在裁判文书定稿时触发的“市场监管领域行政诉讼‘一人多诉’甄别预警”应用场景提示信息，经核实发现，该案原告系张某某，被告系上海市长宁区市场监督管理局，原告已提起十余起相似案件，本案再次因在某平台购买商品缺斤少两问题提起投诉举报。法官收到信息后及时予以关注，在文书制作定稿时尤加注意，参照类案处理情况妥善审结了该案，确保适法统一。该法官反馈：“提示有帮助，可以避免裁判不一致。”

【法律依据】

1.**《市场监督管理投诉举报处理暂行办法》第三条** 本办法所称的投诉，是指消费者为生活消费需要购买、使用商品或者接受服务，与经营者发生消费者权益争议，请求市场监督管理部门解决该争议的行为。

本办法所称的举报，是指自然人、法人或者其他组织向市场监督管理部门反映经营者涉嫌违反市场监督管理法律、法规、规章线索的行为。

2.**《上海市消费者权益保护条例》第六十六条** 任何组织和个人不得捏造事实诬陷他人、实施敲诈勒索，损害经营者合法权益，扰乱正常经营秩序；不得滥用投诉、举报、信访、申请信息公开等权利，扰乱行政管理部门正常工作秩序。

市、区相关部门制定投诉举报异常名录，建立信息共享机制，依法规范牟利性职业索赔、职业举报行为，查处以打击假冒伪劣等为名的敲诈勒索违法行为。

3.**《最高人民法院关于适用〈中华人民共和国行政诉讼法〉的解释》第十二条** 有下列情形之一的，属于行政诉讼法第二十五条第一款规定的“与行政行为有利害关系”：

……

（五）为维护自身合法权益向行政机关投诉，具有处理投诉职责的行政机关作出或者未作出处理的；

……

八、心得体会

聚焦市场监管行政案件中“一人多诉”引发的“程序空转”“适法不统一”问题，建成“一人多诉”场景，可以加强办案规则指引，有效促进裁判标准保持一致，还能智能预防裁判工作瑕疵，全面保障案件质量。在场景建设过程中，发现随着当事人提起诉讼数量的变化，该清单也要相应发生变化，将起诉数量达到模型要求的当事人加入清单，这样才能更加科学、合理，符合行政诉讼不断变化的实际。如何实现“一人多诉”清单的动态更新存在技术难题。对此，将场景的运作分为三步。第一步，每天定时运行筛选模型，确认“一人多诉”人员最新清单。对于已经列入清单，后续又不起诉的当事人是否要去除的问题，经研究认为，其不再起诉则不会触发场景，也不会有相应预警提示，不会影响案件审理。第二步，将该清单和新提起诉讼的案件当事人进行比对，对符合条件的案件触发场景，及时推送信息提醒法官、法官助理。第三步，场景运行较长一段时间后视情调整筛选时间或者标准值。

数字法院建设是一项整体工程，除了应用场景本身要科学、合理、有效，也要注重应用场景与相关办案、监督、管理、辅助等数字化建设成果的有机衔接、紧密联动，不断发挥集成效应。要强化提示预警。在强化审判办案系统提示功能的基础上，探索实现更多场域的预警提示，让法官或者法官助理及时收到提示信息。要强化监督管理。除了承办法官、法官助理在日常办理案件中要对涉疑似“一人多诉”案件重点关注，进一步加强业务庭庭长、团队长的审判监督管理，应用场景与“阅核”功能加强衔接，强化专业法官会议、审判委员会会议功能，避免同案不同判、或裁或判的情况发生。要强化信息数据校对功能。此类案件往往具有批量性、相似性的特点，也容易出现参照前案文书模板后导致的信息输入差错。裁判文书制作阶段再次提醒，可以让法官、法官助理更加注意仔细纠错，有效避免低级差错的出现，确保案件办理质量，提升司法公信力。

执笔人：上海铁路运输法院　孙焕焕　李胜卡

核稿人：上海市高级人民法院行政审判庭　娄正涛

信用卡纠纷案件源头治理应用场景

◎ 上海市松江区人民法院

【关键词】

信用卡纠纷　持卡人　金融机构　类案监督　源头治理

【要旨】

近年来，信用卡纠纷案件数量激增，使本已负荷超载的基层金融审判面临较大压力。该类案件如主要依赖诉讼程序解决，将加剧法院人案矛盾，耗费大量司法资源，也将影响万人成诉率、执行到位率等指标。因此，对信用卡纠纷案件开展专项源头治理，形成长效治理机制具有十分重要的现实意义。对此，松江法院研发了“信用卡纠纷案件源头治理”应用场景，以近五年上海法院审理的信用卡纠纷案件为蓝本，“三位一体”搭建场景立体模型，通过司法大数据分析评查和深度应用，对内提升法院类案审判质效，对外助力金融机构防范业务风险，从而加强金融纠纷源头治理实效。同时，应用场景研发推广中，松江法院适时向金融机构发出司法建议，提出信用卡纠纷源头治理方案，从源头上降低信用卡纠纷诉讼增量。

一、场景描述

松江法院以上海法院审判办案系统案件结构化数据为数据源，梳理近五年来受理的信用卡纠纷案件，设立筛查规则，提取系统数据，在筛查结果基础上进行人工复核分析，描绘持卡人“数字画像”，总结金融机构“异常标签”，提炼法院审理难点堵点问题，“三位一体”搭建场景立体模型，不断优化场景业务规则，合理高效嵌入模块功能，实现信用卡纠纷类案全流程提示预警。积极延伸金融审判职能，适时向金融机构发出司法建议，助力金融行业纠纷前端治理，促进信用卡业务高质量发展，实现信用卡纠纷类案精准化源头治理。

二、线索来源

松江法院在审理中发现，信用卡纠纷具有案件体量大、法律关系简单、案值标的额小等特点，存在同一被告多次被诉、同一信用卡多次起诉、部分金融机构涉案数量巨大等情况，加重了办案负荷。且该类案件涉诉后执行到位率低，银行资产流失现象严重。

经过前期论证研究，松江法院确立了两个数据筛查规则，通过构建数据模型，共筛查了上海法院信用卡纠纷案件 42 万余件，覆盖 108 家金融机构，分析得出缺席裁判率高于 26%，诉中调解率不足 1% 等多方面问题。同时松江法院不断强化场景应用开发，至金融机构实地调研信用卡业务，向银行发出司法建议并收到积极复函；积极联动金融监管机构推动源头发力，提升共同防范金融风险能力，助力类案审判监督和行业社会治理，取得良好实效。

三、数据建模

（一）数据来源

案件信息（源于上海法院审判执行办案平台）。

（二）建模步骤

从上海法院审判办案系统结构化数据中提取案号、案由、原告名称、被告名称、户籍地址、身份证号、立案日期、结案日期、结案方式、起诉标的、结案标的、缺席审理情况、执行案件申请标的、执行案件结案标的、执行案件执行到位金额、执行案件执行到位率等案件要素。

1. 规则一：案件范围：2018—2023 年全市法院审结的民商事一审案件、执行案件、刑事案件

当事人诉讼地位：被告≥ 5（同一被告）。

民商事结案案由 = 信用卡纠纷；刑事结案案由 = 信用卡诈骗罪。

结案时间≥ 2018 年 1 月 1 日。

最终显示要素：被告姓名、身份证号码、被告户籍地址、同一被告案件数、原告名称、民商事案件案号、审理法院、立案日期、结案日期、结案方式、起诉标的、结案标的、民初字号案件有无进入执行程序、执行案件申请标的额、执行案件结案标的额、执行案件执行到位率、是否公告送达。

2. 规则二：案件范围：2018—2023 年全市法院审结的民事一审案件、执行案件

案由 = 信用卡纠纷。

结案时间≥ 2018 年 1 月 1 日。

当事人诉讼地位：原告≥ 10（同一原告）。

结案方式：判决、调解、裁定驳回起诉。

最终显示要素：原告名称、同一原告案件数、被告名称、身份证号码、被告户籍地址、案号、审理法院、立案日期、结案日期、结案方式、起诉标的、结案标的、民初字号案件有无进入执行程序、执行案件申请标的额、执行案件结案标的额、执行案件执行到位率。

（三）思维导图

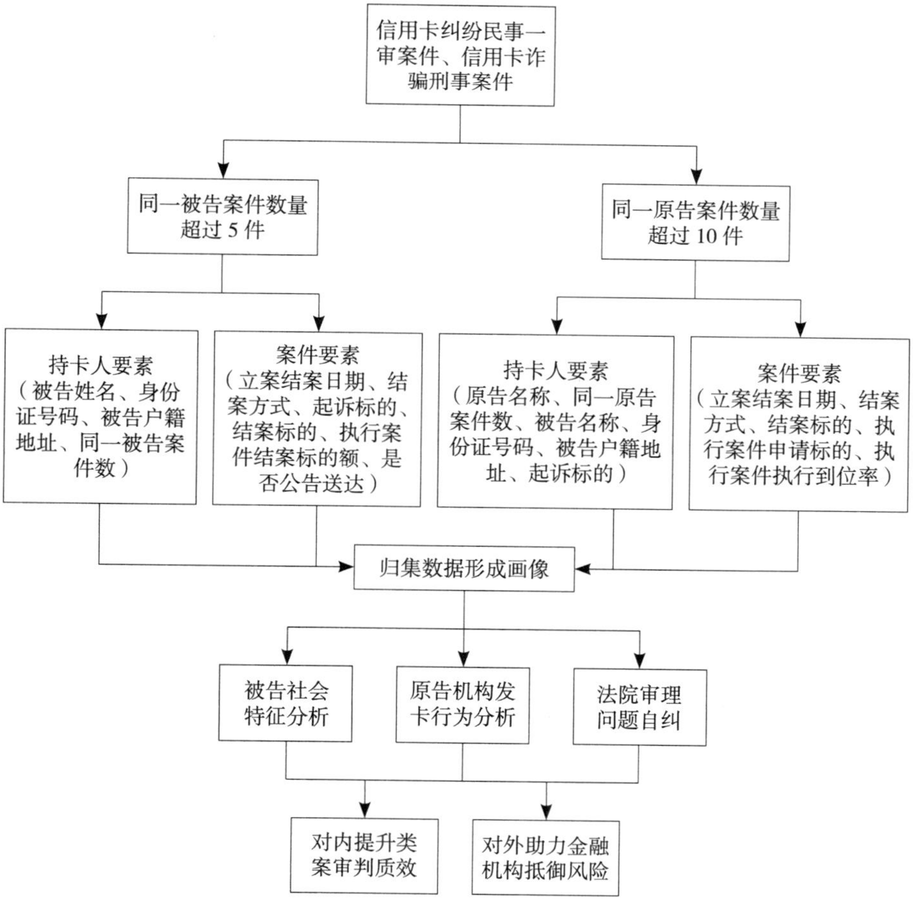

（四）模型分析及优化

针对模型前期推广反馈意见和人工复核结果，经过分析研判，建设项目组认为该应用场景模型确有必要结合目前嵌入需求设计思路和审判实际需要进行优化，具体优化方向：侧重对在办信用卡纠纷案件的提示预警监督、突出信用卡纠纷源头治理实效、对场景应用提出的“重复发卡”“刑民交叉”等问题进行更精细化考量。建设项目组已基于上述方向对推广模型进行适度优化完善。

四、类案前端治理

该场景的嵌入功能定位为：实现法院内部类案审理监督提示预警，同时兼顾金融行业社会治理效能。松江法院坚持数字赋能源头治理思维构建场景数据模型，旨在以在办信用卡纠纷一审民商事案件为目标案件，通过“重复发卡”“持卡人涉刑”以及“程序空转”三个维度设定筛查业务规则，在筛查结果基础上进行人工复核分析，碰撞对比上海法院近五年来已审结的信用卡纠纷民商事案件和信用卡诈骗罪相关刑事案件，在符合条件的情况下，向在办案件的承办人及银行方发出提示预警，从而有效提升类案审理质效，助力金融纠纷行业社会治理。

此外，松江法院根据该场景的大数据分析及深度应用情况，不断优化场景业务规则，精准实现类案提示预警，并适时向金融机构和金融监管部门发出司法建议，形成长效治理机制，持续促进信用卡纠纷精准化源头治理。

五、嵌入提示

（一）触发情形

1. 子模型一（重复发卡）

筛选出“五年内经过法院实体处理的以判决/调解结案案件”以及“在办案件”中，同一原告（此处“同一原告”需模糊认定为相同银行原告，即同一银行不同支行均视为相同银行“同一原告”）、同一被告起诉2件以上（包括已结案件和在办案件）的信用卡纠纷案件，则构成重复发卡，对信用卡纠纷民商事一审在办案件予以预警提示。

2. 子模型二（程序空转）

筛选出“五年内结案”且结案方式为“裁定：撤诉”“裁定：驳回起诉”“按撤诉处理”的案件，比对信用卡纠纷民商事一审在办案件中同一原告、同一被告的信用卡纠纷案件：（1）如“在办案件”与筛查案件比对碰撞出现关联，在“在办案件”立案排期发送确定承办人时予以立案预警提示；（2）如“在办案件中”对应案件拟以“裁定”“裁定：撤诉”“裁定：驳回起诉”“按撤诉处理”结案，则构成“程序空转”，在“在办案件”结案文书上传和结案信息保存时予以提示预警。

3. 子模型三（持卡人涉刑）

筛选“信用卡诈骗罪”“结案时间≥2018年1月1日”以及“在办”刑事案件，与信用卡纠纷民商事一审在办案件进行碰撞对比，根据被告（持卡人）“姓名、身份证、住址”三项要点信息匹配，如属于同一当事人的，则构成信用卡持卡人涉刑，对在办信用卡纠纷民商事一审案件予以提示预警。

（二）触发节点及提示内容

1. 子模型一（重复发卡）

嵌入节点：排期信息保存时。

【×× 法院】×× 法官 / 法官助理：上海数字法院平台提示，您正在审理的【案号】信用卡纠纷案件，被告（持卡人）××× 在上海法院已有经“判决或调解”审结的同一银行信用卡纠纷共 ×× 件（不包括本案），可能涉及银行重复发卡，建议您加以关注。本提示不作为定案依据，请审慎核实后依法处理，避免出现案件质量差错瑕疵。

2. 子模型二（程序空转）

嵌入节点：立案阶段预提示（立案发送业务庭确定承办人时）、文书上传保存时、结案信息模块“结案方式”信息输入保存时。

【×× 法院】×× 法官 / 法官助理：上海数字法院平台提示，您正在审理的【案号】信用卡纠纷案件，已存在当事人相同的信用卡纠纷以“裁定：撤诉”/“按撤诉处理”/“裁定：驳回起诉”等方式结案，建议您审慎考虑纠纷化解效果，本次诉讼尽量进行实体处理，避免再次“程序空转”。本提示不作为定案依据，请审慎核实后依法处理，避免出现案件质量差错瑕疵。

【×× 法院】×× 法官 / 法官助理：上海数字法院平台提示，您正在审理的【案号】信用卡纠纷案件，拟以“裁定：撤诉”/“按撤诉处理”/“裁定驳回起诉”方式结案，鉴于已存在当事人相同的信用卡纠纷以上述方式结案，您本次拟结案方式可能存在【“程序空转”存疑情形】。如准备以此方式结案，建议您审慎考虑纠纷化解效果。本提示不作为定案依据，请审慎核实后依法处理，避免出现案件质量差错瑕疵。

3. 子模型三（持卡人涉刑）

嵌入节点：排期信息保存时。

【××法院】××法官/××银行:【案号】上海数字法院平台提示,【案号】信用卡纠纷，被告（持卡人）××已被核查到关联刑事案件，具体信息如下:【刑事案号，案由】，建议承办人/银行方审慎核实并对相关刑事案件审理情况加以关注，对可能涉嫌信用卡犯罪的视情况与公安机关有效衔接或移送公安机关侦查处理。本提示不作为定案依据，请审慎核实后依法处理，避免出现案件质量差错瑕疵。

（三）嵌入思维导图

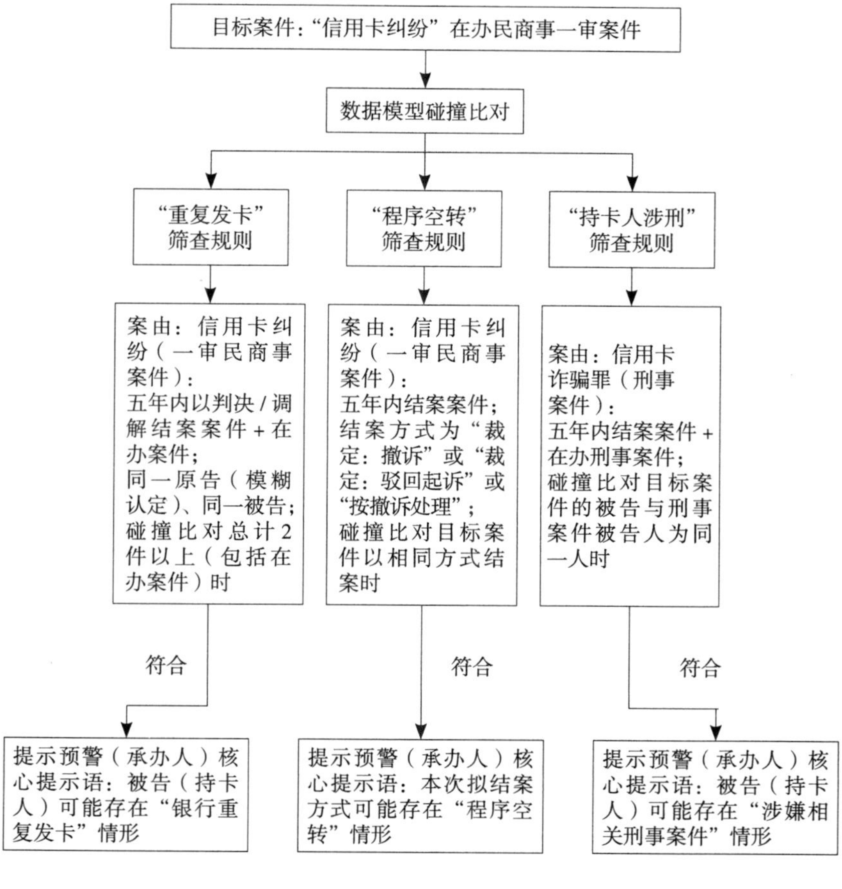

六、办案指引

收到上述提示后，建议根据触发节点和提示内容采取以下做法：

1. 子模型一（重复发卡）

第一步：核查本次提示的信用卡纠纷案件及对应关联已有经“判决或调解”审结的同一银行信用卡纠纷案件具体情况，确认模型比对情形是否正确。

第二步：联系发卡银行了解涉案持卡人发卡流程是否规范、授信额度是否合理、同一持卡人前次已经实体处理案件的履行执行情况及本次疑似“银行重复发卡”原因。

第三步：询问发卡银行及持卡人调解意愿，视情况开展调解。

第四步：核查是否存在个别发卡银行、个人持卡人该项提示触发频次较高、模型识别疑似“银行重复发卡”集中突出等情况，确认是否需要向金融机构、行业协会或金融监管部门发出司法建议或书面函告。

2. 子模型二（程序空转）

第一步：核查对应关联前次信用卡纠纷案件结案具体情况，确认前次案件是否进行实体处理及相应“程序空转”原因。

第二步：询问发卡银行及持卡人调解意愿，视情况开展调解。

第三步：对本次信用卡纠纷案件诉讼进程开展分析评估，审慎考虑化解效果，争取尽量实体处理，防止再次“程序空转”。

3. 子模型三（持卡人涉刑）

第一步：核查对应关联“信用卡诈骗罪”刑事案件具体情况，及时掌握持卡人存在恶意透支信用卡的犯罪情况。

第二步：对相关刑事案件审理情况加以关注，对可能涉嫌信用卡犯罪的视情况与公安机关有效衔接或移送公安机关侦查处理。

第三步：对本次信用卡纠纷案件诉讼进程开展调查评估，审慎核实持卡人涉刑风险情况，防止案件差错。

七、应用实效

自 2023 年 10 月 9 日上线嵌入测试至 2024 年 12 月 31 日，该场景共触发 194 条提示，反馈 150 条，其中反馈有帮助数 126 条，反馈有帮助率高达 84%。

从全市反馈有帮助的数据来看，承办法官通过核查触发预警，除了反馈有帮助外，另外针对“重复发卡”提示特别反馈“有帮助将核实”，针对“程序空转”提示特别反馈“当事人已部分履行、已与银行协商”等具体情形。

整体来看，自该场景嵌入系统以来，反馈数据基本稳定，也取得了基本成效。从数据上看，该场景触发的各项数据基本趋于平稳，例如，2024 年 3 月 8 日和 4 月 8 日，该场景推送数分别为 15 条和 13 条（周新增 12 条和 35 条），考虑到该场景应用仅针对信用卡纠纷类案，从全市法院该类案件整体体量来看，该反馈数据稳定有效，实效良好。经场景提示预警，与承办法官、法官助理、书记员详细沟通交流，均反馈该场景提示助力提升信用卡纠纷类案审判质效以及加强对金融风险问题的重视。

【典型案例】

案例一：该场景数据核验及推广过程中，松江法院筛查出涉及某银行信用卡纠纷民商事案件19万余件，占筛查的全部信用卡纠纷民商事案件总数高达45.25%，居本次筛查涉及的108家金融机构首位。基于此情况，松江法院主动延伸司法职能至金融业务前端，积极对接该银行，就该场景数据筛查情况、信用卡纠纷审理实务难点及防范信用贷款金融风险等问题进行实地座谈调研，以涉该银行金融纠纷为小切口，提出针对性完善建议，助力金融行业纠纷前端治理。在司法建议中，松江法院注重引导银行完善信用卡管理等机制，建议从授信管控、申领审核、坏呆账处理、催收方式、应诉流程等各方面提升管理水平，并建议银行优化联动审核、人员培训、全流程审查授权等工作机制，促进信用卡业务专业化、差异化、精细化发展。该银行积极复函并提出相应改进完善对策，取得良好成效。在此基础上，松江法院进一步强化金融司法与金融监管衔接机制，推动金融司法力量向源头发力，向国家金融监督管理总局上海监管局发送了司法建议，以积极延伸金融审判职能，提高共同防范金融风险能力，优化金融纠纷源头治理实效。

案例二：该场景中，子模型之一"持卡人涉刑"提示预警的嵌入规则是若持卡人在本次被银行起诉前，五年内结案及在办的刑事案件范围核查到关联"信用卡诈骗罪"刑事案件信息，则针对该持卡人本次在办信用卡纠纷案件承办人和起诉银行，在办案系统诉讼排期信息保存时，系统会自动提示该案被告（持卡人）可能涉及关联刑事案件，建议承办人及银行方审慎核实并对相关刑事案件审理情况加以关注，对可能涉嫌信用卡犯罪的视情况与公安机关有效衔接或移送公安机关侦查处理。

2023年11月2日，闵行法院在办的某民初案号信用卡纠纷一案，经该场景嵌入测试数据模型比对，核查到该案被告（持卡人）彭某某已存在“信用卡诈骗罪”刑事案件，关联刑事案件为某刑初案号，该场景及时向该案承办法官及发卡方某银行发出提示预警信息。承办人反馈该提示对其破除“数据壁垒”，及时掌握持卡人存在恶意透支信用卡的犯罪情况，提醒其审慎核实防范案件差错等很有帮助。该银行反馈表示该持卡人涉刑提示，对于银行方加强自身风险防范，完善资产催收、防止国有资产流失、助力防范金融风险起到重要帮助作用。

【法律依据】

1.**《中华人民共和国民法典》第五百零九条第一款**　当事人应当按照约定全面履行自己的义务。

第六百七十四条　借款人应当按照约定的期限支付利息。对支付利息的期限没有约定或者约定不明确，依据本法第五百一十条的规定仍不能确定，借款期间不满一年的，应当在返还借款时一并支付；借款期间一年以上的，应当在每届满一年时支付，剩余期间不满一年的，应当在返还借款时一并支付。

第六百七十五条　借款人应当按照约定的期限返还借款。对借款期限没有约定或者约定不明确，依据本法第五百一十条的规定仍不能确定的，借款人可以随时返还；贷款人可以催告借款人在合理期限内返还。

第六百七十六条 借款人未按照约定的期限返还借款的，应当按照约定或者国家有关规定支付逾期利息。

2.《**中华人民共和国商业银行法**》**第七条** 商业银行开展信贷业务，应当严格审查借款人的资信，实行担保，保障按期收回贷款。

商业银行依法向借款人收回到期贷款的本金和利息，受法律保护。

第三十四条 商业银行根据国民经济和社会发展的需要，在国家产业政策指导下开展贷款业务。

第三十五条 商业银行贷款，应当对借款人的借款用途、偿还能力、还款方式等情况进行严格审查。

商业银行贷款，应当实行审贷分离、分级审批的制度。

3.《**中华人民共和国刑法**》**第一百九十六条** 有下列情形之一，进行信用卡诈骗活动，数额较大的，处五年以下有期徒刑或者拘役，并处二万元以上二十万元以下罚金；数额巨大或者有其他严重情节的，处五年以上十年以下有期徒刑，并处五万元以上五十万元以下罚金；……

……

（四）恶意透支的。

前款所称恶意透支，是指持卡人以非法占有为目的，超过规定限额或者规定期限透支，并且经发卡银行催收后仍不归还的行为。

……

八、心得体会

2024 年 1 月 23 日，最高人民法院召开党组会议，传达学习习近平总书记在省部级主要领导干部推动金融高质量发展专题研讨班开班式上的重要讲话精神。最高人民法院党组书记、院长张军指出，涉金融案件往往相对复杂，审理难度大，要注重与有关金融监管单位的协同配合，强化政策统筹，确保同向发力、形成合力，共同做实以审判工作高质量发展服务金融高质量发展，支撑和服务中国式现代化。

信用卡纠纷案件源头治理应用场景的研发推广，将源头治理理念体现在应用场景建设中，为服务金融高质量发展贡献数字力量。以应用场景建设为契机，通过司法大数据分析和应用，高效提示信用卡纠纷案件线索，在实现个案精准治理的同时持续深化信用卡纠纷源头治理，不断促进金融业态持续、稳定、健康发展，是本场景研发的初衷、理念和目标。

本场景设计初期确立的业务规则是针对批量信用卡案件，但推广过程中收到部分承办法官精准度不高的反馈，对此，项目组在嵌入阶段反复论证，积极与承办人就推送实用性、时效性、精准性进行充分沟通，经研判发现，对数据模型“重复发卡”“批量信用卡”等概念界定理解适用不一等原因在一定程度上影响了核验精准度。基于此，项目组在人工复查基础上，及时优化业务规则和进行针对性分步设计：多维度定义“批量信用卡案件”概念；结合金融机构调研反馈增加“重复发卡”情形子场景，并不断提升筛查提示的合理性和实用性；细化可能存在“程序空转”情形及持卡人涉嫌刑事案件情形的子场景，进一步丰富场景适用面。

本场景嵌入阶段业务规则的修改，极大提高了有帮助率，最大化发挥了场景应用嵌入功效，也进一步强化了对在办信用卡纠纷案件的提示预警监督功能，实质性提升了信用卡纠纷源头治理实效。

从关注个案实际，到总结类案特点，再升级至数字赋能探索优化治理路径，松江法院不断探索在大数据时代背景下信用卡纠纷类案监督治理创新之路。这不仅是人民法院不断探索数字赋能实现类案监督治理的典型范例，更是人民法院弘扬发展新时代“枫桥经验”，主动融入社会治理大格局，能动规范调处金融纠纷、高效防范金融风险的生动实践。

执笔人：上海市松江区人民法院　严　华　李　羚

核稿人：上海市高级人民法院金融审判庭　朱　川

执行完毕未解除限制措施提示预警应用场景

◎ 上海市虹口区人民法院

【关键词】

执行完毕　未解除限制措施　善意文明　规范执行

【要旨】

在执行过程中，法院的执行实施部门依法应对被执行人采取冻结账户、限制消费、纳入失信名单等限制措施，以敦促被执行人及时履行生效法律文书确定的各项义务。嗣后案件虽然执行完毕，但由于承办法官工作疏忽、正常调离或同一被执行人涉及多起案件分散在不同承办法官、现有办案系统智能化水平有限等因素的影响导致没有及时解除限制措施，影响被执行人正当权益。该场景旨在以前述情况为切入口，通过案件信息数据的比对，发现执行完毕类案件未解除限制措施的线索并予以提示，以便提升办案质效，贯彻善意文明的执行理念。

一、场景描述

根据《最高人民法院关于人民法院民事执行中查封、扣押、冻结财产的规定》《最高人民法院关于限制被执行人高消费及有关消费的若干规定》以及《最高人民法院关于公布失信被执行人名单信息的若干规定》等规定，被执行人全部履行债务，案件执行完毕后，执行法院应当解除对其采取的限制措施，从而让被执行人的信用得以修复，恢复至正常社会状态。

实践中，一般采取承办法官主动检查并结合被执行人反映的方式来解除限制措施，但现有执行办案系统无“事中—事后”的自动提示，或者“事中—事后”提示依赖于人工对冻结情况的录入才能发挥功效。此外，三类常见执行措施在目前系统内分属不同界面，需要分别点击操作查看详情，耗时耗力。如能建构执行完毕案件未解除限制措施的发现模型嵌入系统，并发送预警，则一改以往通过人工复核带来的疏漏情况，且将提示节点放在“结案信息保存时”，有助于立即采取解除行动，起到减轻人为记忆的负担、避免久拖不解的弊病等积极作用，从而增强执行工作的规范性，提升司法权威和公信力。

二、线索来源

虹口法院在常态化的执行信访接待中发现，部分被执行人反映比较集中的问题是，确已全部履行且在办案系统内状态显示为执行完毕的案件，还存在对该被执行人的限制措施的情况，例如，银行账户未解冻、限制消费未撤销、失信记录未屏蔽等，被执行人要求及时予以解除。针对被执行人反映前述共性问题，虹口法院在安排执行人员点击系统予以解除的同时，也在执行局全局范围内开展自查，防患于未然。

实际情况是承办法官对落实规范执行各项要求的意识虽有提升，但面对系统业已存在的问题，在现有条件下挖掘系统功能与潜力的能力不足。目前，尚未运用相关大数据分析方法在系统点击结案前提示承办法官该案号项下存在的限制措施，导致难以在被执行人信访前发现问题，容易陷入"事后救济"的被动局面。

为避免单纯依靠人工核查带来的疏漏，虹口法院坚持以数字赋能为抓手，推进个案监督向类案治理转变。通过梳理上述类案的主要特征，以上海法院执行办案系统中与常见限制措施相关的数据为数据源，设定筛查规则，从中提取数据进行碰撞对比，结合人工复核，形成已经执行完毕但可能并未解除限制措施的案件清单。

三、数据建模

（一）数据来源

执行案件（源于上海法院审判执行办案平台）。

（二）建模步骤

第一步：从上海法院执行办案系统中，筛选 5 年内结案方式为执行完毕的执行案件，从系统结构化数据中提取案号、结案方式、到位标的、实际冻结金额、限制消费的发布记录、纳入失信的发布记录等案件要素。

第二步：从系统中选取"网络查控"的账户冻结状态显示为

“有冻结记录”且“无解冻记录”且“实际冻结金额的总和大于到位标的”且“冻结届满日期大于当前查询日期”；“限制消费”状态显示为“已发布”且无“已撤销”；“纳入失信”状态显示为“已发布”且无“已屏蔽”的情况。

第三步：碰撞前述两步骤设定条件产生的数据后，形成初步线索案件清单，再以人工核查相关案件情况，形成最终待解除限制措施的案件清单。

（三）思维导图

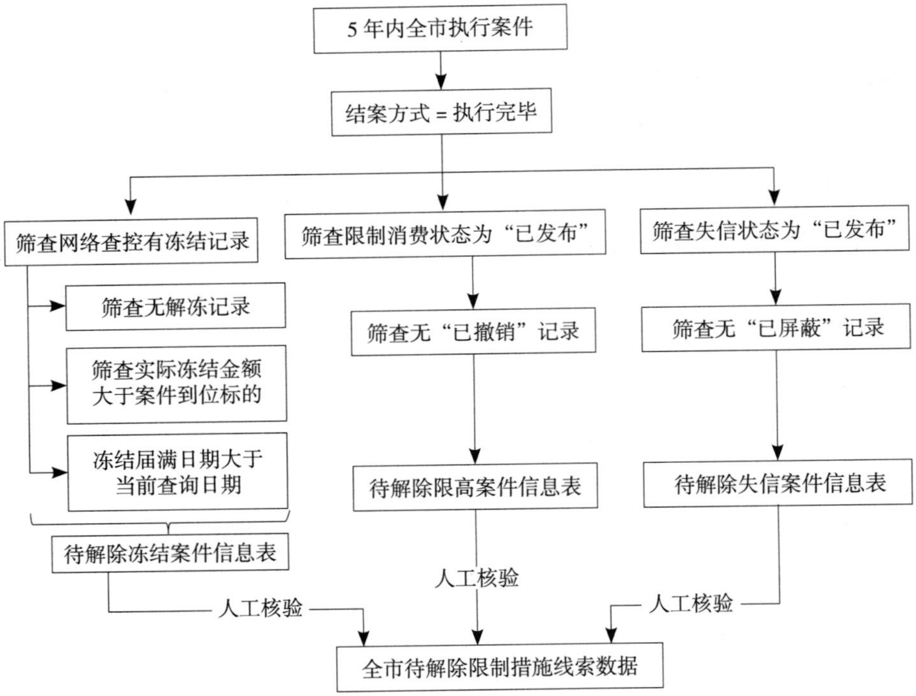

（四）模型分析及优化

通过人工复核比对数据发现，影响数据筛查准确率的因素要根据不同限制措施的特点、恢复执行案件结案规范性两个维度进行综合分析。

一是冻结账户的限制措施，情况相对复杂：例如，定期存单只能通过“总对总”网络查控系统进行在线冻结和解冻，但无法在线划拨，需案件承办法官开具实体法律文书至线下网点划拨、解冻。虽采取线下措施后会生成相关划拨、解冻的回执单并扫描归档，但这些材料无法被作为结构化数据予以识别，故此情形下会被判断成“无解除记录”而误纳入待解除案件。又如，系统默认设置到位标的一般是指在金钱给付类案件中申请执行人可获得的金额，并不包含执行费。不少承办法官在冻结时，会将加上执行费的金额作为实际冻结的金额。另外，一旦在线足额冻结并划拨后，该账户就会自动解冻，这样就会因大于到位标的且无解除记录而被模型误认为属于待解除案件。但这些情况影响较为有限，通过人工复核便能排除。

二是限制消费、纳入失信等限制措施，情况则比较单一：主要集中于恢复执行案件，因限制消费、纳入失信措施系2017年起才开始作为系统应用予以推广，在此之前终结本次执行的案件绝大部分未采取前述限制措施，因而一段时期内，有相当数量的申请执行人仅为要求采取“限高”“失信”而申请恢复执行。此类恢复执行案件作为单一事项请求，而予以“执行完毕”结案的情况确实存在。如此操作会被模型误认为属于待解除案件而筛出。

针对冻结账户的限制措施，已经会同技术部门加大研发力度，通过扫描识别、数据抓取将涉及线下操作的情况自动录入执行办案系统的流程节点中，以便模型运行时可提取的数据更为完整准确。

对于限制高消费、纳入失信措施涉及的不准确、不完善数据，一方面及时从待解除的清单中予以剔除，另一方面涉及恢复执行案件的具体情况，进一步梳理予以优化完善。

四、类案前端治理

按照规则，对本市法院系统5年内结案方式为执行完毕的执行案件进行核验，而后按照三类限制措施分别进行筛查。其中，全市法院未解除账户冻结的案件线索确认数准确率为53.86%；未撤销限制消费措施的案件线索确认数准确率为95.7%；未屏蔽失信被执行人名单的案件线索确认数准确率为65.68%。综合前述，该场景整体准确率71.2%。

场景推广应用时设定的规则与嵌入规则的思路基本一致，但在作用上作了区分，推广阶段重在核验系统内有无符合规则的案件，嵌入时则将重点放在了提醒功能上。在原先的筛查规则基础上，需要注意两种情况。其一，对于冻结账户的限制措施，由于通过系统实现了在线足额冻结并划拨后，该账户就会自动解冻，无须另行解封，如此就会因无解除记录而被误判。其二，对于部分采取过限制消费或纳入失信的案件，由于系统结案和点击撤销或屏蔽是在同一天，而已经撤销或屏蔽的反馈最快也要在第二天才能在系统中予以反映，于是导致了被视为没有撤销或屏蔽记录而纳入监管。但是以上这些情况影响较为有限，且通过人工复核便可以轻易排除。另外，账户冻结有1年的法定期间，为提升精确度，在规则中增设了“冻结届满日期大于当前查询日期”的新条件，从而避免将虽然没有在系统中操作解冻，但实际已经到期自动解冻的账户情况纳入核验。

五、嵌入提示

（一）触发情形

第一步：对执行办案系统里，每一个具体案号项下的“总对总控制”的网络冻结、“制裁措施”的“限高令”和“被执行人失信”等三类已经采取限制措施的随案数据进行抓取，形成在办案件的限制措施清单的“一键查”模块。

第二步：当执行人员在操作结案，点击选择“执行完毕”结案方式时，如果上述“一键查”模块中存在未解除限制措施情况的，则自动发出解除提示。

（二）触发节点及提示内容

触发节点：结案信息保存时。

提示方式：弹窗、推送提示信息。

提示对象：承办法官、法官助理、书记员。

提示内容：×× 法官 / 法官助理：上海数字法院平台提示，您正在办理的【案号】案件，可能存在执行完毕未解除【限制消费措施 / 网络冻结 / 失信】的情况，建议您依法进行解除。本提示不作为定案依据，请审慎核实后依法处理，避免出现案件质量差错瑕疵。

（三）嵌入思维导图

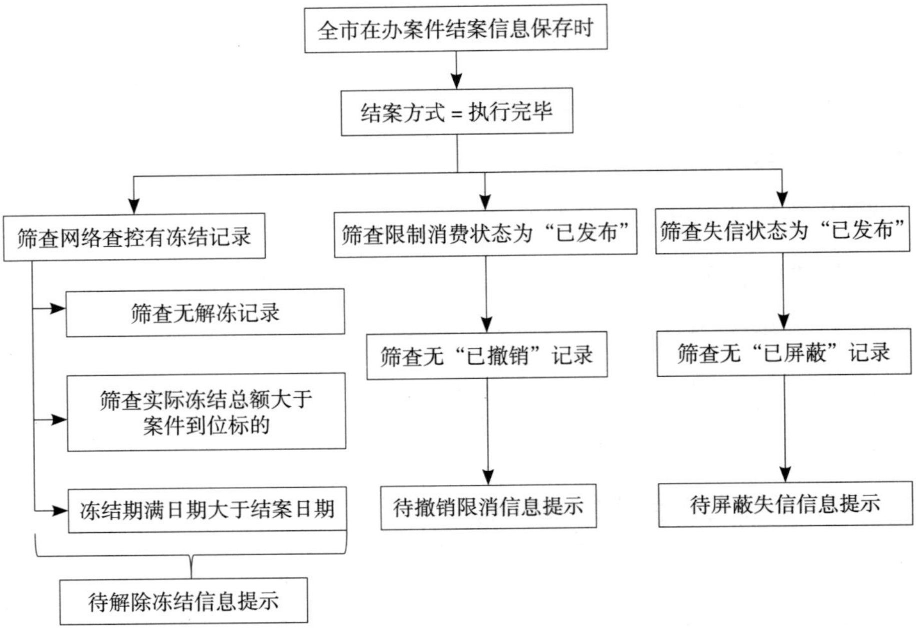

六、办案指引

收到上述提示后，应当根据触发节点和提示内容采取以下做法：

第一步：核查是否存在未解除的限制措施，其中“未解除”的情况包括两种：（1）承办人未发起解除程序；（2）承办人虽然已经发起，但解除进程尚处于审批中。

第二步：对上述措施依法决定是否解除，除因账户性质不能在线划拨而需要以“登门临柜”方式划拨存款，可以暂时保留冻结的极少数例外情形，其他限制措施均应解除。

第三步：根据第一步的两种情况，分别采取发起解除或跟进解除进程的举措。

七、应用实效

截至 2024 年 12 月 31 日，系统反馈该场景推送 4791 条，反馈 4702 条，反馈率达 98.14%，其中有帮助数 3998 次，有帮助率 85.03%。

为了让该项场景发挥最大功效，项目组的同事先后走访了宝山法院、杨浦法院、徐汇法院等。经过对一批案件的实操，发现有网络冻结结果显示“有冻结记录”，但下级目录显示“冻结不成功”被场景规则判断为无“已解除”情形而纳入预警提示。另外，也有承办法官反映在收到该场景的系统提示“未解除措施”后自行核查，发现虽然已经屏蔽了对被执行人的纳入失信名单措施，但遗漏了对其账户的解冻，所以当承办法官同时采取两项或以上限制措施时，场景提示需要进一步细分措施种类。虹口法院根据此实际情况调整了识别的规则，也调整了提示语的分类，调整后的提示语已经可以明确提示具体哪一项措施未解除，执行法官反馈“无帮助”的比例已大幅降低。

经优化后的提示预警，获得了较多的反馈并维持 85% 以上的有帮助率反馈，很大程度上能够达成帮助承办法官规范执行，提升办案质效的效果。

【典型案例】

案例一：承办法官在接到该场景的预警提示后，马上投入核查，经过比对网络冻结事项成功条数与网络解冻条数发现确实存在一条未解冻的记录，此次网络解冻成功反馈到达后，承办法官在系统内进行了“有帮助”的反馈。

案例二：承办法官在接到该场景的预警提示后，自行进行了核查，发现当收到系统提示时，除已经解除的限制消费措施外，还存在没有对被执行人屏蔽的失信措施，承办法官随即于当日进行了屏蔽失信措施，也在系统内进行了“有帮助”的反馈。

【法律依据】

1.**《最高人民法院关于人民法院民事执行中查封、扣押、冻结财产的规定》第二十八条** 有下列情形之一的，人民法院应当作出解除查封、扣押、冻结裁定，并送达申请执行人、被执行人或者案外人：

……

（四）债务已经清偿的；

……

解除以登记方式实施的查封、扣押、冻结的，应当向登记机关发出协助执行通知书。

2.**《最高人民法院关于限制被执行人高消费及有关消费的若干规定》第九条** 在限制消费期间，被执行人提供确实有效的担保或者经申请执行人同意的，人民法院可以解除限制消费令；被执行人履行完毕生效法律文书确定的义务的，人民法院应当在本规定第六条通知或者公告的范围内及时以通知或者公告解除限制消费令。

3.《**最高人民法院关于公布失信被执行人名单信息的若干规定**》**第十条** 具有下列情形之一的，人民法院应当在三个工作日内删除失信信息：

（一）被执行人已履行生效法律文书确定的义务或人民法院已执行完毕的；

……

八、心得体会

执行工作助力构建社会诚信体系，既要对不履行义务者依法运用限高失信等措施，又要对已履行义务者及时予以信用修复。“执行完毕后未解除限制措施提示预警”应用场景就是提醒执行法官结案环节关注各项措施的解除，运行的规则是将案件中采取的失信被执行人名单、限制高消费、网络冻结等强制措施在履行完毕的结案阶段自动校验，凡有限制措施，对应就有解除措施，如果还有限制措施没有对应的解除措施的，系统就会弹出提示提醒法官。

经过建模、推广、嵌入论证和嵌入测试，该场景正式嵌入全市法院执行办案系统。然而嵌入系统还不算结束，为了让场景应用可以发挥最大的功效，我们持续地跟踪反馈数据，让数据反哺执行。项目组跟着数据跑腿，先后走访及在线联络多家场景使用法院。有承办法官提出，系统中网络冻结结果显示为“有冻结记录”，但点开下级目录查看后，却因账户金额不足而“冻结不成功”，此情形被场景规则判断为无“已解除”记录而纳入预警提示。项目组据此一件件将反馈“无帮助”案件的原因进行收集整理，重新梳理数据模型运行规则，根据反馈意见对本场景的设计进行优化。优化后，该应用场景已可以深入“网络冻结”下层目录进行抓取识别，其提醒信息也可以明确提示到哪一项措施未解除，具有更直观、更明确的提醒作用，执行法官反馈“无帮助”的比例已大幅降低了。

执行法官会有很多很烦琐的具体事务，本场景作为一种提醒功能，贴合办案的实际需求，精准且不给执行法官添麻烦，并提供了实质性的帮助。经过项目组这一段时间的持续努力，本场景基本实现了设计目的。应用场景就是针对法官办案中的难点、堵点，设计出通过数据后台运行主动帮助办案的解决方案，它的角度、出发点，与以往的根据需求检索数据的被动用法相比具有根本变化。

执笔人：上海市虹口区人民法院　吉旺晟

核稿人：上海市第三中级人民法院（上海知识产权法院、上海铁路运输中级法院）钟　明

涉诉信访“有信必复”及有效答复预警提醒应用场景

◎ 上海市高级人民法院立案庭

【关键词】

信访　有信必复　答复质量

【要旨】

“有信必复”是做好群众工作的重要内容，是人民法院始终坚持人民至上立场的应有之义，是聚焦解决群众“急难愁盼”问题、提升司法质效和公信力，发展新时代“枫桥经验”及时把矛盾纠纷化解在基层、化解在初始状态，推动落实信访工作法治化的重要制度保障。“有信必复”是将涉诉信访矛盾化解在初期的有效方法，在办理时限内，法院涉诉信访部门及时程序性回应与业务承办部门高质量实质答疑的“双重回复”，既可以迅速响应群众期盼，又有效回应了群众诉求。但在实践中，仍然可能存在“办理超时限、答复低质量”等问题，既无助于解决问题，还影响了法院司法为民形象。该场景旨在通过发挥“数助便民”功能，督促承办人员在规定时限内认真办理，向信访群众反馈高质量答复，有效促成“案结事了人和”。

一、场景描述

本场景依据《信访工作条例》及最高人民法院关于对人民群众来信"有信必录、有信必复、及时有效办理"的工作规范，将场景模型嵌入上海法院涉诉信访管理系统中。对初信类的涉诉信访事项，各职能部门承办人员在处理及系统录入相关信息时，模型会自动提示办理时限，对逾期答复的进行警示督促；在承办人员输入具体答复内容后，模型将进行自动识别，并根据规则进行判定，若判定属于无效答复情形，则不赋予提交权限，无法报送，并给出相关整改提示，督促承办人员认真阅信，在规定时间节点及时回复，并针对信访人的诉求，作出有针对性的实质答复，推动矛盾实质化解。

二、线索来源

"有信必复"主要针对涉诉信访件回复群众不及时、实质答复质量不高等问题，旨在通过及时、高质量的答复，切实解决信访群众实际问题。如何有效监控办理时效及答复质量，成为保证"有信必复"效率和质量的关键。例如，一信访人对责任法院的处理结论不满，向市人大越级信访。通过核实，缘由是责任法院未及时回复导致了信访人心生猜疑。再如，一信访人向上海高院反映其对责任法院作出的答复内容不满。通过核查，缘由是责任法院的答复内容针对性不强。继续深入调研分析其中原因，有的是因业务工作繁忙来不及处理信访件；有的是对答复标准理解不全面，且多名参与调研的人员表示希望涉诉信访部门能够在其办理涉诉信访事项的过程中给予更多的指导，最直接的方式就是在其办信过程中，由系统自动实现相应功能。

面对信访群众和承办人员的双重期待，有必要设计一个场景，一方面，对临期（超期）涉诉信访事项进行自动提示预警，提高办理效率；另一方面，对答复内容质量进行自动评测，对低质量、不合格的答复内容给予相应整改提示，提高答复质量，进而从源头遏制“办理超时限、答复低质量”的问题。通过充分发挥数字改革赋能新手段的“数助便民”作用，以“更高效、更优质”的标准做好做实“有信必复”工作，做到“件件有落实，事事有回音”，不断提升信访群众的获得感和对法院的满意度。

三、数据建模

（一）数据来源

上海法院涉诉信访管理系统。

（二）建模步骤

第一步：将涉诉信访事项录入上海法院涉诉信访管理系统，模型根据录入信息，自动与数据库进行比对，对属于“初信”类涉诉信访事项进行审核判定。

第二步：对初信类涉诉信访事项，以其录入上海法院涉诉信访管理系统的时间为起算点，设置相关临期、超期提示。

第三步：模型自动识别承办人员输入的具体答复内容，依据规则对答复内容的针对性、篇幅等多个维度进行判定，若判定属于无效答复情形时，不赋予提交权限，无法报送。

（三）思维导图

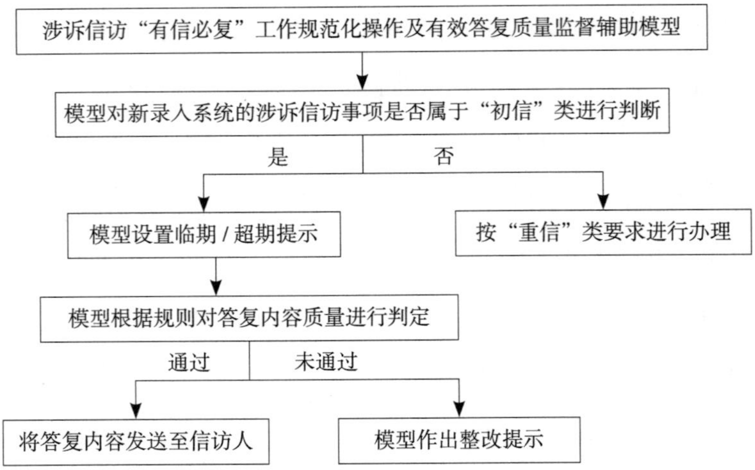

（四）模型分析及优化

针对办理时限和答复质量进行深入分析并对模型予以优化完善。在设置临期 / 超期提示方面，模型在“临期、超期”等阶段，分别向承办人员、转办人员、承办人员所在部门负责人发送相关提示信息。在答复质量检测方面，增加向承办人员发出整改提示的功能，为承办人员提供参考指引，以利于提升答复质量。

四、类案前端治理

模型于 2023 年 11 月底推出，在上线前对 2023 年 6 月至 2023 年 11 月超期涉诉信访件后台数据进行测试。在此过程中，将模型办结时限设定为 60 天，并进行数据碰撞，模型对抽取数据的超期检出率为 100%；随机调取 2023 年 6 月至 2023 年 11 月的 200 条“有信必复”答复内容数据样本，由模型对其进行筛选分类，模型对答复质量检出准确率为94.6%。

2023年12月2日嵌入系统以来，该场景向相关承办人员发送临期/超期提示短信若干条，并对若干家法院、若干初信类涉诉信访件的承办人员，在实质性答复环节发出若干次预警提示。通过对触发预警记录的答复内容逐条进行人工核验，并对部分承办人员进行回访，证实场景能够及时对答复内容进行评判，并对承办人员作出针对性整改提示，直至答复内容符合场景设计的规则标准后才予以通过，触发率达到100%。

五、嵌入提示

（一）触发情形

1. 办理时限

当初信类涉诉信访事项录入系统后，模型按照“60日内办结或根据录入的办结时限”规则开始计时，自动设置临期、超期提示。到达设定日期后，模型自动向承办人员、转办人员、承办人员所在部门负责人发送相应提示短信。

2. 答复质量

在承办人员落实实质性答复信访人的具体办信环节时，模型根据答复的针对性、有效性等规则标准对答复内容进行自动评定，判定属于低质量的答复情形时，发送实时整改提示，直至答复内容符合评判规则后，予以通过。

（二）触发节点及提示内容

1. 办理时限提示

（临期提示）×× 法官/法官助理：您好！涉诉信访管理系统

显示，您有 1 件信访件已临近办理期限，承办人—信访编号分别为：××—（20××）沪 ×× 法信 ×× 号，请及时登录涉诉信访管理系统办理。

（对承办人员超期提示）×× 法官 / 法官助理：您好！涉诉信访管理系统显示，您有 1 件信访件已超期，承办人—信访编号分别为：××—（20××）沪 ×× 法信 ×× 号，请及时登录涉诉信访管理系统办理。

（对转办人员超期提示）×× 您好！涉诉信访管理系统显示，您有 1 件转出的信访件已超期，承办人—信访编号分别为：××—（20××）沪 ×× 法信 ×× 号，请督促办理人员及时登录涉诉信访管理系统办理。

（对承办人员所在部门负责人超期提示）×× 您好！涉诉信访管理系统显示，部门有 1 件信访件已超期，承办人—信访编号分别为：××—（20××）沪 ×× 法信 ×× 号，请督促办理人员及时登录涉诉信访管理系统办理。

2. 答复质量提示

承办人员在办信过程中，将答复内容录入后，点击“保存”答复内容选项按钮时，模型会在后台先行启动，根据规则对答复的内容进行判定，并根据判定结论，从答复针对性、有效性等方面向承办人员反馈整改提示。

（三）嵌入思维导图

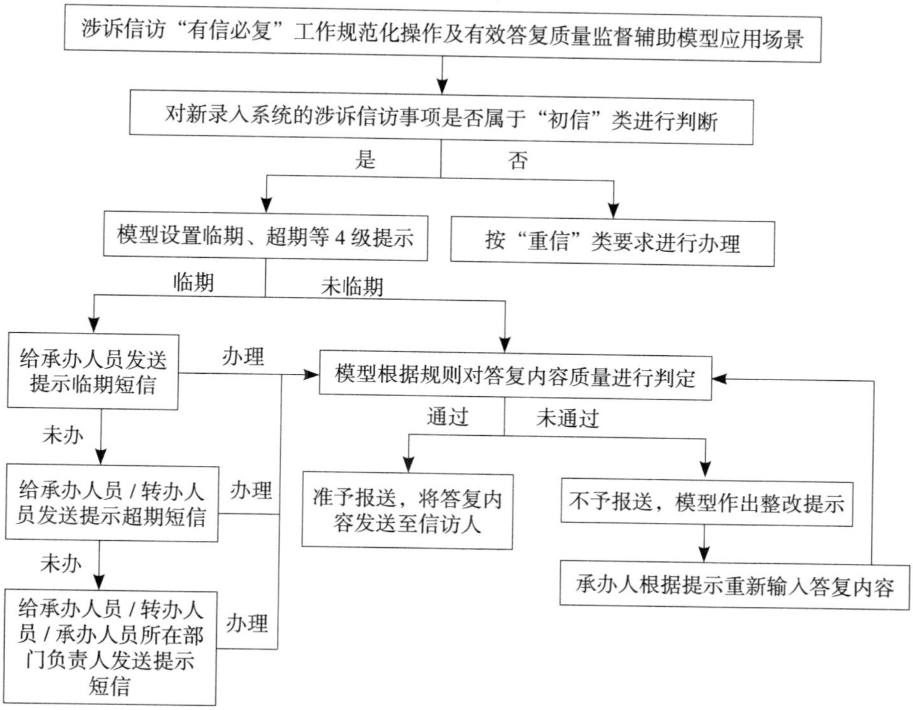

六、办案指引

收到模型的相应提示后，应当根据触发节点和提示内容采取以下做法：

（一）办理时限

若收到临近办理时限短信提示，承办人员需及时登录涉诉信访管理系统，认真办理涉诉信访事项。若收到超期办理短信提示，承办人员需及时登录涉诉信访管理系统，认真办理涉诉信访事项，并填报超期办理的缘由，由涉诉信访部门进行审核。转办人员及承办人员所在部门负责人收到超期办理短信提示的，要及时联系相应承办人员，督促指导其及时办理，查找具体原因，强化分析通报。

（二）答复质量

收到相应答复质量不合格的提示信息后，承办人员须根据整改提示信息，对答复内容进行有针对性的整改完善。在承办人员重新提交时，模型会再次判定，直至符合标准，才会开放下一操作步骤的权限。

七、应用实效

截至 2024 年 12 月 31 日，该场景共发出临期（超期）办理预警提示短信若干条，作出整改提示若干次。多个承办人反馈该场景提示对其按时限办理信访件很有帮助。在场景的嵌入督促下，“办理超时限”问题和“低质量答复”问题正在逐步解决，2023 年 12 月至 2024 年 12 月上海法院的有效答复率呈现逐月上升趋势，累计上升 17 个百分点。

【典型案例】

案例一：多级提示，及时办结临期件。某中级法院信访办收到一当事人涉诉信访事项。信访人要求法院对其所涉案件裁判的法律依据作出释明。该院涉诉信访部门工作人员根据来信诉求和所涉业务部门，将其转交给该院知识产权综合审判一庭办理。承办人因公在外，在收到场景发送的临期短信提示后，立即联系法庭负责人，法庭负责人在信访办转交人员的协助下，按时办结了该信访事项，信访人未再来访。

案例二：优质答复，促成服判息访。一当事人因共有物分割纠纷向上海高院提出再审申请的同时向上海高院写信反映相关情况。相关承办人员在答复环节根据场景的整改提示信息，从事实认定、案件审理、裁判依据、救济途径等多个方面作出高质量答复。信访人收到答复短信后，专门来信对法院工作表示感谢。

【法律依据】

《信访工作条例》第二十三条第一款 党委和政府信访部门以外的其他机关、单位收到信访人直接提出的信访事项，应当予以登记；对属于本机关、单位职权范围的，应当告知信访人接收情况以及处理途径和程序；对属于本系统下级机关、单位职权范围的，应当转送、交办有权处理的机关、单位，并告知信访人转送、交办去向；对不属于本机关、单位或者本系统职权范围的，应当告知信访人向有权处理的机关、单位提出。

第三十四条 对本条例第三十一条第六项规定的信访事项应当自受理之日起60日内办结；情况复杂的，经本机关、单位负责人批准，可以适当延长办理期限，但延长期限不得超过30日，并告知信访人延期理由。

八、心得体会

“有信必复”是在前期“有信必录”基础上，积极适应新时代涉诉信访工作新形势，对人民法院办理涉诉信访事项提出的新要求。落实“有信必复”并非简单的“回话”，而是要在规定时限内实现“从回复到答复，以答复促化解”的目标。

涉诉信访部门按照“谁办理、谁答复”原则将信访材料转交给业务部门承办人员办理后，“如何有效跟踪督促把控办理进度及答复质量，促成高效优质的实质性答复”成为关键环节。在实践中，如果对答复内容进行逐条人工复核，会耗费大量精力且标准尺度把握不一，不仅效率低下，而且还可能衍生其他问题。为此，应充分发挥信息技术“数字赋能”的支撑作用，强化信息系统的智能辅助能力，整合形成集成优势，设计相应场景成为可行且高效的解决办法。

在场景建设初期，规则的设计是核心内容，规则的内容既要符合标准要求，又要在技术层面能够实现，还要贴近工作实践。为此项目组确定了场景要聚焦实现“办理时效多次提示预警、答复内容实时监测整改”这两个核心预期指标。通过调研两家中院、四家基层法院，项目组初定了规则，并向全市法院征求意见，进一步完善规则。同时还与技术部门保持沟通，争取将每一条规则都做到“场景应用的实用性、助力工作的实践性，技术层面的实现性”有机统一。

上线后试运行期间，项目组收到不少业务部门承办人员的反馈，主要集中在“答复整改提示针对性还不强，对整改提示信息的解读因人而异，办理时限的提示短信内容要更一目了然”等方面。通过梳理反馈意见，项目组及时会同技术部门对模型进行修改完善，场景的适应性、容错性、辅助性逐步得到提升。场景嵌入上海法院涉诉信访管理系统后，在源头遏制“办理超时限、答复低质量”问题发挥着积极作用。

随着“有信必复”工作的常态开展、深入推进，该场景也将与时俱进、丰富完善，在能用的基础上向“实用、好用、管用、易用”升级，使其更加智能化，助力推动“有信必复”工作取得更好实效，提升全市法院涉诉信访工作水平，有效维护上海法院司法为民的良好形象。

执笔人：上海市高级人民法院立案庭　黄旭阳

核稿人：上海市高级人民法院立案庭　乔蓓华

财产保全到期便民提醒应用场景

◎ 上海市徐汇区人民法院

【关键词】

财产保全　到期　续保

【要旨】

当事人在诉前及诉中申请财产保全是实践中常见的诉讼行为，人民法院根据当事人申请对被申请人的财产采取保全措施，根据不同的财产类型，保全期限为1年到3年。财产保全到期前，当事人要求继续保全的，应当向人民法院提交书面的续保申请，由人民法院办理续保。在实践中，由于保全期间通常超过了案件的审理周期，且同一案件中不同类型的财产保全期限亦不相同，故当事人在财产保全即将到期时往往会忘记申请续保，导致财产保全失效，进而影响案件的执行，致使当事人利益受损。本场景旨在利用法院办案系统中财产保全的案件数据，及时提醒保全申请人即将到期的保全措施，避免保全申请人因遗忘而导致财产保全失效，切实保障当事人的权益。

一、场景描述

在人民法院办案系统中，财产保全以执保案件形式呈现，执保案件分为新建、续保、解除三种类型。具体来说，同一个纠纷中，在当事人初次申请财产保全，人民法院审核通过后，会建立一个类型为“新建”的执保案件，该案件内包含当事人本次申请保全的具体财产项目（一个或多个），每一个财产项目称为一个保全分项，如果保全成功，系统中会录入该保全分项的具体信息，包含被保全财产类别、财产名称、保全开始及结束日期等信息。人民法院根据保全结果，向当事人制发财产保全告知书，以上记载当事人申请保全的财产是否保全成功，以及各个财产的保全开始及结束日期。财产保全到期前，当事人向人民法院申请续保，人民法院根据当事人申请，会建立一个类型为“续保”的执保案件，对当事人申请续保的保全分项进行续保，如果续保成功，该保全分项中原有的保全结束日期会更新。财产保全到期前，根据当事人申请或者其他法定原因，也可以解除财产保全，解除可以全部解除，也可以只解除某一保全分项（被保全财产），解除保全时人民法院会建立一个类型为“解除”的执保案件，解除成功后，该案件会列明被解除保全的保全分项具体信息。因此，同一个纠纷（可能是诉讼案件也可能是仲裁案件，在本场景中均称为前审案件）中，关于财产保全，可能关联多个执保案件。

基于目前较为复杂的财产保全制度安排，本场景能够做到在当事人申请的某一项财产保全（初次保全及续保）到期前 1 个月时通过信息方式通知当事人，由当事人决定是否续保，并告知当事人承办人姓名及联系方式，对于已被解封的财产项目可以及时取消通知。

二、线索来源

当事人向人民法院申请财产保全，人民法院根据当事人申请对相应财产实施保全措施，之后会向当事人发送书面财产保全告知书。告知书中记载了财产保全的结果以及财产保全的开始及结束日期，并载明当事人应当在保全到期前一定时间内申请续保，超期将导致财产保全失效。在实践中，对不同财产的保全期限并不相同，对账户的保全时间一般为 1 年，对其他财产的保全时间为 2 年，对不动产的财产保全时间为 3 年，因为保全的时间跨度较长，当事人在保全到期前经常忘记曾申请过保全，从而导致保全因到期未申请续保而失效，亦有一些当事人在财产保全临近到期时突然想起，未能给法院留足充分的时间进行续保，导致财产保全失效，给当事人财产利益造成损失，甚至引起当事人信访。另外，因为财产保全失效后，被保全人往往第一时间将财产转移，也会对案件的后续执行产生不利影响。当前法律规定，当事人申请财产保全，人民法院需要告知当事人财产保全的起止时间，之后的续保应当由当事人在法定期限内向人民法院提出，并未规定法院在保全到期前应当主动通知当事人。另外，因为执保案件的执行办案系统与审判案件的审判办案系统并未直接关联，财产保全的周期往往长于审判案件的审理周期，且部分案件申请数个甚至数十个财产保全，这些财产保全的到期日亦不相同，由人民法院在财产保全到期前通过人工方式通知当事人缺乏现实可能性。基于上述原因，徐汇法院经过调研，充分发掘审判执行系统中相关数据，发挥“数助便民”作用，特开发此应用场景，利用计算机系统，结合审判执行系统中既有数据，在保全到期前自动提醒当事人续保，避免当事人因为遗忘而导致财产保全失效，从而更全面地保护当事人合法权益，也是法院的一项便民举措。

三、数据建模

（一）数据来源

执保案件信息（源于上海法院审判执行办案平台）。

（二）建模步骤

1. 数据获取

在上海法院审判执行办案平台中获取执保案件信息，包括其案号、申请类型（新建、解除、续保）、前审案号、前审案件承办人及联系方式、当事人名称、当事人电话号码、保全申请人、所有保全分项信息（包含保全物类别、名称、被保全人、开始日期、结束日期等）。

2. 背景信息

（1）同一执保案件中保全项可能有一个或多个保全分项，如保全项 1、保全项 2（一个财产线索对应一个保全分项），每个保全分项下记载有该分项对应财产线索的保全物类别、被保全人、财产名称、保全金额、开始日期、结束日期等内容。

（2）如果一个保全分项所属的执保案件性质为新建或续保，且保全分项信息中既有开始日期又有结束日期，则表明该保全分项对应的财产被成功保全；如果信息中结束日期为空，则表明该保全分项未被成功保全。

（3）如果一个执保案件的类型为“解除”，则表明该案件中包含的保全分项已经被解除保全。

（4）以保全分项（单个财产线索）为基本单位，即每一个成功保全且未被解封的保全分项，到期前均需短信通知。

3. 建模规则

（1）每一个保全成功的保全分项（保全分项信息中有开始日期及结束日期）建立一个待通知条目，并列明该保全分项对应的执保案号、执保案件类型、前审案号、前审案件承办人、承办人联系方式、保全申请人、被申请人、保全开始日期、保全结束日期、保全分项中被保全财产信息。

（2）每一个执保案件类型为解除的保全分项建立一个已解封条目，并列明该保全分项对应的执保案号、执保案件类型、前审案号、前审案件承办人、承办人联系方式、保全申请人、被申请人、保全分项中被保全财产信息。

（3）将规则 1 中的待通知条目与规则 2 中的解封条目对比，如果某一解除条目的前审案号、保全分项中被保全财产信息与待通知条目一致，则该待通知条目不再通知，移出待通知条目清单。

（4）根据待通知条目中的信息，在保全到期日前第 31 日向当事人发送提醒短信。

（5）同一保全申请人、同一前审案件，在同一日有多个财产保全分项到期需要通知的，仅通知一次。

4. 短信内容

（保全申请人）：你在（前审案号）案件中申请的财产保全将在（保全结束日期）到期，如需继续保全，请在到期日 3 周前，向案件承办法官（前审案件承办人）递交书面续保申请。本提示仅供参考，请审慎核实后及时联系案件承办法官。联系电话：（承办人联系方式）。

（三）思维导图

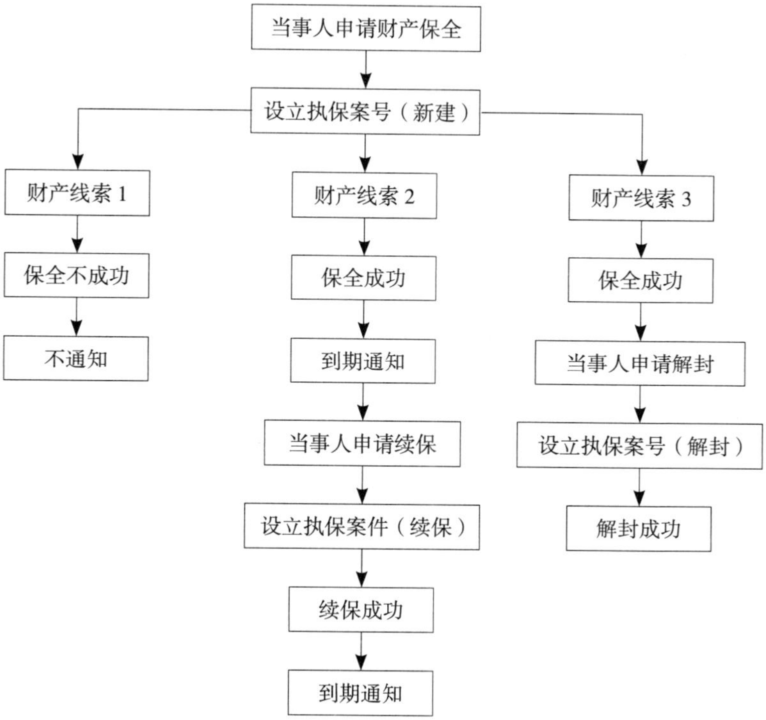

（四）模型分析及优化

本应用场景模型基于当前人民法院财产保全办案系统的实践特点，有针对性地设计数据抓取方案，根据抓取数据，建立待通知条目，经多次测试及优化，目前模型方案已较为成熟，能够实现模型设计时的所有功能，后续如果保全办案系统功能调整，数据呈现方式发生变更，模型规则需同步修改。但目前办案系统中执保案件的案件信息，需要办案人员输入，本应用场景以及向当事人发送的财产保全告知书均以该案件信息为基础，故案件信息录入的准确性直接影响本场景通知的准确性。在数据准确的情况下，本场景因规则明确，可实现通知的100%准确性。

本场景的设计初衷是提醒当事人不要忘记申请续保，考虑到当事人申请财产保全后，人民法院已经向当事人发送了书面的财产保全告知书，告知书记载了保全财产名称、是否保全成功、保全开始及结束时间，故当前保全到期前向当事人发送的信息仅以提醒为准，后续可根据具体需求，有针对性地丰富和优化信息通知内容。

四、应用实效

本应用场景自2024年4月12日完成嵌入并开始向当事人发送保全到期的提醒短信，截至2024年12月31日，已经向当事人发送保全到期提醒短信18376条，经核对，所有短信均能按照要求的格式及时间发送。

【典型案例】

案例一：2023年6月1日，在徐汇法院受理的某广电股份公司诉某生物科技公司房屋租赁合同纠纷一案中，某广电股份公司申请保全某生物科技公司名下银行账户，徐汇法院依当事人申请查封了某生物科技公司的相应银行账户，查封结束日期为2024年6月14日。2024年5月14日，本应用场景触发保全到期提醒，向某广电股份公司发送保全到期提醒短信，某广电股份公司收到短信提醒后，向徐汇法院寄送书面续保申请书，2024年5月21

日徐汇法院收到续保申请书，对涉案银行账户进行了续封。

案例二：2023 年 6 月 2 日，在上海某建设工程有限公司诉南通某集团公司建设工程施工合同纠纷一案中，上海某建设工程有限公司申请查封南通某集团公司名下银行账户，徐汇法院依当事人申请查封了南通某集团公司的相应银行账户，查封结束日期为 2024 年 6 月 6 日。2024 年 5 月 6 日，本应用场景触发保全到期提醒，向上海某建设工程有限公司发送保全到期提醒短信，上海某建设工程有限公司收到短信提醒后，向徐汇法院寄送书面续保申请书，2024 年 5 月 11 日徐汇法院收到续保申请书，对涉案银行账户进行了续封。

【法律依据】

《最高人民法院关于人民法院办理财产保全案件若干问题的规定》第十八条 申请保全人申请续行财产保全的，应当在保全期限届满七日前向人民法院提出；逾期申请或者不申请的，自行承担不能续行保全的法律后果。

人民法院进行财产保全时，应当书面告知申请保全人明确的保全期限届满日以及前款有关申请续行保全的事项。

五、心得体会

在开发财产保全到期提醒应用场景的过程中，遇到了许多挑战和困难，但这些困难最终都转化为了宝贵的经验和收获。

开发财产保全到期提醒这个应用场景时，面临的首要问题是选择合适的实现方式和数据来源。最初，项目组尝试利用财产保全告知书的内容来实现这一功能。然而，这一方法遇到了两个主要问题：一是保全告知书的数据大多是由承办人自己编写的，非结构化数据，抓取难度较大；二是存在部分案件遗漏制作并向当事人发送财产保全告知书的情况。这导致不得不重新审视数据来源和实现方式。

经过多次尝试和调整，项目组最终决定从执保案件信息中获取数据。虽然执保案件的设计逻辑较为复杂，同一个诉讼案件中当事人可能多次申请保全、续保，并因为某些原因解封部分财产，因此，财产保全数据可能散落在不同的执保案件中，但执保案件的数据具有结构化的优势，更适合计算机系统抓取。基于此，项目组转变思路，以保全分项为基本单位进行数据抓取，根据数据制作待通知条目清单和已解封条目清单，并根据定期数据更新，实时调整两个清单的内容。这一方法虽然有效，但后续验证通知消息的准确性却需要巨大的工作量。为了验证数据的准确性，需要频繁在不同的执保案件中寻找数据进行比对，这无疑增加了工作难度和时间成本。

此外，法院业务部门与技术人员的沟通也是一大挑战。技术人员往往对法院系统的工作逻辑不够了解，如何进行需求与技术的交互，是一个需要解决的问题。为此，项目组通过拍摄视频、制作图例的方式，努力弥合业务与技术人员之间的思维鸿沟，确保双方能够准确理解和实现彼此的设计思路。

另外，在应用场景设计的过程中，还遇到了一些其他问题，比如应用场景嵌入初期案件信息抓取方案的调整和迭代、部分法院办公系统中承办人信息未及时录入需要跨院的协调等，当然，在不断的沟通与相互配合下，这些问题最后都得到了圆满解决。

利用法院办案过程中形成的大数据，经过汇总后，形成有价值的信息，用来服务当事人、服务社会，是“数助便民”的根本宗旨。本应用场景开发完成后，让法院系统中沉睡的数据得到了充分利用，及时提醒当事人进行续保，维护了当事人的权益，也提升了人民法院司法为民的能力。

财产保全到期提醒应用场景的开发，是一个充满挑战但也收获颇丰的过程。本场景着力解决了司法实践中的一个痛点，更好地维护了当事人的合法权益，也在实践中贯彻了“数助便民”的理念。希望本场景在未来能够持续发挥作用，为社会提供更加高效便捷的司法服务。

执笔人：上海市徐汇区人民法院　姜萌萌

核稿人：上海市高级人民法院立案庭　乔蓓华

企业涉诉信息澄清协同治理应用场景

◎ 上海市宝山区人民法院

【关键词】

涉诉信息查询　涉诉信息澄清　融资困境

【要旨】

企业涉诉信息一定程度上反映了企业信用和经营管理风险情况，是银行等金融机构在贷款审查及管理中重点关注的项目之一。经调研了解，部分金融机构由于不能全面、准确、及时了解企业涉诉情况，难以对涉诉企业开展精准信贷评级，仅因网上所采集的涉诉信息就采取停贷、拒贷措施，影响企业正常经营发展。该场景旨在建立银行等金融机构查询企业涉诉信息的渠道，打破数据壁垒，为金融机构更精准呈现企业“信用画像”，避免金融机构采取与企业涉诉风险不匹配的贷款限制措施，保障对企金融支持力度，护航企业健康持续发展。

一、场景描述

为保证信贷安全，银行等金融机构主要通过社会第三方数据服务机构推送获得企业涉诉信息，并据此对涉诉企业的信用作出判断。

但第三方数据服务机构向银行推送的信息有时并不完整、准确、及时，银行囿于无法核实真实的诉讼信息，亦无法深入了解企业被诉原因、标的额等具体案情，为降低贷款风险，可能对企业采取“一刀切”的“拒贷”“断贷”“停贷”等限制措施，客观上造成企业融资受阻。甚至有的企业以原告身份涉诉，也有可能受到贷款限制。为缓解企业贷款难，宝山法院积极与金融机构对接协调，创新设立“企业涉诉信息澄清机制”，利用上海数字法院平台搭建数据模型，精准抓取企业关键涉诉信息形成数据库，为金融机构提供企业涉诉信息查询，帮助金融机构科学、合理、精准地评估企业风险，降低涉诉对企业贷款融资的不当影响。

二、线索来源

宝山法院受理的一起商事案件中，被告为刚成立的科创企业，其财务负责人向法院反映，该案涉诉金额仅10万元，并不影响公司的正常经营，却因为涉诉，导致该企业1500万元的贷款申请被银行拒绝，影响了企业的发展。宝山法院对此高度重视，经了解，涉诉企业尤其是民营中小微企业贷款难现象常见多发，并不是该企业的“一家之困”，有必要加强数据交互共享，进行专项治理。

三、数据建模

（一）数据来源

1. 案件流程信息（源于上海法院审判执行办案平台）。

2. 案件裁判文书（源于上海法院审判执行办案平台）。

（二）建模步骤

第一步：在上海法院审判执行办案平台中，筛选当事人类型为法人、在办或立案日期在3年内的已结“民初”“执”字号案件，即为所需案件数据，包括案号、立案日期、案由、案件标的、文书内容等要素。

第二步：通过“民初”案号关联至该案的二审、再审、执行案件，建立完整的案件办理链条，形成企业涉诉信息数据库。

第三步：根据不同的诉讼阶段、案件状态、裁判文书生效状态等情况，逐一确定每项要素在对应阶段应输出的内容。

（三）思维导图

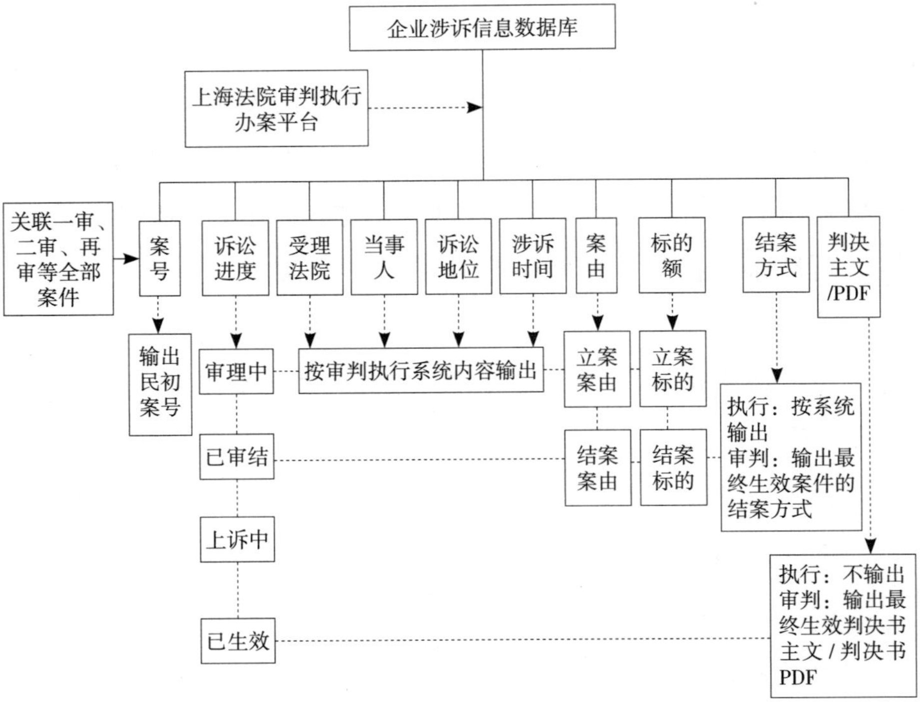

（四）模型分析及优化

1. 由于再审会导致案件审理结果发生变化，故在后续优化中，将再审案件也纳入涉诉信息查询的范围。

2. 不同统计口径下中小微企业的定义不一，且涉诉影响企业融资的现象虽然常见且多发于中小微企业中，但对于其他国有、民营企业融资也有重要影响，故将涉诉信息共享范围扩大至全部企业类型。

四、应用指引

（一）输入内容

企业名称或企业统一信用代码。

（二）输出内容

案号、受理法院、当事人、诉讼地位（原告、被告、第三人）、涉诉时间、案由、标的额、诉讼进度（审理中、已审结、已生效、上诉中）、结案方式、判决主文、判决书（如无法输出判决主文，则输出判决文书的 PDF 格式并加注水印）。

（三）输出频率

实时更新。

五、类案协同治理

（一）破冰清障，凝聚共建力量

为进一步增进理解、精准适用、高效衔接，宝山法院与辖区内主要金融机构召开企业涉诉信息说明服务介绍会，就涉诉信息说明澄清工作开展介绍动员并作深入研讨，促进涉诉信息共享共惠，强化交流协作。人民银行、工商银行、建设银行、招商银行等九家金融机构在宝山区的分支机构代表参加会议。与会代表对涉诉信息获取路径、获取范围以及信贷融资安全的关联度等事项深入探讨、形成共识，推动破除“企业涉诉信息澄清机制”的推行障碍，以多元联动、精准对接为法治化营商环境建设和构建新发展格局保驾护航。

（二）高位谋划，推动落地见效

上海高院高度重视场景建设，全程参与、精心指导、积极推动，确保场景取得实效。聚焦金融机构查询需求，积极加强与中国人民银行上海总部的沟通，商定涉诉信息共享字段范围，兼顾助力金融机构服务企业敢贷、愿贷、能贷、会贷长效机制建设与加强涉诉企业合法权益保护。聚焦访问便利和数据安全，确定采取结构化数据共享和访问方式，银行等金融机构通过中国人民银行下属的联合征信平台在上海市大数据中心进行查询，实现数据治理和结构优化，确保数据安全。聚焦应用实效，主动与上海市主要金融机构建立“涉诉信息澄清机制”，加强宣传，持续跟进应用场景查询使用情况，及时调整优化，确保场景“好用”“用好”。

“企业涉诉信息澄清协同治理”应用场景于 2024 年 3 月 11 日在上海市大数据中心正式上线，为广大金融机构提供查询服务。截至 2024 年 12 月 31 日，已帮助 2000 余家涉诉企业获得 20 余亿元贷款，有效缓解了企业融资困境。2024 年 4 月，国务院办公厅优化营商环境专项督查调研工作组来沪开展督查调研，其间专门以“澄清机制与金融支持”为主题，与此前获得过法院涉诉澄清机制支持的多家企业进行了一对一访谈，深入了解澄清机制的推进情况与成效。上海市人大常委会也在2024年修订的《上海市优化营商环境条例》中，增加了企业涉诉信息澄清机制相关条款。此外，该机制还被写入最高人民法院工作报告，并受到市、区相关领导的批示肯定。同时，获评上海市各区优化营商环境优秀案例，并获《解放日报》《新民晚报》等多家媒体报道。

【典型案例】

某绿化建设公司是一家专门从事园林景观设计、园林绿化工程、湖河整治工程的中小微企业，系国家认定的“专精特新”中小企业和科技创新型中小微企业，但因其存在诉讼案件，导致其向银行申请正常经营贷款时受限，致使经营生产受到影响。该公司希望法院出具涉诉情况说明，以便银行继续提供金融支持。宝山法院了解到其在该院涉诉的案件是与某石材公司的一起货款合同纠纷，系因绿化建设公司向石材公司背书转让的电子商业承兑汇票遭拒付而引发。对此，宝山法院告知绿化建设公司如因涉诉信息被不完整获取，导致企业在信贷融资、招投标等经营活动中遇到困难，可向人民法院申请出具相关涉诉信息说明材料。在收到绿化建设公司申请后，承办法官第一时间进行审核，制作《企业涉诉信息说明函》对涉诉案件情况作客观说明，交绿化建设公司向相关银行提供。该函为上海法院发出的首份《企业涉诉信息说明函》。银行据此重新进行风险评估后，批准了绿化建设公司500万元贷款申请，保障了公司的正常经营。后石材公司与绿化建设公司就本案达成了调解协议，既实现案结事了，又最大程度降低涉诉对企业经营的影响。

【法律依据】

1.《**中共中央、国务院关于促进民营经济发展壮大的意见**》**第二条第三项**　完善社会信用激励约束机制。完善信用信息记录和共享体系，全面推广信用承诺制度，将承诺和履约信息纳入信用记录。发挥信用激励机制作用，提升信用良好企业获得感……

2.《**上海市优化营商环境条例**》**第五十三条**

……

本市建立健全中小企业涉诉信息澄清机制，避免金融机构因获取信息不全面影响对中小企业的正常贷款。

六、心得体会

资金链是企业生存发展的“生命线”。在实践中，一些涉诉企业，尤其是中小微企业、资产较为薄弱的新质生产力企业在贷款融资、招投标过程中往往受到限制，人民法院如何立足司法审判实际打通涉诉企业融资堵点，守住企业发展“生命线”“不能让任何一个企业仅因涉案而垮掉”，上海数字法院建设为回答这一问题开辟了新思路。

（一）破局：聚焦需求，创设澄清服务机制惠企

调研先行，深挖问题根源。宝山法院在对本市部分企业和银行的营商环境专题调研中了解到，一方面，企业苦于在涉诉不影响正常经营的情况下，仅仅因涉诉就遭到银行的拒贷、停贷，反而导致企业资金周转紧张，甚至资金链断裂；另一方面，银行等金融机构也愁于缺少权威渠道及时、准确获取企业涉诉信息，无法精准信用评级，“想贷而不敢贷”。宝山法院将助力企业持续健康平稳发展作为重点调研课题，院领导及有关班子成员、部门领导与市优化营商环境法治保障共同体及相关专家开展调研座谈会，共同商讨解决制约涉诉企业发展的难点问题。通过对标 BR（营商环境评估指标体系）“获取金融服务”指标，梳理涉诉企业的“急难愁盼”，助力金融机构“愿贷敢贷”，以司法助力守住企业发展“生命线”。

靠前谋划，把准破局切口。在深入调研和研判的基础上，2023 年 6 月，宝山法院制定《关于进一步保护涉诉小微企业合法权益优化营商环境的相关意见》，并率先推出为涉诉企业提供信息澄清服务。如果涉诉企业由于涉诉信息被相关单位不完整获取导致企业在信贷融资等经营活动中遇到困难，需要对涉诉信息予以客观说明或予以澄清的，可向该院提出申请，该院将视情向相关单位出具《企业涉诉信息说明函》，对涉诉企业的涉诉信息进行客观说明或澄清。该澄清服务机制通过打破数据壁垒，减少涉诉企业因重要涉诉信息披露不准确或不完整而导致的信贷及融资困难，帮助金融机构更好进行风险评估，避免出现“一刀切”式的断贷、停贷。

（二）添翼：从线下到线上，数字赋能澄清服务机制

试行期间，宝山法院企业涉诉信息澄清机制受到了企业和金融机构好评，也受到市、区相关领导的批示肯定，以及媒体广泛关注。但尚存在需进一步完善之处：一是范围受限，宝山法院不掌握企业在其他法院的案件情况，只能就企业在本院的案件进行情况说明；二是时效受限，当事人申请和法院出具说明函均系线下进行，尽管承办法官提高审核办理效率，但案件查阅和材料流转仍需要一定时间，无法完全满足及时性需求；三是效率受限，企业需主动申请并提供材料，再向银行转递，而且随着澄清机制的广泛适用，也给法官增加了不小的工作量。

如何更高效、及时、便捷地进行涉诉企业信息共享。上海法院正如火如荼推进的数字法院“数助治理”应用场景恰可解燃眉之急。经充分论证评估后，在上海高院的大力支持下，宝山法院研发“企业涉诉信息澄清协同治理应用场景”，探索出“司法数据查询类”这一司法大数据参与社会治理的新路径。通过建立数字模型，自动化采集和实时更新企业涉诉信息形成数据库，银行等金融机构经授权后可线上查询相关企业近年来在上海法院的涉诉情况，无须当事人再行向法院提出申请和等待审核，既便利当事人，又进一步提高了金融机构获取企业涉诉信息的及时性。

如何确保查询数据满足需求、结果准确。上海高院与中国人民银行上海总部进行了密切沟通，最终确定对涉诉标的金额、涉诉时间、涉诉案由、诉讼对象、涉诉进度、判决执行文书、案号等信息进行结构化数据共享，满足金融机构信用评估需求。同时，为确保涉诉企业信息数据库精准无误，在上海高院的指导下，宝山法院对模型规则进行了反复校验、修改，嵌入系统试运行，并进行了三轮数据抽样核验，最终确保各类情形下查询结果准确。

如何便利金融机构使用。考虑到审判执行流程繁复、专业术语较多，宝山法院对审判执行流程管理系统中提取出的数据进行二次处理和逻辑运算，使查询结果呈现更加清晰明了。例如，一起案件可能历经一审、二审、申诉、再审等多个流程，存在多份法律文书，金融机构工作人员可能对文书是否为最终生效文书产生疑惑。宝山法院通过对数据进行逻辑运算，实现一个纠纷只输出一个最终裁判结果。此外，为确保企业涉诉信息澄清机制做细做实、见质见效，在金融机构协同方面，宝山法院与辖区内九家主要金融机构召开企业涉诉信息说明服务介绍会，加强共商共谋，以多元联动和精准对接为区域法治化营商环境建设和构建新发展格局保驾护航。

（三）延伸：司法大数据参与社会治理的新方案

着眼于精准绘制企业“信用画像”。以往，囿于技术条件等，企业涉诉数据难以进行大规模调取、分析、处理，“数助治理”应用场景建设则为之赋予可能。企业涉诉信息澄清源于司法大数据资源的整合与开放共享，用司法大数据为企业绘制“信用画像”。这幅“信用画像”的应用价值非常广阔，强化对涉诉企业金融支持仅仅是这座“富矿”的一隅。例如，宝山法院进一步拓展应用场景，为在招投标等场景下有需要的企业提供澄清服务。又如，宝山法院将企业涉诉信息与企业信用修复相结合，建立司法信用信息正向激励机制，不仅帮助企业“优等生”修复信用，更是从源头上激励义务人积极履行义务、退出失信惩戒，从而营造诚实守信的社会氛围，促进企业涉诉信息澄清机制的叠加升级。

着力于促进法治化营商环境优化。企业涉诉信息澄清机制支持金融资源对企业的精准灌溉，通过提升金融机构对企业贷款风险识别、预警、处置的能力水平，提供更强的可预期性和可确定性，增强“敢贷”信心，最大程度减少涉诉对企业正常生产经营的影响。企业涉诉信息澄清还与信用体系建设息息相关。党的二十大报告将社会信用体系建设上升为基础性经济制度的高度。

企业涉诉情况无疑是重要的企业信用信息之一，关乎资源配置效率和防范化解风险本领。企业涉诉信息澄清机制改善企业信用评估不精准、不全面的现状，进一步推动企业涉诉信息融入企业信用体系建设完善，增强企业诉讼信息透明度及企业信用档案丰富度，为有关监管、授信单位审视风险提供有力依据，也可为企业自身加强信用管理提供重要参考。

执笔人：上海市宝山区人民法院　贾　路　李　彤
核稿人：上海市高级人民法院研究室　张　果
上海市高级人民法院商事审判庭　曹克睿

社区矫正对象全流程监管衔接的监督治理应用场景

◎ 上海市奉贤区人民法院

【关键词】

社区矫正　宣告缓刑　行政违法　犯新罪　撤销缓刑

【要旨】

根据《刑法》第七十七条之规定，被宣告缓刑的社区矫正对象在缓刑考验期内，如犯新罪，应当撤销缓刑、数罪并罚；如违反法律、行政法规或者缓刑监督管理规定，情节严重的，应当撤销缓刑，执行原判刑罚。在实践中，由于刑事生效裁判信息与司法局社区矫正信息、公安局行政违法及刑事强制措施信息不对称等原因，部分社区矫正对象在缓刑考验期限内，实施了相关行政违法行为，甚至再犯新罪，却未被司法机关及时发现，未对其及时撤销缓刑或依法惩处。对此，有必要通过构建数字化监管模型对相关案件信息进行整合运用，建立“社区矫正对象全流程监管衔接的监督治理”场景及配套数据库，连通数据共享平台，打通各单位数据壁垒，对缓刑罪犯、矫正对象、行政违法或被采取刑事强制措施人员三类名单进行数据碰撞，强化对社区矫正对象的数字监督管理，有效避免监管盲区，确保刑罚执行的规范性和严肃性。

一、场景描述

结合社区矫正监管的需求，奉贤法院建设“社区矫正对象全流程监管衔接的监督治理”应用场景，通过场景建模抓取数据，在裁判文书生效后，将上海市内列管的社区矫正对象数据通过上海市大数据中心实时推送至上海市司法局，上海市司法局将法院数据及自身已掌握的社区矫正名单（含外省市法院发往上海的矫正对象），一同与上海市公安局提供的被行政处罚或被采取刑事强制措施的人员数据进行碰撞，若发现其中有行政违法且情节严重的社区矫正对象，则向法院提出撤销缓刑、收监执行的建议；被采取刑事强制措施的社区矫正对象，则进入公安机关侦查、检察机关审查起诉、法院审判的刑事诉讼程序，最后由法院依法撤销缓刑、数罪并罚。

二、线索来源

由于信息衔接和共享机制的不完善，法院生效裁判数据与司法局社区矫正名单、公安机关所采取的强制措施信息不能实时同步相互传输。特别是被宣告缓刑的社区矫正对象，在传统模式下需要等案件生效后由法院将判决书、执行通知书线下邮寄送达司法局，再由司法局在核对纸质文书和报到对象身份后将该对象纳入社区矫正名册，需要消耗 10 日至 20 日甚至接近 1 个月的时间。

对矫正对象有无违法违规的监督管理，往往需要各地司法所前往对应的公安派出所人工核查矫正对象与刑事强制措施、行政违法对象是否出现重合。既往做法对社区矫正对象的监管存在信息传递滞后、监管信息不全面等监管盲区，容易引发矫正对象脱管、漏管、未及时被撤销缓刑收监的风险。

2023 年 9 月以来，依托上海市大数据中心的数据平台，上海高院、上海市司法局、上海市公安局携手建立数据衔接和共享机制，形成以上海市大数据中心为“枢纽”，三家单位跨部门数据共享的“大循环”机制，助推大数据赋能社区矫正。在上海高院的指导下，奉贤法院建设了“社区矫正对象全流程监管衔接的监督治理”司法数据推送类社会治理场景，为“大数据赋能社区矫正”中法院数据的及时、准确、完整推送提供支撑。

三、数据建模

（一）数据来源

1. 案件信息（源于上海法院审判执行办案平台）。

2. 刑事裁判文书（源于上海法院审判执行办案平台）。

（二）建模步骤

1. 法院宣告缓刑被告人数据提取模型

在法院系统结构化数据中，筛选同时符合以下条件的判处缓刑对象（案件）数据：（1）已生效刑事案件；（2）判处缓刑案件；（3）当前日期处于缓刑考验期内；（4）列管地属于上海市各区。

2. 司法局矫正对象数据提取

在上海市司法局矫正对象的结构化数据中，提取本市法院发本市司法局社区矫正的在册矫正对象数据，另提取外省市法院发本市司法局社区矫正的在册矫正对象数据。

3. 公安局行政违法及被采取刑事强制措施人员数据提取

上海市公安局从其办案系统进行内部筛查，提取行政违法人员及被采取刑事强制措施人员的数据。

4. 数据比对情况及处置

（1）将上述三类数据进行比对，筛查出社区矫正人员存在行政违法线索、被公安机关处以行政处罚的，司法局掌握线索后对行政违法情形予以评判，属于情节严重的，司法局将提请法院撤销缓刑、收监执行。

（2）将上述三类数据进行比对，筛查出社区矫正对象被公安机关处以刑事强制措施的，公安局、司法局、法院应及时互通线索，将社区矫正期间又犯新罪的对象纳入刑事诉讼程序，经公安机关侦查、检察机关起诉，由法院依法审判撤销缓刑，数罪并罚。

（三）思维导图

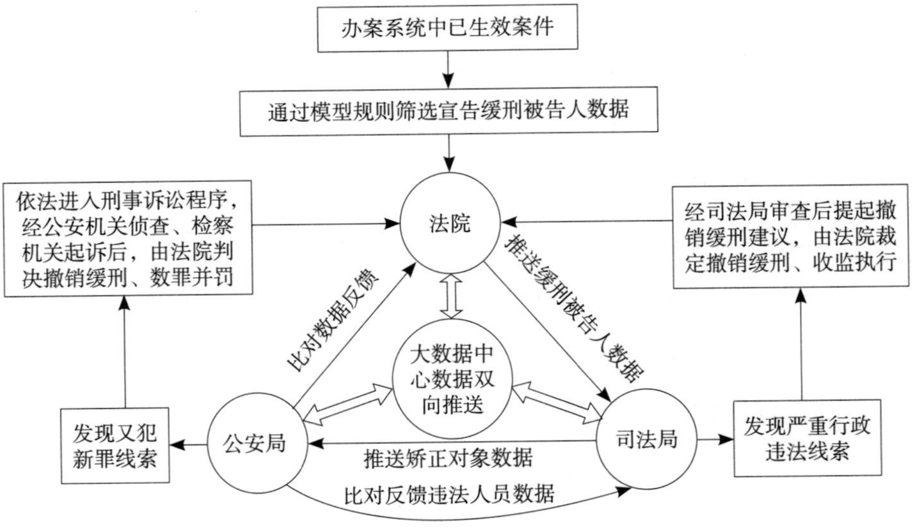

（四）模型分析及优化

2023年10月起，上海高院从审判办案系统中抓取了近五年来判处社区矫正的全部生效案件信息，推送至上海市大数据中心，增量数据于案件生效次日更新推送，由上海市司法局下载使用。根据上海市司法局反馈情况，上海高院指导奉贤法院进一步优化数据模型，特别针对在社区矫正中占绝大多数的缓刑对象优化数据提取规则，于2024年3月底重新在上海市大数据中心上线。新数据模型主要优化了以下三方面：一是确保实时性，案件生效后即实时推送至大数据中心；二是强化全面性，不仅包含矫正对象的身份、刑期、列管地等全面信息节点，也同步推送对应的判决书全文；三是提升准确性，优化后的建模规则排除了涉外省市矫正的相关数据。

四、应用指引

（一）输出内容

1. 缓刑矫正对象的结构化数据。
2. 判决书全文（添加上海法院水印）。
3. 脱敏处理。

（二）输出频率

案件生效后实时推送。

五、类案协同治理

经过上海高院与上海市司法局、上海市公安局共同努力和不断探索，该场景目前已取得了初步成效。三家单位之间的相关数据共享通道已打通，数据联通交换平台搭建已完成，在数字化手段加持下，社区矫正对象监管衔接机制得到进一步健全完善，整体工作效能得到有效提升。一是横向打破数据壁垒，推动建立以大数据中心为“枢纽”，法院、司法局、公安局数据交互共享的“大循环”机制，为协同单位提供更为精准、全面、即时的缓刑和社区矫正对象数据信息；二是纵向防范监管空白，针对社区矫正对象在缓刑宣告后、矫正报到前存在的监管空白期，通过数据即时推送，助力司法局尽早掌握矫正对象情况，做好监管衔接；三是全面消除监管盲区，对社区矫正对象进行全流程监督管理，形成“数字监管”全覆盖，确保及时发现矫正对象在矫正期间的违法违规行为，避免导致刑罚适用不当的情形，确保刑罚执行的严肃性、权威性。

六、应用实效

自 2024 年 4 月，该场景优化并在上海市大数据中心二次上线后，已向上海市司法局推送相关缓刑案件信息 8000 余条，通过与社区矫正对象信息、行政违法等信息碰撞比对，已在本市范围内发现 25 名社区矫正对象在缓刑考验期内违反行政法规，情节严重，相关区司法局已及时向法院提请撤销缓刑、收监执行；15 名社区矫正对象在缓刑考验期内涉嫌犯新罪（被采取刑事强制措施），已及时依照法定程序予以处理，依法侦查、起诉、审判后，撤销缓刑、数罪并罚；基于场景数据传输的即时性，上海市司法局在尚未纳入监管前已先行获知 76 条新增被判处缓刑对象信息，有助于其做好缓刑对象报到前的监管衔接工作。

此外，其他单位基于各自职能用途申请使用本场景数据，如浦东新区人社局申请将本场景数据应用于推进就业创业培训政策落地，已对申请就业补贴人员进行资质审核3877次，助力补贴依规发放。

【典型案例】

案例一：因推送数据发现社区矫正对象在缓刑考验期内犯新罪的线索。奉贤区在册矫正对象周某，2023年10月17日因涉嫌危险驾驶犯罪被取保候审，其未主动向矫正部门说明情况，矫正部门在前期二次人工核查中未发现周某违法和强制措施信息，至11月2日在比对推送的数据中发现周某“犯新罪被取保候审”的线索，奉贤公检法司立即互通信息，公安机关及时移送审查起诉，奉贤检察院于11月8日对周某决定逮捕，11月15日提起公诉。奉贤法院立案受理后，于11月23日对周某判决撤销缓刑、数罪并罚。

案例二：掌握缓刑考验期内因违反行政法规被撤销缓刑的线索。（1）奉贤区在册矫正对象冯某，因危险驾驶被宣告缓刑后，在缓刑考验期内无证驾驶，于2023年11月11日被公安机关处以行政拘留10日，数据比对推送情况与司法机关掌握情况一致，奉贤法院于同年11月14日对冯某裁定撤销缓刑、收监执行。（2）奉贤区在册矫正对象高某某，因危险驾驶被宣告缓刑后，在缓刑考验期内无证驾驶，于2023年11月14日被公安机关处以行政拘留5日，数据比对推送情况与司法机关掌握情况一致，奉贤法院于同年11月21日对高某某裁定撤销缓刑、收监执行。

【法律依据】

1.《**中华人民共和国刑法**》**第七十七条** 被宣告缓刑的犯罪分子，在缓刑考验期限内犯新罪或者发现判决宣告以前还有其他罪没有判决的，应当撤销缓刑，对新犯的罪或者新发现的罪作出判决，把前罪和后罪所判处的刑罚，依照本法第六十九条的规定，决定执行的刑罚。

被宣告缓刑的犯罪分子，在缓刑考验期限内，违反法律、行政法规或者国务院有关部门关于缓刑的监督管理规定，或者违反人民法院判决中的禁止令，情节严重的，应当撤销缓刑，执行原判刑罚。

2.《**中华人民共和国刑事诉讼法**》**第二百六十九条** 对被判处管制、宣告缓刑、假释或者暂予监外执行的罪犯，依法实行社区矫正，由社区矫正机构负责执行。

3.《**中华人民共和国社区矫正法**》**第二十八条** 社区矫正机构根据社区矫正对象的表现，依照有关规定对其实施考核奖惩。社区矫正对象认罪悔罪、遵守法律法规、服从监督管理、接受教育表现突出的，应当给予表扬。社区矫正对象违反法律法规或者监督管理规定的，应当视情节依法给予训诫、警告、提请公安机关予以治安管理处罚，或者依法提请撤销缓刑、撤销假释、对暂予监外执行的收监执行。

……

第三十二条 社区矫正对象有被依法决定拘留、强制隔离戒毒、采取刑事强制措施等限制人身自由情形的，有关机关应当及时通知社区矫正机构。

第四十六条 社区矫正对象具有刑法规定的撤销缓刑、假释情形的，应当由人民法院撤销缓刑、假释。

对于在考验期限内犯新罪或者发现判决宣告以前还有其他罪没有判决的，应当由审理该案件的人民法院撤销缓刑、假释，并书面通知原审人民法院和执行地社区矫正机构。

对于有第二款规定以外的其他需要撤销缓刑、假释情形的，社区矫正机构应当向原审人民法院或者执行地人民法院提出撤销缓刑、假释建议，并将建议书抄送人民检察院。社区矫正机构提出撤销缓刑、假释建议时，应当说明理由，并提供有关证据材料。

七、心得体会

“徒法不足以自行。”法的施行与监督，是治罪与治理的两个方面。社区矫正对象依法接受社区矫正，是国家强制力的体现。而社区矫正对象作为社会重点关注人群，在刑罚执行过程中必须对其加强监督管理，确保刑罚执行的规范性、严肃性、公正性。对此，法院依托与社区矫正相关的内外部司法数据碰撞，建设“社区矫正对象全流程监管衔接的监督治理”应用场景，主动深挖社会治理盲点短板，实现数据共通共享，促进共建共治，及时发现苗头性隐患，使司法审判与社会治理真正达成融合融通。

（一）加强调查研究，确保数据准确

“调查研究是谋事之基、成事之道。”场景建设过程中，项目

组三次走访相关社区矫正职能部门，积极与职能部门保持沟通协作，听取场景模型规则设计意见，加强数据核验比对，测试跟踪数据推送情况。对外推送数据的准确率是场景是否具有实效、能否经得起检验的“试金石”，针对职能部门提出的数据问题，场景项目组优化推送数据模型设计，二次将数据“上链”，同时在规范基础数据录入、优化办案系统功能、系统原生性文书制作方面提出相关建议并落实推进，进一步确保数据提取和推送的准确性、及时性、全面性。通过场景的延伸，还促使法院内部落实审前委托调查、规范缓刑交付执行、规范结案报结等工作，发挥提升工作质效的作用。

（二）打通数据壁垒，提高衔接效率

本场景的实现路径是将数字模型筛选的蕴含社会治理价值的案件线索，实时推送给主管职能部门进行核查处理，进而有效堵塞监管漏洞，避免监管空白。而数据推送难点在于各机关的司法数据各自独立情况下，如何做好数据推送，如何控制数据风险。本场景以大数据中心为数据“枢纽”，形成了法院、司法局、公安局的数据交互循环，以“无纸化”“数字化”方式打通审判与执行机关之间的数据壁垒，同时确保了数据在闭环内部使用的安全性。数据先行的模式，缩短了因邮寄文书导致的交付执行“时间差”，以数据推送和裁判文书电子送达形式提高司法效能，亦减轻职能部门纸质文书扫描录入等工作，进一步加强审判机关与司法行政管理机关在刑罚执行工作中的紧密衔接沟通。

（三）强化数字监管，助力社会治理

社区矫正是完善刑罚执行，推进国家治理体系和治理现代化的一项重要制度，在促进社区矫正对象顺利融入社会，预防和减少犯罪等方面具有重要意义。“社区矫正对象全流程监管衔接的监督治理”场景加强了法院、司法局、公安局之间的数据协作，织就了一张更为严密的社区矫正“数字监管网”，确保刑罚执行公平公正，减少社会安全隐患。场景运行期间取得的相关案例实效，证明该场景有利于法院对刑罚执行全流程跟踪监管，落实对缓刑考验期内行政违法情节严重的社区矫正对象依法撤销缓刑、收监执行，以及对考验期内再犯新罪的社区矫正对象依法撤销缓刑、数罪并罚，彰显刑罚公正；有利于刑罚执行工作公开透明，为司法监督、社会监督提供抓手，切实保障刑罚执行严肃、规范。

目前，该场景项目组已经对管制、假释、暂予监外执行三类案件社区矫正对象数据提取的模型规则进行了优化，还将继续丰富数据种类，扩大数据范围，提高数据推送质量，进一步强化对社区矫正对象全流程、全覆盖监管衔接的监督治理。

执笔人：上海市奉贤区人民法院　李晓杰　刘　丹
核稿人：上海市高级人民法院研究室　张　果
上海市高级人民法院刑事审判庭　周　欣

对被宣告死亡人员户口未注销问题的协同治理应用场景

◎ 上海市嘉定区人民法院　上海市黄浦区人民法院
上海市崇明区人民法院

【关键词】

宣告死亡　撤销宣告死亡　户籍管理

【要旨】

死亡人员户口需注销登记是户籍制度的工作要求，也是人口管理的重点环节，对于社会秩序的有序运转具有重要意义。在对近 10 年的数据筛查中发现，被宣告死亡人员的亲属未主动注销其户籍，影响公安机关户籍管理，也会为社会发展带来不安定因素和隐患，对深入推进基层社会治理造成一定阻碍。为充分发挥司法保障作用，法院通过构建数据模型，筛查被宣告死亡及撤销宣告死亡案件的具体信息，完善“身故人员主题库”，打破数据壁垒，从司法端为户籍管理和社会治理提供助力。

一、场景描述

在实践中，自然人死亡或被宣告死亡后需要办理的事项包括开具死亡证明、遗体火化、注销身份类证件及信息变更、财产账户止付及权益申领等20多项业务，事项众多且分散。各相关部门间业务系统独立、数据互不相通，给群众办事造成诸多不便。而且，死亡人员信息未实现全量归口管理，导致相关财产账户止付、注销滞后，存在管理漏洞和风险，容易引发一系列社会治理问题。

为解决法院宣告死亡人员户口未及时注销问题，根据上海市公安局同市人社局、市民政局、市高院、市大数据中心等部门会签的《上海市"公民身故一件事"业务流程再造工作方案》相关规定，本场景依托上海高院数字法院建设，将法院宣告死亡及撤销宣告死亡案件的相关信息推送给上海市大数据中心，并对接上海市公安局，将相关信息归入"身故人员主题库"，推动"一网通办"中的"身故一件事"建设，对进一步健全户籍管理具有重要意义。

二、线索来源

通过对近10年已被法院宣告死亡的自然人在另案中被列为当事人的案件进行数据模型筛查，全市法院共筛查出6件案件，从线索反馈信息来看，因被宣告死亡的自然人未注销户口，原告起诉时提交了该当事人的户籍口卡信息，故予以立案受理。此外，还发现个别经过法院判决宣告死亡人员的户籍信息存在注销滞后、各部门信息不畅的情况，从而给人民群众造成困扰，并可能引发社会隐患和风险。

三、数据建模

（一）数据来源

案件信息（源于上海法院审判执行办案平台）。

（二）建模步骤

1. 规则一

第一步：从审判执行办案平台中筛选立案案由为“申请宣告公民死亡”或“申请宣告自然人死亡”；被申请人或被告为自然人；结案方式为“判决”或“判决宣告死亡”的民特案件。

第二步：抓取确认案件的法院、案号、结案方式、被申请人或被告姓名及其他信息、结案日期，形成待推送数据。

2. 规则二

第一步：从审判执行办案平台中筛选立案案由为“申请撤销宣告公民死亡”或“申请撤销宣告自然人死亡判决”；当事人类型为自然人；结案方式为“判决”或“判决撤销死亡宣告”的民特案件。

第二步：如有被申请人或被告，提取被申请人或被告信息；如没有被申请人或被告信息，提取原告或申请人信息。

第三步：抓取确认案件的法院、案号、结案方式、当事人姓名及其他信息、结案日期，形成待推送数据。

（三）思维导图

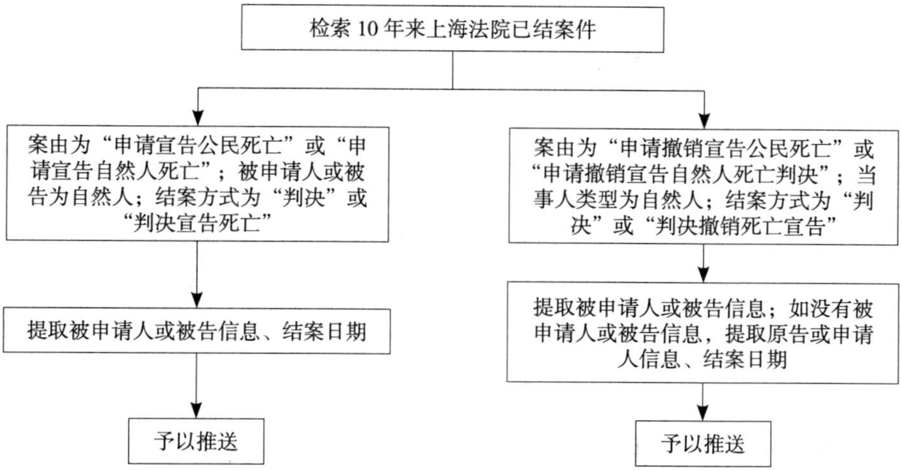

（四）模型分析及优化

因宣告死亡或撤销宣告死亡案件涉及公民的基本权利，推送入库信息可能影响公民的户籍变动及其他财产权益，故该类案件数据筛查的准确性应从严把握，力争精准。

1. 填补数据筛查的潜在漏洞

在案由方面，因《民事案件案由规定》2020年修订，故将案由设定为申请宣告公民死亡、申请宣告自然人死亡两种，确保案件无遗漏；在当事人身份方面，因实践中被申请宣告死亡人可能被设为被告或被申请人，故将两种身份都纳入筛选；由于还存在撤销宣告死亡的情形，故将撤销宣告死亡案件的信息也纳入推送信息范围。

2. 优化信息抓取准确完整性

在实践中，撤销宣告死亡案件，部分是被宣告死亡人自己申请撤销原宣告死亡判决，该部分案件只有申请人，无被申请人；另有利害关系人申请撤销原宣告死亡判决，该类案件有申请人也有被申请人，故在提取当事人信息时，需设定特殊规则：如有被申请人或被告，提取被申请人或被告信息；如无被申请人或被告信息，提取原告或申请人信息，以保证推送数据的完整性与准确性。

四、应用指引

（一）输出内容

推送信息名称：被宣告死亡人员信息、撤销宣告死亡人员案件信息及当事人信息。

字段 1：被宣告死亡案件中的法院、案号、结案方式、被申请人 / 被告姓名及相关信息、结案日期。

字段 2：撤销宣告公民死亡案件的法院、案号、结案方式、当事人姓名及相关信息、结案日期。

（二）输出频率

案件生效后实时推送。

五、类案协同治理

（一）打破数据壁垒，完善“身故一件事”建设

本场景将输出的被宣告死亡及撤销宣告死亡案件具体信息，及时归集收入上海市大数据中心，并与上海市公安局建立协作对接机制，由上海市公安局将本场景的数据及时归入“身故人员主题库”，进一步完善“身故一件事”建设。同时，嘉定法院会同嘉定公安分局联合出台《关于建立自然人死亡信息资源共享建设

合作协议》，助力规范区域户籍管理。

根据“公民身故一件事”业务流程，相关数据归入“身故人员主题库”后，后台系统自动注销相关身份证件，并在电子证照库中相应电子证照上统一标注“因死亡已失效”，方便其他政府部门或市场主体核验；同时，就财产账户止付及权益申领事项，推行无人干预“自动封存”，将死亡证明信息或宣告死亡信息实时推送人社、医保、残联、退役军人等业务系统，及时“自动封存”死亡人员社保类账户。通过在“一网通办”总门户建立“公民身故一件事”主题专栏，为人民群众提供同时向多部门申请或预约办理相关事项的统一入口，实现公民死亡信息的闭环管理。

（二）促进治理协同，推动长三角执法司法共治

本场景聚焦自然人死亡信息数据的共享共用，积极构建深层次、宽领域、全方位的社会治理联动机制，推进司法服务与政务服务高效衔接。嘉定法院会同江苏省昆山市人民法院、江苏省太仓市人民法院联合出台《自然人死亡信息资源共享备忘录》，探索推进自然人死亡信息数据共享试点工作，依托与当地公安机关的联动协作机制，打破异地数据壁垒，强化跨域信息对接，提升执法办案效果，促进区域治理协作。

六、应用实效

（一）上海市“公民身故一件事”建设成效

截至 2024 年 12 月 31 日，系统共计推送被宣告死亡人员数据 933 条，上海市公安局经检查，对其中 96 名被宣告死亡但尚未注销户籍人员的户籍予以注销，消除了相关错误数据对户籍管理秩序和社会治理带来的隐患。

（二）长三角跨域协同社会治理成效

将本场景所输出的2013年以来上海法院判决宣告死亡人员名单，与“嘉昆太”属地公安口卡信息和法院收案信息比对，已排查出户籍管理和诉讼主体资格瑕疵风险42人次。通过“信息化互通、可视化管理、自动化比对”的内外交互司法数据共享模式，促进口卡信息的实时更新，推动长三角跨域司法协同发展，有效提升数字赋能社会治理效能。

【法律依据】

1.《**中华人民共和国民法典**》**第四十六条**　自然人有下列情形之一的，利害关系人可以向人民法院申请宣告该自然人死亡：

（一）下落不明满四年；

（二）因意外事件，下落不明满二年。

因意外事件下落不明，经有关机关证明该自然人不可能生存的，申请宣告死亡不受二年时间的限制。

第四十八条　被宣告死亡的人，人民法院宣告死亡的判决作出之日视为其死亡的日期；因意外事件下落不明宣告死亡的，意外事件发生之日视为其死亡的日期。

2.《**中华人民共和国民事诉讼法**》**第一百九十二条**　人民法院受理宣告失踪、宣告死亡案件后，应当发出寻找下落不明人的公告。宣告失踪的公告期间为三个月，宣告死亡的公告期间为一年。因意外事件下落不明，经有关机关证明该公民不可能生存的，宣告死亡的公告期间为三个月。

公告期间届满，人民法院应当根据被宣告失踪、宣告死亡的事实是否得到确认，作出宣告失踪、宣告死亡的判决或者驳回申请的判决。

七、心得体会

宣告死亡是指自然人离开自己的住所，下落不明达到法定期限，经利害关系人申请，由人民法院宣告其死亡的法律制度。法律上设立宣告死亡制度，对结束下落不明的自然人与他人之间人身关系和财产关系的不稳定状况，稳定社会经济生活具有重要意义。

（一）被宣告死亡人员信息不同步引发社会治理风险

1. 影响户籍管理秩序

部分被宣告死亡人员户口长期未注销，甚至有的自然人已于2017年被宣告死亡，但仍能查询到口卡信息，影响户籍管理的准确性和权威性。究其原因，一方面在于死亡登记主要依靠申报，宣告死亡之后，相关申报义务人未及时按要求办理注销户口登记，导致户口长期未注销；另一方面在于未有效落实及时办理死亡登记的释明提示工作，宣告死亡信息的交流互通和共享机制尚不健全，信息壁垒仍然存在。

2. 降低群众办事效率

公民身故涉及20余项业务、8个部门，由于各部门之间信息不互通，户籍口卡信息中法院宣告死亡信息的缺失，可能为群众办理相关业务带来不便和障碍。而且办事群众对需要办哪些事、到哪儿办、怎么办等不甚清楚，往往要跑多个部门、重复提交材料，有时还会面临一些不必要的办事环节，导致增加办事麻烦，让群众“多跑腿”。

3. 其他潜在风险

公民户籍信息的准确与否还影响着社会生活的诸多方面，例如，部分诉讼案件中有诉讼代理人利用自然人实际死亡日期与口卡信息更新日期的时间差，未及时通知法院或者故意隐瞒当事人死亡信息，以达到规避法律或逃避债务等目的。在口卡信息尚未更新的情形下，法院难以及时发现当事人死亡，易导致诉讼主体不适格，影响案件的依法公正审理。又如，自然人已被宣告死亡但未及时注销户籍，导致养老金仍在发放，家属使用死者的社保卡就医消费等，影响社保基金管理。

（二）打破数据壁垒，数智赋能社会治理

1. 创新工作思路，树立数字赋能新思路

经与嘉定公安分局沟通，嘉定法院得知公安机关已经着手建设“身故人员主题库”，并与上海市卫健委信息系统实现数据互通，即上海市卫健委信息系统中的自然人死亡信息已经可以推送到公安机关，公安机关据此可以主动注销相关人员的户口，但法院宣告死亡的人员信息尚未完整推送至“身故人员主题库”，存在信息推送不畅问题。因此，嘉定法院产生了建设本场景的想法，并会同黄浦法院、崇明法院探索建立法院与公安局、人社局等部门间信息互通的长效机制，充分发挥司法保障作用。

2. 依托数字平台，跑出数据共享加速度

项目组以上海数字法院建设为契机，依托审判办案系统构建数据模型，实时排查被宣告死亡案件的具体信息，筛查出需要共享的数据。同时，为确保被宣告死亡人员信息能高效、安全地接入“身故人员主题库”，项目组与上海市公安局沟通协调后，决定以数据推送模式在上海市大数据中心上线相关数据，由上海市公安局获取相关数据后归入“身故人员主题库”，充分发挥市大数据中心数据中枢效能，进一步优化衔接渠道，实现数据高效融通。

3. 搭建协作机制，探索跨域协同新高地

通过本场景的持续推进，上海高院与上海市公安局就数据推送、成果反馈等建立常态化沟通衔接机制，取得较好成效。嘉定法院会同嘉定公安分局联合出台《关于建立自然人死亡信息资源共享建设合作协议》，并建立常态化沟通机制。还会同江苏省昆山市人民法院、江苏省太仓市人民法院联合出台《自然人死亡信息资源共享备忘录》，探索推进自然人死亡信息数据共享试点工作，以数字赋能社会治理效能提升和长三角一体化发展。

（三）延伸司法服务触角，优化提升治理效能

1. 跨域协作 + 高效互通：以高水平协作提升治理现代化

长三角地区具有经济活跃、人口密度大、人员流动性强的特点，异地部门间数据不联通成为人口死亡信息未及时更新的主要阻碍，建议继续深化长三角跨域协同机制，结合“一网通办”长三角“公民身后一件事”联办服务建设工作，进一步加强自然人户籍地、经常居住地、暂住地公安机关间的信息对接，打破长三角数据壁垒，促进实现自然人死亡及宣告死亡信息在长三角机关系统内的共享化和可视化，破解信息滞后难题。

2. 职能延伸 + 针对整治：以高效能治理提升人民获得感

部分案件中存在的诉讼代理人利用户口注销时间差隐瞒当事人死亡信息以达到规避法律的行为，反映出部分律师违规代理的行业乱象仍然存在，对当事人诉讼主体资格的司法审查构成阻碍，影响了公平公正的社会秩序。针对个别律师代理人故意隐瞒当事人死亡信息等问题，通过强化司法机关与相关行政管理部门之间的沟通对接，及时向司法局等相关管理部门制发司法建议，从司法端主动延伸审判职能。

执笔人：上海市嘉定区人民法院　周　莉　魏濛濛
核稿人：上海铁路运输法院　余冬爱
上海市高级人民法院研究室　张　果

预付式消费风险预警及协同治理应用场景

◎ 上海市普陀区人民法院　上海市徐汇区人民法院

【关键词】

预付式消费　依规备案登记　换壳逃债　行政监管

【要旨】

预付式消费常见于教育培训、健身、美容美发等民生服务行业。在预付式消费迅猛发展的同时，也出现了大量未依规备案登记的经营者随意发行预付卡，或是未退还消费者预付款的情况下闭店“跑路”，更有甚者利用公司制度“换壳逃债”，甚至出现了“职业闭店人”等违法产业链，严重侵害消费者的合法权益，扰乱市场经济秩序。该场景通过将法院系统的司法数据与行业主管部门的信息数据进行碰撞，识别出未依规备案登记的预付卡发行企业、疑似“换壳逃债”的经营者等信息，助力行业主管部门行政监管，实现对预付式消费的协同治理，服务保障全面促进消费、加快消费提质升级，维护市场经济秩序。

一、场景描述

普陀法院、徐汇法院在预付式消费纠纷案件的审理中发现，虽然上海市早已出台了多部文件要求预付卡发行企业在上海市商务委的单用途预付卡协同监管服务平台（以下简称协同监管平台）登记并进行信息对接，但大量涉诉企业并未依规备案登记，直至“跑路爆雷”之前始终处于行政主管部门的监管范围之外。部分经营者在闭店“跑路”后，再行设立新的企业继续发行预付卡“圈钱”，再次因预付卡退费问题与消费者产生纠纷，严重侵害了消费者的合法权益，扰乱了市场经济秩序。对此，普陀法院、徐汇法院坚持数据思维、治理思维，对预付式消费纠纷中的线索进行分析归纳，利用上海数字法院平台搭建数据模型，结合数据筛查碰撞、人工审查，精准抓取未在协同监管平台备案登记的预付卡发行企业1500余家，存在“换壳逃债”可能的自然人211人。从司法审判的角度反馈预付式消费纠纷的数量、变化趋势、尖锐程度等，分析涉及影响消费信心、扰乱市场经济秩序的治理因素并探索相关对策，形成决策报告，上海市委主要领导予以批示肯定。

二、线索来源

普陀法院在案件审理中发现，杜某担任法定代表人的A公司开设健身房发行预付卡，2020年突然闭店跑路引发大量预付式消费纠纷。判决生效后，A公司未履行判决义务，杜某却换壳成立了B公司并担任公司监事，再次发行预付卡。2022年，B公司如法炮制，再次闭店跑路，又引发了大量消费者提起诉讼。通过在上海市商委协同监管平台检索，A 公司、B 公司虽大量发行预付卡，但始终未依规在平台上进行信息对接、备案登记。此类经营者未依规备案登记以及“换壳逃债”的情况并非个例，有必要通过大数据分析进行专项治理。

三、数据建模

（一）数据来源

1. 民事裁判文书（源于上海法院审判执行办案平台）。
2. 民事执行文书（源于上海法院审判执行办案平台）。
3. 协同监管平台对接的经营者信息（源于上海市商务委）。
4. 企业基本信息（源于上海市市场监管局）。

（二）数据分析步骤

第一步：在上海法院审判办案系统中，根据案由为“服务合同纠纷”且包含关键词“美容”“美发”“健身”“洗衣”“洗车”“培训”以及案由为“教育培训合同纠纷”，获取立案日期为 2020 年 1 月 1 日后且以判决或调解方式结案的主要预付式消费纠纷案件数据，包含案号、立案案由、原被告名称等要素。

第二步：在上述案件数据中筛选同一被告案件数量≥ 10 件或同一被告涉诉标的金额总和≥ 20 万元，获取涉诉次数较多、金额较大的发卡经营者案件数据。

第三步：在执行办案系统检索上述案件数据中的案号，检索关联执行案件，且关联执行案件的结案方式为“终结本次执行程序”或“裁定终结本次执行程序”，获取欠付预付费未执行完毕的发卡经营者案件数据。

第四步：将主要预付式消费纠纷案件数据中经营者名称与协同监管平台中备案登记的企业名称进行比对，获取已在协同监管平台中备案登记的企业信息（包含企业名称和发行预付卡金额等）以及未在协同监管平台中备案登记的企业信息（包含企业名称、涉诉次数、涉诉标的总额）。

第五步：在上海市市场监管局的企业登记信息中，检索欠付预付费未执行完毕的发卡经营者案件数据中的企业名称，获取发卡企业对应的法定代表人、董监高信息（包含企业名称、职务、证件号），根据证件号获取在多家欠付预付费未执行完毕的企业中担任主要职务的自然人信息。

（三）思维导图

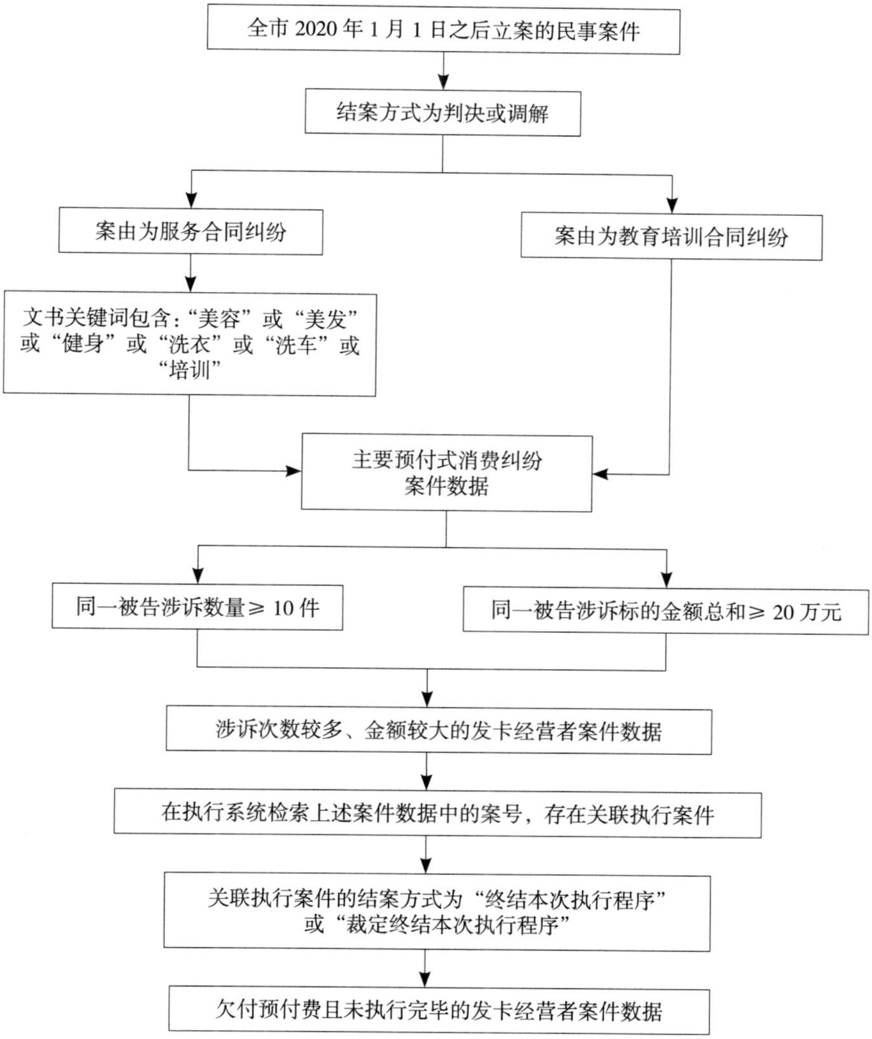
全市 2020 年 1 月 1 日之后立案的民事案件
结案方式为判决或调解
案由为服务合同纠纷
案由为教育培训合同纠纷
文书关键词包含：“美容”或“美发”或“健身”或“洗衣”或“洗车”或“培训”
主要预付式消费纠纷案件数据
同一被告涉诉数量≥ 10 件
同一被告涉诉标的金额总和≥ 20 万元
涉诉次数较多、金额较大的发卡经营者案件数据
在执行系统检索上述案件数据中的案号，存在关联执行案件
关联执行案件的结案方式为“终结本次执行程序”或“裁定终结本次执行程序”
欠付预付费且未执行完毕的发卡经营者案件数据

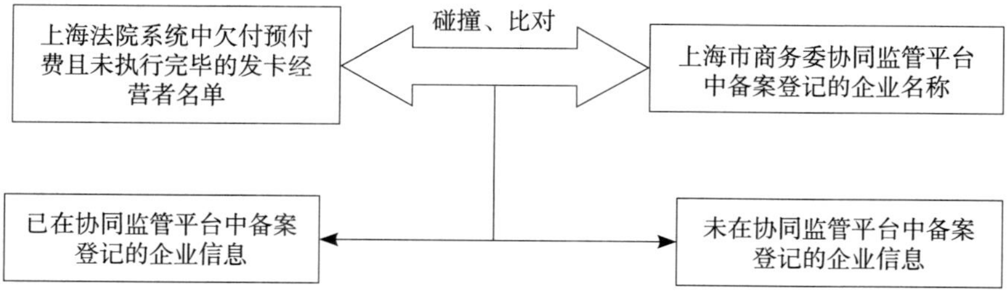
上海法院系统中欠付预付费且未执行完毕的发卡经营者名单
碰撞、比对
上海市商务委协同监管平台中备案登记的企业名称
已在协同监管平台中备案登记的企业信息
未在协同监管平台中备案登记的企业信息

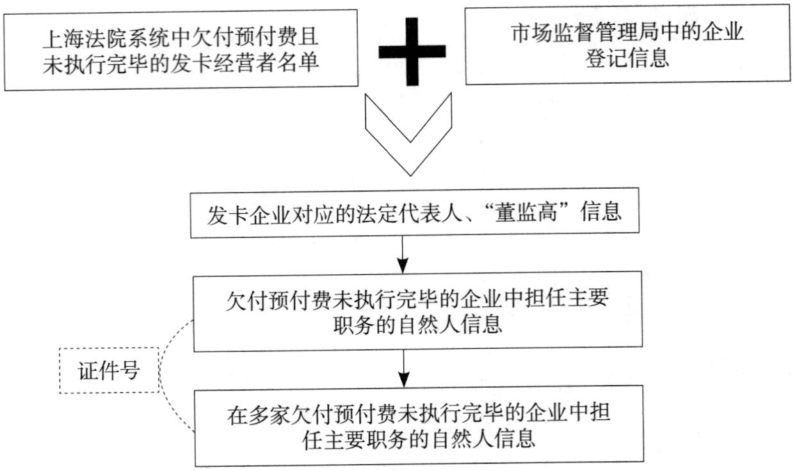

（四）社会治理成效

1. 激活法院内部数据，筛选目标企业清单

以上海法院审结的海量预付式消费纠纷案件为数据源，对预付式消费的整体涉诉情况进行数据分析，筛选出多次被诉、涉案金额高且未执行完毕的预付卡发行企业清单。通过上述筛查流程结合人工筛查（截至 2023 年 11 月 7 日统计时），发现上海法院 2020 年以来审结的预付式消费纠纷中，同一被告涉案 10 件及以上的批量预付式消费纠纷 5338 件，涉及 157 个经营者；同一被告涉案金额大于等于 20 万元的 6132 件，涉案金额合计 7 亿余元。

2. 碰撞行政机关数据，抓取存疑个人清单

通过将目标欠债企业数据与上海市商务委协同监管平台备案登记的企业名称进行比对碰撞，筛选出未依规在平台备案的企业 1500 余个。将目标欠债企业数据与上海市市场监管局的企业登记信息进行比对碰撞，精准识别存在换壳逃债、另起炉灶继续经营可能的经营者 211 人。

3. 形成对策建议报告，服务党委政府决策

从“前端——加强消费者预付式消费时的判断及选择能力、中端——完善对发卡主体的全面监管、后端——避免发卡主体换壳经营再次侵害消费者利益”三个层次出发，基于数字场景数据筛查、碰撞结果，反馈预付式消费纠纷的数量、变化趋势、尖锐程度，分析上海市预付式消费纠纷高发、频发的原因及影响消费信心、扰乱市场经济秩序的治理因素，并探索相关对策建议，形成决策报告，为行政治理决策提供信息支撑，促进预付式消费纠纷的源头治理，维护民生权益，填补行政监管的治理漏洞。上海市委主要领导高度重视，予以批示肯定。

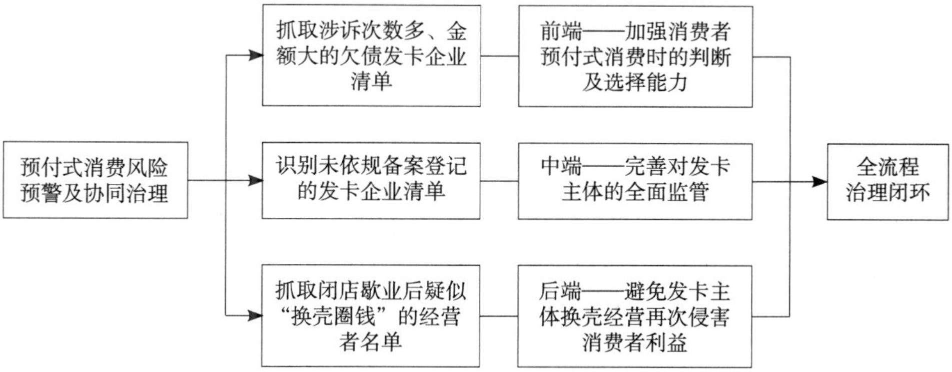

4. 主管部门座谈会商，助力行业法规修订

在党委政府的高位推动下，上海市商务委等主管部门积极与上海高院进行对接，组织座谈。行业主管部门高度重视并肯定场景数据价值，表示就预付式消费中的新问题将加强研判，双方就进一步建立协同机制等进行会商。在《上海市单用途预付消费卡管理实施办法》2024 年修订的过程中，人民法院也围绕场景报告提出修订建议，助力预付式消费行业法规的完善。

【法律依据】

1.《**中华人民共和国消费者权益保护法**》**第五十三条**　经营者以预收款方式提供商品或者服务的，应当按照约定提供。未按照约定提供的，应当按照消费者的要求履行约定或者退回预付款；并应当承担预付款的利息、消费者必须支付的合理费用。

2.《**中华人民共和国消费者权益保护法实施条例**》**第二十二条**　经营者以收取预付款方式提供商品或者服务的，应当与消费者订立书面合同，约定商品或者服务的具体内容、价款或者费用、预付款退还方式、违约责任等事项。

经营者收取预付款后，应当按照与消费者的约定提供商品或者服务，不得降低商品或者服务质量，不得任意加价。经营者未按照约定提供商品或者服务的，应当按照消费者的要求履行约定或者退还预付款。

经营者出现重大经营风险，有可能影响经营者按照合同约定或者交易习惯正常提供商品或者服务的，应当停止收取预付款。经营者决定停业或者迁移服务场所的，应当提前告知消费者，并履行本条例第二十一条规定的义务。消费者依照国家有关规定或者合同约定，有权要求经营者继续履行提供商品或者服务的义务，或者要求退还未消费的预付款余额。

3.《**上海市单用途预付消费卡管理规定**》**第十七条**　经营者因停业、歇业或者经营场所迁移等原因影响单用途卡兑付的，应当提前三十日发布告示，并以电话、短信、电子邮件等形式通知记名卡消费者。消费者有权按照章程或者合同约定要求继续履行或者退回预付款余额。

第二十五条第一款 相关行政管理部门应当按照国家和本市有关规定，将经营者单用途卡经营失信信息向本市公共信用信息服务平台归集，并依法对失信主体采取惩戒措施。

4.**《上海市单用途预付消费卡管理实施办法》第四条** 经营者应当按照《管理规定》第十条规定，建立自有业务处理系统或使用单用途卡公共基础业务处理系统（以下统称“业务处理系统”），与上海市单用途卡协同监管服务平台（以下简称“协同监管服务平台”）信息对接，并按照本办法第六条规定报送相关信息。

四、心得体会

此前，人民法院参与治理某类社会综合问题时，往往囿于案件分散在不同的承办人，且关键数据难以通过标签信息直接统计获取，难以对问题进行量化分析，因此参与深度有限。随着司法大数据从收集管理走向应用推广的新阶段，大数据赋能极大丰富了人民法院参与社会治理的渠道，拓宽了参与治理的范围和深度，更提升了参与治理的效果。

（一）场景选题的出发点——人民群众的需求

人民法院参与社会治理是在依法治国的背景下，主动承担规范、教育、引导的社会功能，应当以权利救济、人民群众的需求为出发点。

1. 立足人民群众需求设置选题

近年来，预付式消费呈现出覆盖面广、发行量大、增长速度快的特点，扩散到民生生活的方方面面。在迅猛发展的同时，由于市场的不成熟和监管措施的有限，其中蕴含的市场风险、法律风险和道德风险逐步显现，预付式消费成为消费者投诉的热点，纠纷数量常年居高不下，成为老百姓“急难愁盼”的问题，严重影响消费者消费信心、市场营商环境和社会稳定。

2. 深入调研确定选题的切入点

在确定预付式消费纠纷治理这一场景选题后，项目组进一步向治理的受众——消费者，展开调研，探寻消费者在预付式消费中的现实困境。经过调研，消费者在预付式消费中最大的问题是其与发卡企业之间信息严重不对称。虽然相关管理办法规定，发卡企业应当在上海市商务委的协同监管平台备案登记并进行信息对接，协同监管平台将向消费者公示发卡企业信息、发卡情况等内容，但大量企业未依规备案登记，游离于行政主管部门的监管之外。更有消费者反映，发卡企业存在闭店跑路之后再新开另一家公司继续发卡、圈钱跑路的情况。根据消费者提供的线索，项目组发现此类“换壳逃债”的情况并非个例。近年来，经营者未经通知公告，亦未妥善安置消费者的情况下，随意闭店歇业，甚至卷款跑路，通过另起炉灶设立关联企业等方式，将责任层层分散、剥离，导致名义经营者“有责无钱”、实际经营者“有钱无责”的情况日益增多，严重侵害消费者权益、扰乱市场经济秩序。

由此，项目组确定以“前端—加强消费者预付式消费时的判断及选择能力、中端—完善对发卡主体的全面监管、后端—避免发卡主体换壳经营再次侵害消费者利益”全流程闭环治理，作为数字场景建设的切入点。

（二）场景建设的路线图——司法大数据的应用

数字场景建设的路径，也即如何应用司法大数据实现场景的建设目的。司法大数据的应用并非简单的数据链接、叠加，而是通过数据筛选、碰撞，发挥数据的放大和倍增作用，实现数据的乘数效应。

1. 存数巧用：海量数据科学筛选

为了筛选出有代表性的数据、为数据进一步挖掘做准备，在数据筛查中必须科学设置数据阈值，才能确保数据筛查结果的准确合理。在确定涉诉数量多少属于"涉诉数量较多"这一标准时，项目组将全市预付式消费纠纷数据根据涉案企业进行筛选，发现企业涉诉数量两极分化较为明显，发卡企业涉诉数量多为小于5件或大于10件。考虑到与消费者偶有纠纷亦属于企业经营过程中的正常现象，项目组将"涉案数量较多"的标准定为大于等于10件。关于如何界定"涉诉金额较高"的标准。项目组通过搜集上海市预付卡相关规定，注意到《上海市单用途预付消费卡管理实施办法》将经营者收取预付资金的余额风险警示分为一般风险警示标准和特别风险警示标准，其中一般风险警示标准为20万元。因此，项目组参照该实施办法将"涉诉金额较高"的标准设定为20万元。

2. 多数合用：外部数据碰撞对比

司法数据只有与外部数据尤其是经济侧大数据比对、碰撞，使相互独立的信息点实现交集、串联，才能发现背后深层次问题和系统性漏洞，也才能提升人民法院参与社会治理的效能。项目组通过大数据中心查询得知，与场景建设相关的上海市商务委协同监管平台上的信息数据与企业信用信息均为公开的公共数据，故项目组在明确应用场景的数据用途并承诺真实性、合规性、安全性的基础上，通过上海高院与大数据中心实现与外部数据的对接，经过数据碰撞，反映出预付卡监管中的问题：一是服务合同签订及履行不规范，消费者维权遭遇困境；二是预付卡发行备案机制落实不到位，平台管理有待加强；三是诱导消费者高额充值并嵌套消费，存在经济犯罪嫌疑；四是“换壳逃债”现象突出，甚至出现专业运作团队。

（三）场景成果的转化器——社会治理的法院方案

在通过司法大数据准确定位预付式消费中存在的问题后，法院又该如何参与治理，仅仅制发一份司法建议了事，无法实现治理之效，而“大包大揽”显然不符合法院的职能定位，故项目组选择通过决策参考报告为破解预付式消费治理这一社会难题贡献法院方案，使同类普遍性问题得到根治，从而充分发挥法院在社会治理体系和治理能力现代化中的有力作为和关键作用。项目组遂基于该场景，完成预付式消费相关的决策参考报告并向党委政府进行报送，上海市委主要领导高度重视并作出批示，由党委政府高位推动，有关部门协同完善机制、堵塞漏洞、解决问题，最终实现共建共治共享。

在后续共同推进预付式消费治理的过程中，法院还将进一步加强与职能部门的数据互通、合作，建立信息实时推送制度，为行政监管提供信息支撑；加强与行业协会的合作，促进经营者加强风险管理。

执笔人：上海市普陀区人民法院　盛　利
核稿人：上海铁路运输法院　余冬爱
上海市高级人民法院研究室　张　果

数据集成　全息成像　打造知事识人新样态——干部画像模块

◎ 上海市高级人民法院政治部

【关键词】

政治画像　业务画像　廉洁画像　知事识人

【要旨】

为政之要，唯在得人。推进法院工作高质量发展，必须锻造一支政治过硬、适应新时代要求、具备现代化建设能力的高素质专业化干部队伍。当前，上海法院在数字法院建设的“大棋局”下，锚定数字化“管人、管案、管事”的目标方向，全力打造数助政工平台，以数字化改革推动政治工作流程再造、机制重塑，为构建更加科学、全面、精准的知事识人体系，实现队伍建设从传统治理向智慧管理、数助治理方式的迭代升级注入新动能。作为数助政工平台的重要模块之一，“干部画像”模块聚焦干部的“全息数据库”建设，围绕政治表现、履职经历、擅长领域、司法业绩、廉政表现等内容，对外打通办案、信访、调研、教育培训、表彰奖励等系统，精准描绘干部“政治画像”“业务画像”“廉洁画像”，让干部形象“跃然屏上”，为个人成长提供路径方向；对内贯通“数字伯乐”“典型智推”“人才管理”“数字党团建”“奖惩管理”等其他功能模块，为素质培养、选拔任用、从严管理等队伍建设工作提供真实可靠的决策依据。

一、功能描述

“干部画像”模块致力于打造数助政工平台的“数据中轴”，通过有效贯通现有系统资源，依托数字化手段对基础数据进行整合、比对、分析、运算，准确抓取构成“干部画像”所需的各类“数据要件”，并辅之以政治素质档案、现实表现材料等关键内容的持续录入，全方位构建立体可视的干部“数字画像档案”，推动干部监督管理从平面描摹走向立体画像，为更加精准全面地了解干部的思想动态、工作实绩、廉洁自律等能力素质提供数字支撑，从而实现管理监督路径的数字化、精准化、可视化。

在“干部画像”中，“政治画像”坚持定性与定量相结合、考人与考事相统一的原则，综合运用巡视巡察、党建考核、下沉调研、谈心谈话等方式，围绕政治判断力、政治领悟力、政治执行力三个关键，全面呈现干部的政治立场、政治素质、政治觉悟等方面的现实表现。“业务画像”主要从法官办案质效、案件类型、收结案情况、审限预警、办案习惯、调研和案例等维度进行画像描摹和能力分析。统筹运用数字思维，通过不同维度发掘和展现法官的审判信息，从大量的案件审判信息和组织人事管理信息中，将法官的业务素质、审判能力、工作履历等数据筛选出来，依托大数据碰撞与融合，以可视化形式对每位法官的素质、能力进行共性比较和个性展示。“廉洁画像”与审判执行监督预警平台、督察信访管理系统等监督管理平台实现数据互联，综合涵盖督察、信访、纪检及审判执行风险预警等情况，汇集了审判执行过程中及常规表现中的廉政风险点。比如，督察信访模块涉及四种形态情况，违纪违法模块涉及党纪处理、违纪处理、法官惩戒情况，风险预警模块涉及指定分案件数、应提交专业法官会议未提交件数，并实时分析、同步预警，加强审判风险监控智能预警，有效预防司法廉政风险。

以“干部画像”为基础数据底座，“数字伯乐”“典型智推”等模块可从中抽取、调用相关数据，并通过“数据＋模型”的集成运用，深度释放数据要素价值，从而实现各项模块的预设功能，提升队伍数字化管理水平。

二、数据来源

1. 审判办案系统。
2. 执行办案系统。
3. 涉诉信访管理系统。
4. 审判质效管理系统。
5. 案件权重应用系统。
6. 审判执行监督预警平台。
7. 综合调研信息平台。
8. 干部人事系统。
9. 公文管理系统。
10. 督察信访管理系统。
11. 法治宣传管理系统。

12. 教育培训管理系统。

（一）思维导图

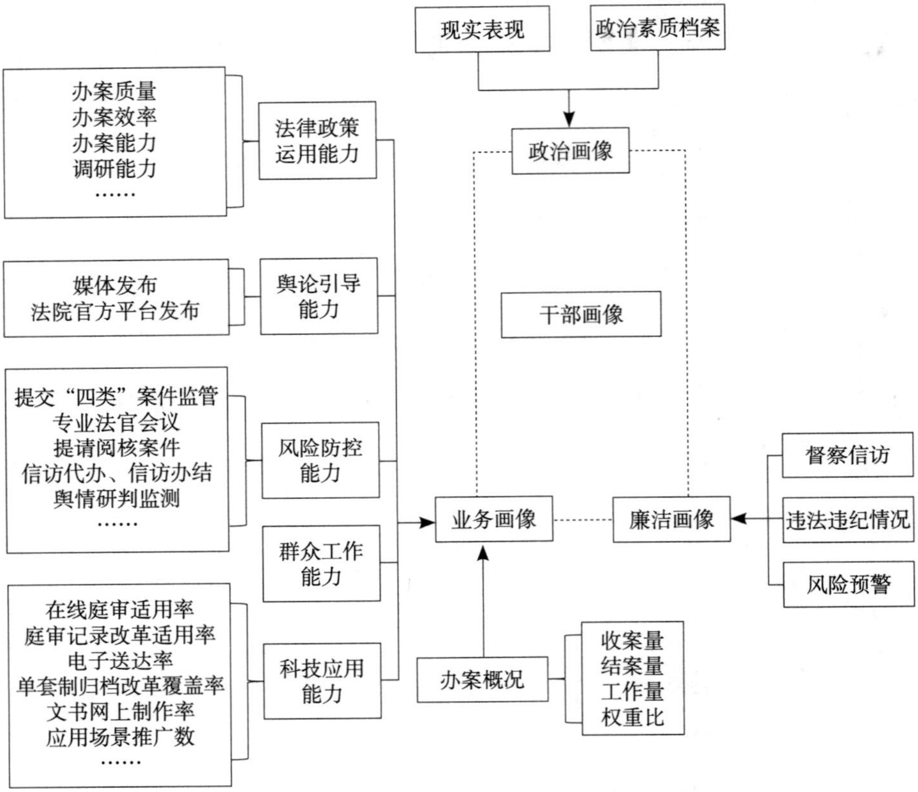

（二）优化完善

进一步优化"干部画像"中的"要素组件"，持续完善各类基础数据厚度，提升与原有系统之间、与数助政工平台各模块之间的数据对接流畅度，确保以人的"全息数据库"全面反映干部的综合素能，全面支撑各项功能模块顺畅运行，提高知事识人的穿透力和精准度。

【典型案例】

队伍强，则事业兴。选准用好干部是推进队伍建设高质量发展的必由路径，必须坚持知事识人、依岗择人。实践中，如何高质高效地对干部人选的政治素质、经历、专业、工作实绩等数据进行综合研判和分析比对，是实现人岗高效适配的关键，需要借助数字化辅助工具，推动选人用人从“人→岗位”向“人→数字→岗位”转变，让优秀干部快速、准确地进入组织视野，进而提升决策的科学化、规范化、精细化水平。基于上述需求，上海法院通过“数字画像档案”+“数字伯乐”的深度链接，打造“人岗智配、人事相宜”的干部辅助智选体系，旨在为干部选拔任用提供一套可视化、智能化的数字方案，推动选人用人实现数字化转型升级。在这套运行体系中，“干部画像”是实现“科学精准选干部”的基础前提，通过多维度、数字化呈现干部的“能力图谱”，让干部综合素能“跃然屏上”，为进一步运用“数字伯乐”功能提供数据支撑；“数字伯乐”则在“干部画像”的数据基础上，将干部酝酿过程中的各项要求、筛选条件等进行数字化解构，通过数据的碰撞比对和智能分析，将岗位和能力进行“匹配研判”，实现了适岗条件“精准设置”、适配人员“智选推荐”，从而让“干部画像”价值得到纵深延展。“数字画像档案”+“数字伯乐”的干部辅助智选新模式，让选人用人的“标尺刻度”更加明晰、识别方式更加高效便捷，为领导决策、人员考察及确定人选提供更加有效的辅助和参考，推动实现“经验识人”向“数字识人”的跨越式升级，激活干部队伍的“一池春水”。

三、心得体会

党的十八大以来，以习近平同志为核心的党中央高度重视干部的培养、选拔与任用，着眼于新时代党和国家事业发展需要，对新时代好干部标准、科学精准选人用人等作出了一系列重要论述，提供了根本遵循。2023年，上海法院队伍建设“1+6+X”工作体系应运而生，聚焦“讲政治、选干部、育人才、塑文化、强基层、严管理”6大主责主业，提出了24项具体行动，为推进上海法院队伍建设锚定了宏伟蓝图。那么，如何把新时代党的组织路线及“1+6+X”工作体系要求贯穿干部选育考奖始终，知事识人、选拔任用有没有更加公平公正、科学高效的方法。

干事创业，队伍是决定性因素，数字化牵引则起到至关重要的支撑作用。当前，虽然上海法院信息化建设累积了大量的法院队伍数据，但这些数据往往分散在不同系统之中，纵向上缺少“个人画像”的集成化、全景式呈现载体，横向上缺少人员的立体化、可视化比对，一定程度上影响了知事识人和关键决策的精准度。此外，这些数据如同水一般静态流淌，需要建立一座新的“发电站”，让“水能”资源在交互、碰撞中转为机械能，最终生产出推动队伍建设高质量发展的“电能”。基于新时代队伍管理需求，上海法院坚持数字化牵引，将大数据分析、人工智能等科技创新成果同队伍建设工作深度融合，在数助政工平台下，全新打造了“干部画像”模块，以数字技术辅助精细管理、科学决策，着力构建以“数助”促“干事”、强“队治”的工作新样态，推动政治工作“生产方式”实现重塑性变革。

“干部画像”模块从构想之初到规则设计，从模型建设到功能嵌入，始终围绕“人”和“数据”这两个关键词。在推进过程中，我们越发感到，基础数据是“干部画像”模块发挥成效的关键保障，没有基础数据的持续汇入，“干部画像”就如无源之水、无本之木，其他功能模块也无法得到有效运用。因此，想要构建一个结构完整的干部画像，就必须摸清哪些数据是组成的关键，以及这些数据应该从哪里抓取，怎样抓取。

为解决此类难点堵点问题，我们深入分析研判，把准破局切口，强化数字赋能，持续加强对“人、案、事”的数据耦合共享，积极打通各系统之间的数据壁垒，将分散的“业务数据”要素进行提取整合，并将案件阅核、应用场景建设等特色工作一并纳入画像采集范围，转化为办案概况以及法律政策应用（包含办案质量、办案效率、办案能力、调研能力等）、风险防控、群众工作、舆论引导、科技应用等5大能力及50项可量化、可检视的“硬实力”指标，实现干部全息数据集成，确保干部能力得到完整、准确、全面的展现，生动体现了重实绩的鲜明导向。同时，将政治过硬作为第一标准，加快“政治素质档案”与“现实表现材料”的数据汇入，最终实现了“硬实力”数据与“软实力”画像的有机结合、相互佐证、全息成像。

此外，针对法院非领导职务的干部人员数量多、传统一对一“画像”效率低等问题，创新打造干部“要素式画像”，通过对干部能力特点的类型化分解，设置若干、统一、标准化的评价要素，比如法官包括政治能力、办案类型、办案风格、办案能力、调研能力、日常表现和主要不足七大方面，再利用量化的评价指标、评价标准，对评价要素进行描述式、个性化的语言转化。在这一过程中，强化大数据分析运用，以上海法院审判办案系统等数据为底座，通过实时提取指标、数据碰撞融合、自动生成画像等方式，批量自动形成每位干部的“干部画像”，有力减轻政工干部撰写、更新干部画像的工作量，确保干部画像动态更新、准确可靠，推动形成系统集成、高效便捷的“干部画像”新模式。

数助政工是推进队伍建设的新质生产力。作为其中一个重要模块，“干部画像”让“沉睡”的数据得到了深度运用，不仅实现了干部综合素养的可视化呈现，也为队伍从严监督管理、精准靶向施策配备了数字集成、智能辅助的“智慧大脑”，是以数字思维引领工作重塑、以数字赋能提升工作效能的生动展现。后续，随着更多好用、管用、易用的功能与“干部画像”深度链接，“数字 +”所产生的聚变效应将进一步凸显，上海法院政治工作的数字化、系统化、智能化成效也将持续放大。

执笔人：上海市高级人民法院政治部　李　岳　张梓垚
上海市静安区人民法院　李榛涛
核稿人：上海市高级人民法院政治部　吴　炯

以数字赋能提升考核工作效能
——全员考核模块

◎ 上海市高级人民法院政治部

【关键词】

干部考核　全员全面全时　数字化运行

【要旨】

党的二十大报告指出，要“完善干部考核评价体系，引导干部树立和践行正确政绩观，推动干部能上能下、能进能出，形成能者上、优者奖、庸者下、劣者汰的良好局面”。考核是激发队伍干事创业内生动力、促推队伍建设的重要抓手。然而，在以往考核工作中仍存在一些薄弱环节亟待解决，如考核主体责任落实不到位，考核推进过程“上紧下松”；部分考核指标设置“一刀切”“唯增论”，精准性、导向性、区分度不强；害怕考核结果“得罪人”，一定程度上存在“轮流坐庄”“平衡照顾”现象等，与最高人民法院“全员、全面、全时”的考核要求存在差距。为此，上海法院牢牢把握数字时代发展机遇，全新打造“全员考核”模块，将考核方案、考核运算、考核管理、结果运用等转化为可运行的数字模型，推动考核工作全周期线上管理、全流程智能运行，有效提升考核工作科学化规范化精细化水平，以高质量考核促推上海法院工作高质量发展。

一、功能描述

“全员考核”模块以最高人民法院“全员、全面、全时”的考核工作最新要求为指引，通过数字化运行，实现考核方案简便配置、考核数据自动抓取、考核情况动态录入、考核结果智能生成、考核等次在线监管等核心功能，推进考核体系科学构建、考核测算自动运行、考核过程全域监管，有效提升考核质量效果、确保结果公正客观，满足了各级领导的管理需求。同时，通过大数据分析，可全员式呈现干警的考核结果及分布，全时段监测全市三级法院考核工作运行情况，形成贯通三级法院、覆盖7000余名干警的全员考核管理新模式。此外，通过这一模块，充分发挥考核工作风向标、指挥棒、助推器作用，做深做实结果运用转化，为职务职级调整、法官等级升降等提供决策依据，进一步规范、引导、激励广大干警主动担当、能动履职。

二、数据来源

1. 审判办案系统。
2. 执行办案系统。
3. 涉诉信访管理系统。
4. 审判质效管理系统。
5. 案件权重应用系统。

6. 审判执行监督预警平台。

7. 综合调研信息平台。

8. 督察信访管理系统。

9. 法治宣传管理系统。

思维导图

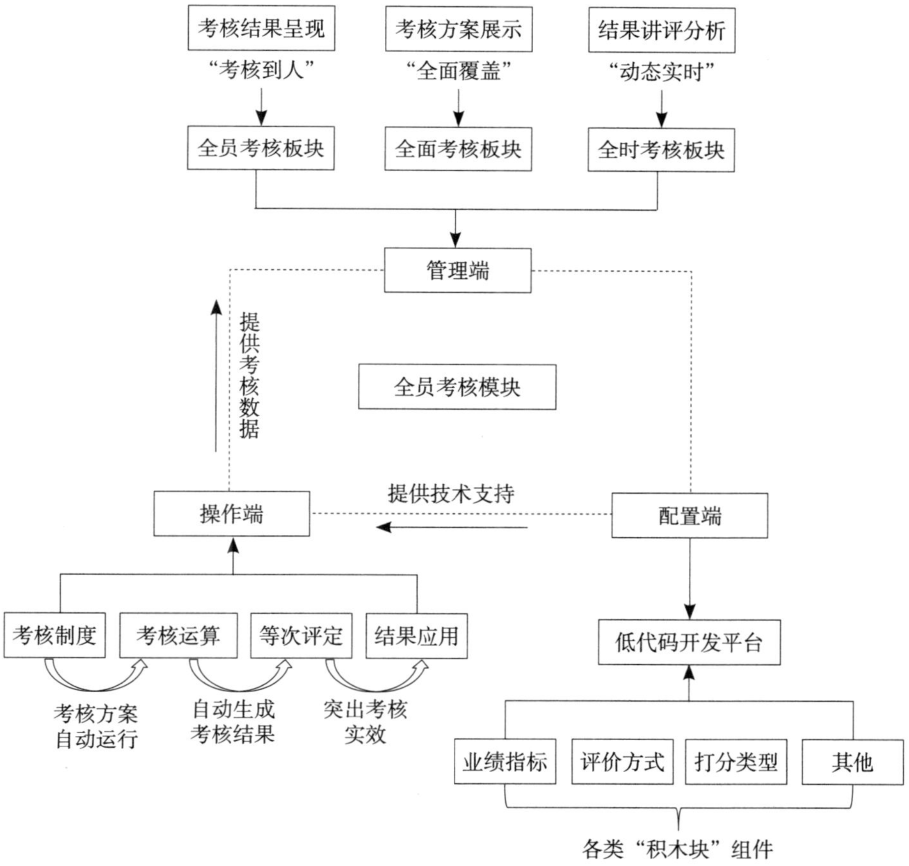

三、运行机制

（一）管理端：考核监管数字化升级

根据考核管理的实际需要，管理端搭建全员考核、全面考核、全时考核三大板块，为各级领导实时了解考核体系、掌握考核动态、监管考核工作提供全局性、可视化、一站式的功能集成。

1. 全员考核板块

聚焦“考核到人”这一维度，全面呈现上海三级法院、7000余名干警的考核结果。考核等次以不同法院、不同序列人员、不同考核周期等为维度进行汇总展示，各院考核中有没有拉开差距、有没有区分优劣，数据清晰、一目了然。同时，重点呈现考核结果的实效性转化，对于考核排名相对落后的人员，实时统计法院考评委员会评审情况、暂缓等级（职级）晋升的人次等，切实体现能进能出、能上能下。

2. 全面考核板块

聚焦“全面覆盖”这一要求，立体展现上海法院 1 个高院指导意见 +23 个院级考核办法 +313 个部门考核方案的制度体系，以及这套体系如何应用到人、落实到人。通过数据采集分析，评估各院、各部门考核内容是否做到全面覆盖、科学合理、简便易行，避免“当考不考”和“不当考而考”。

3. 全时考核板块

聚焦“动态实时”这一目标，全时统计全员考核系统的使用情况、预警情况。对经常性人为调整考核等次、无法作出合理说明的，依照调整频率、调整幅度等，对偏离度较高的法院和部门作出预警。板块还提供院级、庭级和个人讲评面板，各院、各部门可依托讲评面板对考核数据进行分析讲评和研判，进行上月工作“回头看”和下月攻坚“提前谋”，落实最高人民法院一月一分析、一季一报告、半年一评估、年度总考核的管理要求。

（二）操作端：考核运行数字化提速

根据考核工作的实施流程，操作端设计了考核制度、考核运算、等次评定、结果应用等核心功能，为院庭长、政治部等各级考核主体实施考核管理提供系统支持。

1. 考核制度

各院、各部门可以对照《最高人民法院法院人员考核工作指引》要求和上海高院指导意见，利用系统内置的“考核指标集”“评价方法集”“预设算法集”等，简便易行地配置生成个性化考核方案。由技术人员配合进行后台设置后，即可实现考核方案自动运行。

2. 考核运算

考核系统与办案办公、质效指标、调研、信访等系统实现数据贯通，可根据各院、各部门考核方案实时抓取考核数据、录入考核情况、自动运算考核得分。最大程度减少考核过程中的烦琐操作和人为干预，提升考核的便捷性和公正性。

3. 等次评定

考核计分排名、考核等次评定等统一由“全员考核”模块根据一定规则、一定比例自动生成默认结果，对默认结果进行调整的，需要说明理由、全程留痕，统一纳入上海高院监管。对考核结果与实际表现存在偏差情况实现在线预警，高院政治部、各院政治部将及时介入、督促整改。

4. 结果应用

突出考核实效，对考核结果运用情况进行全时记录备案，目前已包括召开法院考评委员会情况、暂缓等级（职级）晋升情况、初任法官入额遴选挂钩情况等，确保全员考核真考、真用、真管。

（三）配置端：方案配置数字化创新

“全市一平台”+“一庭一方案”的开发模式能够快速落地，必须借助一套统分结合、化繁为简的开发模式与之匹配。借助低代码开发平台，以“搭积木”的思路方法打通底层逻辑，将常用的“业绩指标”“评价方式”“打分类型”等分解成一个个“积木块”组件，各院只需在配置考核方案时按需组装，即可实现自动运行。同时，利用这种开发模式门槛低、上手快的特点进行“技术发包”，让各院技术人员“拿来就用”，自主实现考核方案配置、修改、维护等操作，有效降低考核系统的开发运维成本。随着试点工作的全面铺开，这种开发模式也逐步显现出边际成本递减的规模效应，形成一套可复制、易推广的制度、机制和技术路线。

四、优化完善

深入推进考核体系建设，在现有三级考核体系的基础上，构建“法院—部门—人员”三级考核联动机制。对标最高人民法院要求，完善院庭长办案考核通报机制，进一步优化审判辅助人员和司法行政人员评价模式，进一步加强考核结果的兑现与运用，加强考核工作与队伍管理、审判管理的融合发展。持续推进模块建设，优化考核数据自动抓取、结果自动生成、实时静默监管等核心功能模块。加强“全员考核”模块与数助政工的整体融合，将考核情况作为了解干部、知事识人的重要依据，以数字化方式，推动考核工作贯穿于干部选育管用全过程。

五、建设心得及应用成效

全员考核工作是落实党中央部署、适应新时代新发展阶段形势任务的必然要求，是推进政治与业务深度融合的有力抓手，是破解队伍建设突出问题的重要举措。数字时代，只有找准数字技术与考核工作的切入点、融合点，深挖数据要素价值，依托数字化手段提升考核工作效能，才能不断激发法院队伍为大局服务、为人民司法的内生动力。

（一）一体推进与分级分类相结合，夯实全员考核制度根基

严格对标对表《最高人民法院法院人员考核工作指引》，细化落实法院人员考核的总体目标、工作要求和制度规则，统筹全市法院一体推进、分类施策。一方面，以制度完善推动全员考核全局覆盖。健全完善“高院考核到基层法院—各法院考核到部门—部门考核到个人”的三级考核体系，指导推动各法院、各部门结合实际研究制定个性化考核方案，形成“1 个高院指导意见 +23 个院级考核办法 +313 个部门考核方案”的考核制度集成。另一方面，以平台建设推动全员考核全域适用。在上海数字法院建设和数助政工建设的总体布局下，按照“全市一平台”“一庭一方案”的模式开展数字化考核。所谓“全市一平台”，即依托数助政工统一平台搭建和运行全员考核模块，确保三级法院考核工作按统一要求推进、在统一平台运行、受统一规则监督。所谓“一庭一方案”，即各部门结合实际，设置考核方案，部门负责人切实承担考核主体责任。通过统分结合，既实现全市法院考核工作一体推进，又满足各级法院干警精准化、差异化的考核需求。

（二）规范引导与科学设置相统一，提升全面考核运行实效

科学设置符合司法规律和工作实际的考核方案，以强化工作指引确保三级法院步调一致、靶心不偏，助推考核效果更好更实。一是考核内容突出政治与业务相融合。将政治建设、思想建设、纪律建设各方面制度要求融入业务考核工作，坚持以事察人、知事识人，把办理重大案件、妥处矛盾纠纷、实现“三个效果”、填报“三个规定”等作为考核内容，进行量化打分，以考促建推动干警政治素养和业务能力双提升。二是指标设置突出公正与效率相统一。细化分析人民法院审判质量管理指标体系，提出分属12个业务条线的“核心指标”“可选指标”和“排除指标”，供各院配置考核方案时选取组合。在各部门考核方案中，审限内结案率等核心指标实现全面覆盖，进一步统筹抓好公正与效率。三是评价方法突出主观与客观相一致。提炼考核评价的共性规则，推荐采用正向、负向、排序、区间管理等不同计分方式，避免层层加码、盲目追高。案件质量考察采取“智能筛查提示问题线索、人工评查聚焦差错瑕疵”方式，使审判质量评价工作深入到案、具体到人。案件数量主要考核案件权重系数折算后的办案工作量，确保考核结果更符合司法规律。通过考核试运行，干警普遍感到内部评价规则更加清晰透明，比学赶超目标更加具体明确，工作更有指向，努力也更有动能。

（三）动态管理与全程监督相促进，促推全时考核落地落实

依托数字化改革契机，将考核由“线下”转至“线上”，为考核工作全周期管理注入新动能。一是优化系统功能建设。设置考核运算、等次评定、结果应用等核心功能，为院庭长实施考核管理提供数字化支撑。在这一模块内，提供点选、下拉等方式，配置生成个性化考核方案，实时进行“虚拟运行”“模拟测算”，评估考核方案运行效果。依托数字采集分析功能，动态跟踪考核情况，优化细化考核参数，确保考核计分客观公正。二是实现系统互联互通。贯通人事管理、办案办公等系统，实现考核数据实时抓取、考核情况动态录入、考核结果即时运算，有效减少考核工作量。考核计分排名、考核等次评定等统一根据既定的规则自动生成，最大程度减少考核过程中的人为干预。三是实时在线监督管理。强化考核结果监督预警，各考核主体在调整默认结果时，需如实填报调整理由，由系统全程记录，生成电子台账，统一纳入上海高院监管。对考核结果与实际表现存在偏差等情况，实时在线预警，及时纠偏防错。

（四）正向激励与反向约束相贯通，抓实考核结果实体运用

充分发挥考核正向激励、反向约束作用，形成能者上、平者让、庸者下、劣者汰的激励机制，持续激发干警干事创业内生动力。一方面，以考核立体评价激发实干担当。将考核结果与绩效奖金分配、评奖评优评先、法官入额遴选、职务职级晋升等有机衔接，做实结果运用“后半篇文章”。持续深化考核结果运用，结合“干部画像”进行立体评价，将考核结果作为优秀年轻干部储备、先进典型人物选树的重要参考，激励干警比学赶超、担当作为。另一方面，以结果实体运用体现约束严管。发挥考核督促约束作用，推动等级职级能上能下，法官员额能进能出。近年来，全市法院共 12 名法官因日常考核结果落后暂缓晋升法官等级。将考核结果与员额进出挂钩，建立“黄牌提示预警—红牌退出员额”机制。截至目前，全市法院已有95名法官到法官考评委员会述职，其中2名法官调整岗位，2名法官退出员额。

执笔人：上海市高级人民法院政治部　李　岳
　　　　上海市静安区人民法院　李榛涛
核稿人：上海市高级人民法院政治部　吴　炯

醉驾型危险驾驶罪要素式审判辅助模型

◎ 上海市第一中级人民法院　上海市宝山区人民法院
上海市嘉定区人民法院　上海市黄浦区人民法院
上海市普陀区人民法院

【关键词】

醉驾型危险驾驶案件　要素式审判　量刑计算　缓刑禁止

【要旨】

近年来醉驾型危险驾驶案件数量在上海市刑事案件中一直位居前列。该类案件虽不复杂，但是每个案件仍有差异，证据、事实、量刑仍需要一一审核，文书也需逐案制作，花费法官一定精力，且不同法院在量刑的宽严幅度方面也不尽相同。醉驾型危险驾驶罪要素式审判辅助模型基于该类案件数量大、证据种类相对固定、处理程序快等特点，同时以《最高人民法院、最高人民检察院、公安部、司法部关于办理醉酒危险驾驶刑事案件的意见》（以下简称《办理醉驾案件意见》）以及《上海市高级人民法院、上海市人民检察院关于醉酒危险驾驶刑事案件的量刑指导意见》的出台为契机进行构建，该场景以公诉机关的起诉书为主要数据来源，共涵盖要素抓取、量刑计算、缓刑禁止情节提示、证据指引等模块，从案件排期到文书初拟，为醉驾型危险驾驶案件提供全方位的审判辅助，力求在法院案多人少的情况下实现轻案快审，统一裁判尺度，提升审判质效。场景整体架构如下所示：

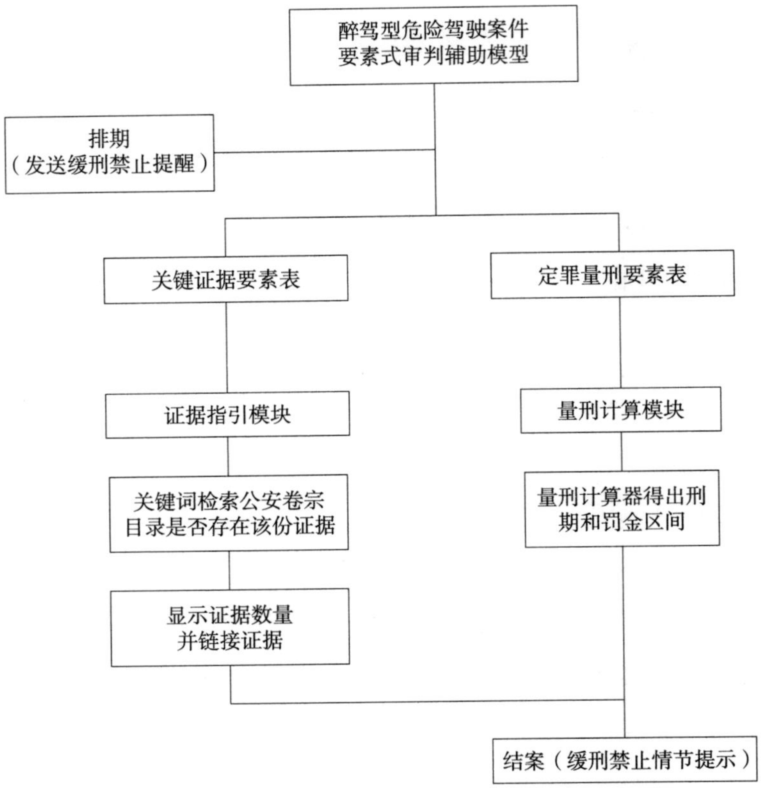

一、功能特色

（一）业务需求

1. 自动识别案件类型并抓取案件审理要素

该场景适用于上海法院尚未审结的一审醉驾型危险驾驶案件。在上海法院审判执行办案平台搜索“案由”“审级”、起诉书中条文、“案件状态”，筛选出上海法院尚未审结的一审醉驾型危险驾驶案件。以起诉书为数据来源，对犯罪主体、社会危害性、主观恶性与人身危险性三大类进行识别、抓取和汇总。另外，要素汇总表为开放式，法官可以手动增加或修改要素。

2. 量刑计算器模块自动识别已抓取的要素并进行计算

上一步汇总的要素同步更新至计算器页面，在计算器页面内法官可以调整情节，结合上海市量刑指导意见等规定，区分有无从重情节计算得出主刑和附加刑的量刑区间，然后与起诉书中的量刑建议进行比对，审查量刑建议是否在区间内。

3. 法律文书初拟

设置简易 + 实刑 / 缓刑、速裁 + 实刑 / 缓刑四个文书模板，将提取出的要素、核验过的量刑建议、起诉书中部分内容、通过要素匹配出的法律条文等嵌入文书模板中，自动排版初拟相应文书初稿，再经法官全面审查、核验。

4. 排期、结案阶段若符合条件，自动发送缓刑禁止情节提示

对《办理醉驾案件意见》中规定的九种缓刑禁止情形设计相应的关键词，从起诉书中抓取相关要素进行比对。若符合前述九种情形，则在排期阶段和结案阶段进行提示。

5. 将公安机关的电子卷宗直接链接至法院系统，进行证据校验

证据指引模块明确醉驾案件的关键证据要素，进行分类，规范证据名称，在实现刑事卷宗一体化流转的基础上，以公安卷宗的目录为范围，通过关键词抓取关键证据。同时将锁定的证据链接至相应界面，便于法官直观查看证据链条。

（二）功能指引

醉驾型危险驾驶罪要素式审判辅助模型以公诉机关的起诉书为主要数据来源，共涵盖要素抓取、量刑计算、缓刑禁止情节提

示、证据指引等模块，从案件排期开始，到证据审查、量刑计算，为醉驾型危险驾驶案件提供全方位的审判辅助。

1. 要素抓取模块

从犯罪构成要件出发，将该类案件涉及的审理要素分为犯罪主体、社会危害性、主观恶性与人身危险性三大类，同时结合《办理醉驾案件意见》《上海市高级人民法院、上海市人民检察院关于醉酒危险驾驶刑事案件的量刑指导意见》《上海市高级人民法院、上海市人民检察院关于常见犯罪的量刑指导意见（试行）实施细则》的规定，对三大类要素进行细化，将所有可能涉及定罪量刑的要素进行抓取、汇总，加入起诉书中的量刑建议，汇总形成要素表。

2. 量刑计算模块

根据上一步形成的要素表，结合《办理醉驾案件意见》《上海市高级人民法院、上海市人民检察院关于醉酒危险驾驶刑事案件的量刑指导意见》《上海市高级人民法院、上海市人民检察院关于常见犯罪的量刑指导意见（试行）实施细则》，根据酒精含量和有无法定从重情节分为三种情况进行计算，自动化勾选要素，严格按照量刑指导意见的计算规则，先通过酒精含量计算基准刑，再根据犯罪情节调整宣告刑。场景通过严谨的计算模型计算出量刑区间，包括主刑和罚金。

3. 缓刑禁止情节提示模块

针对《办理醉驾案件意见》中规定的九种缓刑禁止情形设计相应的关键词，从起诉书中抓取相关要素进行比对。若符合前述九种情形，则在排期阶段和结案阶段进行提示，提醒法官对该案件谨慎适用缓刑，避免出现案件质量差错瑕疵。

4. 证据指引模块

明确了醉驾案件的关键证据要素，即所有醉驾案件必备的证据要素，并将证据分为五大模块二十五项证据。在实现刑事卷宗一体化流转的基础上，以公安卷宗的目录为范围，通过关键词抓取关键证据，并将锁定的证据链接至上海法院审判执行办案平台相应界面，便于法官直观查看证据链条，实现证据标准的统一。

5. 醉驾审判辅助模型

适用于上海法院尚未审结的一审醉驾型危险驾驶案件。要素抓取、量刑计算、证据指引模块建立在上海法院审判执行办案平台中具体案号下面的“网上阅卷”—“数助办案”板块；缓刑禁止情节提示在排期阶段和结案阶段进行提示。每个醉驾案件中都有此功能，办案人员可根据自己的需求选择是否适用。

二、成果展示

1. 法官可通过上海法院审判执行办案平台进入在办案件，先点击界面右侧“数助办案”模块或者浮窗，进入数助办案系统。

2. 点击界面右侧的菜单栏选择“类案要素”模块查看抽取的要素。

3. 法官可以审查要素，并可以在空白框内增加或者减少要素，修改后可点击“保存”。

4. 可以点击“+”展开折叠的要素详情，便于承办法官查看。

5. 进入“量刑建议”模块，通过提取的类案要素，进行量刑计算。

6. 法官可自行点选量刑要素，进行人工核查，并可以和检察院量刑建议对比，也可以调整情节后重新进行计算。

7. 法官可进入“裁判文书初拟”模块，根据案件审理程序、被告人判处实刑或缓刑等，选取使用 4 种文书模板。

8. 借助要素抓取，精准生成格式内容完整的刑事判决书初稿，包含公诉机关、被告人身份信息、案件由来、事实、理由、判决结果、法律依据等，点击“自动附法条”“自动排版”后可以对文书附法条和排版，后期微调即可使用。

9. 法官可在案件办理页面点击进入“网上阅卷”。

10. 法官可在“网上阅卷”页面点击屏幕左侧的“证据要素”按钮，系统会根据案件线索来源、到案经过、强制措施情况、犯罪事实等模块，通过关键词自动提取相应证据。

11. 法官可在“网上阅卷”页面点击屏幕左侧的“瑕疵”按钮。

12. 选择某一项证据之后点击显示为“？”标志的“瑕疵”按钮。

13. 显示该证据存在的瑕疵。

三、应用实效

（一）实效数据

该场景于 2024 年 3 月 8 日开始嵌入并使用。截至 2024 年 12 月 31 日，案件使用量共计 587 件，反馈有帮助率达 98.52%。各模块的反馈情况如下：要素抓取模块准确率为 92.3%。量刑计算模块公诉机关量刑建议的主刑符合计算出的主刑区间的比例为 96.94%，量刑建议的附加刑符合计算出的附加刑区间的比例为 97.13%。文书模块使用率为 92.85%，反馈情况为可以使用、结构完善等。缓刑禁止情节提示模块截至2024年12月31日，缓刑禁止情节提示触发18次，反馈有帮助18次，反馈有帮助率100%。证据指引模块于2024年3月14日嵌入普陀法院，截至2024年12月31日，普陀法院测试了26件案件，效果良好。

（二）亮点及优势

醉驾型危险驾驶罪要素式审判辅助模型的亮点：

1. 为醉驾型危险驾驶案件提供全方位、自动化审判辅助

该模型以公诉机关的起诉书为主要数据来源，共涵盖要素抓取、量刑计算、缓刑禁止情节提示、证据指引等模块，从排期开始，到证据审查、量刑计算，基本覆盖办理醉驾型危险驾驶案件的全流程。场景具有自动化、数据化特征，有助于实现轻案快审，统一裁判尺度。

2. 场景具有开放式、自动化、透明化特征

要素抓取模块具有开放式特征，法官可以在要素表中增加或减少要素。量刑计算全程自动化，前一步抓取的要素直接关联至计算器界面，法官只需核对自动勾选的要素是否全面，有遗漏或增加的可以手动调整，之后计算器会自动计算。同时，量刑计算规则公开化、透明化，可以帮助法官更好地运用计算器。证据指引模块在电子卷宗线上流转的基础上，将锁定的证据链接至上海法院审判执行办案平台相应界面，实现单一证据自动校验以及证据链的自动匹配。

【典型案例】

案例 1【审理阶段出现新情节利用量刑计算器调整量刑】

（2024）沪 0115 刑初 × 号案件中，检察院建议量刑拘役 4 个月，并处罚金人民币 8000 元，不适用缓刑。庭审中被告人当庭自愿认罪认罚（新情节），故刑期需要调整。通过场景计算，被告人主刑区间为拘役 1.5 ~ 4.2 个月，附加刑区间为罚金人民币 3000 ~ 14800 元，最终判处拘役 3 个月，并处罚金人民币 8000 元。

案例 2【利用要素抓取模块审核证据材料】

（2024）沪 0120 刑初 × 号案件中，根据起诉书共抓取 9 项类案要素。审理中，法官按照场景抓取的要素结合案卷材料进行一一比对核实，法官发现认定被告人自首 / 坦白情节存疑。后法官联系检察官核实，发现系公诉机关疏漏，公诉机关更正后认定被告人系坦白，避免情节认定错误。

案例 3【缓刑禁止情节提示】

（2024）沪 0117 刑初 × 号案件中，因被告人存在逃逸情节，醉驾型危险驾驶罪要素式审判辅助模型在 2023 年 3 月 23 日排期阶段向承办法官发送了缓刑禁止情节的提示，法官已注意到该提示，并提交嵌入反馈“有帮助，已注意”，最终法院对其判处拘役实刑。

案例 4【通过查阅量刑计算规则变更量刑】

（2024）沪 0120 刑初 × 号案件中，被告人酒驾发生交通事故且负事故全部责任，乙醇浓度为 0.97mg/mL，具有坦白情节且认罪认罚，民事赔偿已履行完毕。该案属于《办理醉驾案件意见》第十二条中酒精含量未满 1.5mg/mL，但具有一个从重情节的情形。法官通过查阅计算规则，得知该从重情节已作为该案的入罪情节，就不能用于量刑，否则属于重复评价，故在没有其他缓刑禁止情节的情况下，可以对被告人适用缓刑。法官经与检察机关沟通调整其量刑（原建议拘役2个月），依法对其判处拘役2个月，宣告缓刑2个月。

案例5【公诉机关量刑建议落在计算区间最大值引起法官注意】

（2024）沪0101刑初×号案件中，承办人通过场景发现量刑建议恰好落在区间的最高值，遂联系检察院承办检察官，询问其量刑思路，发现其将入罪的从重情节重复计算，导致量刑畸重，沟通后检察官调整量刑建议。

四、心得体会

该场景是上海高院刑事庭指导的第一个刑事方面的要素式复杂大场景。2023年12月，在原先的业务规则基本制定完成情况下，《办理醉驾案件意见》出台，后上海高院、市检察院又迅速研究并出台了《上海市高级人民法院、上海市人民检察院关于醉酒危险驾驶刑事案件的量刑指导意见》，对醉驾案件的处理、量刑等方面做了诸多调整。为了不影响该场景的构建，高院刑事庭多次紧急召集主创团队对《办理醉驾案件意见》进行学习、研究，领会文件精神，并指导主创团队紧急对业务方案进行调整，尤其针对要素抓取和量刑计算模块都做了大幅度修改，对业务规则层层把关，后续又持续跟踪测试运行情况。高院刑事庭为该场景的落地生根一路保驾护航。

对于主创团队而言，构建该场景不仅是对罪名、量刑理解的考验，更多是对逻辑思维、数学方法以及团队合作的挑战。在构建量刑计算器模块时，要将具体的、多种情况的量刑规则转化为数学计算方程，主创团队打破专业壁垒，同时在技术人员的指导、帮助下，构建了计算方程和程序。但在测试时发现若干案件的量刑计算器计算结果和手动计算结果之间出现了小数点级别的差异，主创团队连续多天加班奋战对120余件案件手动核对问题所在，最终发现问题在于计算机在识别括号内外计算的顺序时需要对其进行代码说明，偏差之处就是混淆了括号内外计算顺序。主创团队发现问题后对方程式进行修改并再次手动校验，最后达到校准率100%，顺利完成量刑计算器板块的搭建。主创团队从始至终不畏艰难，在没有先例、没有样板的情况下，听取各方意见，对每一个细节、难点反复推敲、测试，精益求精，最终收到较好成效。

对司法实务有所裨益是该场景建设的目的和意义，希望该场景可以得到更普遍的应用，并真正成为司法实务中不可或缺的称手之“器”。

执笔人：上海市宝山区人民法院　钱丹凤
上海市嘉定区人民法院　葛维维
上海市黄浦区人民法院　刘　澍
核稿人：上海市高级人民法院刑事审判庭　李长坤

物业费支付型物业服务合同纠纷要素式审判辅助模型

◎ 上海市闵行区人民法院

【关键词】

物业服务合同纠纷　要素式审判　物业费支付　信息交互

【要旨】

近年来，随着物业服务行业的发展，物业服务合同纠纷日益增多，及时、妥善解决纠纷对于维护社会稳定、促进物业服务行业的健康发展至关重要。但传统的审判方式在处理物业服务合同纠纷时，面临着案件数量多、矛盾争议大、审理效率不高等问题。

物业费支付型物业服务合同纠纷要素式审判辅助模型基于支付型物业服务合同纠纷案件特点，以上海高院牵头、闵行法院承建的“物业服务合同纠纷全流程网上办案子系统建设项目”为基础，围绕优化诉讼服务、便捷法官审理的目标，聚焦物业服务合同纠纷案件审查要点，实现要素智能抓取、被告答辩意见采集、要素自动导入、房屋产调信息核验、裁判文书初拟等审判辅助功能，进一步提升审判效能，增强业主和物业公司在物业纠纷中的获得感和认同感。

场景整体架构如下图所示：

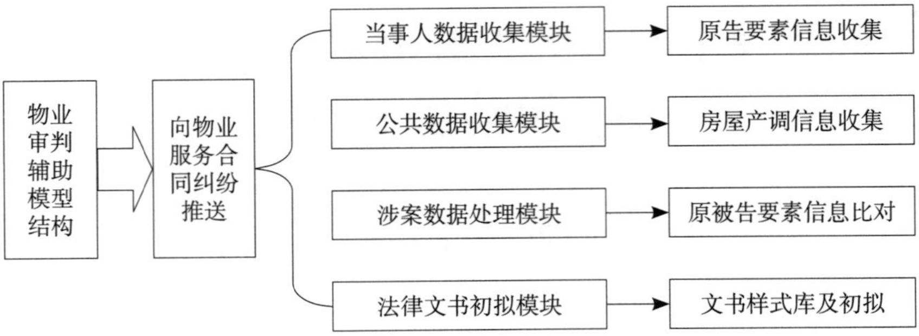

一、功能特色

（一）业务需求

1. 自动识别案件类型并抓取案件审理要素

该应用场景适用于上海法院尚未审结的一审物业服务合同纠纷案件。利用智能识别功能对起诉状中记载的服务小区、所有权人、合同依据、服务期限、房屋坐落位置、计费标准、建筑面积、欠费期间、违约金计算方式等九项要素，进行识别、抓取和标注，并为当事人意见采集、裁判文书初拟等模块中需实现的相关功能提供数据基础。

2. 自动发送被告答辩表单并归纳争议焦点

以原告起诉状中抓取的要素为基础，设计并自动生成被告答辩要素表单，将起诉状中采集的要素信息对应放置于表单项目中，后设置选项及填写框。系统自动形成的被告答辩表单以短信附链接方式向被告发送，被告可浏览表单及民事起诉状并反馈答辩意见。被告提交的数据会自动返回并形成书面文件归入电子卷宗内。案件承办人员根据答辩表单要素信息比对后，提前完成案件审查以及归纳争议焦点的工作。

3. 房屋产权信息核验

为减少物业服务合同纠纷案件中大量存在的房屋产权信息核验调查工作，通过构建上海法院审判执行办案平台与上海大数据中心信息平台的房屋产权信息协查通道，实现房屋产权信息公共数据在上海法院审判执行办案平台中的线上核验。考虑到个人信息安全问题，通过限定查询规则和查询内容，防止随意按照当事人或房屋地址查询房产登记信息，保障个人信息安全及数据安全。

4. 裁判文书模板制作并初拟裁判文书

区分文书类别、审理程序、当事人到庭等不同情形，设置全面的、可适用于不同情形的裁判文书模板，通过对起诉状要素、被告答辩意见等信息点的采集、关联加导入的方式，辅助草拟完整度更高的裁判文书初稿。法官在初拟的裁判文书上进行修改，减少机械性操作，提升文书制作效率。

该应用场景运行流程如下图所示：

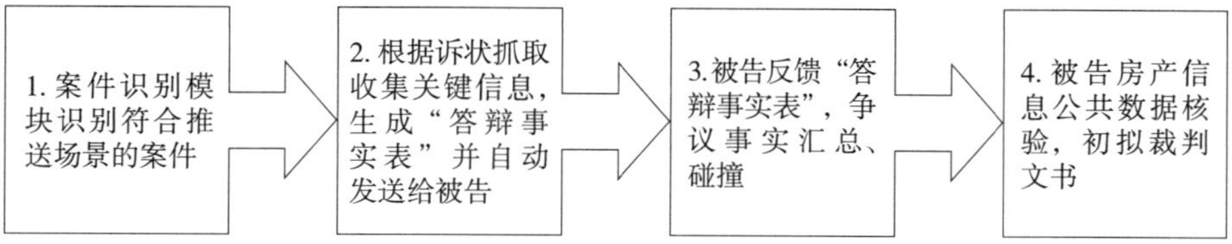

（二）功能指引

该应用场景实现案件要素智能解析与提取、庭前原告及被告意见线上交换、房屋产权信息核验等功能，并在信息交互全程形成可视化材料入卷，使得庭前过程有据可查，裁判有据可依。主要包括以下模块：

1. 案件识别和要素抓取模块

聚焦类案审判要点，确保案件要素有效抓取。该应用场景从案件审查、争议焦点固定、庭审答辩、裁判文书撰写等重点环节设计要素点，总结归纳此类案件 9 项审查信息点，如服务小区、所有权人、房屋坐落位置、计费标准等，通过梳理出 260 多个关键词形成采集规则，经模型预训练，实现对起诉状的自动解析，抓取出核心事实，并为被告答辩表单生成、裁判文书初拟等功能提供技术基础。

2. 公共数据核查模块

打通大数据信息协查渠道，辅助法官作出事实认定。针对物业服务合同纠纷中涉案房屋产权信息无法第一时间核查的堵点问题，打通与上海大数据中心信息平台的数据交互渠道。现已实现上海市范围内房屋产权信息的实时协查，进一步辅助法官确认法律事实。法官在要素“房屋坐落位置”中，点击“不动产信息协查”按钮，即可实现外部数据协查。在准确输入房屋地址的条件下，系统自动匹配案件被告信息，并显示其他与案件审理相关的房屋登记信息。

3. 当事人意见收集模块

智能采集被告答辩意见，有效缩短事实固定周期。该应用场景基于 2024 年 3 月 5 日最高人民法院发布的表格化要素式答辩状内容，设计被告答辩表单，实现承办法官向被告送达应诉通知书的同时，自动以短信附链接形式随案推送被告答辩表单，引导被告明确答辩意见。当事人可在收到短信后 3 日内使用并将答辩意见反馈至承办法官处。通过表单先行交互为当事人提供了及时发表意见的途径，辅助法官做到庭前争议焦点的快速锁定，有效降低二次开庭率。法官可在“网上阅卷—电子卷宗”中阅看被告的答辩内容，也可通过类案要素详情页面查阅“抗辩意见”。

4. 裁判文书初拟模块

初拟文书，提升文书书写“质”与“效”。该应用场景根据案件审理程序、裁判结果、争议焦点、当事人到庭情况等不同情形设计 19 种文书模板，法官可进入“裁判文书辅助生产系统”，点击“新建文书”，系统会根据设定的规则，定向推送适用的文书模板。同时借助要素抓取，智能推荐、文书初拟包含当事人信息、诉辩意见、主要事实、裁判依据在内的裁判文书初稿，提高裁判文书制作效率与准确度。

二、成果展示

1. 法官可通过上海法院审判执行办案平台进入在办案件，点击界面右侧“数助办案”选项，在类案要素模块查看抽取的要素，也可展开查看具体的要素内容。

2. 点击类案要素括号中的“数字”，可展开要素详情页面，支持查看、修改、保存要素内容，同时也可查阅要素抓取规则。

3. 上海市范围内房屋产权信息的实时协查，进一步辅助法官确认案件事实。

4. 答辩意见智能输出。

5. 法官可在“网上阅卷—电子卷宗”中阅看被告的答辩内容，也可通过类案要素详情页面查阅“抗辩意见”。

6. 根据案件审理程序、裁判结果、争议焦点、当事人到庭情况等，设计 19 种文书模板。

7. 借助要素抓取，智能推送、辅助草拟包含当事人信息、诉辩意见、主要事实、裁判依据在内的裁判文书初稿。

三、应用实效

（一）实效数据

该应用场景于2024年3月10日开始嵌入并使用。截至2024年12月31日，案件使用量约4638件（数据范围：上海法院于2024年3月1日至12月31日立案的物业服务合同纠纷案件），使用反馈较好。各模块的反馈情况如下：要素抓取模块，准确率为91%，部分起诉状中未载明相关要素事实，故该部分要素未能成功识别和采集。当事人意见收集模块，收到被告反馈的答辩表单615份。公共数据核查模块，反馈有帮助率为100%，反馈内容为在准确输入房屋地址的情况下，能够及时、准确地反馈房屋登记信息和产权人信息。文书模块，通过模块初拟制作裁判文书635份，反馈内容为初拟文书结构完整、内容翔实。

（二）亮点及优势

物业费支付型物业服务合同纠纷要素式审判辅助模型的亮点：

1. 精准聚焦审判特点，进一步提高裁判质效

该应用场景对物业服务合同纠纷案件的要素事实进行了梳理和明确。通过对服务小区、所有权人、合同依据、服务期限、房屋坐落位置、计费标准、建筑面积、欠费期间、违约金计算方式九项要素事实的自动准确提取，进一步实现被告通过答辩表单及时反馈答辩意见，精准聚焦双方争议焦点。承办法官依要素进行审理，能够准确地把握案件核心争议焦点，避免疏忽关键事实。

2. 优化审判流程，提升审判效率

传统物业服务合同案件审判可能因低效的沟通、严格的审理程序等问题，耗费大量审判时间。该应用场景通过优化答辩意见反馈方式、房产登记信息核验、裁判文书初拟等功能，使审判流程、调查取证、文书制作等更加快捷高效。尤其是房产信息的核验功能和被告的提前答辩功能，能够使庭审更具针对性地围绕争议焦点展开调查和辩论，缩短审理周期，提高司法资源的利用效率。

3. 增强被告答辩的便利性，便于当事人参与诉讼

该应用场景可减轻当事人的诉讼负担。被告收到法院送达的起诉状副本后，可以直接对照答辩表单发表答辩意见、准备证据材料，明确后续的诉讼方向，使诉讼准备更加有的放矢。在庭审中，当事人也能更好地把握争议焦点，理解审判的重点方向，更有效地进行陈述、举证和辩论。

4. 促进裁判文书标准化制作，进一步提升文书质量和制作效率

该应用场景为裁判文书撰写提供了标准化的框架和内容要求，并根据具体案件适用的审理程序、当事人到庭情况、裁判结果等，推荐使用更为适宜的文书模板。该应用场景可根据当事人信息、案件审判经过、要素提取结果等，快速地初拟规范的裁判文书，避免文书撰写中的随意性和不规范性。同时，标准化的文书也便于当事人和社会公众理解和监督司法裁判，提升司法的透明度和公信力。

【典型案例】

案例 1【开庭前被告反馈答辩事实表】

（2024）沪 0112 民初 × 号批量案件于 2024 年 3 月 6 日立案，立案后即通过电子送达方式向被告发送诉状副本材料，该批受理的 10 个案件中 2 个案件的被告收到短信后及时向法院提交答辩表单，庭审时法官发现被告答辩内容与庭前提交表单中意见一致，故聚焦审理要点，迅速高效完成庭审流程。某小区业主表示：法院采用短信附链接送达及反馈答辩表单的新型方式，为业主提供反映意见的快速通道，有效节约了业主的应诉成本，免去了邮寄答辩状的麻烦，为业主和法官之间开辟了沟通新通道。

案例 2【利用不动产信息协查房屋产调信息】

（2024）沪 0112 民初 × 号案件中，被告房屋坐落位置为“上海市闵行区龙茗路 × 弄 × 号 × 室”。根据其房屋产权证中的地址“龙茗路 × 弄 × 号 × 室、× 号地下车位 C057 号”，系统内不动产信息协查的结果为：“房屋坐落位置：龙茗路 × 弄 × 号 × 室、× 号地下车位 C057 号；所有权人：张某某；建筑面积：34.84 平方米；房屋类型：其他；产权证号：闵 200702××××；产权备注：受理日期：15：50：09；核准日期：08：42：13”。协查结果与上海市不动产登记簿记载的被告房屋信息基本一致。房屋产权信息核验功能自 2024 年 4 月 1 日启用，目前功能使用正常。某物业服务有限公司表示：法官在系统中仅需几分钟即可完成房屋产调信息的核验，省去了物业公司前往不动产交易中心调取房屋产调信息的工作，为物业公司减少了麻烦、节省了大量时间。

案例3【利用不动产信息协查发现责任承担主体错误】

（2024）沪0112民初×号案件中，承办法官通过模型核查发现，房屋的实际权利人与物业公司起诉的被告不一致，遂与被告核实相关情况并得知涉案房屋已经由原房屋权利人即该案被告出售给他人，物业公司主张欠费期间的房屋权利人并非该案被告，故承办法官向物业公司告知相关情况，物业公司经核实后同意撤回该案起诉，从而避免了不必要的诉讼及司法资源浪费。

四、心得体会

上海市闵行区因其“宜居宜业”的地缘特点，辖区范围内物业服务合同纠纷数量常年居高不下，并呈现批量化、相似性、阶段性的特点。自2021年起，闵行法院即建设法院调研物业服务合同纠纷案件特点，在总结案件类型、梳理类案要素、编订法律文书库工作基础上，投身“数字法院”建设浪潮，将案件研究经验融入复杂大场景建设实践，将构思理想转化为现实。场景的顺利嵌入经验主要包括：

1. 重协作

大场景内容复杂，如案件要素确定、要素抓取规则、表单设计及发送方式、文书要素嵌入方式等每一个细节均需相关庭室反复沟通锚定；大场景影响面广，需在条线内部沟通确定业务规则、文书模板等材料的合规性，符合类案处理规范性要求；大场景所涉外部数据协查，需打通上海法院审判执行办案平台与其他数据中心信息通道，与外部沟通数据资源衔接路径。

2. 懂案件

大场景涉及类案审查，需从办案现实需求、法官需求、群众需求出发，判断案由研发辅助模型的必要性；需厘清案件的审理思路，选取案情相似度高的案由，便于确定通用要素设计抓取规则及入卷表单。基层法院对上级法院发布的类案办理指南、最高人民法院发布的表格化诉状及答辩状，可作为设计参考。

3. 通技术

如何将法官案件审理思路转换为机器能够理解的语言，需要跟随技术部门的“魔法棒”，按其要求对各项信息进行数字化撰写，结合法官办案习惯和系统接受程度进行场景方案设计；需要梳理足够多数量的样本，整理采集规则，进行信息点识别抓取；需要考虑现有技术实现程度，构思信息交互的实现方式，不断与技术部门沟通确定算法路径。

“数字法院绝不是一个口号，而是实实在在的行动。”想都是问题，做才有答案。“数字赋能”深刻改变了我们的办案习惯。

执笔人：上海市闵行区人民法院　安　冉　王夙伟

核稿人：上海市高级人民法院民事审判庭　羊焕发

侵害外观设计专利权纠纷案件要素式审判辅助模型

◎ 上海市第三中级人民法院
（上海知识产权法院、上海铁路运输中级法院）
上海市杨浦区人民法院　上海市宝山区人民法院

【关键词】

侵害外观设计专利权纠纷案件　要素式审判　案件摘要　要件指引　AI 智审

【要旨】

侵害外观设计专利权纠纷案件数量约占上海知识产权法院整体收案量的 45%，在各类案由中位居前列。该类案件审理思路较为清晰、法律适用相对简单，具有知识产权侵权类案的基本特征，但因个案案情存在差异，故事实查明较为繁复且重复劳动多。因此，以此为切口建立侵害外观设计专利权纠纷案件要素式审判辅助模型，不仅有利于实现简案快审，缓解人案矛盾，还有利于统一侵害外观设计专利权纠纷案件的法律适用和裁判尺度，更有利于知识产权侵权类案的基本特征要素化，为知识产权侵权类案的要素式审判打下坚实基础。

侵害外观设计专利权纠纷案件要素式审判辅助模型围绕侵害外观专利权纠纷案件的审理要素，利用AI大模型对原告、被告的诉辩意见进行要素信息抓取，在碰撞后形成争议要素和无争议要素，并在上海法院审判执行办案平台完成争议要素和无争议要素的证据分配与判断、要素事实抓取、类案信息推送、法律法规匹配等功能，最后再经由法官选择、确认后辅助文书初拟，为侵害外观设计专利权纠纷案件的审理提供“一站式”解决方案。场景整体架构如下图所示：

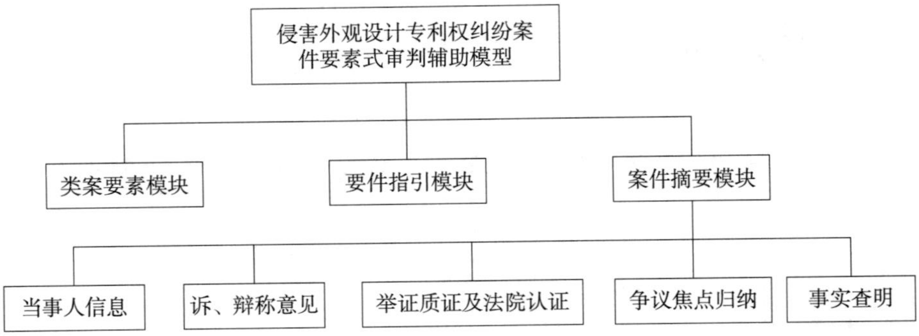

一、功能特色

（一）业务需求

1.“固定”变动事实。对当事人诉辩称及证据的变动进行固定、摘录与备忘。

2.“锚定”要件事实。在要件事实与关键证据之间建立逻辑对应关系，供法官回溯复查。

3.“核定”公共数据。借助外部公共数据对案件事实进行实时核验，让法官可以“省力办”。

4. 提供知识指引。近年来，涉电子商务平台侵害外观设计专利权纠纷案件高发、频发。仅2020年1月至2023年6月期间，上海知识产权法院就受理该类案件8583件，占一审案件收案总数近60%。为提升该类案件的纠纷化解效能，上海知识产权法院于2023年7月专门组建了外观设计专利案件快审团队，并针对性地开发侵害外观设计专利权纠纷案件要素式审判辅助模型，梳理该类案件的知识图谱、汇聚资深法官的审理经验，统一类案释法，并为个案争议焦点的提炼及审理提供精准、实时的指引，形成数字"传帮带"，助力快审团队成员"马上办""快速办""统一办"。

（二）功能指引

侵害外观设计专利权纠纷案件要素式审判辅助模型以《外观设计专利侵权类案办案要件指南》为主要审判规则框架，将人工智能、大数据技术应用于审理办案，共涵盖类案要素、要件指引、案件摘要三大模块，从案件排期开始，到卷宗阅看、庭审记录、证据审查，为侵害外观设计专利权纠纷案件的审判提供全方位辅助。

1. 类案要素模块

运用大模型智能语义解析功能，自动识别、抓取和归集电子卷宗中相关书状、证据、笔录等非结构化数据的要素式信息，辅助法官高效阅卷；通过要素信息与电子卷宗之间的自主链接，便于法官实时校对和审核；法官亦可在阅卷、庭审过程中自主抓取和修改要素信息，实现人机交互。

2. 要件指引模块

对类案审理中常见要点及裁判规则进行解构和展示，以前述"类案要素"模块归集的要素信息为参照，经由大模型语义理解，碰撞出对应的审查要点，为法官“审什么”“如何审”提供参考。法官可通过审查要点精准定位要件事实所处的卷宗位置，删繁就简、抽丝剥茧，实现在案件事实与法律规范之间的“目光往返”。此外，“要件指引”模块增设AI智审功能，自动对外观设计专利权的权利人、权利状态等权属信息进行碰撞、校验，抽取被告侵权事实，识别被告合法来源抗辩的有效性，对被诉侵权设计、授权外观设计与现有设计进行侵权比对分析，辅助法官审理裁判。

3. 案件摘要模块

通过原告诉称与被告答辩中要素信息的“交锋”碰撞，自动归纳争议焦点，根据预设框架、规则进行庭前预备、庭后归纳，追踪还原法官的诉讼活动，协助法官查清案件基本事实，厘清争议焦点，以提升侵害外观设计专利权纠纷案件的审判效率和质量。

侵害外观设计专利权纠纷案件要素式审判辅助模型适用于上海法院尚未审结的一审侵害外观设计专利权纠纷案件。类案要素、要件指引、案件摘要模块建立在上海法院审判执行办案平台中具体案号下面的“网上阅卷”—“数助办案”板块，办案人员可以根据自己的需求选择是否适用。

二、成果展示

1. 法官可通过上海法院审判执行办案平台进入在办案件，通过点击界面右侧“数助办案”模块或者浮窗，进入数助办案系统。

2. 点击界面右侧的菜单栏选择“要件指引”模块进入要件

指引。

3. 庭审中对到庭人员的现场确认功能。对到庭人员进行现场确认并记录，并可根据上述数据初拟判决书首部部分。

4. 诉请的 AI 提取、归纳、总结功能。

5. 事实和理由的 AI 提取、归纳、总结功能。

6. 审理中，法官可在 AI 总结、归纳的诉请、事实和理由的基础上，选择保留或编辑修改，确定的内容可被使用于判决书对应部分。

7. 答辩意见的 AI 提取、归纳、总结功能。

8. 当事人无书面答辩意见情况下的记录和常用答辩意见的导入功能。

9. 庭审中，法官可以在 AI 总结、归纳的答辩意见的基础上，选择保留或编辑修改，确定的内容可被应用于判决书对应部分。

10. 证据添加、审查功能。在举证质证环节，可以根据当事人举证情况添加证据，并针对证据进行审查。

11. 质证、认证意见的记录和确定。在举证质证环节，通过举证质证分析功能，可以记录、确定证据的质证、认证意见。

12. AI 通过对前述诉辩意见进行碰撞分析，归纳形成争议焦点，方便法官审理。

13. 法官可以根据实际情况对 AI 提取的争议焦点予以接纳、修改，或者添加新的争议焦点。

14. 法官可以对上述争议焦点进行审理，记录各方当事人意见，并关联相关证据，在证据中进行重点批注。

15. AI 可以根据预设规则将当事人之间的无争议要素纳入事实查明部分。

16. 法官可以在 AI 初拟事实查明部分的基础上进行编辑和修改，并手动添加查明事实的内容。

17. 在事实查明部分，模型可以自动关联证据，供法官比对确认，保证事实查明内容的准确性。

18. 模型可以初拟 Word 版案件摘要，方便庭审重点内容的保存和查阅。

19. 所初拟的 Word 版案件摘要，可辅助用于案件判决文书的撰写。

三、应用实效

（一）实效数据

2024 年 7 月 24 日至 12 月 31 日，上海高院知产庭、上海知产法院全体法官以及法官助理在涉及侵害外观设计专利权纠纷案件的审理中实际使用了侵害外观设计专利权要素式复杂场景中的案件摘要模块，使用人数 25 人，抽取案件数 243 件，反馈效果良好。

（二）亮点及优势

侵害外观设计专利权纠纷案件要素式审判辅助模型的亮点：

1. 为侵害外观设计专利权纠纷案件提供全方位、自动化的 AI 审判辅助

该模型通过引入案件摘要模块，借助大模型神经网络的语义理解，更加精准地抓取和归集案件要件事实。同时，提供人机互动界面，法官根据系统设计的流程和要件，在开庭和阅卷的同时，还可以手动抓取添加和修改相关内容，辅助实现对全景事实

的生成。这种安排，不仅发挥了人工智能对司法办案的支撑作用，同时也暗藏了对于法官工作模式变革的思考。

2. 将要素和证据关联，证据和事实关联，使审理要点清晰呈现

通过内置要素规则，使诉辩碰撞后的无争议要素、争议要素的提取、明确成为可能，在争议要素、无争议要素项下设立关联证据，使得要素和证据相关联，针对证据的重点批注使得证据和事实相关联，如此最终实现要素和事实的关联。案件的审理要点通过上述要素和事实的关联予以清晰呈现，无论是承办法官办理案件，还是合议庭成员参与案件讨论，抑或院庭长等审判管理人员听取案件汇报、阅核文书，均可通过高效审阅案件摘要中呈现的审理要点，清晰掌握案件事实并实现快速核验。

3. 场景具有条理清晰化、AI 智能化、审理自主化特征

内置要素规则条理清晰，从“大前提—法律规范”的层面展现了类案审理思路和裁判的底层思维逻辑。凝聚了多位资深法官审判经验的类案知识图谱，亦通过人工智能技术条理清晰地展示在案件摘要中，对个案争点提供精准、实时指引，让新法官可以“马上办”。AI 智能提供的大模型神经网络的语义分析，大大缩短了法官归纳、总结的时间，让烦琐的语义有条理、更明确、更清晰。场景提供的添加功能，让法官可以基于案件的实际情况实时修改、调整和新增审理要点，让审判更加自主。

【典型案例】

案例 1【庭审结束之时即为事实查明之时】

（2024）沪 073 民初 × 号案件庭审过程中，承办法官使用案

件摘要功能，在庭审之时当庭完成了当事人诉辩意见；证据的质证、认证意见；事实查明等判决书所需部分内容的撰写。庭审后，承办法官根据初拟的案件摘要当天完成了判决书的撰写，大大缩短了判决书撰写时间，提高了工作效率。

案例 2【根据争议焦点关联证据逐一审核证据材料】

（2024）沪 073 民初 × 号案件中，根据起诉状和答辩意见共碰撞产生 3 项争议焦点，承办法官在庭审中根据场景碰撞产生的争议焦点，逐一审核证据并进行重点审理，对证据的细致审核使原告意识到被告现有设计抗辩的成立，遂在庭审后即撤回了案件的起诉。

案例 3【证据标注使阅核更轻松】

庭长对（2024）沪 073 民初 × 号案件的判决书进行阅核过程中，通过证据标注功能，对案件事实进行了逐一核实，并根据核实的事实对合法来源是否成立提出不同意见，后经专业法官会议讨论，统一了该类情况的裁判标准。

四、心得体会

侵害外观设计专利权纠纷案件呈现批量维权案件数量众多、案情相对简单、审理思路相对统一、调撤率较高的特点。为破解人案矛盾、提高审判质效，进一步优化简案快审，本场景以上海法院《外观设计专利侵权类案办案要件指南》为主要规则框架，以建立案件摘要为关键，将该类案件的审理要素化、模块化、便捷化，减少多余步骤和重复劳动，让案件审理更高效、更便捷，让案件的裁判更规范、更统一。

（一）以法官需求为导向

场景设计的初衷源自法官们几张开庭笔记的草稿，有的是庭前准备的审理提纲，有的是庭审内容的摘录，它们反映了法官办案中的三个需求。一是“固定”变动事实的需求。诉讼过程中当事人的诉辩意见会发生变化，证据材料可能会撤回、补充，当事人对证据的三性、证明力会发表意见，对此均需固定、摘录与备忘。二是“锚定”要件事实的需求。哪些是要审查的要件事实，审查认定的要件事实体现在哪份证据中，在卷宗全面电子化的现状下，亟须通过电子定位、标记功能供使用者回溯复查，在要件事实与证据之间建立逻辑对应关系。三是“核定”公共数据的需求。专利的权利状态是否稳定、专利费用是否及时缴纳、侵权设计与专利设计是否相同或近似、书面证据所承载的权利状态、主体等固定信息并不能实时更新，而权利期限内上述权利状态、主体信息的变更，影响着案件最终的处理结果。本模型借助大数据和人工智能的支持，实现与外部数据的实时碰撞，让法官核验信息更省力。法官们的共同需求，是我们项目研发的起点，也是指引我们推进场景建设的方向。

（二）以法官有获得感为目标

在项目建设之初，大而全、一劳永逸的想法往往会占上风，但是实践表明，对于法官没有实际用途的场景得不到法官的支持，也不会有法官去使用。因此，复杂场景仍要坚持实用性。其后项目组对场景建设重新进行了规划调整，制定了前期实现基本功能，后期逐步健全的工作计划，从而才有了如今化繁为简、破茧化蝶后的侵害外观设计专利权纠纷案件要素式审判辅助模型。

（三）为数字法院建设提供试验样本

案件摘要和要件指引两个功能模块具有普适性。根据数字法院专班的规划，知产条线的这次探索，还有一个任务，就是为全市法院提供试验样本、积累经验。目前相关功能模块仍在完善过程中，还存在较多改进空间（如对复杂证据的解构识别尚不准确、图形的比对分析正趋于完善等）。下一步，知产条线将实时追踪场景建设进展，边用边建、以实测促迭代，着力提升场景运用实效，让法官真真切切感受到获得感。

执笔人：上海市第三中级人民法院（上海知识产权法院、
上海铁路运输中级法院） 何　渊
上海市高级人民法院知识产权审判庭　岳　娆
核稿人：上海市高级人民法院知识产权审判庭　徐　俊

金融借款合同纠纷要素式审判辅助模型

◎ 上海金融法院　上海市浦东新区人民法院
上海市黄浦区人民法院　上海市青浦区人民法院

【关键词】

金融借款合同纠纷　智能辅助　要素式审判

【要旨】

金融开放创新是上海自贸试验区及临港新片区发展的重点领域之一，银行等金融机构提供的金融借贷服务是各类金融服务中最重要的组成部分。随着金融行业的不断创新发展，互联网跨地域借款、非银行金融机构不当业务扩张、部分借款主体履约情况恶化等问题，导致金融借款合同纠纷案件数量骤增。此类纠纷快速增长的态势，不仅影响金融债权安全和经济稳定，也给金融审判工作带来挑战。

近三年来上海法院受理该类案件30余万件，目前主要由各法院金融庭、商事庭审理，部分批量案件由立案庭进行速裁。2024年，上海法院金融借款合同纠纷案件占金融类案由第一位。金融借款合同纠纷要素式审判辅助模型以“金融借款合同纠纷全流程网上办案系统”为基础，结合金融借款纠纷案件模式化、批量化的特点，构建较为成熟的金融审判要素知识图谱。本场景立足法官端、当事人端的双重需求和实际需要，通过要素式审判辅助模型的开发建设，努力实现审判质效、适法统一、司法便民、数助办案的全面契合，助力上海法院数字化建设。目前，金融借款合同纠纷要素式审判辅助模型应用场景已嵌入系统进入测试阶段。

场景整体架构如下所示：

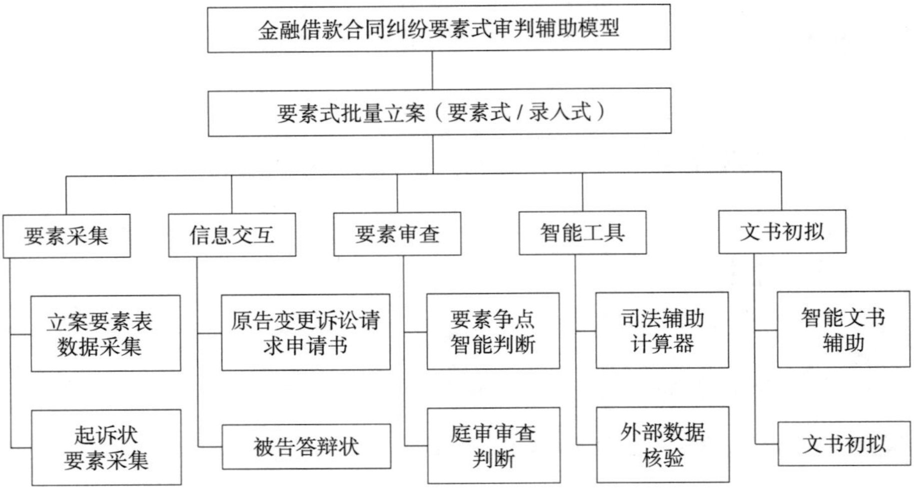

一、功能特色

（一）业务需求

由于金融借款合同的条款较多、内容庞杂，电子卷宗查找时需不断拖动滚动条，时而因数据交互缓慢导致找不到所需条款。因此拟在场景中以要素为联结点，实时定位推送电子卷宗中相应的合同内容，提升审查便利。银行等机构为原告的金融借款合同纠纷类型统一，裁判规则明确，主要的审查要点和争议判断规则清晰，本场景拟通过大语言模型训练要素判断规则，运用人工智能方式辅助法官对常用审查要点作出判断指引。

本场景建设拟实现需求为：起诉信息自动识别、答辩意见交互抓取、公共数据自动核验、争点要素智能审查辅助、司法辅助计算器核对欠款金额、类案智能指引、风险触发实时拦截、裁判文书初拟。

（二）功能指引

本场景以金融借款合同纠纷案件全流程办案系统为基础，建立四大模块，打造要素式网上办案系统新架构。

1. 立案模块

将要素式立案接口融入上海法院 12368 平台，通过一键上传要素表和证据材料进行批量立案。上传的立案要素信息自动导入对应的标签栏，当事人可对要素信息进行实时修改，最终根据要素信息内容生成起诉状，完成立案流程。立案法官可就当事人递交的案件材料进行审核立案，主审法官在随机立案后，可第一时间进行案件排期及诉讼材料的电子送达。

2. 审理模块

通过对立案信息、起诉状内容进行要素采集，同时依托答辩状、变更诉讼请求申请书，全方位提供法官辅助审理的要素需求。本场景拟在上海法院审判执行办案平台建设法官辅助审理模块，将采集的要素对应到证据审查中，利用智能场景快速搜索对应法律争点的合同依据，结合要素和依据，提供判断是否支持的基本业务规则。同时，创设一站式类案智能指引、风险触发实时拦截等辅助办案功能，为法官办案提供全面支持。

3. 文书模块

提供了裁判文书要素式定稿的技术支持。综合案件纠纷的法律逻辑判断标准，创设了金融借款合同纠纷的智能化模板，并根据原告主张的实际诉请提交系统，通过对要素点层级关系、当事人交互表单明确的诉辩意见的判断，对应到法律要件，由法官进行最终的审查判断，并初拟最终裁判文书。

4. 司法辅助计算器模块

是在执行办案平台中，帮助法官根据合同约定的金额、计算方式，计算原告主张的应还金额是否符合法律规定。在此模块中，通过司法辅助计算器得出对应还款方式的计算结果，比照原告债权计算表的填写，判断原告的主张是否符合法律规定。该计算器功能还可对名义利率、实际利率的判断提供计算规则。

金融借款合同纠纷要素式审判辅助模型适用于上海法院尚未审结的一审金融借款合同纠纷案件。要素抓取、要素审查、司法辅助计算器模块建立在上海法院审判执行办案平台中具体案号下面的“网上阅卷”—“数助办案”板块，办案人员可根据自己的需求选择是否适用。

二、成果展示

（一）当事人端

1. 当事人可通过上海法院诉讼服务网选择身份进行登录，点击“网上立案”模块，可以进行网上立案。

2. 当事人可选择个案要素式立案和批量要素式立案两种方式。批量要素式立案通过填写表格式要素表进行批量立案，一键上传要素表、证据包，完成立案申请。

（二）法官端

1. 法官可通过上海法院审判执行办案平台进入在办案件界面，先点击界面右侧“数助办案”模块或者浮窗，进入数助办案界面。

2. 点击界面右侧的菜单栏选择“类案要素”模块，查看抽取的要素。

3. 法官可以审查要素，并可以在空白框内输入审判结果。

4. 点击“+”展开折叠的要素详情，要素审查确定后可点击保存更新案件审查结果。

5. 法官可选择“司法辅助计算器”模块，对案件所涉诉请款项进行计算。本场景提供等额本息、先息后本、等额本金及到期一次性还本付息四款计算功能，法官可在司法辅助计算器中输入贷款本金、还款金额、到期日等基本数据，自动生成计算结果表。

6. 法官可通过 AI 助理进入智能诉辩意见收集模块，根据案件审理情况，向原告发送“原告变更诉讼请求表单”及向被告发送“被告答辩状表单”。

7. 法官可选择“数据协同”模块，查看当事人有无在审理过程中提交交互式表单。

8. 文书生成前，展示案件信息核录页面，就文书生成的要素内容再次由法官进行审查确认。

9. 法官核录要素信息后，点击保存，生成文书初稿。本场景设置的文书模板为集约化的智能模板，根据要素审查的结果进行判断，并自动对应输出与要素审查结果对应的文书。点击“自动附法条”“自动排版”后可以对文书附法条和排版，后期微调即可使用。

三、应用实效

（一）实效数据

本场景于2024年7月嵌入并使用。场景测试已基本覆盖测试期间上海市范围内基层法院审理的金融借款合同纠纷案件。场景各功能测试情况反馈如下：要素式立案模块已在上海市推广适用，立案适用覆盖率达85%以上。要素采集模块，结构化数据采集精准度达100%，非结构化数据采集精准度达75%，尚须进一步优化提高。司法辅助计算器模块与传统使用计算器模式相比，效率提高90%。演算测试中，个案平均节约计算时间20分钟，准确率达到100%。交互式表单随2024年7月、8月正式案件自动发送2000余件，答辩状表单反馈率高于变更诉讼请求表单。

（二）亮点及优势

金融借款合同纠纷要素式审判辅助模型的亮点：

1. 以“要素式便捷立案”为起点

当事人可通过12368平台选择金融借款合同纠纷进行要素式立案，研发设计的立案要素与最高人民法院制发的要素式起诉状基本一致，可匹配多种合同类型的借贷类金融借款合同纠纷。提供个案和批量立案的选择，表格式要素填写模式下，就类案中的同类要素不需要重复录入，仅就被告信息、诉讼请求金额、利率、还款方式等不同要素进行修改填写，将所有当前批次一并立案的案件要素表、证据包打成一个文件，通过诉服网一键导入，即可完成立案申请。

2. 以“要素采集及审查”为抓手

在类案要素功能中，法官可主动结合电子卷宗的材料进行审查比对，通过庭审中当事人的陈述及法律规定，在类案要素栏中对要素进行审查、判断和修改，对接应用到最后的文书初拟。

3. 以“文书初拟”为目标

金融借款案件是金融商事案件收案量最多的三大案由之一，审理要点烦琐庞杂，金额计算专业性强。本场景界面简洁，模块功能和抽取规则一目了然，实操上手门槛低。本场景设置的文书模板为集约化的智能模板，无须在系统模板中导入适用不同情形的多个模板，而是根据要素审查的结果进行判断并对应输出文书结果。

【典型案例】

案例 1【保证人在答辩期间递交答辩状表单】

（2024）沪 0115 民初 × 号案件中，保证人在收到应诉材料后填写答辩状表单，明确对各项诉请的意见，并对保证的诉讼请求提出异议。答辩状表单反馈内容清晰明了，便于法官第一时间了解被告答辩的意见。

案例 2【要素审查功能提示类案审查要点】

（2024）沪 0101 民初 × 号案件中，法官根据场景要素规则抓取的类案要素，结合案卷材料进行一一比对核实，就公司担保效力、最高额保证金额、保证范围、保证期间等审查要点逐一审查，填写审查结果后初拟文书。

案例 3【司法辅助计算器辅助审查名义利率】

（2024）沪 0115 民初 × 号案件中，合同利率约定为年利率 19.9%，利率约定较高，可能存在名义利率问题。法官使用司法辅助计算器功能，根据合同约定计算实际利率，发现确实过高，向原告释明后，原告调整了诉讼请求。

四、心得体会

本场景应用于当事人起诉、案件审理直至文书生成的案件审判全流程，故场景建设对要素采集和运用提出了较高要求。经项目组深入研讨，最终确定在本场景内嵌入起诉信息自动识别、答辩意见交互抓取、要素审查实时辅助、司法计算器辅助模块，实现了金融借款合同纠纷要素式审判辅助模型的功能设计目标。

本场景在创建集约化智能文书模板过程中，业务部门提出了以案件要素和法律规定为前提得出文书生成结果的需求，但场景建设需要将业务需求的每一个前提条件转化为计算机语言，并就不同前提与条件设置生成规则，再将条件、规则以代码形式编入场景。且案件要素的开发涉及要素采集来源的不同、采集规则的多样化等因素，因此集约化智能文书需要强大的逻辑功能支撑。此外，金融借款案件数量多、案件要素烦琐庞杂、金额计算专业性强，为提高法官使用率，避免审判辅助模型流于形式，场景建设需要以简洁的界面，以及一目了然的模块功能予以呈现。这就需要运用强大的 AI 算法，自动抓取案件信息并填入对应的要素信息中。

为解决要素搜集难题，本场景以类案审判要点为依托，自立案阶段采集要素信息。通过要素式立案，既可解决当事人批量立案之烦扰，亦可固定个案要素，为案件审理提供要点支撑。承办法官根据在案证据，对采集的要素信息作出审查，并利用智能场景对要素信息作出认定，结合要素信息，生成初步的要素式裁判文书。承办法官对要素式裁判文书进行修改、说理，形成最终文书。

执笔人：上海市浦东新区人民法院　丁娴静
上海市黄浦区人民法院　许星华
上海市青浦区人民法院　张　璐
核稿人：上海市高级人民法院金融审判庭　朱　川

证券虚假陈述责任纠纷案件要素式审判辅助模型

◎ 上海金融法院

【关键词】

证券虚假陈述责任纠纷　群案要素式审判　集约化审理　数据交互　裁判文书初拟

【要旨】

近年来，群体性证券侵权损害赔偿诉讼呈现长期稳增、高位运行的状态。该类纠纷中，投资者众多、诉讼能力弱、社会影响大、同质化程度高。上海高院金融庭、上海金融法院适用证券纠纷示范判决机制审理该类群体性纠纷，即选取典型案件作为示范案件先行审理判决，示范案件生效后，同类平行案件参照示范案件标准进行审理。平行案件的审理若以个案审理的传统方式开展，不仅难以满足中小投资者高效解纷需求，而且将耗费大量司法资源。

该场景将投资者具体需求与数字法院建设深度融合，聚焦证券虚假陈述责任纠纷平行案件要素式简化审理模式，通过数字赋能，提升案件审理中要素信息交互的数字化和智能化水平，实现平行案件全流程智能审理，从而提升中小投资者维权便利度，并提升群体性纠纷化解质效。

场景整体架构如下所示：

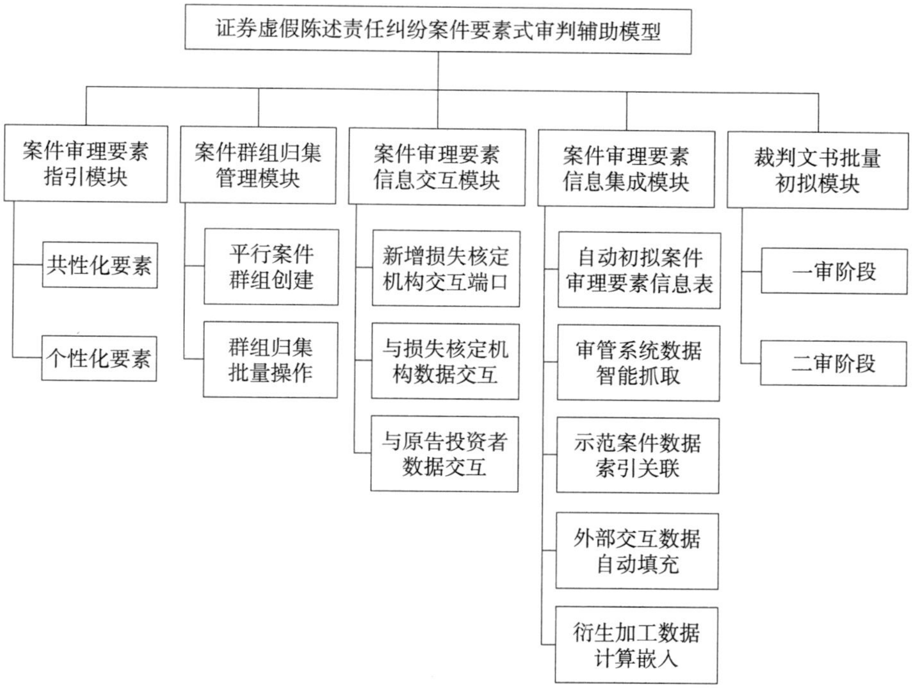

一、功能特色

（一）业务需求

1. 与损失核定机构及当事人开展案件要素信息在线交互

法官选定案件后，智能提取案件信息并以在线表单形式推送至损失核定机构，损失核定机构反馈损失核定结果后，法官可直接推送至原告投资者核对确认。原告确认信息可直接用于庭审、裁判文书初拟。全程交互材料可自动入卷。

2. 辅助群体性纠纷全流程要素式简化审理

智能提取平行案件结构化数据、示范案件关联数据、外部交互数据，形成案件审理要素表辅助案件审理，同时实现群体性纠纷程序性事务批量操作。

主要流程如下图所示：

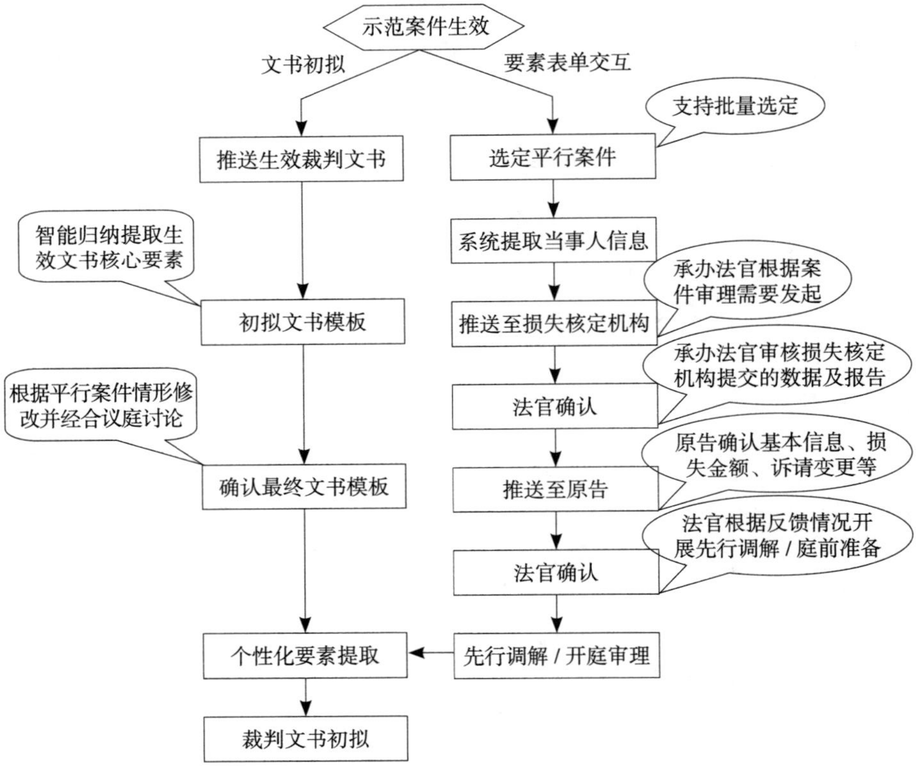

（二）功能指引

证券虚假陈述责任纠纷案件要素式审判辅助模型共涵盖案件审理要素指引、案件群组归集管理、案件审理要素信息交互、案件审理要素信息集成模块，为证券虚假陈述责任纠纷提供全方位的审判辅助。

1. 案件审理要素指引模块

梳理归纳证券虚假陈述责任纠纷审理的十二类共性要素，提示承办法官该类案件审理要素、审查事实范围、法律规范、裁判指引以及可供参阅的典型案例。

2. 案件群组归集管理模块

提供平行案件组创建及管理功能，法官可创建平行案件组，对于组中全部平行案件可进行“发送损失核定机构”“发送原告”“批量初拟文书”“批量结案”等十五项批量操作，通过平行案件集约化审理提升审理质效。

3. 案件审理要素信息交互模块

实现法院、损失核定机构、原告投资者之间案件要素信息在线交互，多方主体数据通过该模块打通流转渠道且流转过程全程留痕，有助于法院对案件进行全流程要素式审理。法官选择案件及委托材料后，场景智能提取案件信息并批量发送至上海法院诉讼服务网。损失核定机构收到场景提示短信后，可在线查看并反馈损失核定结果。对于损失核定机构批量上传的损失核定报告，场景可自动识别并入卷到对应案件电子卷宗中。完成损失核定的平行案件，经法院确认后向原告投资者发送“诉请信息确认表”。原告可通过一案一群、短信查看或下载损失核算报告，并完成诉请信息的确认。原告完成交互后，场景生成“诉请信息确认表”并自动入卷。

4. 案件审理要素信息集成模块

在法官创建平行案件组后，自动生成包含案件及当事人信息、示范案件信息、损失核定信息、原告诉请变更信息、案件受理费分担等五大类二十五项案件要素信息的“案件要素信息表”，并随着审理程序推进智能填充要素信息。“案件要素信息表”中案件及当事人信息由场景从上海法院审判执行办案平台智能抓取；示范案件信息通过示范案件与平行案件的智能关联自动抓取；损失核定信息、原告诉请变更信息根据要素信息交互智能填充；案件受理费分担根据嵌入小程序自动计算并填充。

证券虚假陈述责任纠纷案件要素式审判辅助模型适用于上海法院尚未审结的证券虚假陈述责任纠纷案件。案件审理要素指引、案件群组归集管理、案件审理要素信息交互、案件审理要素信息集成模块设立在上海法院审判执行办案平台中具体案号项下的“网上阅卷”—“数助办案”板块。办案人员可根据自己的需求选择是否适用。

二、成果展示

（一）创建平行案件组

1. 法官可通过上海法院审判执行办案平台选择批量案件中任一在办案件，通过“数助办案”入口进入应用场景界面，在界面右侧栏选择“平行案件”后，点击“新建平行案件组”。

2. 打开“新建平行案件组”弹窗后，输入已生效示范案件案号，首批适用该生效示范案件建组平行案件需手动输入“印花税比例”“佣金比例”，后续批次则自动调用。点击保存后，即可生成新建平行案件组。

3. 建成该批次平行案件组后，可在未添加列目下，选择尚未被归入平行案件组中的虚假陈述责任纠纷案件，勾选该批次需处理案件，并选择“批量添加”。

4. 完成“批量添加”后，勾选案件即进入该平行案件组已添加列目，后续即可一键批量交互操作。

5. 平行案件建组情况可导出电子表单完整展示。

（二）与损失核定机构交互

1. 在平行案件组界面选择批量操作，即可选择“发送损失核定机构”。

2. 选择损失核定机构，并选中已上传至卷宗材料（该批次委托书与投资者交易记录），点击确定即可发送“发送损失核定机构”。

3. 损失核定机构完成损失核算后回传，平行案件组中可批量显示损失核定结果。

4. 损失核算报告可在平行案件组界面直接“下载”，也可以点击“查看”进入“案件要素信息表”进行“下载”或“查看”。

5. 损失核算报告同步自动归入个案卷宗。

（三）与原告投资者交互

1. 在损失核定机构完成损失核算并回传表单后，法院可通过平行案件组与原告投资者批量交互案件信息，原告投资者可浏览下载示范判决与核损报告，并返回交互结果。

2. 平行案件组中可批量浏览原告投资者交互反馈情况。

3. 原告投资者反馈情况可通过导出电子表单完整展示。

4. 原告投资者反馈确认后自动生成确认表并同步归入个案卷宗。

三、应用实效

（一）实效数据

该场景于 2024 年 4 月在上海金融法院开展内测，自 2024 年 7 月在上海高院开始测试。截至 12 月 31 日，上海金融法院已适用该场景对涉 9 家上市公司的 1061 件平行案件进行审理。

（二）亮点及优势

1. 实现诉讼便民新突破，当事人诉讼成本大幅降低

场景根据损失核定机构上传的损失核定结果自动生成“诉请信息确认表”，法官以在线方式向投资者进行推送。通过“诉请信息确认表”，投资者可“一站式”了解示范案件判决结果、下载损失核定报告、评估诉讼风险，若对示范案件及损失核定无异议，可“一键”变更被告范围及诉请金额，同时反馈调解或撤诉意愿。通过场景，法官与投资者通过一次在线交互即可完成所有庭前准备工作，有助于提升庭审效率。投资者均反馈该场景进一步简化了维权流程，降低了维权成本，中小投资者的司法获得感进一步增强。

2. 实现裁判思路可视化展示，助力推动纠纷多元化解

场景以可视化“案件要素信息表”形式，“一揽子”清晰展示群体性纠纷中所有投资者可获赔损失金额、诉请金额以及案件受理费分担等要素，可更直观地向当事人提示诉讼风险，并向上市公司展示调解诉讼费减免优势，有助于推动上市公司选择更经济的纠纷化解方式，并合理安排资金用于赔付，从而推动矛盾纠纷高效实质化解。

3. 实现群体性纠纷集约化审理“加速度”，案件审理质效双升

场景通过构建平行案件群组方式，助力于群体性纠纷要素式集约化审理。对于同一群组的平行案件，可批量完成委托损失核定、向原告发送“诉请信息确认表”等十余项程序性操作，有效提升了程序性事务办理效率。场景通过上海法院审判执行办案平台数据智能抓取、示范案件数据索引关联、外部交互数据自动填充、衍生加

工数据计算嵌入等方式所形成的“案件要素信息表”涵盖二十五项案件审理要素信息，而且要素信息通用于案件先行调解、司法确认、案件审理等全流程，实现了群体性案件全流程要素式审理。场景内嵌司法确认裁定书以及一、二审民事裁判文书模块。选择适用的模板后，场景可自动抓取上海法院审判执行办案平台以及“案件要素信息表”中的信息及数据，并通过内嵌小程序自动分担案件受理费，批量初拟裁判文书，单篇裁判文书制作平均用时1分钟。群体性纠纷平均化解周期缩短至18天。

4. 实现损失核定流程规范化，案件审理全程“无纸化”

场景首次实现了法院与证券损失核定机构之间的在线交互。损失核定机构可通过上海法院诉讼服务网接受委托并下载投资者交易数据、反馈损失核定结果，并批量上传损失核定报告，损失核定报告自动匹配至每个案件后入卷。委托程序全部线上完成并全程留痕，进一步增强了数据交互的规范性，并大幅提升了损失核定效率。法院与损失核定机构及当事人交互中的全部材料均实时自动归卷，大幅提升了原生电子文件覆盖率指标，实现了群体性纠纷全流程“无纸化”审理的闭环。

【典型案例】

案例1【应用场景降低原告投资者诉讼成本】

投资者诉Z上市公司证券虚假陈述责任纠纷案件中，16名平行案件投资者起诉时的诉请金额总计498091.48元，共需缴纳案件受理费9714.2元。法院通过案件审理要素信息交互模块批量委托核损机构核损，并向原告投资者反馈结果后，各原告据此变更诉讼请求金额，最终仅需预缴案件受理费 1967.64 元，节约投资者诉讼成本 79.74%。

案例 2【应用场景推动群体性纠纷高效多元化解】

投资者诉 S 上市公司证券虚假陈述责任纠纷案件中，法院运用案件审理要素信息交互模块批量委托核损机构就 169 件平行案件进行损失核定。从委托至收到损失核定报告的平均周期为 7 日，较传统线下方式提速 60%。损失核定信息自动汇总至案件审理要素信息集成模块，并形成投资者及核损结果清单，损失核定机构批量上传的损失核定报告自动归卷至每个案件。法院将群体性案件要素表发送至上市公司，上市公司据此预估赔偿规模及诉讼成本后，向法院提交概括性同意先行调解确认函，目前 91.9% 的后续案件已通过先行调解高效化解。

四、心得体会

该场景是充分运用科技赋能推动群体性纠纷数字化、智能化审理的最新尝试。该场景旨在实现群案的要素式审理，故与个案要素式审理场景相比，该场景更需突出“集约化”的特点：与损失核定机构及原告投资者的交互、程序性事务的办理均需实现批量操作，场景还需集成案件审理过程中不断固定的内外部数据，智能生成群案审理全要素表，全流程辅助群案的先行调解以及高效审理，并实现裁判文书批量初拟。为此，场景以创建并管理平行案件功能组为基石，打通各模块数据交互壁垒，同时在组群中叠加该类合并操作功能，最终实现了对同组中所有平行案件集约化审理的预定目标。

证券纠纷的审理需要损失核定机构的专业支持，长期以来法院均通过线下方式开展委托损失核定，面临手续繁杂、核损周期较长，以及核损数据难以自动提取并运用等难题。该场景首次实现了证券类纠纷损失核定的线上化和数字化。场景构建中的难点在于，既要保证内外部数据交互的安全性，也要充分考量数据交互的便捷性；既要满足法院归集群案损失核定数据用于集约化审理的现实需求，也要实现核损数据与原告投资者的个案交互，避免数据使用范围不当扩大。通过科技赋能，场景实现了数据在不同主体之间流转时的“分”与“集”功能，从而同时满足数据交互的安全性、集约性以及便捷性要求。

证券虚假陈述责任纠纷案件要素式审判辅助模型建设，反映出具有相似争点的批量案件利用数字赋能提高审判质效的潜力，在未来的应用场景建设中，可进一步促进数字技术与法律业务的有机结合，推进数字法院建设与群案集约审判的融合共生，加强法院内部结构化数据的提取整合，打通复数主体间的数据壁垒，切实为当事人提供易用可感的诉讼服务，以审判流程的优化再造切实提升群体性纠纷化解质效。

执笔人：上海金融法院　周　欣　黄一峰

核稿人：上海市高级人民法院金融审判庭　朱　川

工伤认定案件要素式审判辅助模型

◎ 上海市第三中级人民法院
（上海知识产权法院、上海铁路运输中级法院）
上海铁路运输法院　上海市闵行区人民法院

【关键词】

工伤认定　要素抓取　要素式审判　工伤保险缴纳信息协查　类案推送

【要旨】

工伤认定类行政案件在行政案件中占比较大，该类案件的审理关涉劳动者合法权益的保护、用人单位经营风险的降低以及法治化营商环境的构建。但随着新业态的发展，社会保障政策、用工关系及用工形式的变化，给工伤保险制度的实施以及工伤认定带来了新的挑战。用工形式的多元化引发了工作时间和工作场所难以界定等争议问题，需要全面掌握类案审理及裁判规则情况。2021年，经上海高院审判委员会审议通过，由上海高院指导、上铁法院撰写的《工伤认定案件类案办案要件指南》，明确了工伤认定行政案件的审查要点，并提供了裁判方式指引，可有效转化成要素式审判辅助模型应用场景中收集的要素信息点。

本场景围绕优化诉讼服务、便捷法官审理的目标，聚焦工伤认定行政案件审查要点，实现原告、被告要素智能抓取、第三人交互式表单填写、要素自动导入、类案推送等功能，助力提升审判效能。场景整体架构如下所示：

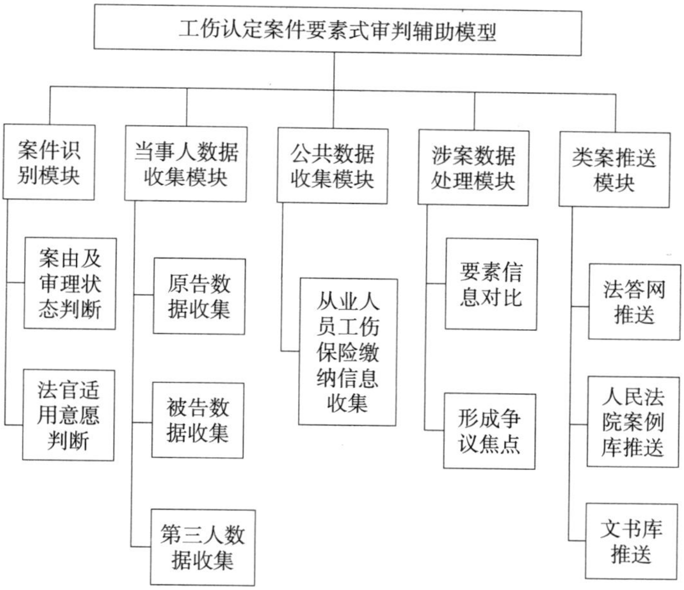

一、功能特色

（一）业务需求

1. 自动识别案件类型

本场景适用于上海法院尚未审结的工伤认定一审行政案件。在上海法院审判执行办案平台中筛选被告为“××人力资源和社会保障局”、立案案由为“工伤保险资格或待遇认定”的案件，即可识别出该类案件。

2. 自动抓取案件审理要素并发送第三人述称事实表单

以原告起诉状及证据材料、被告答辩状及证据材料为基础，分别抓取原告要素信息、被告要素信息。后台设计交互式要素表单，将所需第三人要素信息对应放置于第三人述称事实表单中，设置选项及空白框，系统将表单以短信附链接方式向第三人发送填写。第三人提交的数据会自动返回并形成书面文件归入电子卷宗内。

3. 工伤保险缴纳信息核验

为减少工伤认定行政案件中从业人员工伤保险缴纳核验存在的大量调查工作，该场景打通上海法院审判执行办案平台与上海市大数据中心信息通道，实现工伤保险缴纳公共数据线上核验，提升工伤认定纠纷关键事实的查明效率和质量。

4. 归纳争议要素并推送审查路径提示及类案

系统自动将各方当事人要素信息进行对比、汇总，分别生成原告、被告、第三人对应的无争议要素事实、争议要素事实及理由，并推送相应的审查路径。结合工伤认定案件的特点，通过建立筛选模型，精准推送同类工伤认定案件。

（二）功能指引

工伤认定案件要素式审判辅助模型以原告、被告材料及第三人表单为主要数据来源，涵盖要素抓取、工伤保险缴纳信息协查、类案推送模块，实现庭前事实辅助确认。

1. 要素抓取模块

结合工伤认定案件的审查要件以及《工伤认定案件类案办案要件指南》，确定需抓取的审判要素并在系统中配置。要素抓取共有三种途径：一是从系统中直接抓取。当事人的基本信息、立案时间、立案案由等信息点在案件立案时即已在系统中生成，系结构化信息点，可予直接抓取。二是运用大语言模型从原告、被告提供的材料中抓取。从原告的诉讼请求、被诉工伤认定决定的信息、原告对被诉行政行为合法性的具体异议等材料中梳理关键词，确定抓取规则，经大语言模型训练，在原告、被告材料中抓取出相关审判要素。对于因原告、被告材料原因导致要素抽取不准确或未抽取到的，可以进行修改、保存，从而确保要素更准确、完整。三是从第三人回填的表单中抓取。在系统中添加第三人后，自动以短信附链接形式随案推送第三人述称事实表单，引导第三人通过回填表单明确述称意见。如第三人回填表单，即可从中抓取出其对被诉行政行为合法性等方面的意见。最后，对前述各方当事人相关要素进行比对、碰撞，生成案件争议归纳表，辅助法官做好庭前事实梳理归纳并进行相应处理路径提示。

2. 工伤保险缴纳信息协查模块

打通与上海市大数据中心的数据交互渠道，实现工伤保险缴纳信息的实时协查，辅助法官确认从业人员缴纳工伤保险情况。为适应不同法官使用场景时的不同需求，设置“缴纳信息协查”按钮，方便法官根据需要选择是否获取相关公共数据。对于部分案件从业人员已死亡，原告或第三人非从业人员本人的情况，增设从业人员工伤保险缴纳信息查询功能，通过将输入的姓名、证件号码与工伤认定决定书等材料中的从业人员姓名比对后进行查询，确保最大限度、最精准使用公共数据。

3. 类案推送模块

结合工伤认定案件的特点，通过建立筛选模型，就同类工伤认定案件进行更加精准的推送，并提供案号、当事人信息、案由、裁判文书等内容，为法官办案提供切实有效的帮助，提升案件审理质量和效率。一方面基于被告的答辩状内容与法答网、人民法院案例库等全国性数据进行匹配并推送信息，另一方面以"适用法律"为基础，将类案要素中的"法律适用"与上海法院审判执行办案平台中的裁判文书库进行匹配，并推送裁判文书。

工伤认定案件要素式审判辅助模型适用于上海法院尚未审结的工伤认定一审行政案件。要素抓取、工伤保险缴纳信息协查、类案推送模块设立在上海法院审判执行办案平台中具体案件办理页面右侧"数助办案"模块。每个工伤认定行政案件中都有此功能，办案人员可根据自己的需求适用。

二、成果展示

1. 法官可通过上海法院审判执行办案平台进入在办案件界面，点击界面右侧的"数助办案"模块或浮窗后，进入数助办案系统。

2. 点击界面右侧的菜单栏，选择"类案要素"模块查看抽取的要素。

3. 法官可以审查要素，并可在空白框内增加或减少要素，修改后可点击"保存"选项，也可以点击"+"选项展开或收缩要素详情，便于法官查看。

4. 进入"工伤保险缴纳信息协查"模块：原告为从业人员时，点击"原告证件号码"处的"缴纳信息协查"即可查询，并显示查询结果；原告为从业人员近亲属、第三人为从业人员或近亲属时，在"从业人员"项下输入"从业人员姓名""从业人员证件号码”后，点击“缴纳信息协查”即可查询并显示查询结果。

5. 在添加第三人后，系统自动以短信附链接形式随案推送第三人述称事实表单。

6. 将原告、被告、第三人无争议要素及有争议要素进行归纳、汇总后，在“案件争议归纳表”要素项下进行展示。

7. 点击界面右侧的菜单栏选择“类案推送”选项，查看类案推送情况。

三、应用实效

（一）实效数据

本场景于 2024 年 7 月 26 日开始嵌入并使用，各模块的使用反馈情况如下：要素抓取模块，结构化信息均能够有效抓取，从原告、被告材料中自动抓取要素反馈情况为可以使用；工伤保险缴纳信息协查模块，运行情况良好，能够有效查询到从业人员工伤保险缴纳信息，极大地便利了法官针对相关事实的核查工作；类案推送模块，匹配法答网、人民法院案例库等全国性数据库，每个案件均结合案件争议，推送指导性案例、参考性案例。

（二）亮点及优势

1. 全方位、最大限度自动抓取工伤认定行政案件审理要素

以行政案件合法性审查要点为基础，结合工伤认定行政案件审判实际，将《工伤保险条例》第十四条、第十五条规定的认定工伤、视同工伤等十种情形以及第十六条规定的排除认定工伤等三种情形，结合文书撰写所需信息点，对应转化为表单收集要素，通过自动抓取的方式，收集当事人异议内容等要素，帮助法

官提前明确具体的争议焦点，辅助法官围绕争议事实或者法律问题开展实质性审理。

2. 打通公共数据，辅助法官确认法律事实

针对工伤认定行政案件中从业人员工伤保险缴纳信息无法第一时间核查的堵点问题，打通与社保部门的数据交互渠道，实现上海市范围内工伤保险缴纳信息的实时协查，辅助法官精准、高效地确认法律事实，并通过信息比对，确保数据安全。

3. 通过争议要素处理路径提示、类案推送，推进适法统一

为应对新业态发展以及用工形势变化背景下工伤认定产生的新型疑难问题，落实最高人民法院发布的《人民法院案例库建设运行工作规程》关于案例检索的规定，将争议要素事实及理由与审查路径提示进行匹配后，推送相应的争议要素处理路径，并通过建立筛选模型，以“法律适用”为基本匹配规则，就同类工伤认定案件进行更加精准的推送，帮助法官就裁判思路作出准确判断，提升案件审理质量和效率，避免适法不统一的情形。

【典型案例】

案例 1【要素争议归纳引起法官对原告诉讼目的的注意】

（2024）沪 0112 行初 × 号案件中，庭前，法官通过查阅场景生成的案件争议归纳表，发现原告用人单位提出的异议主要集中在与从业人员是否存在劳动关系，而被告人社部门对该节事实进行了充分调查取证，并依法提供了确认劳动关系的民事判决等证据，初步可见原告的主张无任何依据。法官遂据此调整了庭审中调查的重点，对相关事实进行了集中的意见收集，最终发现用人

单位诉讼目的实际系拖延承担工伤保险责任的时间。为此法院及时进行了判决，充分保障了劳动者的合法权益。

案例 2【类案推送模块提供案例库的参考案例】

（2024）沪 0112 行初 × 号案件中，因从业人员从事非本人固定受分配的工作而受伤是否符合法定“三工”条件产生争议，各方当事人对如何理解和适用法律规定各执一词。法官通过使用类案推送功能，发现系统已自动推送了 10 件相关案例，其中一件 2023 年的参考案例对本案类似情况提供了较为权威的参考性意见，认为只要是为用人单位的利益而从事的非本职工作，也应当认定为属于“工作原因”。最终支持了被告人社部门的意见。

四、心得体会

工伤认定行政案件关乎劳动者权益保障及营商环境建设，案件体量始终位于行政诉讼案件前列。通过数字化场景建设，智能辅助该类案件审判工作，有效提升了办案效率。但由于该类案件的法律适用问题多样、当事人类型复杂，场景在建设过程中也遇到了诸多难点，在逐一攻克后，场景的推送更为精准，运行也更为流畅。

（一）精准类案要素抽取，基于“要素式”筑牢根基

首先，关于要素的确立。在场景建设初期，遇到了法律语言如何转换成数字语言的难题。对此，审判人员在与技术人员沟通过程中互相学习对方领域中的基础概念，真正跨过这道障碍，逐步实现和优化场景建设效果。其次，关于要素的取舍。从劳动者受伤到诉至法院，其间产生的要素多且杂，考虑到场景的运行效

率，要素的取舍也十分“烧脑”。对此破题的关键有二：一是确定抽取要素最重要的目的是什么。二是拆解要素类型并归类，在梳理时进行合理分工，避免重复劳动和思路紊乱。最后，关于要素的增改。在场景建设后期，需要对已嵌入系统的要素抽取规则能否实现进行排查，对未能识别的要素，判断是否系规则所致，进而确定是否需要增改要素，对此需要花费大量的时间和精力，较为不易。

（二）合理善用社保数据，基于“民生类”安全交互

劳动者的工伤保险缴纳情况可以反映出其在企业的劳动情况以及企业在诉讼中协调和解意愿的高低。设置一键可查询工伤保险缴纳情况，是本场景的一大特色亮点。但数据的获取与效果的实现也并非一帆风顺。一方面社保数据属于民生信息、隐私信息，必须保障数据安全。对此，本场景运用技术手段将可查询的信息与审判系统中当事人的结构化信息进行挂钩，即只可查询与该案相关当事人的工伤保险数据。另一方面需要考虑例外的特殊情况，即劳动者死亡后，家属作为当事人诉讼的案件，结构化信息就失去了比对意义。对此，建设法院与技术部门沟通，预留了手动填写劳动者身份信息的端口，同时会将手动填写内容与电子卷宗中识别的要素信息进行比对，兼顾数据安全。

（三）提升类案推送实效，基于“辅助性”助力审判

随着社会的发展，每一种认定或视同工伤的情形在审判实践中都会出现越来越多新的法律适用难点，类案推送有助于法官集合观点，促进适法统一。但在该模块试运行后，试用的法官反映出两个问题：一是核心法律争议识别不准，推送的内容关联度较低。二是数据库仅为全国法院案例库及法答网，其中一些内容虽然更为权威，但数据量少，且存在一定滞后性。建设法院经排查后提出了针对性的解决方案，新增以上海市裁判文书系统为数据库的推送模式，以工伤认定行政案件中较为明确和相对确定的法律条文作为抓手筛选文书，弥补地域性和时效性上的不足，实现了提高类案推送的精准度的目的。

执笔人：上海铁路运输法院　苏琬越
上海市闵行区人民法院　韦　亮
核稿人：上海市高级人民法院行政审判庭　娄正涛

减刑案件要素式审判辅助模型

◎ 上海市第一中级人民法院

【关键词】

减刑案件　要素式审判　财产性判项　实质性监督

【要旨】

减刑是我国刑罚执行制度的重要组成部分，对于激励罪犯积极改造，促进罪犯回归、融入社会具有非常重要的意义。为确保此类案件公正审理、有效监督，建设法院以《减刑、假释案件的审理思路和裁判要点》为基础，研发减刑案件要素式审判辅助模型应用场景，为此类案件提供审判辅助支持。

本场景可实现以下几方面功能：其一，通过智能匹配案件关键词，以步骤式、要素式的方法，归纳案件事实，导入案件信息，为法官解决大量事务性工作；其二，通过案件数据精准抓取，及时核对，避免文书出现低级差错；其三，通过重点提示案件节点、易错点，加强减刑案件全流程、实质性监督，降低减刑案件审判廉政风险；其四，通过案件全流程系统留痕，为后续减刑案件评查工作的开展提供数据积累；其五，通过汇总集成减刑假释、原审刑事、刑事执行等案件中相关财产性判项履行数据，搭建财产性判项履行情况数据共享平台，辅助法官加强对减刑假释案件中财产性判项履行情况的实质化审查。

场景模型结构如下所示：

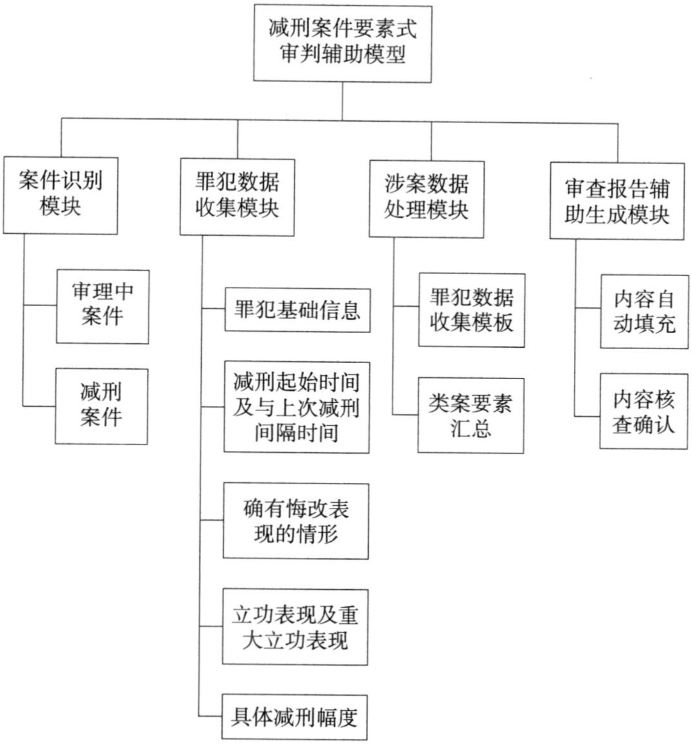

在此基础上设置场景开发系统流程如下所示：

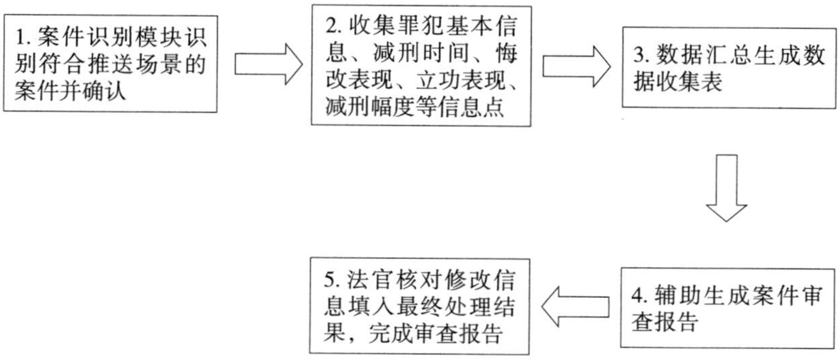

一、功能特色

（一）业务需求

1. 自动识别案件类型确认场景应用范围

案件识别模块，可识别出场景的服务对象，即上海法院尚未审结的减刑案件（排除此类案件中的假释等其他类型案件）。识别出案件后，在审判办案系统中向案件承办法官提示可在承办案件中适用本场景相关系统。

2. 自动识别关键文书材料并抓取案件审理要素

罪犯数据收集模块可以从报请减刑建议书、减刑提请活动检察意见书、生效刑事判决书、历次刑罚变更刑事裁定书等材料中精准、规范收集案件审理要素。审查信息点主要包括：罪犯基础信息、罪犯主要犯罪事实和定罪量刑、罪犯前科劣迹情况、罪犯服刑期间刑罚变动情况、减刑起始时间点、罪犯“确有悔改表现”情形、罪犯立功表现情形七大类信息点。

3. 系统自动识别已抓取的要素并进行汇总核验

围绕案件审理需要，对收集到的案涉数据进行碰撞比对和梳理汇总，生成待核对的审查报告。以要素式审判思维帮助法官迅速确定审查要点，辅助法官围绕减刑建议开展全面实质性审查。通过法官审查核对已抓取要素，形成最终减刑幅度认定结论，法官确认无误后，辅助生成审查报告及电子卷宗材料以供下载。

4. 财产性判项履行情况数据共享平台

围绕《最高人民法院关于办理减刑、假释案件审查财产性判项执行问题的规定》（以下简称《财产性判项解释》），搭建汇总原刑事判决数据、原刑事判决关联执行案件的财产性判项履行数据、执行机关对罪犯财产性判项履行事实的审查数据和减刑案件相关财产性判项履行数据共享平台，有效获取罪犯财产性判项执行情况最新信息。

5. 审查报告中易错点重点提示

上述审查报告中根据此前减刑案件检查中发现的易错、易疏漏节点，逐一设置重点审查要素提示及易错、易疏漏节点提示项，信息点内容一旦触发提示条件，即以标红形式提醒承办法官予以重点关注和审查。着重对“罪犯首次减刑是否符合减刑起始期间”“历次减刑后，此次减刑起始时间及与上次减刑间隔时间”“实际服刑时间与原判期间比例”这三项易错、易疏漏点自动识别计算，如有差错进行特别提示。对提示情况系统留痕，便于以后案件质量评查中作为重点信息项跟踪监管、评查。

（二）功能指引

减刑案件要素式审判辅助模型以执行机关《报请减刑建议书》、检察机关《减刑提请活动检察意见书》为主要数据来源，共涵盖要素抓取、要素汇总核查、财产性判项履行情况核验、重点要素计算模块。从案件立案开始到要素审查、财产性判项审查，为减刑案件提供全方位、全流程的审判辅助。

1. 要素抓取模块

从报请减刑建议书、减刑提请活动检察意见书、生效刑事判决书、历次刑罚变更刑事裁定书等材料中收集案件审理要素。尤其对罪犯服刑情况、财产性判项履行情况、罪犯主要犯罪事实三大类要素进行细化，将所有可能涉及减刑幅度审查的要素进行抓取、识别。

2. 要素汇总核查模块

根据上一步形成的类案要素进行格式化罗列，加入执行机关减刑幅度建议及检察机关审查意见，汇总形成案件审查报告，供法官核验审查。根据此前减刑案件检查中发现的易错、易疏漏节点，逐一设置易错点、易疏漏节点提示项，信息点内容一旦触发提示条件，即以标红形式提醒承办法官予以重点关注和审查。

3. 财产性判项履行情况核验模块

根据《财产性判项解释》，汇总原刑事判决、原刑事判决关联执行案件的财产性判项履行数据、执行机关对罪犯财产性判项履行事实的审查数据和减刑案件相关财产性判项履行数据，供法官核验。

4. 重点要素计算模块

针对“罪犯首次减刑是否符合减刑起始期间”“多次减刑的，此次减刑起始时间及与上次减刑间隔时间”“实际服刑时间与原判期间比例”这三项重点审查项，设置了相关计算公式。通过系统自动提取数据进行识别计算，如发现数据出现存疑报错，则进行特别提示，且自动锁定系统，如未经修改则无法生成审查报告完成版本，从系统程序上避免案件出现质量瑕疵。

减刑案件要素式审判辅助模型适用于上海法院尚未审结的减刑案件。要素抓取、要素汇总核查、财产性判项履行情况核验模块建立在上海法院审判执行办案平台中具体案号下面的“网上阅卷”—“数助办案”板块。每个减刑案件中都有此功能，办案人员可根据自己的需求选择是否适用。

二、成果展示

1. 法官可通过审判办案系统进入在办案件，先点击界面右侧“数助办案”模块或者浮窗，进入数助办案系统。

2. 点击界面右侧的菜单栏选择“审查报告核对”模块，查看抽取的要素内容。

3. 法官可以核查要素，并在空白框内补充相关要素信息，修改后可点击“保存”。

4. 法官审查核对过程中，可以点击“阅卷”展开调取卷宗内相关证据详情，直接根据在卷证据材料进行比对、核验。

5. 法官可通过审查提取的各类审查要素，拟定减刑幅度。

6. 对有财产性判项的案件，法官可进入“财产性判项履行情况核验”模块，审查核对罪犯财产性判项履行情况，并对审查报告中财产性判项履行情况作出认定。

三、应用实效

（一）实效数据

本场景于 2024 年 3 月 13 日开始嵌入测试并使用，截至 2024 年 12 月 31 日，案件使用量共计 959 件（数据范围：上海一中院、上海二中院、上海三中院三家法院于 2024 年 4 月 1 日至 12 月 31 日立案的减刑案件）。根据反馈，要素抓取准确率达到 95%以上，裁判文书基本实现要素信息自动导入，辅助生成相对应的结案裁判文书。财产性判项履行情况核验模块于 2024 年 7 月 30 日嵌入测试，截至 2024 年 12 月 31 日，共测试 279 件案件，数据均正确无误，并有 1361 件法律文书通过三方数据交互平台实现了文书交互。

（二）亮点及优势

1. 相关附卷文书材料自动识别、抓取

本场景应用对象限定于中高院的减刑案件。该类案件的审查信息点主要来源于执行机关（监狱）提供的报请减刑建议书、检察机关减刑提请活动检察意见书等材料。该类案件作为审查信息点主要包括罪犯基础信息、罪犯主要犯罪事实和定罪量刑、罪犯前科劣迹情况、罪犯服刑期间刑罚变动情况、减刑起始时间及与上次减刑间隔时间、罪犯“确有悔改表现”的情形、罪犯“立功表现”及“重大立功表现”的情形等七大类信息点。整理上述信息点的采集规则，自动导入审判系统，对案件重点信息进行解析。

2. 全覆盖式审理报告

以信息点抓取为基础，设计了格式化的案件审理报告，对减刑案件相关审查内容进行全面罗列，实现审理报告内容“全覆盖”，取代了原来的人工填写式的审理报告制作模式。承办法官可根据核对信息点导入形成的审理报告，对案件事实进行实质性审查，并根据审查情况修改审查报告。审查报告确定上传后，辅助生成审查报告，纳入电子卷宗材料。

3. 审理报告中易错点重点提示

上述审理报告中根据此前减刑案件检查中发现的易错、易疏漏节点，逐一设置重点审查、易错点、易疏漏节点提示项，信息点内容一旦触发提示条件，即以标红形式提醒承办法官予以重点关注和审查。重点审查要素设置“锁定”模式，从系统上避免案件质量瑕疵的出现。相关修改记录全程留痕，该案件作为存疑案件，在后续案件质量检查中列入重点评查范围。

【典型案例】

案例1【通过罪犯类型数据模块，发现罪犯存在从严掌握减刑幅度情形】

（2024）沪01刑更×号案件中，审理中法官通过审查要素抓取汇总数据发现该罪犯诈骗数额特别巨大，且属于“套路贷”情形，应属于从严掌握减刑幅度的情形，并据此在执行机关建议减刑5个月的基础上予以调整，裁定减刑4个月。

案例2【通过审查要素标红提示，发现罪犯存在从严掌握减刑幅度情形】

（2024）沪01刑更×号案件中，执行机关建议减刑4个月，检察机关同意执行机关意见。在审查报告核对过程中，系统显示该罪犯系累犯、毒品再犯且有前科劣迹，服刑表现中也有纪律扣除44分的情况，存在多处重点审查要素标红提示。经核查，该罪犯属于从严掌握减刑幅度的范围，故最终对执行机关建议减刑幅度进行调整，裁定减刑3个月。

案例3【通过财产性判项履行情况核验模块，发现罪犯存在从严掌握情形】

（2024）沪01刑更×号案件中，罪犯被判处罚金100000元并追缴违法所得。法官在财产性判项履行情况核验模块中认真比对相关凭证，确认其仅履行了11500元罚金，财产性判项履行比例低，且无相关履行计划。根据《财产性判项解释》，调整执行机关报请的减刑幅度建议，最终裁定减刑2个月。

四、心得体会

通过数字赋能减刑案件审理，可以为法官解决大量事务性工作，避免低级差错，加强全流程、实质性监督，降低廉政风险。财产性判项的履行情况是判断罪犯是否“确有悔改表现”的重要因素，在审判实践中，财产性判项履行情况的查明难一直是影响报请减刑案件质量的重要制约因素。为此，上海高院申监庭积极推进减刑案件要素式审判辅助模型建设，旨在通过数据集成与共享，实现减刑案件的全流程、实质性监督，解决财产性判项履行情况查明的难点堵点问题，提升减刑案件的审查效率与质量。

数据整合与共享方面。由于减刑假释、原审刑事、刑事执行等案件数据分布于不同业务系统和部门，实现现有结构化数据的有效整合与实时共享，成为本场景首先要解决的问题。上海高院申监庭与技术部门紧密合作，通过对接执行机关获取第一手结构化数据，完善数据清洗技术手段，逐步实现了结构化数据的集成与共享，有效解决了数据采集准确率方面的技术难点。

系统功能的实现与优化方面。项目开发中审判人员的需求想法与技术实际落地之间容易出现偏差。思路不同，对需求的理解就不尽相同。上海高院申监庭充分发挥组织协调作用，促使双方不断进行沟通磨合，针对系统存在的提取要素数据错误、导入重要信息锚定靶向困难等问题，逐一进行专项研讨，组织了多次测试，反复调整技术需求，寻求技术与审判需求之间的最优解。

减刑案件要素式审判辅助模型场景建设，是上海法院数字法院建设在审判监督领域的具体应用，上海高院申监庭将结合审判实践，继续优化功能，加强实际应用，推动数字场景建设走深走实。

执笔人：上海市第一中级人民法院　沈　洁

核稿人：上海市高级人民法院申诉审查及审判监督庭　罗健豪

终本核查监管要素式辅助模型

◎ 上海市第二中级人民法院　上海市奉贤区人民法院
上海市青浦区人民法院　上海市金山区人民法院

【关键词】

终本案件　财产线索比对　核查监管

【要旨】

最高人民法院党组书记、院长张军在全国法院院长会议上提出要探索建立执行终本案件管理人制度。终结本次执行程序（终本）是目前执行案件的重要结案方式之一。根据上海法院的数据统计，近年来终本案件数量占到执行案件总结案数的三分之一以上。近期，最高人民法院执行局作出关于“终本清仓”的工作部署，要求在有效控制终本案件增量的同时，确保终本案件的办理质量。因此，在上海法院已基本实现执行工作全流程无纸化办案的基础上，通过信息化手段对终本案件进行数字化监管，是执行工作高质量发展的应有之义，也是数字技术助力执行案件质效提升的重要抓手。

该场景根据《最高人民法院关于严格规范终结本次执行程序的规定（试行）》《上海市高级人民法院关于终结本次执行程序案件的管理办法（试行）》等规定，通过数字技术提取、梳理、汇总被执行人财产线索，精准提炼、比对确定终本案件合规关键要素，匹配锚定被执行人财产查控和处置信息，推动实现穷尽执行调查措施，被执行人财产“能处置尽处置”。以“数据驱动”推进终本案件的要素式核查，形成结案前要素核查合规表单和结案后全面核查合规报告，进一步加强执行规范化水平，提升终本案件质效，维护当事人胜诉权益，实现执行难综合治理。场景整体架构如下所示：

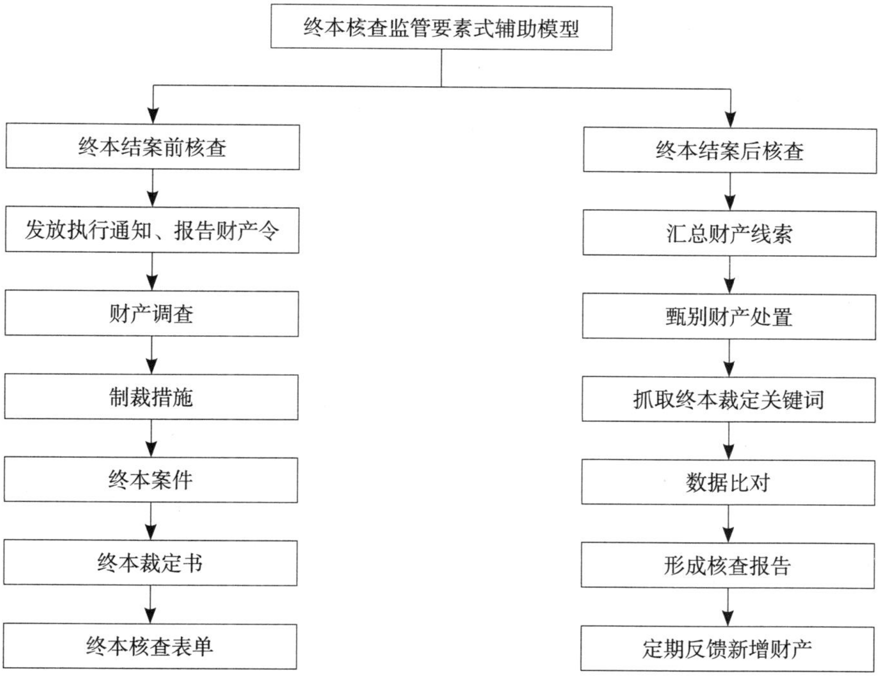

一、功能特色

（一）业务需求

1. 文书发送提示预警

执行启动环节，通过对 7 日内未发出执行通知书、财产报告令的情况进行提示预警，督促承办人及时发送执行通知书、财产报告令。

2. 财产线索梳理汇总

财产线索发现环节，通过对前审案件、财保案件的电子材料分析，提取前审裁判文书、保全结果反馈表等文书中出现的车辆、房产、证券、股权等检索信息，汇总后作为案件财产线索推送办案法官，助力执行法官全面、及时、准确发现并核实被执行人财产线索，避免遗漏。

3. 线索自动甄别判定

自动抓取“总对总”“点对点”网络财产查询结果，进一步拓宽财产甄别模块中的财产种类范围，便于执行法官直观、全面、准确掌握被执行人的财产情况，辅助法官初步判定相关财产线索是否具备可执行性。

4. 执行情况辅助分析

通过对财产查询、财产处置、执行惩戒情况的分析，辅助法官做好终本约谈工作。

（二）功能模块

1. 现场调查实质审查

通过调取电子卷宗中的工作记录、终本申请书、终本约谈笔录、智慧执行 App 收集的材料等，实质审查现场调查完成情况。

2. 特定财产信息提取

通过财产线索提交文本、保全结果反馈表等关键词与文书打印系统中股权、到期债权查控文书的关联比对，甄别出相应待处置财产，并提示处置。对有财产但不能处置的情形进行初步判断。

3. 财产处置初步甄别

将财产查询结果分类导入财产甄别模块辅助办案。通过对八类财产（银行存款、金融资产、动产、不动产、证券、公积金、股权、到期债权）的实质甄别，设定处置标准，在财产甄别模块中予以集中反馈，辅助法官进行判断。

4. 实现结案前后核查

终本结案前必要核查和结案后全面核查双轨并行。终本结案前，以阅核重点为标准，筛查在财产甄别模块中筛选出的财产是否在终本裁定书稿中对应反馈，提炼终本结案核查必要条件。在终本结案后，通过对各类财产不能处置理由、终本约谈等关键词进行语义分析，全面核查终本案件，便于优化后续工作。

5. 结案后财产持续筛查

串联执行“小聚大”场景，对终本后新增财产线索持续筛查。案件终本后，每6个月网络查询被执行人财产情况，并串联执行案件财产查控提示“小聚大”场景的反馈，对发现的新增财产线索及时提示恢复执行。

6. 形成定期核查报告

通过数据直观反映案件质效问题，按要求形成定期或季度核查报告，助力执行工作质效讲评，实现责任落实到人、到案、到节点。督促补强工作短板，养成良好工作习惯，确保执行工作高质量发展。

二、成果展示

1. 工作台新增“数助办案小助手”。

2. 数助办案小助手打开页面，默认展示“双周计划”。

3. 通过右侧“智辅应用”下的“终本核查报告”，可进入终本核查报告辅助生成页面。

4. 支持按月生成报告，上海中级法院、基层法院可辅助生成本院终本核查报告，上海高级法院可辅助生成上海各院的终本核查报告。

三、应用实效

（一）实效数据

该场景于 2024 年 7 月 23 日开始嵌入系统并使用。截至 2024 年 12 月 31 日，各建设法院模型测试使用情况如下：上海二中院核查 2024 年 1 月至 12 月结案的终本案件 265 件，同时生成 2024 年 1 月至 12 月的核查报告，通过逐案合规核查方式收集数据反馈。金山法院对 2024 年 1 月至 2024 年 12 月共计 12 个月的案件，逐月生成终本案件核查报告，并将结果告知各案件承办人，督促案件承办人比对自查。青浦法院对 2024 年 1 月至 12 月终本结案的执行案件进行核查，重点对检查合格率靠后的承办人进行抽查，对 9 名承办人在此期间执结的 107 余件案件的合格情况进行跟踪分析。奉贤法院对于模型使用的重点为终本定期核查报告，选取 2024 年 3 月至 12 月结案的终本案件作为核查对象。针对报告中的 2995 件案件进行全面核查，并对不合格案件反映的问题予以一一查明。

根据测试情况，模型能够实现现场调查实质审查、部分财产信息提取、财产处置初步甄别、终本结案前后核查和形成定期核查报告功能。通过模型使用核查，终本案件各办理节点均可实现数据录入，能够确保终本案件均根据法律规定发送执行通知和财产报告令，及时进行线上以及现场调查，穷尽执行调查措施。模型能够通过核查终本约谈笔录（记录）以及申请执行人关于终本结案的意见，保障申请执行人全面了解案件执行情况和充分表达意见，助力实现工作程序的透明规范。模型通过核查案件办理节点数据录入情况，确保各节点执行工作有序完成。通过执行办案系统“数助助手”功能，能够生成基本完善的定期核查报告，亦能迅速抓取出一段时间内相关案件终本不规范的节点，并生成司法统计分析，反映终本案件整体质效情况。综上，模型测试使用情况总体效果良好。

（二）亮点及优势

1. 助力现场调查工作实质化

通过模型核查，现场调查必须有相应记录，执行法官在执行过程中不能过度依赖网络查控，有效杜绝了仅以线上查询财产无果便认定无财产可供执行的情况。进而可督促执行法官做好线上、线下的财产调查工作，用足、用好强制执行措施。

2. 助力被执行人财产线索全覆盖

模型跨越“总对总”“点对点”财产查询系统、电子卷宗文书系统等多个系统，全面提取、筛选、汇总被执行人财产信息，充分利用信息化手段实现被执行人各类型财产线索的精准汇集。

3. 助力财产未能处置原因符合法律规定

根据模型技术规则，实现财产线索与终本裁定财产处置的精准匹配，确保案件中可执行财产均已依法执行，部分财产不能处置均具备符合法律规定的合理理由，满足终本结案的必要条件。

4. 助力双核查确保案件高质量

结案之前的校验核查能够确保终本案件材料完整、各环节节点执行工作有序开展，涉案财产均已得到妥善处置，符合终本案件结案要求。结案后通过定期回溯终本案件情况，全面反映各法院一段时间的终本案件质效情况，从而形成核查分析报告、列明存在的问题、做好后续督促整改，确保终本案件整体质效高质量运行。

【典型案例】

案例 1【结案前审查校验，筛查出案件未进行有效现场调查的情形】

（2024）沪 0120 执 × 号案件中，在点击终本结案时，场景对节点数据和卷宗材料进行结案前强制校验，筛查出该案卷宗缺失现场调查工作相关记录，即案件办理中未对被执行人公司的实际经营地或注册地址进行有效的现场调查记录，可能造成未穷尽执行措施，故场景予以预警，并提示承办人补充现场调查工作记录。

案例 2【结案后定期核查，筛查出财产报告令未能在规定期限发出的情形】

向被执行人发出执行通知书与财产报告令是督促被执行人依法履行义务的重要程序。（2024）沪 0120 执 × 号案件中，核查报告提示，该案可能存在“财产报告令未能在规定期限发出”问题，超期发放文书不符合《民事诉讼法》等相关法律规定，故予以提示。

案例3【结案后定期核查，筛查出案件可能存在不动产未处置的违规终本情形】

（2024）沪0120执×号案件中，经核查报告提示，该案可能存在“不动产未处置”问题。该案件诉讼保全阶段轮候查封了被执行人名下一套房产。执行中未查控到其他可供执行的财产，故案件以房产系轮候查封无处置权为由终结本次执行程序。审判监督部门经查阅该案件卷宗，发现该案终本约谈笔录及终本裁定书中缺少针对该套房产不作处置原因的表述，未见向首封法院发送参与分配的协助执行通知书，存在终本结案不规范情形，遂向承办人发出督办并要求整改。

四、心得体会

该场景实现了现场调查实质化审查、财产线索全面覆盖、财产处置情况精准匹配、终本情况明确告知、终本结案后定期财产查询，构建了一个完整的执行终本案件闭环管理体系。这一系列的创新举措有力提升了执行工作质量和效率，更以“数字+”的方式，为加强终本案件质效监管注入新的活力和动能，具有积极的现实意义。

通过场景建设促进了电子卷宗随案生成和深度应用工作的进一步发展，为实现数字法院建设奠定了坚实基础。场景建设过程中，各建设法院积极响应技术规则要求，加强系统内生文书的制作，线下材料按照规定要求及时扫描入卷，并尽可能减少手写文书制作量，从而有效提升了模型识别的精准度和要素匹配的准确性，进一步夯实了执行工作数字底座。

通过场景建设显著提升了执行工作的规范化水平。在“数字驱动”引领下，案件执行过程更加透明公正。根据模型技术规则，案件财产处置情况应在终本裁定书中予以充分披露，不仅能够督促法官更加细致地做好财产线索核查工作，还能够促使他们高效处置可执行财产，而对于不能处置的财产，也需具备符合法律规定的合理理由。通过终本约谈，告知当事人线索查核情况、财产处置情况、案件执行情况，主动接受监督，赢得当事人对执行工作的理解与支持。

场景建设与执行工作实际紧密结合，通过提升执行文书的标准化水平以实现模型的技术落地。在场景建设中优化调整终本裁定文书模板，规范现场调查笔录（记录）、终本约谈笔录（记录）、终本裁定书等文书材料的内容表述，便于模型跟踪学习、准确识别。确定终本案件电子卷宗归档目录，在指定目录中汇集相关文书材料，提升了模型匹配识别的精准度。

上海法院将继续深化场景的建设与应用，以更加务实的态度、更加饱满的热情、更加坚定的步伐推动执行工作的规范化、智能化、数字化发展。

执笔人：上海市第二中级人民法院　彭　辰
上海市奉贤区人民法院　胡　双
核稿人：上海市第三中级人民法院（上海知识产权法院、上海铁路运输中级法院）　钟　明

民间借贷纠纷案件改发点集中提示审判辅助模型

◎ 上海市第二中级人民法院　上海市杨浦区人民法院
上海市长宁区人民法院　上海市浦东新区人民法院

【关键词】

民间借贷纠纷　改发文书　自动推送　改发摘要

【要旨】

民间借贷纠纷是一种常见的传统民事纠纷。近年来，民间借贷纠纷整体呈高发态势，且二审改发比例较高。在审判实践中，民间借贷纠纷往往伴随着事实认定和法律适用上的争议，这些问题往往会导致同一案件在一审和二审的判决结果出现差异。民间借贷纠纷案件改发点集中提示场景的建设目标是充分利用司法大数据资源及人工智能模型向法官准确推送改发类案。具体建设思路为：建设一个上海法院“民间借贷改发文书库”，为承办法官推送“改发文书库”中与在办案件匹配程度最高的改发文书的裁判要旨，以供法官在审判时参考，从而提升审判质效，实现适法统一、数助办案的目标。

本场景充分利用既有的改发案件数据库，通过类案推送的形式，向一审在办案件法官主动、实时推送类案的二审改发摘要，提示一审法官重视对相关情节的审查，并通过提供类案链接的方式，进一步展示二审裁判思路和尺度，帮助法官更好地把握案件处理方向。

场景整体架构如下所示：

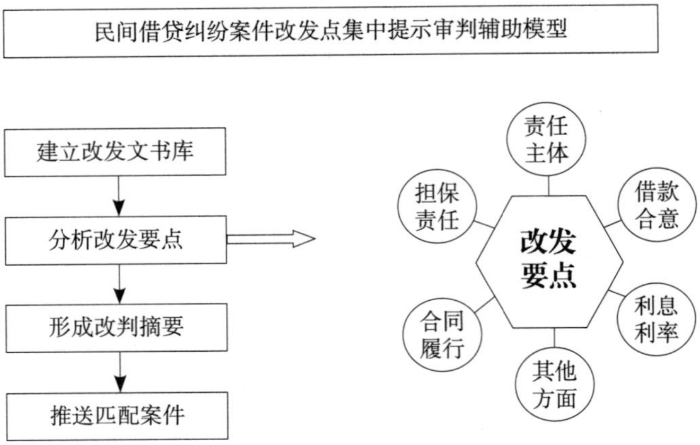

一、功能特色

（一）业务需求

1. 降低改发率，实现适法统一的需要

2020 年 9 月，上海高院发布《民间借贷纠纷类案办案要件指南》。2021 年 1 月 1 日《民法典》开始施行起至 2024 年 4 月本场景建设项目启动时，上海法院一审审结约 12.3 万件民间借贷纠纷，判决结案占总结案数的 40%，二审上诉率约为 15%，上诉案件经二审审理后，发改比例约为 8.2%。建设本场景旨在减少案件改发，提升案件审判质量，促推司法公正；同时形成类案的裁判方法和标准，促进类案价值取向和适法统一。

2. 提高自动化，类案检索由手动查找变为自动推送

传统上法官在裁判文书网搜索类案，需要手动输入检索的关键词，而本场景的应用过程中，不再需要法官手动搜索，而是通过对在办案件要素点的抓取实现自动推送关联案件的一审、二审文书，极大地减少了法官的工作量。

3. 提高智能化，支持长文本语义理解

不同于常见的关键词检索方式，本场景使用的人工智能模型可支持长文本语义理解，可实现“以案找案”检索，通过“智能长文本语义理解＋要素标签”匹配模式，找到更加契合的类案，保证向一审承办法官推送的案例具有更高的匹配度，做到精准推送。

（二）功能指引

1. 建立改发文书库

通过收集2021年1月1日至今（即《民法典》施行以来）上海法院改发的民间借贷案件，建立民间借贷纠纷改发文书库。该改发文书库为本场景建设的基础，并将随着改发案件的增加不断进行扩容。

2. 提取并推送改发摘要

传统的改发文书智能推送仅提供类案的裁判文书，这需要一审法官自行从二审文书中提取改发要旨，并将其应用于正在审理的案件中。这一过程会耗费法官大量的时间和精力，尽管能够做到改发文书的推送，但由于效率较低，影响了法官的使用体验。相比之下，本场景在文书推送时优先展示二审的改发摘要及其原因，法官可以根据需要选择进一步查看具体的文书内容，这有助于法官更高效地利用本场景提升工作效率。

3. 展示一审、二审判决文书

本场景在推送改发摘要的基础上，页面中同步展示推送案件的一审、二审判决文书的全文，减少了法官另行检索的工作量；同时本场景可以展示文书的结构列表，以最便捷、直观的方式帮助法官了解推送案件的审理、裁判思路。

4. 展示改发要素清单

结合改发文书库中的改发原因以及法官的办案经验，本场景参考《民间借贷纠纷类案办案要件指南》，将案件审查内容大体分为责任主体、借款合意、合同履行、利息利率、担保责任、其他方面6个大类。在此基础上进一步细化形成审理各种民间借贷案件的审查要点支线，每一条支线上的节点代表了一项改发审查要点，最终整合形成一份改发要素清单，供法官在使用本场景时判断与具体案件的关联度。

二、成果展示

1. 法官可通过审判办案系统进入在办案件，先点击界面右侧“数助办案”模块或者浮窗，进入数助办案系统。

2. 点击界面右侧的菜单栏选择“类案推送”模块。

3. 在“类案推送”页面可查看“改发库”。

4. 展开“改发库”可见推送的10篇二审文书改发摘要并提示改发原因。

5. 点击推送的二审文书后，在页面上显示该案件的一审及二审法律文书，页面左侧提供文书的结构列表，可以快速定位到文书的具体位置，右侧上部和下部分别显示改发摘要及改发点，方便查看改发文书的具体内容，掌握推送案件的审理与改发要点。

三、应用实效

（一）实效数据

本场景于 2024 年 6 月 4 日嵌入系统上线运行后，目前民间借贷在办案件中有 13497 件触发类案推送功能，承办法官主动点击类案列表 17399 件，查看类案详情页 4158 件。经统计，自《民法典》施行之日至本场景建立之初，即 2021 年 1 月 1 日至 2024 年 4 月 30 日，上海法院民间借贷案件经二审审理后，改发比例为 8.2%，改发率为 6.8%；本场景嵌入系统后，再次统计 2024 年 1 月 1 日至 12 月 31 日的发改数据，二审改发比例降低至 7.7%，改发率降低至 6.4%。

（二）亮点及优势

1. 实现从手动检索到自动推送的转变

法官在审理案件过程中遇到存在争议的审理焦点，通常采用类案检索的方式了解相关审理思路，避免改发的同时也能提升审判质效。而传统的检索方式只能由法官通过输入多个关键词的形式在裁判文书库中进行搜索，再从大量的检索结果中逐一甄别与在办案件的关联度，有时也会遇到措辞不同导致关键词偏差，无法获得符合检索需要的案件的情况。而本场景通过“智能长文本语义理解 + 要素标签”的匹配模式，实现“以案找案”，并推送最契合的类案，缩短了法官检索的时间。

2. 提炼改发摘要提高审理效率

民间借贷案件的审理过程中涉及本金、利息、担保等多个要素的审查，二审文书中需要对所有上诉请求进行审查，而其中发生改发的可能只涉及众多审理要素中的一点，若将完整的二审文书直接向一审法官展示，需要一审法官自行归纳改发要旨。无论是通篇阅读改发文书还是对非改发项的筛选，都将占用一审法官一定的时间和精力，因此本场景提炼了二审文书的改发摘要及改发原因，既实现了提示改发点的目标，又减轻了一审法官工作量、提高了工作效率。

3. 识别改发点保证推送精准度

如前所述，民间借贷案件涉及的审理要点众多，为实现精准推送，本场景结合上海高院发布的《民间借贷纠纷类案办案要件指南》，设置六个审查方向，并延伸拓展出 48 个改发点，将案件类型化、标签化，以便人工智能更好地确定案件关联度及匹配度，保证本场景推送案件的精准度。

【典型案例】

案例 1：在（2024）沪 0110 民初 × 号张某与刘某民间借贷纠纷一案中，张某提供借条及转账凭证以证明双方存在借贷关系并要求刘某还款，刘某签收诉讼材料后未到庭应诉。经查，在张某提供的转账记录中存在向案外人交付及 POS 机刷卡记录，张某称相关款项系根据刘某指定的方式交付。审理中，承办法官认为未直接向刘某转账的钱款是否认定为本案借款的交付为主要争议焦点。通过使用本场景，承办法官在系统推送的改发案例中发现了与当前案件有类似的情况。通过仔细阅看推送案件的一审、二审文书，分析案情，发现被改发的案件中一审承办法官仅审查了出借人和借款人之间的交易记录，未进一步结合其他证据，便认定出借人无法证明存在指示交付，进而作出相应判决，而二审过程中法官综合考虑了出借人、借款人与收款人三者的关系以及证人证言等证据，依法作出改发。鉴于此，本案承办法官详细调查了张某和刘某的聊天记录，其中可见张某向刘某催讨的金额中包含了其诉请主张的全部本金，且张某与案外人之间并无其他经济往来，结合款项交付时间、借条中的借款金额，可以认定张某对于待证事实的举证达到了较高的证明标准，因此拟支持张某的诉请。

案例 2：在（2024）沪 0110 民初 Y 号李某与颜某、曹某民间借贷纠纷一案中，颜某与曹某系夫妻关系，李某主张颜某以女儿出国读书缺少资金为由向其借款 90000 元，应由夫妻二人共同承担还款责任。颜某目前下落不明，曹某表示二人分居多年，否认存在共同借款的合意，也不认可钱款用于家庭生活。承办法官经审理认为本案争议焦点是该债务能否认定为夫妻共同债务。通过使用本场景，系统推送了 10 个改发案例，其中有 5 个案例涉及因夫妻共同债务承担问题而改发，其他案例的改发原因则为本金、利息认定问题。在 5 个与夫妻共同债务相关的案例中，有 4 个案例的案情也属于夫妻一方未在债权凭证上签字确认共同借款，借款原因包括购房需要、家庭生活所需，经逐一查看分析每个改发案例的一审、二审文书，发现判决时应当综合钱款实际用途、夫妻二人之间的经济往来情况、家庭生活开支、未参与借款一方的经济能力等情况综合判断。本案中根据曹某的陈述，承办法官向居委会核实了颜某、曹某的分居情况、女儿的读书就业情况，又审查了曹某的收入及曹某、颜某的经济往来，确认二人确已分居多年，难以认定该笔共同借款系用于共同生活，因此拟判决不认定该债务为夫妻共同债务。

四、心得体会

民间借贷纠纷是民事案件中常见的类型，案件数量较多，直接关系当事人的财产权益保护和社会经济秩序维护。随着数字法院建设的推进，人工智能等新技术与司法工作深度融合，建立基于人工智能模型的民间借贷纠纷案件改发点集中提示场景，有助于破解同案判决失衡问题。将类案审查要点、裁判指引嵌入智能化辅助办案系统，不仅可以实现对个案裁判结果的校正、平衡，更能达到同类案件在审理思路、裁判尺度上的统一。

为确保本场景的应用实效，真正实现数助办案的目标，精准推送案件是本场景建设过程中需要重点攻克的难关。为此，我们制定了以下步骤来解决这一难题：第一步，建立以2021年1月1日《民法典》施行至2024年4月上海市二审改发的500余件民间借贷案件为基础的改发文书库，并根据上海市民间借贷案件审理情况实时更新文书库内容。第二步，结合一线法官办案经验，参考《民间借贷纠纷类案办案要件指南》，梳理出民间借贷案件审理思维导图。将案件审查内容分为责任主体、借款合意、合同履行、利息利率、担保责任、其他方面6个大类，并进一步结合案件审查思路，延伸形成审理各种民间借贷案件的审查要点支线，确保覆盖到所有的已改发案件和可能引发的改发案件。每一条支线上的节点，即为一项案件审查要点，最终形成一套完整的民间借贷改发要点类案体系。第三步，通过人工整理并制作所有二审改发案件的改发摘要，供具备“智能长文本语义理解 + 要素标签”功能的人工智能模型学习，由人工智能模型结合案件的改发要点，实现系统自主归纳并提炼二审改发文书的改发原因和改发摘要的同时，完成对案件的识别，最终筛选并推送与正在审理的一审案件关联度、匹配度最高的 10 个案件，并将改发原因和改发摘要在场景页面予以展示。

一审法官在使用本场景的过程中，既能一键获得改发库内关联文书，帮助承办法官快速获取与案件审理要点相类似的改发案件，又能通过改发摘要的展示，在被推送案件中即时获取争议焦点及改发原因。在减少法官另行检索工作量的同时，又可以利用文书结构列表，以最便捷、直观的方式获取推送案件的审理、裁判思路，供法官对正在审理的民间借贷案件作出正确裁判。

执笔人：上海市杨浦区人民法院　方倩竹

核稿人：上海市高级人民法院民事审判庭　羊焕发

关联案件画像聚合型审判辅助模型

◎ 上海市高级人民法院审判管理办公室

【关键词】

关联案件　画像　聚合型

【要旨】

随着上海数字法院建设的深入推进，传统一场景一弹窗的推送模式已经无法满足智能办案的需求，将相关场景的预警提示进行聚合是提升场景推送实效的必然要求。同时，关联案件可能涉及多个当事人、多个法律关系和多个法律事实，这些元素之间的复杂关系易导致法官在案件处理时出现偏差。传统的办案模式存在数据融通壁垒、工作效率低下、信息不准确等问题，关联案件画像通过对案件数据的全面采集、整合、分析和利用，以可视化、网络知识图谱的形式全景展示，更有助于提醒承办法官在办案时全面考虑相关因素，避免片面处理或遗漏重要信息。此外，关联案件的识别有助于在案件分配、流程管理等方面进行合理优化，实现对案件的全流程、精细化管理。通过关联案件画像展示，可以对诉讼链条各个案件的办理和流转进度以及程序空转、批量案件分案、排期、审结等情况进行监管，以更好地适应新形势下审判管理工作的需要。

该场景由上海高院审管办主导建设，上海一中院、徐汇法院、闵行法院和青浦法院共同参与，部分功能于2024年6月28日嵌入系统测试，围绕关联案件智能辅助审判场景的推送聚合和关联案件画像展示，构建起“前有预警、后有监督”的案件立体关系网格，实现了更好服务于司法审判实践，助力提升审判效能的建设目标。

场景整体架构如下所示：

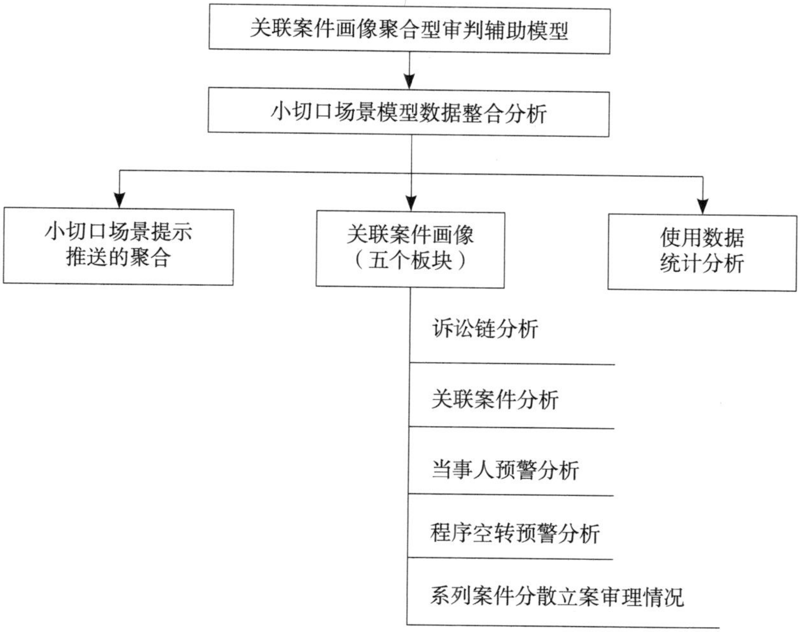

一、功能特色

（一）业务需求

1. 对智能辅助审判场景推送方案的聚合

该功能为聚合型场景的基本功能。在提示节点的聚合上，将提示集中在立案、分案、开庭排期、文书定稿和结案 5 个审判执行通用流程节点。在提示内容的聚合上，对一个案件涉及多个关联案件场景的提示内容进行整合，形成集中的信息推送展示。在提示对象的聚合上，区分动态弹窗提示和静态可视化页面展示两种类型，其中动态弹窗提示在立案和分案节点发送给立案人员、在其他节点发送给承办法官，静态可视化页面展示给审判组织成员、立案人员及相应院庭长、审判管理人员，实现信息推送的分级分类管理。一方面可以进一步凸显场景预警提示的实效，另一方面可以减少不必要的弹窗提示。

2. 关联案件画像集中展示

以多维度、多场景的数据整合为依托，构建案件关联网络，对当前案件所涉关联案件的案件信息、关联项和监管提示等信息进行全面展示，实现关联案件信息的快速整合与全面可视化呈现。根据关联案件与当前案件的关系类别，将关联案件画像展示页面分为诉讼链分析、关联案件分析、当事人预警分析、程序空转预警分析和系列案件分散立案审理情况等五个板块，便于实现对案件关联关系的全面、系统掌握。

3. 关联案件画像反馈和使用数据统计功能

场景的实效是场景的“生命线”，为了突出“建用并重”的设计原则，在场景建设需求梳理阶段，同步考虑了“用”的实效性和数据的跟踪统计，设置了关联案件画像反馈页面和数据统计功能，加强对该场景的全过程质量把关和场景实效的闭环管理。该场景的反馈页面有别于以往常规场景的反馈：一是在反馈页面设计上，通过可视化设计，使得反馈功能更加直观友好；二是在反馈维度上，从功能齐全、响应速度、结果准确、界面布局、操作方便等五个方面予以反馈，涵盖了数据、模型、算法、算力、可视化展现等多方面评价，使反馈更具全面性和针对性；三是在反馈方式上，采用主流的信息化产品量化评价的模式，通过五星打分的方式进行反馈，一方面法官更易接受，另一方面评价结果能够量化，更具科学性；四是在反馈内容设计上，通过文本和上传截图等多种形式收集改进建议，使问题收集更有效，为后续进行实效分析和功能优化完善提供更多支持。

（二）功能指引

1. 聚合推送功能

该功能模块对同一案件在相同节点触发的涉关联案件智能辅助审判场景的多个推送信息进行聚合。通过对涉关联案件场景的梳理和分析，对其提示方式、提示对象和提示节点予以整合，实现预警信息的聚合推送。

2. 关联案件画像

该功能模块通过关联案件可视化展示页面，以图形化方式展示案件之间的联系和规律，实现关联案件信息的快速整合与全景展现。通过对案件相关联的各类特征进行可视化勾勒，面向立案人员、审判组织成员、院庭长及审判管理人员提供涉关联案件的专项分析和可视化服务，以解决目前关联案件信息碎片化、数据和价值密度低等问题。其主要包含以下五个部分：

（1）诉讼链分析。该模块可完整展现当前案件所经历的诉讼过程和诉讼链时长，同时细分诉讼链各个审理、流转节点，包括所涉及的案件案号、审理天数以及相邻两个案件之间的流转周期。其功能设计一方面契合了最高人民法院新审判质量管理指标体系的构建理念，突出当事人“一件事”的实质解纷，通过案件诉讼链的可视化展示，清晰展现一个诉讼链条的总体耗时以及“案件比”指标的“件数”；另一方面通过拆解一个诉讼链在各个审理节点的审理用时和不同审理程序间的流转时间，可以为上诉案件移送时间、发回重审（指令再审、指定再审）流转时间等指标监管提供抓手。这一模块的构建，也为后续诉讼链用时的查询统计创造了条件。

（2）关联案件分析。该模块所涉关联案件对当前案件的审理结果可能会有所影响，提醒法官予以关注。当在办案件触发这些场景时，自动对相关案件的预警信息、案件详情等予以展现。

（3）当事人预警分析。该模块所涉关联案件为本案的当事人且在关联案件中的诉讼行为可能存在异常，提醒承办法官对相关当事人及其诉讼行为予以关注。当在办案件当事人触发这些场景时，自动定位当事人名称，并对该当事人的异常诉讼行为、预警信息、相关案件详情等予以可视化展现。

（4）程序空转预警分析。该模块所涉关联案件可能与本案存在一事多诉、不必要的诉讼程序重复、执行行为不规范等情形，使案件不能有效推进，从而形成一种“空转”现象，提醒承办法官对相关情形予以关注。当在办案件触发这些场景时，自动对程序空转的情形、相关案件等予以展示。

（5）系列案件分散立案审理情况。该模块主要针对案由相同、当事人相同、起诉时间相对较为集中的系列案件。因随机分案等原因，系列案件被分散至不同业务庭、审判团队和承办法官，易导致适法不统一等问题，需予以关注。

3. 关联案件画像反馈

关联案件画像使用人员在该页面可通过点击“反馈”按钮进

入“关联案件画像反馈”页面，对关联案件画像功能从功能齐全、响应速度、结果准确、界面布局、操作方便等五个方面进行打分，还可对画像存在的问题通过文字描述和上传截图的方式进行反馈，从而帮助场景建设专班跟进功能问题，并进行针对性的优化完善。

4. 使用数据统计分析

该功能模块对聚合推送功能的推送情况、反馈情况、有帮助率等指标，以及关联案件画像的使用打分情况等数据进行自动采集和统计分析，以便于场景建设项目组改进场景各项功能的实效。

二、成果展示

1. 当一个案件触发多个关联案件场景时，法官可以在应用场景提示栏中看到聚合推送的提示内容。

2. 法官可通过办案系统的在办案件，进入“数助办案”后点击右侧的“智辅应用”栏目进入“关联案件画像”功能页面。

（1）页面最上方为查询区域，提供按照关联案件法院、案件状态、案件类型和场景编号四个查询项的查询功能，默认情况下该页面显示当前在办案件中所有关联案件。

（2）页面下方为画像展示区，根据当前案件所触发的场景不同，展示的板块和内容亦有所不同。

诉讼链分析模块可对诉讼历程进行全链条展现，可展现纠纷从一审立案进入执行再经申诉复查进行再审并发回重审的历程。

关联案件分析模块展现了与当前在办案件相关联的案件及对应的关联场景名称。如在一起机动车交通事故责任纠纷案件办理过程中，法官通过该模块可查看到该案有一个关联诉讼，涉及

“机动车交通事故责任纠纷案件交强险超限额判决甄别预警”场景，提示可能存在同一起交通事故的关联案件，可进一步点击关联案件进行查实，避免超保险限额裁判。

当事人预警分析模块展现了与当前在办案件当事人在相关案件的诉讼行为可能存在异常的情况。如某案件为公告送达案件，显示该案两名当事人分别在另案中存在其他送达地址，以帮助法官发现有效送达地址，切实解决“送达难”问题，提升审判效率。

程序空转预警分析模块展现了可能与案件存在重复诉讼、一事多诉等情形的关联案件。如某案件在立案环节向立案人员推送“本案存在管辖移送立案程序空转甄别预警”场景，通过画像可查看该案在一年内存在同一被告、相同案由案件已经移送管辖的情形，并附上相关的两个案件的案号，供立案法官核查，避免收案法院将不属于本院管辖的案件继续受理并再次移送管辖造成程序空转，影响人民群众的感受度。

系列案件分散立案审理情况模块展现了当前案件及其相关联的系列案件承办法官和审理结果情况。提醒承办法官与其当前在办案件相关联的系列案件的审理状态、承办法官、审判结果等情况，以帮助其更好地审理当前案件，避免司法资源浪费，甚至出现适法不统一等情况。

三、应用实效

（一）实效数据

场景自上线以来，截至 2024 年 12 月 31 日共聚合推送预警信息 14570 条，涉及 12815 件案件，覆盖上海三级法院 2091 名法官，其中法官反馈数量12733条，反馈率为99.4%，反馈有帮助数量10314条，有帮助率为81%。

（二）亮点及优势

1. 多维度、多场景数据整合

该场景通过当前案件与他案在关键信息要素（包括当事人、诉争事实、原审案号、诉讼行为等）的比对碰撞，整合当前案件与相关联案件的关联关系，实现信息的全面整合。

2. 智能化关联分析

所涉的关联案件计算模型主要运用已有的智能辅助审判场景模型，这些场景均来自法官办案的实际需求和审判管理的堵点、难点。该场景以需求为导向，发现不同案件之间的潜在关联性，为办案和审判监督管理提供有力支持。

3. 可视化展示

关联案件画像通过可视化的方式展示案件之间的关联关系，使得案件信息更加直观、易于理解，有助于法官更加快速地掌握案件情况，提高案件审理质效。

【典型案例】

案例1【关联案件分析】

在徐汇法院审理的一起服务合同纠纷案件中，经场景模型筛查发现被告在该案立案之前已在上海三中院提出了破产申请且已受理，遂向承办法官进行提示。法官核实后，告知当事人可先行向破产管理人申报债权，债权人申报债权后，对管理人编制的债权表记载有异议的，可以根据上海法院破产案件的集中管辖规定，向破产受理法院提起债权确认之诉，以减轻当事人诉累，平等保护债权人权利。

案例 2【当事人预警分析】

在闵行法院审理的一起共有物分割纠纷案件中，因原告张某在虹口法院审结的特别程序案件中被认定为无民事行为能力，并指定了法定代理人，该场景通过关联案件画像对承办法官进行了展示，法官注意到该提示并要求当事人提交法定代理人相关身份信息，及时录入系统，避免了当事人诉讼行为能力核查错误。

四、心得体会

在数字法院建设过程中，项目组深刻认识到数据整合与可视化技术运用于司法审判工作的重要性，由此而研发了“关联案件画像”聚合型审判辅助场景，力求通过数据在聚合集约、流通共享、碰撞比对中打破数据壁垒，完整刻画案件全貌，为辅助法官办案、全面分析案情提供更为丰富的数据支撑。该场景与传统的案件画像、当事人画像相比，主要有以下特点：

1. 极大拓展了传统案件画像功能

在实践中，由于缺乏有效的数据整合工具，法官在办案过程中往往难以全面掌握案件之间的关联关系，这不仅影响了案件处理的效率，还可能导致处理结果的冲突。传统的案件画像主要基于本案信息，包括案件的基本信息、办理信息和流程信息，而该场景的画像功能则是通过将当前案件与他案的关键信息要素进行比对碰撞，整合案件之间的关联关系，构建起完整、全面的案件关联网络。

2. 全面丰富了传统当事人画像服务内容

在该场景的展示设计上，项目组充分借鉴了最高人民法院当事人画像功能，尤为注重信息的可视化呈现，通过链条图、树形图、环形图等多样化的图形展示方式来刻画案件之间的联系和规律。根据当前案件与关联案件的关系不同设计了五个板块，使得法官能够快速分类识别和掌握案件之间的关联关系，避免了因信息碎片化而导致漏查、错查问题的发生。从展示内容上，该场景与传统当事人画像功能互为补充。当事人画像服务主要是完整展示本案当事人在他案中的关联涉诉案件，而关联案件画像的关联点更为丰富，除了当事人，还有诉争事实、案由和诉讼行为等。同时，关联案件画像的设计是以提升案件质效的问题为出发点，通过研发信息协同类智能辅助审判场景来触发提示预警信息，如“职业打假人”“职业放贷人”“民间借贷虚假诉讼”等。这些场景触发的提示预警信息集中展示出来，法官要重点核查关注。

3. 精准展现了关联案件风险信息

该场景是以审判管理监督类智能辅助审判场景为基础，将涉及案件之间关联信息碰撞的结果进行分析整合和集中展现，使法官可以通过关联案件画像集中掌握关联案件信息风险点。同时，还设置了案件诉讼链条的可视化展示，清晰展现了一个诉讼链条的用时以及“案件比”指标的件数。这不仅有助于法官和审判管理人员对案件进行更有效的监管，也有助于提升司法公信力。

总之，该场景的建设是一项复杂而具有挑战性的尝试，不仅有助于提高司法审判的效率和公正性，也为聚合型场景建设提供了宝贵的经验。随着数字信息技术的不断迭代革新，以及数字法院后续与全国法院“一张网”建设的融合，该场景在未来将会发挥更大效能，为司法审判工作带来更多的便利。

执笔人：上海市高级人民法院审判管理办公室　张　能
上海市第一中级人民法院　宋铁群
核稿人：上海市高级人民法院审判管理办公室　庞闻淙

后 记

近年来，随着数字技术的飞速发展，人类社会正在全面进入数字变革的新时代。建设数字中国是数字时代推进中国式现代化的重要引擎，是构筑国家竞争新优势的有力支撑。党的十八大以来，习近平总书记多次就数字中国战略作出重要部署。党的二十大报告明确提出，要加快建设网络强国、数字中国。上海正在全面推进城市数字化转型，打造具有世界影响力的国际数字之都。数字法院建设是主动适应数字化发展形势、积极融入数字中国整体布局的必然选择，是数字时代推进审判工作高质量发展的动力引擎。最高人民法院认真贯彻落实党中央决策部署，推进智慧法院建设向数字法院建设迭代升级。

2023年初，上海市高级人民法院党组紧扣中央、市委、最高人民法院要求，经过认真调研，确定了“政治建设引领、司法质效为本、数字改革赋能”工作主线，率先推进数字法院建设。经过一年多的探索，上海数字法院集中建成了大数据中台、研发模型平台、自动运行平台“三大平台”和数助办案、数助监督、数助便民、数助治理、数助政务“五大板块”的体系架构，构建起上海数字法院技术根基和基础框架，在促进适法统一、提升审判质效、助力社会治理等方面的成效持续显现。截至目前，全市法院已经建立模型1600多个，推广应用900多个，嵌入系统500多个，累计推送提示信息50多万条，干警反馈对案件办理有帮助率超过 88%，成效持续显现。上海市委、最高人民法院等相关领导对上海数字法院建设给予了充分肯定。中央政治局委员、上海市委书记陈吉宁多次在法院“数助治理”报告上作出批示，并在市委依法治市大会上给予高度评价和充分肯定；2024 年 10 月初，最高人民法院党组书记、院长张军到上海法院调研，对上海数字法院建设给予肯定和鼓励，指出上海数字法院建设走在了全国法院前列，并要求上海法院在“政治建设、审判执行、审判管理、队伍建设”四个方面作全国法院的表率；上海市委副书记、市长龚正要求把数字法院建设成为上海数字化转型的重要品牌；国际货币基金组织和世界银行的评估专家对上海数字法院建设提升审判质效的做法给予高度评价。

为加强数字法院理论建设，梳理总结数字法院建设经验，反哺数字法院建设实践，推动数字法院建设向纵深发展，我们撰写了《数字法院概论》，对数字法院建设理论框架进行了系统总结。同时，为给全国数字法院建设提供操作参考，上海法院还梳理了数字法院建设中有代表性的数字化场景共 44 个，汇编形成《数字法院场景建设指引》，阐述了各应用场景的基本情况、数据建模、嵌入提示、办案指引、应用实效等，具有较强的实操性，希望能为全国法院同行在数字化建设方面提供一些帮助。

最高人民法院党组、院长张军部署推进全国法院“一张网”及数字法院建设，始终大力指导、推进上海数字法院建设实践。张军院长同意将发表于《数字法治》2025 年第 1 期的《充分发挥司法职能作用 促推人工智能健康发展》一文收入本书，是对上海数字法院建设工作的充分肯定和莫大鼓舞，也是对本书研究方向和方法的具体指引。

科技浪潮启新篇，数字司法展宏图。我们将深入贯彻习近平新时代中国特色社会主义思想和习近平法治思想，积极融入全国法院“一张网”建设，纵深推进、持续升级数字法院建设，不断优化场景建设，开启数字司法新篇章，努力为全国数字法院建设贡献上海司法力量。

贾宇

2024 年 12 月